Werner H. Krause

SS-STANDARTE »KURT EGGERS«

Werner H. Krause

SS-STANDARTE »KURT EGGERS«

Die Propagandaeinheit der Waffen-SS im Zweiten Weltkrieg

DRUFFEL & VOWINCKEL-VERLAG
STEGEN AM AMMERSEE

Internationale Standard-Buchnummer
ISBN 978-3-80611-201-6

1. Auflage 2009

Landsberger Straße 57
D-82266 Inning am Ammersee

Gedruckt in Deutschland

Inhalt

Bei Rumänen auf der Krim

SS-Kriegsberichter aus 14 europäischen Staaten

Aktion Silberstreif

Operation »Wintermärchen«

Unternehmen »Südstern«

Nicht Untermenschen sondern Bündnispartner

Die europäische Option

Anerkennung und Kritik

Von der Invasion zum Ende

DIE PROPAGANDA-KOMPANIE ENTSTEHT

Es begann in einer stillen Seitenstraße im Berliner Westen

In einer stillen Seitenstraße des Berliner Stadtbezirks Zehlendorf, die den Namen »Heimat« trägt, erhebt sich ein dreistöckiger Bau, der von hohen Bäumen umsäumt ist. An der offenen Toreinfahrt befindet sich ein Schild mit dem Hinweis, dass hier der Sektenbeauftragte der evangelischen Kirche seinen Sitz hat.

Das aus rötlichem Ziegelwerk bestehende Haus vermittelt den Eindruck, als habe es sich in der langen Zeit seines Bestehens auch nicht um einen Deut verändert. Tatsächlich können sich ältere Bewohner aus der Nachbarschaft daran erinnern, dass hier schon alles in den Jahren des Zweiten Weltkrieges ganz genau so ausgeschaut habe. Na ja, fügt einer hinzu, damals herrschte hier allerdings ein ständiges Kommen und Gehen. Wer die Toreinfahrt passieren wollte, musste sich zunächst der Kontrolle uniformierter Posten unterziehen. Es sei wohl zu jener Zeit das Objekt einer SS-Einheit gewesen, doch was es mit der auf sich hatte, sei längst in Vergessenheit geraten

Dies alles in einem gleichgültigen Ton vorgebracht, mit dem man über Dinge zu sprechen pflegt, die im Laufe der Zeit an Bedeutung verloren haben, lässt zunächst ein wenig Zweifel daran aufkommen, ob es Sinn macht, sich auf diesen Weg in die Vergangenheit zu begeben, obwohl sich mit ihr der Blick auf ein Stück ungewöhnlicher Zeitgeschichte auftut, das zu erhellen jeden Historiker reizvoll dünken sollte, sofern er entsprechende Impulse empfängt, durch welche er sich dazu inspiriert fühlt.

So nehmen wir dann das Haus in der Straße Heimat Nr. 27 zum Ausgangspunkt einer geschichtlichen Exkursion, die uns einige Geschehnisse des Zweiten Weltkrieges unter einem Gesichtspunkt nahe bringt, welcher sich weitgehend von einer solchen Betrachtungsweise unterscheidet, die bedauerlicherweise noch immer von Einseitigkeit geprägt ist, statt sich zu bemühen, bestimmte Vorgänge, die mittlerweile historischen Charakter tragen, aus der Zeit heraus zu ergründen, in der sie sich abgespielt haben

Mag auch so ziemlich alles in dem Haus Heimat 27 noch heute genauso aussehen, wie es vor mehr als sechs Jahrzehnten bestand, so trifft dies auf ein wichtiges Detail nicht zu: Die damalige aus Runen gestaltete Inschrift an der Toreinfahrt wurde gleich nach Kriegsende entfernt. Einst stand hier zu lesen: »SS-Standarte Kurt Eggers – Kriegsberichter-Abteilung«. Diese Bezeichnung tauchte erstmals gegen Ende des Jahres 1943 an der Eingangspforte auf; dies geschah etwa zeitgleich mit der Übernahme des Kommandeurpostens der Standarte durch den Hauptschriftleiter der SS-Wochenzeitung *Das Schwarze Korps*, Gunter d'Alquen.

Schon drei Jahre zuvor hatte in dem so abgelegenen Gebäude im Berliner Westen die Ausbildung der ersten Kriegsberichter der SS stattgefunden. Anfänglich waren es nicht mehr als eine Handvoll Männer, die gewissermaßen in einem Schnellverfahren darauf getrimmt wurden, ein bestimmtes Ereignis an der Front in Form einer Schilderung so interessant darzustellen, dass es von der Leserschaft einer Zeitung nachempfunden werden konnte. Die zukünftigen Kriegsberichter sollten darin perfekt werden, selbst das kleinste Geschehen mit dem Auge eines Journalisten zu sehen, der befähigt war, anderen etwas zu vermitteln, was einen Gegenstand allgemeinen Interesses darstellte.

Doch nicht nur auf die Beherrschung einer guten Feder kam es an, sondern ebenso wurde von ihnen erwartet, mit Fotoapparaten, Filmkameras sowie Rundfunkmikrophonen umgehen zu können, als hätten sie zeit ihres Lebens nie etwas anderes getan. Kurzum, sie sollten sich die Kenntnisse eines Profis aneignen, und dies in denkbar kürzester Zeit.

Dem Reichsführer der SS, Heinrich Himmler, war beim täglichen Studium der Presse aufgefallen, dass in den einzelnen Blättern immer mehr Berichte erschienen, die als Initial das Kürzel »PK« trugen, was für Propagandakompagnie stand, in welchen die Kriegsberichter der Wehrmacht zusammengefasst waren. Während es über die Fronteinsätze der Wehrmacht eine recht ausführliche Berichterstattung gab, nahmen sich solche, in welchen SS-Einheiten eine Rolle spielten, recht dürftig aus.

Gunter d'Alquen erhält einen Anruf

Ein Anruf von ihm bei Gunter d'Alquen, was zu tun sei, um der Waffen-SS eine größere Geltung in Presse, Funk und Wochenschau zu verschaffen, bildete den Anstoß, um im Januar 1941 eine erste SS-Kriegsberichter-Kompanie ins Leben zu rufen. Nacheinander erfolgte nunmehr die Ausbildung von drei Zügen, die dann einer bestehenden Einheit der früheren SS-Verfügungstruppe, die sich seit November 1939 als Waffen-SS bezeichnen durfte, angegliedert wurden.

Noch im gleichen Jahr wurden weitere fünf SS-Kriegsberichter-Züge aufgestellt, so dass im August 1941 die bisherige Kompanie zu einer Abteilung erweitert wurde. Im Sommer 1943 bestanden dann schon 27 so genannte Feldeinheiten, aus denen im November 1943 ein selbständiger Regimentsverband in Form einer SS-Standarte entstand, die von jetzt an den Namen »Kurt Eggers« führte, so benannt nach dem am 12. August 1943 im Raum von Isjam an der Ostfront gefallenen Panzerkommandanten SS-Untersturmführer Kurt Eggers, Angehöriger der Division »Wiking«.

Auf ihn wird noch an anderer Stelle einzugehen sein, doch erfordert es die Handlung, dass zunächst ausführlicher von jenem Mann die Rede sein soll, der bis zum Schluss des Krieges die Führung der SS-Standarte »Kurt Eggers« innehatte, dem Hauptschriftleiter des bereits erwähnten Wochenblattes *Das Schwarze Korps*.

Man kann über Gunter d'Alquen viele Meinungen hegen, wird bei einer ausgewogenen Betrachtung seiner Person letztlich jedoch zu der Ansicht kommen, dass er in nichts jenem Typ von Nationalsozialisten entsprach, der mit ideologischen Scheuklappen durch die Welt lief und die Dinge grundsätzlich nur so zu sehen vorgab, dass sie sich jederzeit mit der NS-Propaganda in Übereinstimmung bringen ließen.

Er glich eher einem störrischen Gaul, der sich sofort aufbäumte, sobald ihm jemand ein Zaumzeug anlegen wollte.

Er pflegte dann auszuschlagen, wobei er sich nicht im Geringsten scheute, auch jenen einen Tritt zu versetzen, die rangmäßig weit über ihm standen. Er sah sich selbst als einen überzeugten Nationalsozialisten an, was er auch nach Kriegsende nicht in Abrede stellte

Während solche Bekenntnisse von vielen bis zum heutigen Tage als Ausdruck einer Verbohrtheit bezeichnet werden und man ihn somit in die Kategorie des Unverbesserlichen einstufte, blieb dabei unbeachtet, dass gerade er sich zu keiner Zeit irgendwelche Zurückhaltung auferlegte, sondern so manches geißelte, was sich zwar als nationalsozialistisch gebärdete, in seinen Augen jedoch moralisch anstößig war.

Übergeben wir hierzu für einen Moment das Wort dem Wissenschaftler Mario Zeck, der in einer bemerkenswerten geschichtswissenschaftlichen Arbeit, welche die Untersuchung der SS-Zeitung *Das Schwarze Korps* zum Inhalt hatte, Gunter d'Alquen als einen völlig unkonformistischen Hauptschriftleiter bezeichnete, einen Journalisten, jetzt wörtlich, »in dem sich Fanatismus mit Pragmatismus und eine bedingungslos gefestigte Weltanschauung mit der nötigen Zivilcourage verband«. Mario Zeck glaubt weiter herausgefunden zu haben, dass d'Alquen auch seine Mitarbeiter im *Schwarzen Korps* entsprechend solcher Eigenschaften auswählte.

Wie brachte es d'Alquen fertig, mit einer solchen Haltung und der von ihm an den Tag gelegten freimütigen Denkweise ständig gegen den Strom zu schwimmen, während das Staatsschiff einen völlig anderen Kurs einschlug? Er machte keinerlei Hehl daraus, dass die von ihm geleitete Zeitung bestimmte dekadente Erscheinungen in einer Schicht, die sich als elitär empfand, ins Visier nehmen würde, da das von ihm geleitete Blatt sich einem konstruktiven Oppositionsverständnis verpflichtet fühle.

Die Geburtsstunde einer ungewöhnlichen Zeitung

Die im Jahre 1935 als Organ der so genannten Schutzstaffeln der NSDAP ins Leben gerufene Zeitung, welche im parteieigenen Verlag »Franz Eher Nachfolger« erschien und zeitweilig eine Auflagenhöhe von 750 000 Exemplaren erreichte, entwickelte sich ziemlich schnell zur zweitgrößten politischen Wochenzeitung des Dritten Reiches, nur von Goebbels‹ Flaggschiff *Das Reich* überflügelt.

Wer heute einige Jahrgänge des *Schwarzen Korps* durchblättert, entdeckt zu seinem Erstaunen, welche kritischen Töne diese Zeitung bisweilen anschlug, dass ihr Erfolg ganz offensichtlich darauf beruhte, dass sie unzufriedenen Stimmen zu den verschiedensten Missständen Gehör verschaffte, was ja auch heutzutage im Blätterwald noch immer eine erfolgversprechende Methode darstellt, um die Auflage hochzutreiben.

Gunter d'Alquen scheint dieses Rezept meisterhaft beherrscht zu haben, was natürlich dazu führte, dass er häufig aneckte, somit einem Seiltänzer glich, der immer dicht davorstand, den Sturz in die Tiefe anzutreten.

Nun sollte daraus nicht geschlussfolgert werden, als ob dieser Starjournalist von Himmlers und Hitlers Gnaden sich etwa bereitwillig dazu hergegeben habe, so etwas wie die Rolle eines Michael Kohlhaas zu spielen. Eher wäre da schon die Vermutung nahe liegend, dass dem *Schwarzen Korps* die Aufgabe zugefallen war, als eine Art von Ventil zu fungieren, um jederzeit Dampf aus dem Kessel entweichen zu lassen.

Hierfür spricht das merkwürdige Verhältnis, das zwischen Himmler und d'Alquen bestand. Er war der Einzige, der dem Reichsführer über den Mund fahren durfte, ohne dass ihm dies den Posten gekostet hätte. Während Hitler für d'Alquen in jeder Weise tabu war, kannte er keinerlei Respekt vor dem Reichspropagandaminister, mit dem er sich mehr als einmal anlegte und ihn auch der Lächerlichkeit preisgab. Der NS-Staat mag vieles gewesen sein, jedoch als monolithisch geprägt lässt er sich indes kaum bezeichnen.

Gunter d'Alquen stammte aus Essen, wo er am 24. Oktober 1910 geboren wurde. Er wuchs in einer Familie auf, die sich selbst als dem Mittelstand zugehörig empfand, deren Vorfahren aus Flandern stammten, von wo sie im 17. Jahrhundert in das Rheinland eingewandert waren. Mit der Zeit brachten sie es zu einem gewissen Wohlstand. Der Vater von Gunter d'Alquen war in Essen ein angesehener Mann, der durch den Wollhandel es sogar zu einem gewissen Reichtum gebracht hatte. Seinen politischen Überzeugungen nach fühlte er sich zum Liberalismus hingezogen, ohne sich jedoch hier in einer Weise zu engagieren, die man hätte als auffällig bezeichnen können.

Vielleicht war es die gewisse Behäbigkeit, die dem Elternhaus anhaftete, die den Jungen dazu trieb, aus einem Lebenskreis auszuscheren, der ihm allzu dröge anmutete.

Im Alter von fünfzehn Jahren schloss er sich der Hitlerjugend an, ein Jahr später erfolgte seine Mitgliedschaft in der SA, und gerade 17 geworden, trat er der NSDAP ein. Seine erste aktive Rolle spielte er im Nationalsozialistischen Deutschen Studentenbund.

Von einer steten Unrast erfüllt, brach er sein Germanistik- und Geschichtsstudium an der Universität ab, um sich dem Journalismus zuzuwenden, von dem er glaubte, dort seine wahre Berufung zu finden

Nach heutigem lässig-coolen Sprachgebrauch galt Gunter d'Alquen zu seiner Zeit als eine Art Shootingstar, dessen atemberaubender Aufstieg seinen ersten Höhepunkt erreichte, als er Hitler während dessen Rundflügen von einer deutschen Stadt zur anderen im Verlauf des Wahlkampfes 1932/33 begleiten durfte.

Während des Beginns seiner journalistischen Karriere, die in der Bremer *Nationalsozialistischen Zeitung* ihren Anfang nahm, sah sich d'Alquen von den Umständen, unter denen sich in dem Blatt die redaktionelle Arbeit vollzog, ständig frustriert. Die Zeitung befand sich andauernd in Geldnot, man musste sich damit abfinden, dass sämtliche Telefone gesperrt waren, die altersschwachen Schreibmaschinen des Öfteren ihre guten Dienste verweigerten und dann die Redakteure nicht umhin konnten, ihre Manuskripte handgeschrieben den Setzern zu übergeben, die dann einen Teil ihrer Zeit damit verbrachten, das Geschreibsel zu entziffern.

Der *Völkische Beobachter*, das Zentralorgan der NSDAP, hatte mit solchen Schwierigkeiten nicht zu kämpfen, dafür empfand d'Alquen die dort herrschende Atmosphäre als derart steril, dass ihn manchmal Zweifel ankamen, ob sich zwischen den Ideen des Nationalsozialismus und deren journalistischer Umsetzung jemals so etwas wie eine Symbiose würde finden lassen.

Als Max Amann, seines Zeichens NSDAP-Reichsleiter für die Presse, der den Parteiverlag Franz Eher Nachfolger leitete, von der Unzufriedenheit seines jungen Kämpen erfuhr, machte er ihm das Angebot, nach Berlin zu gehen und dort die Schriftleitung der Zeitung *Der Angriff* zu übernehmen. Bedingung war jedoch, dass er dafür zunächst eine Art redaktionelles Konzept ausarbeiten sollte. Doch aus der Sache wurde nichts, da der junge Heißsporn lauthals seine Meinung kundtat, dass eine solche Zeitung sich nur dann Ansehen erwerben würde, wenn sie sich nicht scheute, die nationalsozialistische Bewegung auch mit kritischen Augen zu betrachten, also etwas wie eine Form konstruktiver Opposition zu betreiben, um zu verhindern, dass der gerade erst entstandene nationalsozialistische Staat an Arterienverkalkung zugrunde gehe.

Da konnte selbst Amann, der das lose Mundwerk Gunter d'Alquens eher amüsiert hinnahm, über seinen Protegé nicht länger seine schützende Hand halten.

Nunmehr spielte der Zufall Schicksal im Leben des jungen Revoluzzers, der beeinflusst von Gregor Strasser, der sich bekanntlich später mit Hitler wegen der von ihm als völlig unzureichend angesehenen sozialen Komponente im Parteiprogramm der NSDAP überwarf, ihn dazu veranlasste, der SS beizutreten, was er am 10 April 1931 dann auch tat.

Während einer Bahnfahrt nach Schlesien teilte d'Alquen das Zugabteil mit dem Chef des SS-Hauptamtes, Kurt Wittje, dem er sein journalistisches Desaster anvertraute, das ihn um den Posten eines Hauptschriftleiters gebracht hatte. Wittje hörte aufmerksam zu, als ihm der 21-Jährige eingestand, dass er wahrscheinlich sein Maul zu weit aufgerissen habe. Er tröstete ihn, indem er meinte: »Mensch, Gunter, ich werde mal mit Himmler reden. Schließlich gibt die SA und jeder Kräuterverein eine Zeitung heraus, warum nicht auch die SS.«

Als Wittje einige Zeit darauf Himmlers Interesse an einer Zeitung der SS wecken wollte, ließ der ihn wissen, dass die Sache bereits entschieden sei, alles Notwendige wäre schon mit Max Amann besprochen. Ein wenig nachdenklich fügte der SS-Gewaltige hinzu, dass es jedoch nichts schaden könne, sich einmal mit diesem jungen Burschen zu unterhalten, vielleicht käme etwas Brauchbares dabei heraus.

Auf diese Weise kam Gunter d'Alquen erstmals zu Anfang des Jahres 1935 mit dem Reichsführer SS, Heinrich Himmler, in persönliche Berührung. Das Kennenlernen vollzog sich auf eine Weise, die es ihm schwer machte, sein Temperament zu zügeln und Himmler bei dessen langatmigen Ausführungen nicht ins Wort zu fallen. Dieser ließ sich weitschweifig darüber aus, wie nach seinen Vorstellungen eine gute Zeitung beschaffen sein sollte. Für d'Alquen stand fest: Der Mann hatte keine Ahnung. Doch diesmal war er fest entschlossen, sich eher die Zunge abzubeißen, als sich zu irgendwelchem Widerspruch verleiten zu lassen.

Als es jedoch darum ging, welchen Titel das neue Blatt erhalten sollte, prallten die Meinungen aufeinander. Gunter d'Alquen wollte der Zeitung den Namen »Die Bewegung« geben, während Himmler darauf bestand, sie sollte »Das Schwarze Korps« heißen.

Trotz des Zwistes über den Zeitungskopf erteilte ihm Himmler den Auftrag, sofort sämtliche Vorarbeiten zur baldigen Herausgabe des Blattes aufzunehmen.

Während sich d'Alquen daran machte, eine Redaktion zusammenzustellen, für die er ausschließlich solche Mitarbeiter auswählte, von denen er glaubte, dass sie mit ihm die gleiche Wellenlänge besäßen, verhandelte Himmler mit dem Franz-Eher-Verlag über eine wöchentliche Druckauflage von 40 000 Exemplaren. Als er von seinem neuen Hautschriftleiter wissen wollte, wie der sich nun hinsichtlich des Namens des neuen Wochenblattes entschieden hätte, zog es d'Alquen vor, von seinen eigenen Vorstellungen abzugehen und sich Himmlers Auffassung zu Eigen zu machen.

So erschien dann am 6. März 1935 erstmals *Das Schwarze Korps*, mit dem Untertitel *Zeitung der Schutzstaffeln der NSDAP, Organ der Reichsführung der SS*. Die Redaktion setzte sich lediglich aus sechs Mitarbeitern zusammen, welche ein zunächst aus 16 Seiten bestehendes Blatt gestalteten, das jeden Donnerstag an den Zeitungskiosken auslag. Zumeist wurde das Blatt in einem Zeitungsständer platziert, so dass es schon vor dem Kiosk die Blicke auf sich lenkte.

Was niemand erwartet hatte, weder der Reichsführer SS noch Gunter d'Alquen selber, trat ein, die Auflage der Zeitung stieg von Woche zu Woche. Noch im selben Jahr ihres Erscheinens kletterte sie auf über 189 000 Exemplare, welche die Nachfrage noch immer nicht zu befriedigen vermochten. Zwei Jahre darauf lag sie bereits bei 500 000 Exemplaren, und während des Krieges setzte das Blatt Woche für Woche an 750 000 Exemplare ab. Mehr ließ das zur Verfügung stehende Papierkontingent nicht zu.

Was machte den Erfolg dieser Wochenzeitung aus, worin unterschied sie sich von der großen Zahl anderer Titel, die im Dritten Reich erhältlich waren? Dies hatte zweifellos etwas damit zu tun, dass sie alles vermied, was irgendwie als Uniformiertheit hätte empfunden werden können. Die Redaktion achtete auch darauf, dass keine monströsen Textgebilde die Seiten in eine Bleiwüste verwandelten. Sie versuchte in der Öffentlichkeit den Eindruck zu erwecken, dass es ihr vor allem darum ging, sozusagen über die Reinheit der NS-Ideologie zu wachen, die stets vielen Gefährdungen ausgesetzt war. Nicht zuletzt von Parteifunktionären, die vor Eitelkeit strotzten, um markige Worte niemals verlegen waren, doch in Wirklichkeit Spießer reinsten Geblütes verkörperten.

Wie das *Schwarze Korps* mit ihnen umsprang und ungeachtet ihres Namens und ihrer Funktion, die sie im NS-Staat bekleideten, kein gutes Haar an ihnen ließ, dies gefiel den Lesern des Blattes und machte Woche für Woche Furore. Gelegentlich bediente sich das Blatt eines Tones, welcher der Gossensprache entlehnt zu sein schien. Da ließ man es an jeglichem Respekt fehlen, zog hohnvoll über die Ehepartner von Parteigrößen her, schilderte genüsslich, wie sich diese Dämchen von Welt aufspielten und in Wirklichkeit nichts anderes taten, als ihre Dümmlichkeit zur Schau zu stellen.

Gerade solche feuilletonistisch gefärbten Beiträge trugen dazu bei, dem Schwarzen Korps den Anstrich einer Zeitung zu geben, in welcher auch oppositionelle Stimmen gelegentlich Gehör fanden. Wovon die Leserschaft keine Kenntnis besaß, war die Tatsache, dass viele dieser Beiträge einer Absprache mit dem SD, dem Sicherheitsdienst der SS, zugrunde lagen.

Diese enge Verbindung zum SD hatte nicht von Anfang an bestanden, sondern kam in dem Augenblick zustande, als sich zunehmend in der Bevölkerung der Ruf verbreitete, dass in dieser Wochenzeitung Beschwerden aller Arten stets gebührende Beachtung fänden und das Blatt nicht davor zurückschrecken würde, solchen Beanstandungen auch dann nachzugehen, selbst wenn höhere Amtsträger der NSDAP darin verwickelt seien.

Ventil und Stimmungsbarometer in einem

Auf Veranlassung von Reinhard Heydrich, dem der SD unterstand, bahnte sich eine enge Zusammenarbeit mit dem Blatt an, dem man fortan ständig neues Material zuschanzte, auf welches Mitarbeiter des SD gestoßen waren. Eine der Aufgaben des SD bestand darin, sich ständig ein Bild über die Stimmung der Bevölkerung im NS-Staat zu verschaffen, wobei solche Berichte in keiner Weise getürkt sein durften, sondern auf wahrheitsgemäßen Angaben zu beruhen hatten. Dabei fiel so manches ab, was sich für eine Veröffentlichung im *Schwarzen Korps* eignete. Die Quellen des SD sprudelten reichlich, so dass dem Wochenblatt niemals der Stoff auszugehen drohte.

Gerade derartige Veröffentlichungen bestärkten die Leser in ihrer Meinung, dass diese Zeitung einen besonders engen Draht zur Spitze des Reiches unterhielt, man ihrer Lektüre mehr und bessere Informationen zu verdanken hatte, als dies anderswo der Fall war.

Es wäre jedoch eine Verdrehung der Tatsachen, wollte man dem *Schwarzen Korps* das Stigma einer Oppositionszeitung verleihen, was nun keineswegs zutraf. Gunter d'Alquen und seine Leute verstanden es lediglich, manche Dinge auf eine intelligentere und geschicktere Weise propagandistisch aufzubereiten, was auch einschloss, dass man den Lesern Sand in die Augen streute, worin letztendlich die Ziele des Nationalsozialismus bestanden. Auf unterschiedliche Art versuchte das *Schwarze Korps* den Lesern zu suggerieren, dass niemand und nichts die Reinheit der NS-Ideologie im Geringsten in Frage stellen dürfe. Dass hierbei viel Demagogie mit im Spiel war, geht beispielsweise aus einer Betrachtung des Blattes hervor, die bereits in der ersten Woche des Erscheinens publiziert wurde.

Das Schwarze Korps geißelte darin ein antijüdisches Pogrom, zu welchem es im Sommer 1935 in München gekommen war, also drei Jahre vor dem Zeitpunkt, als dies dann überall in Deutschland geschah. Damals hatte eine kleinere Parteigliederung der dortigen NSDAP den Beschluss gefasst, sich einmal so eine richtige Gaudi zu bereiten und in den Abendstunden einige Geschäfte, deren Inhaber Juden waren, in der Innenstadt zu demolieren. Dies beschränkte sich auf die Zerstörung der Schaufensterscheiben durch Steinwürfe.

An seinem wöchentlichen Erscheinungstag nahm das Blatt hierzu Stellung, in einer Weise, wie es keiner der daran beteiligten Krakeeler erwartet hatte. *Das Schwarze Korps* sprach von einer verbrecherischen Machenschaft, die so nicht geduldet werden könnte. Wer indessen aufmerksam weiterlas, stieß auf einen bezeichnenden Satz, der wie folgt lautete: Die Judenfrage als eines der brennendsten Probleme unseres Volkes wird nicht durch Straßenterror entschieden. An anderer Stelle erteilte das Blatt der Polizei den Rat, mit dem Begriff des Staatsfeindes etwas vorsichtiger umzugehen: »Es wird durch eine scharfe Verfolgung mehr geschadet als genützt. Man sollte einmal eine genaue Statistik darüber machen, wie viel Anklang auf Grund von Denunziantentum und persönlicher Rachsucht zustande kommt.«

In dem in der ersten Nachkriegszeit erschienenen Buch *Der SS-Staat*, dessen Verfasser Eugen Kogon war, findet sich auch eine Passage, in welcher er die Redakteure des *Schwarzen Korps* als sozial deklassierte Elemente bezeichnet, die aus Frust über ihr muffiges bürgerliches Zuhause im Nationalsozialismus ihre Sehnsucht nach einem Status zu befriedigen vermochten, der ihnen zu persönlicher Vergeltung verhalf. Diese Definition, die sie auf eine Stufe mit gewissen SA-Rabauken stellte, lässt sich nach dem heutigen Kenntnisstand so nicht aufrecht erhalten.

Gunter d'Alquen ebenso wie sein Bruder Rolf, der gleichfalls dem Redaktionsstab des *Schwarzen Korps* angehörte, waren durchaus das, was man unter einem überzeugen Nationalsozialisten verstand. Was man ihnen jedoch nicht zu unterstellen vermag, ist eine geistige Haltung, die lediglich der von Befehlsempfängern entsprach, denen jedes eigene Denken angesichts der Ideologie, der sie sich verhaftet hatten, längst abhanden gekommen war.

Sie waren Menschen ihrer Zeit, besaßen das, was man heute als eine pragmatische Einstellung zu bezeichnen pflegt, ließen es nicht an Widerspruch fehlen, wenn sie die Überzeugung gewonnen hatten, dass dies eher einen Erfolg versprach als sinnloser Fanatismus.

Sie hingen an ihren Idealen, hatten ihre Idole, von denen sich späterhin freilich herausstellte, dass es nicht immer die richtigen gewesen waren.

Was ihr Handeln als Propagandisten der SS-Standarte »Kurt Eggers« angeht, so ist vieles nur aus der damaligen Zeit heraus zu verstehen. Ein Urteil darüber zu fällen, ob ihr Leben aus heutiger Sicht unwürdig gewesen ist, entzieht sich der historischen Betrachtung, dessen Anliegen es ist, nur die Fakten sprechen zu lassen.

Wenn es auch über längere Zeit so schien, als ob die Zusammenarbeit zwischen der Zeitung *Das Schwarze Korps* und dem Sicherheitsdienst der SS nahezu reibungslos verlaufe, so täuschte dieses Bild. Es herrschte alles andere als ein gutes Einvernehmen. Ja, es baute sich mit der Zeit ein immer größer werdendes Spannungsfeld auf, dessen Ursachen aus den unterschiedlichen Auffassungen herrührten, mit der beide Seiten die Sache angingen.

Während d'Alquen und insbesondere auch sein Stellvertreter SS-Obersturmführer Rudolf aus den Ruthen ausschließlich darauf aus waren, sich der Quellen des SD zu bedienen, um damit ihrer Zeitung eine größere Gewichtigkeit zu verleihen, gab es für den SS-Geheimdienst gänzlich andere Beweggründe, die ihn veranlassten, eine spezielle Beziehung zu der Zeitung anzubahnen. Heydrich ging es viel mehr darum, sie als Tarnung für bestimmte Geheimdienstoperationen zu benutzen, die als journalistische Recherchen kaschiert werden sollten.

Es kommt zum Bruch mit dem SD

Als Gunter d'Alquen erstmals dahinter kam, dass die SD-Leute sein Blatt zur Anwerbung von Agenten benutzten, sich bei der ersten Kontaktaufnahme als Journalisten des *Schwarzen Korps* ausgaben, schäumte er vor Wut. Ihm war sofort klar, dass die gesamte Glaubwürdigkeit der Zeitung auf dem Spiel stand. Würde sie erst einmal ins Gerede kommen, dass ihre Mitarbeiter recht zwielichtige Gesellen seien und sich als Handlanger eines Geheimdienstes betätigten, wäre das Renommee des Blattes für alle Zeiten dahin.

Sein Protest, dass die SD-Mitarbeiter sich gefälschter Presseausweise der Zeitung bedienen und auch nicht davor zurückschrecken würden, sich fälschlich der Namen von Redaktionsangehörigen zu bedienen, löste bei Heydrich nur ein mokantes Hochziehen der Augenbrauen aus. Der Chef des SD nahm an, Gunter d'Alquen habe sich lediglich übergangen gefühlt.

Es kam ihm einfach nicht in den Sinn, dass der Hauptschriftleiter eines SS-eigenen Blattes nicht in den Geruch eines Agenten geraten wollte, der sich von einem Geheimdienst hatte ködern lassen. Gunter d'Alquen war ausschließlich daran gelegen, gewisse Informationen des SD in die Zeitungsarbeit einmünden zu lassen, ohne indessen in die Rolle eines verlängerten Armes des Sicherheitsdienstes zu geraten.

Zwischen dem SS-Geheimdienst und der Zeitung galt es seiner Meinung nach gewisse Grenzen zu bewahren, die von keiner Seite her überschritten werden durften.

Doch obwohl Heydrich so tat, als ob die Sache viel zu nichtig wäre, um darüber viel Worte zu verlieren, war er sichtlich verstimmt, von jemandem belehrt worden zu sein, der im Rang weit unter ihm stand.

Die Partnerschaft war zu Ende, die Fehde eröffnet. Im Hauptquartier des SD, das sich im Berliner Regierungsviertel in der Wilhelmstraße befand, begann man das Blatt jetzt mit Argusaugen zu betrachten, vermutete, dass sich hinter der Eigenmächtigkeit d'Alquens möglicherweise etwas verbarg, das nicht im Sinne der SS-Reichsführung liegen könne. Der SD bezichtigte jetzt *Das Schwarze Korps* immer häufiger, sich nicht an bestimmte Absprachen zu halten, monierte, dass etliche übergebene Materialien in der Zeitung keinerlei Beachtung gefunden hätten, statt dessen Artikel erschienen seien, mit welchen über angesehene Parteigenossen Kübel voller Dreck ausgekehrt wurden, man der nationalsozialistischen Sache schweren Schaden zugefügt habe.

Dem SD war vor allem der Mitarbeiter des Blattes Heinar Schilling ein Dorn im Auge, der ständig vieles mit garstigem Spott überzog, was er als nationalsozialistischen Kitsch empfand. Der SD ging so weit, dass er von d'Alquen verlangte, sich sofort von dieser widerlichen Kreatur zu trennen, wenn er sich nicht dem Verdacht aussetzen wollte, dessen negative Ansichten über den Nationalsozialismus zu teilen.

Der Hauptschriftleiter wies dieses Ansinnen entrüstet zurück und verwahrte sich gleichzeitig dagegen, dass sich der SD anmaße, über seine Zeitung eine Vorzensur ausüben zu wollen, was man sich nicht werde gefallen lassen.

Fortan schlug das Wochenblatt einen immer schärferen Ton an, der teilweise schon die Form einer Verhöhnung annahm, wenn da von »brauneingekleideten« Schmarotzern die Rede war. Das Blatt legte sich während dieser Phase so gut wie keine Zurückhaltung mehr auf. Fast schien es, als wollte Gunter d'Alquen dem SD einmal so richtig beweisen, was er sich alles herauszunehmen getraute. Einige Attacken zielten jetzt sogar gegen die so genannten alten Kämpfer, von denen das Blatt schrieb, dass sie nichts anderes als Postenjäger seien, ohne indes die Befähigung zu besitzen, ihre Funktion entsprechend auszuüben.

Stand der Hauptschriftleiter des SS-Blattes im Begriff, den Auslöser einer Handgranate selbst zu betätigen und sich nebst allen seinen Getreuen in die Luft zu sprengen? War er ein Hasardeur, der es einfach darauf ankommen ließ, ob und was passieren würde, wenn er sein Spiel überreizte, ohne dass er noch über einen Trumpf in der Hinterhand verfügte? Oder war ihm vielmehr von irgendeiner Seite signalisiert worden, dass der SD zu jener Zeit längst nicht so mächtig war, wie das später einmal der Fall werden sollte?

Erstaunlich mutet es allerdings an, dass Himmler sich so verhielt, als ginge ihn die Sache überhaupt nichts an. Weder rief er d'Alquen zur Ordnung, noch nahm er ihn an die kurze Leine. Eher sah es so aus, als ob der Reichsführer SS, zurückgelehnt in einem bequemen Theatersessel, ein Schauspiel auf einer Bühne verfolgte, von dem er noch nicht so recht wusste, ob ihm gefiel, was er da sah, und welchen Akteuren es schließlich Beifall zu spenden galt.

Tatsächlich gab es da etwas, wodurch sich Gunter d'Alquen abgesichert glaubte. Er hatte durch Rudolf Heß, Hitlers Stellvertreter, von einem Brief des Obersten Parteirichters, Buch, Kenntnis erlangt, der in dem vom 6. Juni 1936 datierten Schreiben Bedenken dagegen angemeldet hatte, dass sich das Fehlen einer Oppositionspresse in vieler Hinsicht nachteilig auswirke. Es käme bereits zu Erscheinungen, die sich für die Bewegung auf die Dauer als schädlich erweisen würden.

Der Brief gipfelte in der Forderung, eine Art Forum zu schaffen, durch welches erreicht werden sollte, sämtliche Anordnungen und Verfügungen noch vor ihrem Erlass einer kritischen Prüfung zu unterziehen, um so eine sorgfältigere Arbeitsweise zu bewirken. Die Weiterleitung dieses Schreibens an Gunter d'Alquen stellte so etwas wie einen Freibrief für diesen da.

Nachdem sich die Beziehungen zwischen dem Blatt und dem SD derart unerträglich gestaltet hatten, dass man sich gegenseitig nur noch beleidigte, schaltete Heydrich den SS-Sturmbannführer von Kielpinski ein, der versuchen sollte, die entstandenen Gegensätzlichkeiten auszuräumen. Gunter d'Alquen beharrte ihm gegenüber auf seinem Standpunkt, dass er sich nicht ans Gängelband des SD nehmen lasse. Voller Nachdruck erklärte er: »Ich bin es nun endgültig leid, mich von Männern des SD, die ja mit uns zusammenarbeiten wollen, behandeln zu lassen, wie sie vielleicht einen Außenstehenden behandeln.«

Dies rief den Stabsführer im SD-Hauptamt, Otto Ohlendorf, auf den Plan, der gleichsam einem Ankläger das Blatt bezichtigte, sich einer Anzahl schwerer Fehler schuldig gemacht zu haben, welche das Ansehen der nationalsozialistischen Bewegung untergraben hätten. Im Einzelnen warf Ohlendorf den Redaktionsmitgliedern vor, dass sie in vielen ihrer Artikel von völlig falschen Voraussetzungen ausgingen, einzelne Geschehnisse so darstellen würden, als ob sie sich jederzeit verallgemeinern ließen. Schlimmer aber noch, so Ohlendorf, dass die darin enthaltenen Diffamierungen in einer Weise vorgebracht würden, als verspüre man eine geradezu sadistische Freude darüber, jemandem vor aller Öffentlichkeit den Garaus machen zu können.

Schwerstes Geschütz fuhr Ohlendorf dann mit seiner Behauptung auf, dass *Das Schwarze Korps* sowohl von seinem Ton her wie auch mit den gewählten Formulierungen genau das Gegenteil von dem erreicht habe, was sein eigentliches Anliegen gewesen sei, es habe nicht bestimmte Misshelligkeiten aufgedeckt und zu ihrer Beseitigung beigetragen, sondern erreicht, dass sich anständige Nationalsozialisten durch solche in einem unflätigen Jargon vorgetragenen Anwürfe schützend vor die zu Recht Beschuldigten gestellt hätten.

Obwohl es zu der Vereinbarung kam, dass das Blatt zukünftig keine Angriffe gegen Personen der Öffentlichkeit mehr richten würde, bevor nicht eine Abstimmung mit dem SD über das belastende Material erfolgt sei, zeigte sich, dass die zwischen beiden Seiten entstandene Kluft mittlerweile so groß geworden war, dass es keine Brücke mehr gab, die darüber hinwegführte.

»Wir machen weiter wie bisher«

Die so gescholtenen Redakteure und sonstigen Mitarbeiter der Zeitung hatten diese »Strafpredigt« mit unbeteiligten Gesichtern über sich ergehen lassen. Später meinte Gunter d'Alquen lässig: »Wir machen weiter wie bisher.«

Wer waren die Männer der Feder, die er um sich herum geschart hatte? Der dem SD als besonders anrüchig erscheinende Heinar Schilling, auf dessen Rausschmiss Heydrichs Leute mehr als einmal bestanden hatten, ohne dass d'Alquen auch nur in Erwägung gezogen hätte, darauf einzugehen, war der Sohn des Erbauers des Niederwald-Denkmals, Johannes Schilling. Heinar Schilling verfügte über ein exzellentes Geschichtswissen, dessen profunde Kenntnisse dem Blatt immer dann zugute kamen, wenn es galt, irgendeines der gerade in der Öffentlichkeit in Umlauf gesetzten Elaborate aufzuspießen und der Lächerlichkeit preiszugeben. Da war Heinar Schilling gefragt, der mit beißender Ironie pseudowissenschaftliche Machwerke als Schwachsinn in höchster Potenz abstempelte.

Die bissigen Karikaturen in dem Blatt, die unter dem Pseudonym »Bogner«, mitunter auch »Wald«, erschienen, stammten von Walter Hofmann, der mit Hitler die gleiche Geburtsstadt Braunau am Inn teilte. Dann gab es da noch Gunter d'Alquens Bruder Rolf sowie seinen alten Kollegen aus der Zeit in Bremen, Rudolf aus den Ruthen, der in dem Moment die Gesamtleitung der Zeitung übernahm, als Gunter d'Alquen die Führung sämtlicher SS-Propagandakompanien im Laufe des Krieges übertragen bekam, die dann als spätere SS-Standarte »Kurt Eggers« in mehr als einer Hinsicht von sich reden machte.

Was den Verleger des Blattes anging, Max Amann, so scherte der sich keinen Deut um die Redaktionsarbeit, sondern war mehr als zufrieden, dass das Blatt schwarze Zahlen schrieb. Sein in Berlin residierender Vertreter Baur hatte auch keinerlei Einwände dagegen, dass sich die Redaktion ins Anzeigengeschäft einmischte und Annoncen, die ihrer Meinung nach nationalsozialistischen Schwulst enthielten, zur Verwunderung der Auftraggeber von solchem »Ballast« befreiten.

Ist auch der Weihnachtsmann ein Nazi?

Dass die Zeitung aber auch über eine gesunde Portion Mutterwitz verfügte, davon konnten sich die Leser mehr als einmal überzeugen. So als die Zeitung gar in ihrer Ausgabe vom 12. Dezember 1935 auf ihrer Seite 10 unter der Überschrift: »Was bringt der Weihnachtsmann« sich mit nationalsozialistischem Kitsch befasste und über so manches »künstlerische Erzeugnis« ein schier homerisches Gelächter anstimmte. Dies verwirrte zunächst einen Teil der Leserschaft, der nicht so recht zu sagen wusste, ob da nicht die Redakteure einen Schritt zu weit gegangen waren und bereits einer gewissen Blasphemie frönten.

Bereits der zweite Absatz dieser feuilletonistischen Plauderei rief bei besonders beflissenen Volksgenossen Verunsicherung hervor. Die entsprechende Einleitungspassage lautete: »Was hat Knecht Ruprecht eigentlich in der Tüte, fragen sich neugierig kindliche Gemüter und bekommen blanke Augen. Auch wir haben uns dies gefragt, einen naseweisen Blick in den unerschöpflichen Spendensack geworfen und hierauf geschworen – wir wollen es nie wieder tun, denn uns sind dadurch die Weihnachtsfreuden verdorben worden.«

Weiter im Text: »Schenke praktisch! Feldruf der letzten Jahre. Oskar ist bei der SA und hätte sicher Freude daran, ein Uniformstück zu bekommen. Doch wer kennt sich da schon aus. Welche Farbe haben die Aufschläge, und gehören an die Hosen Biesen oder Lampaß, vielleicht überhaupt nichts?

Doch da weht der Zufall ein Schnittmusterblatt auf den Tisch. Des Rätsels Lösung ist gefunden. ›Heu ...!‹ entringt sich der Kehle ein Freudenschrei; das ›... reka‹ bleibt in den Lungen stecken. Denn der Modezeichner stellt uns in einer mit etwas ungebändigter Phantasie entworfenen Uniform eines SA-Gruppenführers niemanden anderen vor als den ... Führer. Wer würde es auch schon wagen, an der Vorschriftsmäßigkeit des braunen Kleides zu zweifeln? Zwar sind die Achselstücke falsch und die Mütze und der Koppel und hat der Führer nie so steife Röhren an den Stiefeln, aber so sah ihn eben der Zeichner, malte er sich Adolf Hitler.

Man rede nicht von einem Konjunkturzeichner; dass er ein ›alter Kämpfer‹ ist, beweist uns das von ihm entworfene Gegenstück: Ministerpräsident Hermann Göring als Gruppenführer der SS. Mit der im Jahre 1923 gültigen Hakenkreuzbinde.

Wieviel Biedersinn und unverhohlene Anhänglichkeit spricht aus diesen beiden Bildern! Sie sind Symbole frommster Denkungsart eines Modeschöpfers, den der Nationalsozialismus anscheinend Tag und Nacht gefangenhält und der selbst bei der Arbeit seine Heroen nicht vergisst und seine Idole auch als Mannequins verwendet.

Wir aber fragen: Wann werden wir den Führer und Hermann Göring in den Auslagen als Wachspuppen sehen, und zwar auf der magischen Nickeldrehscheibe? Aber bitte dann die Schaufenster mit Scheibenwischern zu versehen, wenn jemanden übel werden sollte …

›Schenkt praktisch!‹ tönt die Forderung der Zeit … ›und sinnig!‹ echot die Industrie hinter dem laufenden Bande zurück. J. M. Jäckle, Schwenningen a. N., Fabrikation von Schwarzwalduhren, hat demnach auch richtig verstanden, um was es eigentlich geht. Das sagt uns sein Prospekt: ›In der nationalsozialistischen Revolution besann sich das deutsche Volk auf die in ihm liegenden Kräfte. Dieser Idee entsprang der Entwurf der Trompetenuhr ›Volk ans Gewehr‹. Im germanischen Haus liegt die germanische Wache, wohnt deutscher Geist. Diesem Haus strebt die neue deutsche Jugend entgegen. Der alte Krieger bläst: Volk ans Gewehr! … Bei Halbstund- und Stundenschlag öffnet sich das Tor. Der Hornbläser tritt heraus und bläst die betreffende halbe oder ganze Stunde, worauf sich das Tor wieder schließt.‹

Aus der trauten Schwarzwälderuhr ist ein germanischer Fachbau geworden, links und rechts vom Ziffernblatt sich drängende SA-Leute mit Tornister, die da ungeduldig lauern, bis das Türchen aufspringt, aus dem früher der Kuckuck eilfertig schnellte, und jetzt ein Germane mit Spieß, Helm und Horn hervortritt und mächtig Volk ans Gewehr tutet. Alles in künstlerischer Ausführung in beliebiger Farbe gebeizt. Möge diesen Nationalsozialismus jener Kuckuck holen, den er arbeitslos gemacht hat.

Vorwurfsvolle Blicke treffen den Weihnachtsmann, der da die Achseln zuckt. Und nochmals langt er in seine bodenlose Tüte und sein Bart sträubt sich vor Entsetzen, als ob er die Requisiten des Mannes mit dem Pferdefuß hervorzerren würde. Und auch wir werden steif, ohne der Meduse ins Gesicht gesehen oder von einem tollen Hund gebissen worden zu sein.

Natürlich bringt auch die Postkartenindustrie ihre ›Deutschen Weihnachtsgrüße‹. Ein Engelchen mit einer Kerze, im Hintergrund als Fata Morgana das Hakenkreuz. Ein Christkind – man beachte das Flügelpaar, Attribute himmlischer Wesen, D.R.P. – ›Ich suche Nazis!‹

Aber auch für Menschenkinder, denen es im Winter warm ums Herz wird, und die Kunst wohlgesetzter Briefe zu schreiben versagt ist, sorgt die Ansichtskarte. Entfesselt wurde diese Sturzwelle des romantischen Zaubers mit der technischen Vollendung der Photographie. Da tauchen um das Jahr 1913 Lichtbilder in Postkartenformat auf, die Soldaten mit einem Mädchen zierten, sich wonnetrunken in die Augen sehend unter einem Fliederbusch, mit einem schmachtenden Vers versehen. Das sandte man sich und klebte die Marke schief in die Ecke, was bedeutete, dass man sich in sengender Glut zueinander verzehre und samstags beim Schwoof das Weitere besprechen wolle. Das Sinnbild kraftstrotzender Männlichkeit ist diesmal kein Pionier vom ersten Garderegiment zu Fuß, sondern ein – Rotationsmaschine platze nicht – SS-Mann. In hingebender Versunkenheit steht die Braut neben ihm, und es fehlte gerade noch, dass sie statt der Magueriten die Taufscheine ihrer sämtlichen Großmütter werbend ihm entgegenhielte. Der junge Mann in voller Kriegsbemalung beweist uns jedenfalls, dass geschäftstüchtige Lichtbildner früher zu einer Uniform kommen als ein Mitglied der NSDAP zu einem Parteiabzeichen, wenn er keine Legitimation vorweisen kann.

Ihnen schlafen die Füße ein in Anbetracht dessen, was uns der Weihnachtsmann beschert? Auch dafür gibt es ein Mittel: ›Dienst am Fuß-Dienst am Volk!‹ Über diesem Motto ein Adler, der eine Hakenkreuzfahne in den Krallen trägt, der allerdings einer Lachtaube ähnlicher sieht. Im Zeichen der Erhebung befasst sich da ein ärztlich geprüfter Fußpfleger mit der Beseitigung eingewachsener Nägel, Hühneraugen, Hornhaut und anderem ... nur eines will er nicht begreifen, wo uns der Schuh drückt, dass wir diesen Missbrauch unserer Symbole unserer Weltanschauung nicht mehr sehen wollen und uns langsam der Kaffee hochkommt, dass es eine gewisse Sorte von Menschen gibt, die da glauben, dass mit dem Hakenkreuz versehene Hühneraugenringe besser ziehen als ›Lebewohl‹. Das bringt uns der Weihnachtsmann. Und noch ein Dutzend anderer Dinge. Aber diese dürften doch genügen! – Nicht wahr?«

D'ALQUEN: VOM CHEFREDAKTEUR ZUM PK-KOMMANDEUR

Es entsteht die erste SS-Kriegsberichter-Kompanie

In den ersten Januartagen des Jahres 1940 erhielt der Hauptschriftleiter des *Schwarzen Korps*, Gunter d'Alquen, vom SS-Hauptamt die Mitteilung, dass er sofort die Übergabe der Zeitung an seinen Stellvertreter Obersturmführer Rudolf aus den Ruthen in die Wege leiten möchte. Der Reichsführer SS wolle ihm eine neue Aufgabe anvertrauen, er sei dafür vorgesehen, vom März an als Kommandeur die Aufstellung der ersten Kriegsberichter-Kompanien der Waffen-SS vorzunehmen. Als Standort der neuen Einheit seien die Unterkünfte der SS-Leibstandarte Adolf Hitler in Berlin-Zehlendorf vorgesehen, wo er sich zur Übernahme seines nunmehrigen Frontkommandos am 1. März 1940 einzufinden habe.

Überraschend kam diese Nachricht für d'Alquen nicht, hatte er doch selbst mehr als einmal darauf aufmerksam gemacht, dass die Berichterstattung über die Fronteinsätze der Waffen-SS in der reichsdeutschen Presse einen mehr als spärlichen Charakter tragen würde, was eine Zurücksetzung gegenüber der Wehrmacht bedeute.

Da sich Himmler inzwischen persönlich gekränkt fühlte, weil seiner Meinung nach die Erfolge der Waffen-SS bewusst in den Hintergrund gedrängt wurden, um den Anschein zu erwecken, als würden sämtliche Verdienste der Wehrmacht gebühren, versprach er sich von eigenen Kriegsberichtern eine veränderte Wahrnehmung in der Öffentlichkeit. Gunter d'Alquen mit seinem ungestümen Temperament schien ihm deshalb genau der Richtige zu sein, um der Waffen-SS in der Publizistik entsprechende Geltung zu verschaffen.

Als sich dieser am 1. März zum Antritt seines neuen Postens in der Zehlendorfer Dienststelle Neue Heimat 27 einfand, herrschte dort ein heilloses Durcheinander. Da mochten sich Schar- und Rottenführer noch so sehr abmühen, so etwas wie

Ordnung in die Leute zu bringen, es war nicht zu übersehen, dass man es hier mit einer ganz besonderen Spezies von Rekruten zu tun hatte, denen jegliches Gefühl für militärische Verhaltensweisen völlig abging.

Als einer der entnervten Unterführer an ihn herantrat und versicherte, dass man schon alles bald in den Griff bekommen würde, beschwichtigte ihn der neu ernannte Kommandeur mit den Worten: »Lassen Sie die mal alle in Ruhe, das sind sämtlichst Zeitungsleute, jetzt sollen sie auch noch Soldaten werden, die brauchen halt eine längere Phase der Eingewöhnung.«

Während die frisch Einberufenen in der Bekleidungskammer ihr Drillichzeug und ihre Uniformen erhielten, dann den Gang zur Waffenkammer antraten und schließlich ihre Stuben zugewiesen bekamen, machte sich der Hauptsturmführer, diesen Rang hatte er inzwischen inne, mit den technischen Gerätschaften vertraut, die künftig die Ausrüstung der Kriegsberichter-Abteilungen bilden sollten.

Ein Arsenal aus Ballons, Lautsprechern, Abschusswerfern

Der Kommandeur vermochte sein Erstaunen nicht zu verbergen, als ihn ein mit der Verwahrung der gesamten Technik betrauter Ingenieur herumführte. Da gab es automobile Druckereien zur Herstellung jeglichen Propagandamaterials, seien es nun Flugblätter, bebilderte größere Plakate bis hin zu vierseitigen Frontzeitungen. Ein neugieriger Blick in einen der Setzkästen verdeutlichte dem Offizier, dass zur Ausstattung auch kyrillische Schrifttypen gehörten.

Des weiteren existierten fahrbare Labors zur Entwicklung verschiedensten Bildmaterials, das entweder zum Abdruck in der Presse oder als Filmrolle zur Aufnahme in einem Wochenschaubericht bestimmt war. Zum Bestand des Arsenals gehörten ferner auch Lautsprecher, Ballons, Werfer zum Abschuss von Propagandamaterial sowie solche in einer bereits weiterentwickelten

Form, die in der Lage waren, sogenannte Propaganda-Munition abzufeuern, die nach dem Aufschlag zerplatzte und Tausende von Flugblättern über die gegnerischen Stellungen niederrieseln ließ.

Hatte der Kommandeur zunächst nur angenommen, dass sich die neu aufzustellenden Kriegsberichter-Einheiten der Waffen-SS gemäß den Absprachen mit der beim OKW bestehenden Amtsgruppe für Wehrmachtspropaganda lediglich auf die Anfertigung von Wort- und Bildberichten beschränken würden, da die sogenannte Aktivpropaganda, unter der man die direkte Einwirkung mittels Lautsprecheransagen oder abgeworfener Flugblätter auf die feindliche Seite verstand, ausschließlich zur Domäne der Wehrmacht gehörte, so wurde ihm jetzt klar, was man von ihm in allernächster Zeit tatsächlich erwartete.

Dass er sich dieser Aufgabe mit Leib und Seele annehmen würde, stand für den agilen Offizier in dem Augenblick fest, als er blitzartig erkannte, welche Möglichkeiten sich einer kriegsführenden Seite eröffnen würden, sobald es jemand verstand, sich der Propaganda tatsächlich als einer Waffe zu bedienen, welche mit allen ihr zu Gebote stehenden Mitteln auf die moralische Zersetzung des Gegners hinzielte.

Von diesem Moment an setzte sich in Gunter d'Alquen der Gedanke fest, dass die Kriegsberichter der Waffen-SS dazu berufen sein könnten, schon bald mehr auszurichten, sobald sie an der Front erst einmal in Aktion getreten sein würden.

Nach einer achtwöchigen Ausbildungszeit, welche insbesondere die perfekte Handhabung der Rundfunk- und Kameratechnik beinhaltete – einen wesentlichen Teil der Schulung nahmen auch die Stimmbildung sowie eine gute Stilistik beim Abfassen von Berichten ein – erfolgte am 4. Mai 1940 nach einer Abschlussbesichtigung durch Vertreter des SS-Hauptamtes die Aufstellung der ersten drei Kriegsberichter-Züge, in der Kurzform als KB-Züge bezeichnet. Auch die Ärmelstreifen an den Uniformen enthielten diese Bezeichnung.

Offiziere der »Leibstandarte Adolf Hitler« hatten für die waffenmäßige Ausbildung Sorge getragen. Zu jener Zeit waren seitens der SS drei Divisionen zum Fronteinsatz aufgestellt worden, wozu die bereits erwähnte Leibstandarte sowie die Divisionen »Das Reich« und »Totenkopf« gehörten. Jeder dieser Einheiten wurde jetzt ein Kriegsberichter-Zug beigegeben, wobei die Anweisung lautete, sich ausschließlich auf die reine Berichterstattung zu beschränken. Die sogenannte Aktivpropaganda würde ausschließlich Sache der Wehrmacht bleiben.

Mit einem gewissen Ingrimm hatte Gunter d'Alquen als Kommandeur der neuen Einheit auch hinnehmen müssen, dass sich die Kriegsberichter der SS strikt an die Anweisungen der Abteilung für Wehrmachtspropaganda beim Oberkommando der Wehrmacht zu halten hatten.

Es erscheint an dieser Stelle angebracht, ein paar Worte über den Stellenwert zu verlieren, den die Propaganda innerhalb der Wehrmacht einnahm. Bereits im Ersten Weltkrieg hatte es eine Form von Kriegspropaganda gegeben, deren Wirksamkeit jedoch gleich null war, da sie von völlig verkehrten Vorstellungen ausging. Dies betrifft gleichermaßen die deutsche wie auch die französische Seite. Diese Propaganda sah ihr wichtigstes Ziel darin, den Kriegsgegner in jeder erdenklichen Weise zu verunglimpfen, ihn bestialischer Taten zu bezichtigen und ansonsten als feige und verlogen darzustellen.

Solche Propaganda-Aktionen entbehrten jeglicher Überzeugungskraft, was auch die seinerzeit von Belgien in Umlauf gebrachte Behauptung einschloss, dass die Deutschen Kindern die Arme abgehackt und die Augen ausgestochen hätten. Dies wurde nach dem Ende des Ersten Weltkrieges noch über längere Zeit immer wieder kolportiert, ohne dafür einen Beweis antreten zu können. Die Drahtzieher dieser Kampagne kamen aus den Reihen der Spartakisten, denen jedes Mittel recht wahr, Kübel voller Dreck über ein Land auszugießen, dessen Gesellschaftsform ihnen verhasst war und das sie in eine kommunistische Räterepublik umzuwandeln gedachten.

Doch auch die von deutscher Seite während des Ersten Weltkrieges verbreiteten Propaganda-Postkarten mit so martialischen Schlagwörtern wie »Jeder Schuss ein Russ'« oder »Jeder Stoß ein Franzos'« waren so simpel, dass sie eher die Dummheit der Macher unter Beweis stellten, als ihre propagandistischen Fähigkeiten, an denen es ihnen völlig gebrach.

Doch zurück zur Wehrmachtspropaganda, insbesondere ihren Anfängen. Noch bevor sich in höheren Kreisen der Wehrmacht der Gedanke durchsetzte, dass es im Hinblick auf die veränderten Bedingungen einer zukünftigen Kriegsführung auch einer modernen Propaganda sowohl zur Selbstdarstellung als zur Einwirkung auf den Gegner bedürfe, deren Vernachlässigung schwere Folgen zeitigen könnte, war sich Goebbels dieser Tatsache voll bewusst. So hatte er frühzeitig in dem von ihm geleiteten Propagandaministerium ein spezielles Referat geschaffen, das sich ausschließlich der Reichsverteidigung widmen sollte.

Als Leiter dieses Referats fungierte Major von Wrochem, ein exzellenter Offizier, der sich eine große Sachkenntnis auf dem Gebiet der psychologischen Kriegsführung durch umfassende Studien erworben hatte.

Überlegungen zur modernen Kriegspropaganda

Am 26. Juni 1935 fand die zehnte Tagung des Reichsverteidigungsreferates statt, die unter der Leitung des damaligen Generalmajors von Reichenau stand. Major von Wrochem war beauftragt worden, einmal die wichtigsten Kerngedanken der von ihm erarbeiteten Grundsätze einer modernen Kriegspropaganda vorzutragen. Zur Vorbereitung auf den Ernstfall, so führte der Offizier aus, gelte es langfristig zu beobachten, wie der Kriegsgegner seine Propagandawaffen, insbesondere den Rundfunk, einsetze. Er schlug zu diesem Zweck vor, ein Verzeichnis aller Weltsender anzulegen und bereits zu dem jetzigen Zeitpunkt entsprechende Abhörstellen einzurichten. Vor dem eigenen Rundfunksystem aber stehe die Aufgabe, dass alle seine Sendungen den Gegner an seiner empfindlichsten Stelle treffen.

Major von Wrochem hatte sich auch zu dem Einsatz von Kriegsberichterstattern an der Front geäußert, sich hierbei jedoch ziemliche Zurückhaltung auferlegt, weil ihm bekannt war, dass Reichenau einem solchen Aspekt wenig abzugewinnen vermochte.

Nach Beendigung seines Vortrages warf er einen kurzen Blick auf das Gesicht des Generalmajors, dessen Verschlossenheit seinen ganzen Verdruss mit dem Vernommenen zum Ausdruck brachte. Reichenau machte kein Hehl aus seiner Überzeugung, dass er vieles für völlig überspannt hielt. Er verschloss sich nicht jeglicher Propaganda, meldete jedoch seine Bedenken dagegen an, einen riesigen Propagandaapparat aufzuziehen, dessen Nutzen ihm nicht einleuchtete. Letztlich entscheide die Kampfkraft über den erfolgreichen Ausgang eines Krieges und nicht die Stärke irgendeiner Propaganda, wie immer sie auch beschaffen sein mag, belehrte er die Anwesenden.

Es bleibt zu verzeichnen, dass er sechs Jahre später, inzwischen zum Generalfeldmarschall ernannt und mit dem Oberbefehl der Heeresgruppe Süd an der Ostfront betraut, seine früheren Auffassungen völlig revidierte, als ihm die Kriegsgeschehnisse verdeutlichten, dass die Propaganda eine nie zuvor gekannte Rolle einnahm, ja sie sich sogar immer mehr verselbständigte. Wer sich propagandistisch besser zu artikulieren verstand und dem Gegner zu verdeutlichen vermochte, dass den eigenen Argumenten eine größere Überzeugungskraft beschieden sei, der konnte daraus durchaus Vorteile ziehen, die auch militärisch zu Buche schlugen.

Obwohl in den Vorkriegsjahren von direkten Propagandakompanien noch nicht die Rede sein konnte, gab es in dem Goebbelsschen Mammut-Ministerium schon eine sogenannte Propaganda-Einsatzstelle. Was es mit ihr auf sich hatte, darüber wurden allerlei Spekulationen angestellt, doch eigentlich wusste niemand so recht, worin ihr eigentlicher Zweck bestand.

Erstmals Presseleute bei einem Herbstmanöver

»Das Geheimnis« lüftete sich in dem Moment, als das Reichskriegsministerium im Jahre 1936 einen Hinweis auf die Abhaltung von Herbstmanövern verlauten ließ. Diese Mitteilung hätte vielleicht kaum sonderliche Beachtung gefunden, wenn nicht, gewissermaßen in einem Nebensatz, davon die Rede gewesen wäre, dass in allen größeren Zeitungen des Reiches eine ausführliche Berichterstattung erfolgen würde.

Auf Veranlassung eines Presseoffiziers, der dem Wehrkreiskommando II zugeteilt war, erhielt eine Anzahl handverlesener Journalisten eine Einladung zur Teilnahme an dem Manöver, verbunden mit der direkten Aufforderung, darüber ausführlich in ihren Blättern zu berichten.

Die Sache ging erfolgreich vonstatten, sorgte jedoch intern für erheblichen Zwist, den das Kriegsministerium mit dem Propagandaministerium ausfocht. Den Anlass dazu gaben Beschwerden der Journalisten, denen man zunächst versichert hatte, dass ihnen keinerlei Vorschriften seitens der Militärs gemacht würden. Diese Zusage hatte das Propagandaministerium gegeben, doch die Generäle scherten sich darum einen Kehricht. Der Streit und die schließliche Beilegung der Misshelligkeiten währte so lang, bis das Manöver bereits in seine Endphase eingetreten war und die Berichterstatter erst in dem Augenblick auf dem Schauplatz eintrafen, als dort die Auswertung vorgenommen wurde, ob der blauen oder der roten Seite der Sieg gebühre.

Ungeachtet aller Querelen setzte sich doch immer stärker die Erkenntnis durch, dass in der Zukunft die Kriegsberichterstattung eine gänzlich andere Bedeutung erhalten würde, als dies in der Vergangenheit der Fall gewesen war.

Es kam eine Übereinstimmung zwischen der Wehrmacht und dem Reichspropaganda-Ministerium zustande, wonach die militärische Zensur aller Frontberichte in die Kompetenz des OKW fallen würde, während die Beurteilung der politischen Gesichtspunkte Goebbels' Mitarbeitern obliege. Die getroffene Vereinbarung fand in einer Verfügung des OKW vom 3. September 1938 ihren Niederschlag. Darin war erstmals die Rede, im Kriegsfalle spezielle Propaganda-Kompanien aufzustellen, die durch Wort, Bild, Film und Ton die eigene Bevölkerung über den Verlauf des Kriegsgeschehens unterrichten sollten.

Der Wehrmacht wurde in diesem Zusammenhang aber auch abverlangt, dass sie bei Ausbruch eines Krieges nicht verabsäumen dürfe, sich selbst auch der Kriegspropaganda zum Zecke der Irreführung, der Tarnung und Verschleierung eigener militärischer Absichten zu bedienen.

Im Herbst 1938 begann die Aufstellung der ersten vier Propaganda-Kompanien, und zwar in Dresden, Nürnberg, Breslau und Wien. Im Frühjahr 1939 setzte sich eine Propaganda-Kompanie aus 22 Offizieren, 44 Unteroffizieren und 88 Mannschaften zusammen. Jede einzelne Kompanie bestand aus drei Kriegsberichter-Zügen, einem Propaganda-Zug und einem Kompanietrupp sowie einer Arbeitsstaffel und dem Tross.

Am 1. April 1939 entstand beim Oberkommando der Wehrmacht die spezielle Abteilung Wehrmachts-Propaganda, deren Leitung dem damaligen Oberstleutnant Hasso von Wedel anvertraut wurde, der später den Rang eines Generalmajors erhielt. Er selbst war dem Wehrmacht-Führungsstab unterstellt, den General Alfred Jodl leitete.

Propagandakompanien an allen Kriegsschauplätzen

Um die Jahresmitte 1943 existierten 23 Propagandakompanien des Heeres, die an sämtlichen Kriegsabschnitten zum Einsatz kamen. Täglich fanden sich in den großen überregionalen Tageszeitungen, so in den *Münchener Neuesten Nachrichten*, der *Deutschen Allgemeinen Zeitung* in Berlin, der *Frankfurter Zeitung*, der *Königsberger Zeitung*, dem *Völkischen Beobachter*, aber auch dem *Prager Tageblatt* sowie im *Pester Lloyd*, um nur einige wenige zu nennen, die Berichte, denen als Signatur das Kürzel »PK« vorangestellt war, was auf einen Verfasser hinwies, der einer Propaganda-Kompanie angehörte.

Kriegsberichte erhielten auch ihren festen Sendeplatz in den Rundfunkanstalten, ob es nun Königs Wusterhausen oder Beromünster war. In jeder Wochenschau, die dem Hauptfilm vorausging, überwogen Berichte von den verschiedensten Fronten. Die Elite der Kriegsberichter, heute würde man von Edelfedern sprechen, kamen in der von Dr. Goebbels herausgegebenen Wochenzeitung *Das Reich* zu Worte.

Es lohnt sich, etwas mehr über diese Zeitung zu sagen, war sie doch ähnlich dem *Schwarzen Korps* in der Absicht ins Leben gerufen worden, sich an Volksschichten zu wenden, die etwas intelligentere Zeitungskost bevorzugten. So bemühte sich dieses Blatt, die übliche Phrasendrescherei zu vermeiden, was auch für besonders bombastische Töne galt, die zum Ritual solcher Parteigazetten gehörten wie etwa dem in Berlin herausgegebenen *Angriff*, mit dem Dr. Goebbels sich seinerzeit anschickte, als frischgebackener Gauleiter die Reichshauptstadt für die Ziele der NSDAP gefügig zu machen. Dabei bediente sich dieses Blatt mit Vorliebe eines Gossenjargons, wenn es Andersdenkende mit seinen Schimpfkanonaden überzog. Nach der Machtübernahme der NSDAP verlor diese Zeitung für ihn sogleich jegliche Bedeutung. Er zog jetzt subtilere Propagandamethoden anstelle der früheren Rüpeleien vor.

Was die Wochenzeitung *Das Reich* angeht, so erschien sie erstmals im Mai 1940 im Deutschen Verlag. Obwohl wiederholt behauptet, trifft es nicht zu, dass die Idee zur Herausgabe des Blattes von Goebbels selbst stammte. Es war vielmehr ein Mitarbeiter des bereits erwähnten Max Amann, dem Leiter des Franz Eher-Verlages, mit Namen Rolf Rienhardt, der als Stabsleiter dem Verwaltungsamt der NS-Presse angehörte.

Rienhardt machte kein Hehl daraus, dass er den größten Teil der Parteiblätter zum Gähnen langweilig empfand. Er führte dies auf die Tatsache zurück, dass man auf die Journalisten zu großen Druck ausübe und sie ständig ans Gängelband nehme. Er hoffte am besten dagegen angehen zu können, indem er eine neue Zeitung ins Leben rief, von der eine Vorbildwirkung ausgehen sollte, indem man hier den Journalisten einen größeren Spielraum gewährte.

Mag es sich auch aus heutiger Sicht eigenartig ausnehmen, wo noch immer vieles ausschließlich mit Scheuklappen betrachtet wird, obwohl nach über sechs Jahrzehnten längst die Zeit gekommen ist, auf jene Versachlichung zurückzugreifen, die einer historischen Bewertung angemessen erscheint, so bleibt zu sagen, dass der erwähnte Rolf Rienhardt seinerzeit in aller Öffentlichkeit den Gedanken äußern durfte, man möge den Journalisten in der Wochenzeitung *Das Reich* die Möglichkeit zu einer freien, selbständigen Arbeit einräumen.

Max Amann stellte für die neue Wochenzeitung folgende Prämissen auf: Diese Zeitung dürfe nicht eine unter vielen sein, sondern sie müsse einen Charakter erhalten, der ihr die Rolle zuweise, die Stimme Deutschlands im In- und Ausland gleichermaßen wirkungsvoll wie auch abgewogen publizistisch zu repräsentieren.

Parteigesinnung allein macht es nicht

Tatsächlich war gemessen an den anderen Parteiblättern hier vieles gänzlich anders. So gab es für die Anstellung eines Schriftleiters keinerlei Bedingung, dass er ein Mitglied der NSDAP sein müsse. Max Amann, der sich schon mit vielen Parteigrößen angelegt hatte, ließ es sich nicht nehmen, bei der Vorstellung der neuen Zeitung in der Öffentlichkeit den provokanten Satz einzuflechten: »Wer nur nationalsozialistische Gesinnung besitzt, aber nicht schreiben kann, hat in dieser Zeitung nichts verloren.«

Solche neuen Töne erregten natürlich große Aufmerksamkeit. So bewarben sich dann vor allem bürgerliche Journalisten, die ihr Handwerk gut beherrschten. Als erster Hauptschriftleiter fungierte Dr. Eugen Münder, der bislang das *Berliner Tageblatt* geleitet hatte, dem Goebbels noch vor nicht allzu langer Zeit eine Gesinnung vorgeworfen hatte, die sich aus seiner jüdischen Herkunft ableitete. Jetzt schien ein solcher Vorbehalt völlig opportun zu sein.

Wer heute in Archiven Einblick in aufbewahrte Jahrgänge dieses Blattes nimmt, dem steht eine Überraschung sondergleichen bevor. Viele, die hier dem Großdeutschem Reich bereitwillig ihre Feder zur Verfügung stellten und in der Zeitung gewissermaßen Seit an Seit mit dem Reichspropagandaminister für das Reich noch fochten, als es sich schon anschickte, in Agonie zu fallen, bevölkerten sogleich im Nachkriegsdeutschland erneut die Redaktionsstuben. So beispielsweise der den ARD-Frühschoppen kredenzende Werner Höfer, und auch Rudolf Augstein ließ hier so manchen Text einspiegeln, bevor ihn seine Nachkriegskarriere als Herausgeber des *Spiegel* ein anderes Gestade betreten ließ.

Doch beide befanden sich im Wochenblatt *Das Reich* in bester Gesellschaft, denn auch dem späteren *FAZ*-Mann Karl Korn konnte man hier begegnen oder Wolfgang Weyrauch von der Gruppe 47, und – wer sagts denn – auch Theodor Heuss, erster Bundespräsident der Nachkiegszeit, erwarb sich seine ersten Meriten in einem Blatt, das späterhin als ein Aushängeschild des NS-Staates nicht genug geschmäht werden konnte, was viele, die dort einst mitgemacht hatten, ihr *mea culpa, mea maxima culpa* stammeln ließ.

Viele Intellektuelle des Dritten Reiches fühlten sich geehrt, wann immer sie *Das Reich* um einen Beitrag bat. Lassen wir es bei Max Planck und Otto Hahn bewenden und tauchen mit dem *Boot* von Lothar Günther Buchheim ab.

In dem Maße, wie weitere Divisionen der Waffen-SS aufgestellt wurden, erhöhte sich die Zahl der Kriegsberichter, die nach ihrer Ausbildung in dem Objekt Neue Heimat 27 in Berlin-Zehlendorf zu den verschiedensten Einheiten entsandt wurden. Neben jungen Leuten, die in Berliner Zeitungen wie dem *Lokalanzeiger*, dem *Acht Uhr-Blatt* der *Nachtausgabe* und anderen Zeitungen aus dem Scherl-Verlag, der früher zum Hugenberg-Konzern gehört hatte, sich ihre ersten journalistischen Sporen verdienten, gab es auch eine ganze Anzahl prominenter Presseleute, die entweder zu der SS-Kriegsberichter-Abteilung zwecks Ableistung ihres Wehrdienstes hinbeordert worden waren oder sich sogar freiwillig gemeldet hatten, was fast noch häufiger vorkam.

Was auch immer ihre Beweggründe gewesen sein mochten, so waren sie nicht zuletzt in ihrem Entschluss durch die Tatsache bestärkt worden, dass mit Gunter d'Alquen jemand diese Kriegsberichter-Gruppen leitete, der sich des Rufes erfreute, alles andere als ein verbohrter Nationalsozialist zu sein.

Mittlerweile war die Aufstellung mehrerer SS-Panzer-Divisionen im Gange, denen sich eigene Kriegsberichterzüge zugesellen sollten. Es handelte sich hierbei um die Divisionen »Wiking«, »Hohenstaufen«, »Frundsberg«, zu einem späteren

Zeitpunkt kamen noch die Panzerdivision »Hitlerjugend«, die aus Freiwilligen verschiedener nordeuropäischer Länder bestehende Panzer-Grenadier-Division »Nordland«, die SS-Gebirgsdivision »Prinz Eugen«, die sich ebenfalls aus Freiwilligen zusammensetzte, das SS-Gebirgs-Korps-Kommando V sowie die aus moslemischen Freiwilligen bestehende Waffen-Gebirgs-Division der SS »Handschar« hinzu.

»SCHREIBT, WAS IHR SEHT …«

Keine Phrasen – keine bombastischen Töne

All diese Einheiten galten als Eliteformationen, und die gerade ausgebildeten Kriegsberichter-Züge drängten sich danach, dort ihre Tätigkeit aufnehmen zu können. Bei der Verabschiedung eines jeden einzelnen Zuges beschränkte sich der Kommandeur auf wenige Sätze, in denen er die zum Einsatz kommenden Kriegsberichter ermahnte, in ihren Schilderungen von den Kampfhandlungen an der Front sich einer Sprache zu bedienen, die frei von jeglicher Phrasendrescherei zu sein habe und auch bombastische Töne ausschließe. »Schreibt was ihr seht, was ihr erlebt, gebt die Empfindungen der Kämpfer in deren eigenen Worten wieder und lasst in euren Berichten stets auch etwas von dem spüren, was euch selbst durch den Kopf geht. Nicht kühle Distanz ist verlangt, sondern der Leser soll das Gefühl vermittelt bekommen, dass da jemand über Geschehnisse schreibt, die ihn selbst zutiefst bewegen.«

Wer waren die Männer, die als SS-Kriegsberichter an die Front gingen und deren Namen sich allmählich den Lesern einprägten, je öfter ihre Beiträge in den verschiedensten Blättern abgedruckt wurden? Einige seien hier einmal vorgestellt, darunter auch jene, die nach Kriegsende nicht so gern daran erinnert sein wollten, dass sie einmal der SS-Standarte »Kurt Eggers« – diesen Namen erhielt die Einheit im Dezember 1943 verliehen – angehört hatten. Es war übrigens weniger die Scham, die sie so handeln ließ, als das Bestreben, möglichst schnell eine hohe Position in den Redaktionen der deutschen Nachkriegs-Presse zu erklimmen.

Welche Männer prägten das Antlitz der Standarte?

Werfen wir also einmal einen Blick auf einige der Männer, deren journalistisches Rüstzeug aus den Jahren ihrer Tätigkeit als Kriegsberichter in der Standarte »Kurt Eggers« herrührt. Einer von ihnen war Henri Nannen, der langjährige Herausgeber und Chefredakteur der Zeitschrift *Stern*. Nannen, der in München Kunstgeschichte studiert hatte, betätigte sich bei der im Jahre 1936 in Berlin durchgeführten Olympiade als Stadionsprecher. Seine angenehme Stimme bewog Leni Riefenstahl, ihn auch als Sprecher zu ihrem zweiteiligen Olympia-Film heranzuziehen, den sie damals zu großen Teilen in dem Berliner Stadion drehte.

Während des Krieges diente Nannen in der Luftwaffe, wo er einer Propaganda-Kompanie angehörte. Als die SS-Standarte »Kurt Eggers« Anfang des Jahres 1944 an der Italienfront ein Unternehmen der Kampfpropaganda in die Wege leitete, dessen Deckname »Südstern« lautete und womit die Absicht verfolgt wurde, Angehörige der polnischen Armee des Generals Anders zum Überlaufen zu bewegen, wurde auch Henri Nannen in die SS-Standarte eingegliedert. Dies bedeutete indes nicht, dass er selbst Mitglied der SS wurde, wie überhaupt zu sagen ist, dass es allein im Ermessen der Angehörigen der Standarte lag, ob sie über ihre Tätigkeit als Kriegsberichter hinaus auch direkt sich um Aufnahme in die SS bemühten.

Wer allerdings eine führende Position in der Standarte bekleidete, für den galt es als selbstverständlich, auch Mitglied der SS zu sein. Was nun Henri Nannen anbelangt, so bezichtigte ihn der Publizist Gerhard Löwenthal im Jahre 1970 der Beteiligung an Kriegsverbrechen, doch verlief letztlich die Sache im Sande. Später machte Nannen der Skandal um die gefälschten Hitler-Tagebücher des Gespanns Konrad Kujau / Gerd Heidemann schwer zu schaffen. Es war für ihn keine Sternstunde gewesen, dass er diese betrügerischen Manipulationen nicht durchschaute, sondern ihn diese Sache und die Millionen-Auflage im Blick – restlos um den Verstand brachte. Es endete damit, dass sich Nannen öffentlich einer Verletzung der journalistischen Sorgfaltspflicht bezichtigte und die Leitung der Chefredaktion niederlegen musste.

Gänzlich anders verhielt es sich mit dem aus der Provinz Posen stammenden, späterhin sehr bekannten Schriftsteller und Maler Joachim Fernau. Während der 30er Jahre betätigte er sich als freier Journalist für den Berliner Ullstein-Verlag. Nach seiner Einberufung zur Wehrmacht gehörte er zunächst einem Polizeibataillon an, kam dann im Frühjahr 1940 zu der in Aufstellung befindlichen Propagandaeinheit der SS. Fernaus positive Haltung zum nationalsozialistischen Staat festigte sich während seiner Zeit als Kriegsberichter in der Standarte »Kurt Eggers«, von der er sich übrigens in der Nachkriegszeit niemals distanzierte.

In einem Beitrag für den *Völkischen Beobachter*, der in der Ausgabe vom 30. August 1944 erschien, brachte Joachim Fernau so etwas wie sein Credo zum Ausdruck. Es hieß darin: »Wir werden den letzten Preis, den wir noch zu bezahlen haben, eben bezahlen. Mit allen Mitteln und mit allen Kräften.«

Als ihn späterhin wegen dieses Textes Vorhaltungen gemacht wurden, ließ er die Öffentlichkeit wissen, dass dieser Beitrag ursprünglich für eine Radiosendung in französischer Sprache gedacht war, deren Zweck es sein sollte, die im Rücken der deutschen Wehrmacht operierenden Partisanenverbände zu verunsichern und sie von bestimmten Handlungen abzuhalten. Wörtlich erklärte damals Fernau: »Es gibt keinen Grund, nicht stolz darauf zu sein, auf diese Weise viele unserer Soldaten vor dem Hinterrücks-Erschossenwerden bewahrt zu haben.«

Fernau war nach der Beendigung des Krieges zunächst als Redakteur in Stuttgart tätig, bis er sich dann als Schriftsteller in München niederließ. Für seine schriftstellerischen Werke griff er zumeist auf Themen der Geschichte zurück, so beispielsweise auf Geschehnisse in Preußen oder auch im Römischen Reich.

Eines seiner Bücher trug den Titel. *Deutschland, Deutschland über alles*. 1960 handelte er in dem autobiographischen Roman *Die jungen Männer* teilweise auch das Erleben an der Front ab. Den Abschluss seiner schriftstellerischen Arbeit krönte im Jahre 1982 der Goethe-Roman *War es schön in Marienbad*.

In dem ein Jahr zuvor erschienenen Taschenbuch *Hauptmann Pax* finden sich einige Zeilen, die ganz offensichtlich seine eigene Lebenshaltung verdeutlichen sollten. Sie lauten: »Man nennt mich (richtiger: schimpft mich) konservativ. Das stimmt, wenn man darunter einen Mann versteht, dem das Bewahren des Vernünftigen und Guten im Geistigen ebenso wie im Alltäglichen wichtiger ist als das Ändern um des Änderns und das Verwerfen um des ›Fortschritts‹ willen und der nicht um jeden Preis ›in‹ sein will, wie man heute zu sagen pflegt. In allen Büchern habe ich mich bemüht, wahrhaftig und unabhängig im Denken zu sein ...« Joachim Fernau bekleidete in der SS-Standarte »Kurt Eggers« den Rang eines Obersturmführers.

Edelfedern der Nachkriegszeit – Kinder der Standarte

Auch Herbert Reinecker, der sich in der Nachkriegszeit einen besonderen Namen als Autor spannender Krimiserien im deutschen Fernsehen erwarb – so beispielsweise *Der Kommissar*, der es auf 97 Folgen brachte und dann von *Derrick* mit 281 Folgen übertroffen wurde –, gehörte eine Reihe von Jahren der SS-Standarte »Kurt Eggers« als Kriegsberichter an.

Der Wunsch zu schreiben, anderen seine Gedanken mitzuteilen, war bei ihm derart stark vertreten, dass er schon mit 15 Jahren bei der *Hagener Zeitung* vorstellig wurde und von der Redaktion gelegentlich Aufträge für Schilderungen bestimmter Geschehnisse erhielt, die sich in der Stadt zugetragen hatten, nachdem er zuvor sein Talent unter Beweis gestellt hatte

Es blieb nicht aus, dass die Reichsjugendführung der HJ auf ihn aufmerksam wurde und ihm das Angebot machte, in der Stadt Münster die Redaktion einer kleinen Zeitschrift zu übernehmen, die sich speziell an die Landjugend wenden sollte. Auf diese Weise führte ihn 1936 sein Weg nach Berlin, wo sich der Sitz der Reichsjugendführung befand, deren Leitung in den Händen von Baldur von Schirach lag, dessen Nachfolger später Arthur Axmann wurde, nachdem sein Vorgänger die Gauleitung in Wien übernahm.

Reinecker war wie viele seiner Generation ein überzeugter Anhänger des Nationalsozialismus, was in den von ihm verfassten Artikeln in der Zeitschrift *Jungvolk* zum Ausdruck kam, deren Schriftleitung man ihm übertragen hatte. Nachdem sich zwischen ihm und der Filmgesellschaft »Tobis« ein Kontakt angebahnt hatte, bot man ihm an, sich als Drehbuchautor ausbilden zu lassen. Darauf ging Herbert Reinecker gern ein, da er sich von dem Medium Film schon seit längerem stark angezogen fühlte. Ebenso hatte es ihm die Bühne angetan, für die er während der Kriegsjahre einige Stücke propagandistischen Inhalts schrieb, darunter »Das Dorf bei Odessa« sowie »Die Stunde des Triumphes«.

Im Jahre 1942 berief die Reichsjugendführung ihn zum Hauptschriftleiter der HJ-Zeitschriften *Der Pimpf* und *Junge Welt.* Als auf Wunsch der Luftwaffe in den Babelsberger Ateliers der Propagandastreifen »Junge Adler« unter der Regie von Alfred Weidenmann verfilmt wurde, in welchem übrigens ein Junge namens Hardy Krüger mitspielte, der später nach dem Krieg zum Weltstar aufstieg, stammte das Skript dazu von Herbert Reinecker.

Als Angehöriger der SS-Standarte »Kurt Eggers« führten ihn Einsätze nach Russland, Frankreich und in den letzten Kriegswochen nach Pommern. Noch am 5. April 1945 publizierte er in der Wochenzeitung *Das Schwarze Korps* einen Leitartikel, der in nur leicht verschleierter Form Andeutungen enthielt, dass auch eine Niederlage im Krieg nicht dass Verschwinden einer Weltanschauung zur Folge haben werde.

Als Herbert Reinecker nach dem Ende des Zweiten Weltkrieges seine journalistische Tätigkeit in der neu entstandenen Lizenzpresse fortzusetzen beabsichtigte, wurde ihm dies von den alliierten Presseoffizieren strikt verwehrt. Nicht die Tatsache, dass er sich als Propagandist der Reichsjugendführung besonders hervorgetan hatte, wurde ihm zum Vorwurf gemacht, sondern vielmehr seine wiederholt zum Ausdruck gebrachte Überzeugung, dass es in den Reihen der Waffen-SS eine Strömung gegeben habe, die sich bereits von dem Gedanken an ein gänzlich anderes Bild Europas leiten ließ, das in der Nachkriegsepoche auch wesentliche Veränderungen Deutschlands einschließen müsse.

So hielt sich Herbert Reinecker wie zu seiner Jugendzeit mit kleineren feuilletonistischen Arbeiten über Wasser, verfasste Kurzgeschichten, die in Blättern wie *Heim und Welt*, *Sieben Tage* u.a. abgedruckt wurden, verfasste seit 1947 Sketche für das Kölner Kabarett »Ulenspiegel«, bis die Zeit des Kalten

Krieges anbrach und Adenauer auf einmal im Zuge der gedachten deutschen Wiederaufrüstung den früheren Angehörigen der Waffen-SS versicherte, dass er auch sie als Soldaten betrachte, die im Kriege ihre Pflicht gegenüber ihrem Volke erfüllt hätten.

Nach einer solchen Erklärung standen dann auch für Reinecker wieder alle Redaktions- und Studiotüren offen, und so mancher, der ihn vordem geschnitten hatte, meinte jetzt verlegenen Gesichts, dass er eben früher nicht anders habe handeln können, das werde Reinecker doch wohl verstehen. Reinecker genoss fortan das Leben, zählte bald zu den Spitzenverdienern der Branche, frönte dem Segel- und Golfsport und starb hochbetagt im Alter von 92 Jahren am 27. Januar 2007 in seinem Haus am Starnberger See.

Da dieses Buch Geschehnisse darstellt, die etwas mit den Kriegsberichtern der Standarte »Kurt Eggers« zu tun haben, und Herbert Reinecker einer ihrer prominentesten war, soll an dieser Stelle einmal ein Bericht von ihm wiedergegeben werden, der in der Wochenzeitung *Das Schwarze Korps,* Ausgabe vom 10. Juli 1941, erschien. Der Beitrag trägt die Überschrift: *Kleine Träumerei im Walde.* Hier der Wortlaut:

SS-PK. Man liegt im Walde. Im russischen Walde. Warum soll man nicht? Das Wetter ist sonnig, und die Welt, soweit man sie sieht, ist grün und blau. Irgendwo singt ein Vogel, ganz hell und fröhlich. Ach was für ein armseliger Mensch ist man, dass man die Vögel nicht an ihrer Stimme erkennt. Was kann es für einer sein? Sicher so ein kleines, warmes Kerlchen mit seidigem Gefieder. Ich sehe förmlich, wie er das Schnäbelchen öffnet und zumacht im Rausch seines Gesanges. Das heißt, ich sehe es natürlich nicht. Denn ich kann es nicht sehen. Ich liege hinter einem grauen Stein, meine rechte Hand ist verdreht und meine Knie liegen schwitzend beieinander. Aber das ist unwichtig. Wichtig ist, dass eine Ameise über den Stein läuft. Sie hat es eilig. Komisch, wie eilig es alle Ameisen haben. Ich kann über diese Eile lachen. Denn ich habe es gar nicht eilig. Alles, was ich tue, ist, ein wenig über diesen Stein hinwegzusehen oder auf den Wald und auf den Himmel, der voll ist von kleinen Wölk-

chen, die tun, als ob sie eine Art Versammlung bilden oder einen Aufmarsch.

Aber mir scheint, sie haben nichts Rechtes und Ernstes vor. Sie tun nur so. Sie spielen. Und in ihrem Spiel sind sie märchenhaft. Und weil man Märchen liebt, liebt man wohl auch Wolken. Oh, ihr Wolkenmärchen, die ihr Verächter der Zeit seid. Ja, ich spüre es, dass euch Minuten und Sekunden nichts sind. Und indem ich euch sehe, zähle ich ebenfalls die Minuten und Sekunden nicht mehr. Es ist, als stände die Zeit still. Welche Erhabenheit liegt in diesem Gedanken, die Zeit in sich anzuhalten! Nichts regt sich mehr, und der Traum der Träume kommt. Und eine schläfrige Stimmung, die wie ein großes Meer ist, das von den sonderbarsten Gedanken im Sturme durchfahren wird.

Meine rechte Hand schmerzt auch nicht mehr. Doch in aller Schläfrigkeit spüre ich Metall am Finger, das Schloss der Maschinenpistole – es ist eine bewaffnete Müdigkeit, und ich weiß schon, dass der Traum sterben wird, der Traum, der mich verbrüdern will mit dem Gesang eines Vogels, mit dem Geheimnis der Ameiseneile und mit den Märchenwolken.

Pitsch! Ah, ich habe wohl einen Fuß zu weit hinausgestreckt. Hässlich gellt es durch meinen Traum. Und wichtiger als Wolken und Waldgrün wird mir wieder der Stein vor mir, und die Zeitlosigkeit aller Träume duckt sich vor einer einzigen Sekunde, weil sie auf einem Gewehrschuss daherreitet.

Und man sieht nach links und man sieht nach rechts. So tief liegt man, dass Moos und Gras selbst wie ein Wald aussehen. Und man sieht auch die Kameraden neben sich und weiß, was geschehen ist: Wir sind weit vorgestoßen in die Waldlinie der Bolschewiken, vorbei an ihren unterirdischen Löchern, bis der Schusshagel einsetzte, und plötzlich spielten Steine, Erdhügel und Mooswülste die Hauptrollen. Man sieht auch, dass einige von uns keine Stein- und Erddeckungen mehr nötig haben. Im Hinstürzen erkannte man mehrere kleine, blaue Flämmchen. Ja, wir kennen sie schon, die automatischen Gewehre, die sie aus den unkenntlichen Waldbunkern hinausstrecken und abdrücken. Nun lauern sie auf eine unvorsichtige Bewegung. Aber alles ist erstarrt. Merkwürdig, wieviel Neugier man in einem solchen Falle aufbringt und wieviel Lust zum Fabulieren. Jene Zone kurz vor dem Tode hat keinen Eis-Atem, nur eine kleine Neugier, und bunte Bilder, einen Wolkenhimmel beispielsweise, einen hastigen Ameisenlauf und den Gesang eines Vogels. Jeder Atemzug aber ist eine unbesiegbare Hoffnung. Und waren nicht Kameraden hinten? Sicher und gewiss! Man sah nach rechts. Da lag die Stadt in der Sonne, jene hartumkämpfte Stadt in Karelien, da lag eine Ebene im Licht. Wumm! Ein Einschlag vor uns! Der schläfrige Traum zerplatzte. Der Vogel flog weg! Der Himmel war leer! Unser Granatwerfer! Wir schreien es uns zu von Deckung zu Deckung. Die verkrampfte Hand wollte nach vorn. Die Maschinenpistole lugte über den Stein. Nun schossen wir wieder. Der Tod stellte sich auf das andere Bein und drehte uns den Rücken zu. Der Bunker schwieg. Einschlag auf Einschlag prasselte auf seinen bemoosten Buckel.

»Woran hast du gedacht«, frage ich einen, »als du mit der Schnauze im Dreck lagst?« – »Ah, an nichts Besonderes!« Sie schweigen von ihren Träumen! –

SS-Kriegsberichter Herbert Reinecker.

Fast ähnlich wie sein Leben verlief auch das des Schriftstellers und Drehbuchautors Felix Lützkendorf, der aus Leipzig stammte, wo er am 2. Februar 1906 geboren wurde. Hier in Leipzig trat er nach einem Studium der Germanistik und Geschichte im Jahre 1932 als Redakteur in die *Leipziger Neuesten Nachrichten* ein, wechselte ein Jahr darauf zu der in Berlin erscheinenden *Nachtausgabe*, wo er bis 1936 verblieb. Daneben war er als Dramaturg für die Berliner Volksbühne tätig, wo im Jahre 1933 von ihm das Stück »Grenze« herauskam, welches die nach Versailles beschlossene Abtretung deutschen Staatsgebietes im Osten an Polen zum Inhalt hatte.

Von 1937 an wurde Lützkendorf immer häufiger von der UFA als Drehbuchautor herangezogen. 1939 schuf er ein Filmepos, das die im Spanischen Bürgerkrieg von Deutschland dorthin entsandte Legion Condor verherrlichte, die auf Seiten Francos gegen die Rotspanier kämpfte.

Ein Jahr später schuf er mit dem Film »Wunschkonzert« einen Streifen, der ein Stück Kinogeschichte machte. Die Vorlage für diesem Film bildete die vom Reichsdeutschen Rundfunk ausgestrahlte Unterhaltungssendung, in welcher Heinz Goedecke eine Art von musikalischer Brücke zwischen Front und Heimat schuf. Bei jeder dieser Sendungen war der große Sendesaal unweit des Berliner Funkturms im Haus des Rundfunks Masurenallee 104 mit zahlreichen Fronturlaubern oder von einer Verwundung genesenden Soldaten besetzt.

Aufsehen anderer Art vor allem bei der kinobegeisterten Jugend fand 1941 der Film »Stukas«, zu dem Lützkendorf gleichfalls das Drehbuch geschrieben hatte. Noch im gleichen Jahr kam sein Film »Kadetten« heraus, der zur Zeit des Siebenjährigen Krieges spielte und zeigte, wie eine Gruppe auf sich allein gestellter preußischer Kadetten auch in scheinbar aussichtsloser Situation sich nicht entmutigen lässt. Eine vom Propagandaministerium bestellte Arbeit lieferte Lützkendorf mit dem 1942 gedrehten Film »GPU« ab, dem zwei Jahre später sein letzter während der Kriegsjahre entstandener Film »Liebesbriefe« folgte.

Von 1943 bis zum Kriegsende gehörte Felix Lützkendorf zur SS-Standarte »Kurt Eggers«, was nach 1945 als Grund dazu benutzt wurde, ihm ein fünfjähriges Berufsverbot aufzuerlegen. Danach schrieb er zahlreiche Filmdrehbücher zumeist für unverbindliche Unterhaltungsstreifen. Der letzte aus dem Jahre 1962 trug den Titel »Liebling, ich muss dich erschießen«.

Auch der Schriftsteller Eberhard Wolfgang Möller, der während der NS-Zeit einen hohen Bekanntheitsgrad besaß, gehörte zu jenen, die sich freiwillig meldeten, um als Kriegsberichter eine der Waffen-SS-Divisionen zu begleiten, die 1939/40 aufgestellt wurden. So ganz freiwillig war dieser Entschluss jedoch nicht zustande gekommen. Obwohl der Autor sich bereits frühzeitig zum Nationalsozialismus bekannt hatte, blieb er ein ausgeprägter Nonkonformist, der sich an keine Parteikandare legen ließ.

Als Sohn eines Bildhauers 1906 in Berlin geboren, waren es besonders umfangreiche Studien, die der Ausbildung seines früh entwickelten schriftstellerischen Talents zugute kamen. Neben der Philosophie und Geschichte zog ihn vor allem auch die Literatur-, Theater- sowie Musikwissenschaft in ihren Bann. Als Siebzehnjähriger verfasste er bereits sein erstes Theaterstück. Im Jahre 1929 errang er mit dem Weltkriegsdrama »Douaumont oder die Heimkehr des Soldaten Odysseus« einen Theatererfolg, dem damals viel Beachtung gezollt wurde.

Was den dramaturgischen Aufbau seiner Stücke anging, lehnte sich vieles davon Bertolt Brecht an. Möller bekannte sich durchaus dazu, beteiligte sich nicht an der späteren Verteufelung des Dichters der »Dreigroschenoper«, der die Welt aus marxistischer Sicht heraus zu verändern trachtete.

Gegenüber der Weimarer Republik bekundete er keinerlei Sympathie, sie erschien ihm wie ein Schiff, das auf hoher See steuerlos umhertrieb. In seinem 1930 geschriebenen Stück »Panamaskandal« prangerte er ein in sich zerrissenes Staatswesen an, das dringend einer Erneuerung bedurfte. Es war unschwer zu erkennen, dass dies auf die Weimarer Republik hinzielte und gleichzeitig die Absicht verfolgte, eine nationale Kraft zu beschwören, die einzig in der Lage sei, den Staat von allen Übeln zu erlösen. Bereits damals klang in seinen Stücken eine Art von religiöser Symbolik an, die im Laufe der Zeit immer stärker wurde und in bestimmten Kreisen der NSDAP auf Ablehnung stieß.

Nach einem kitschigen Hitlerbuch trifft Möller der Bannstrahl

Als der Schriftsteller Weihnachten 1938 mit seinem Buch *Der Führer*, das er im Auftrage des Reichsjugendführers Baldur von Schirach geschrieben hatte, dem ganzen Volk eine besondere Gabe auf den Festtisch legen wollte, wie er es verlauten ließ, brachte dies ihm weder Anerkennung noch den herbeigesehnten Ruhm ein, sondern wurde – wie es heute zeitgemäß heißt – ein Flop.

Eberhard Wolfgang Möller hatte des »Guten« zu viel getan, indem er Hitler nicht nur als Reformator darstellte, sondern ihn Martin Luther gleichsetzte und seine Überzeugung vertrat, dass der Führer verglichen mit dem Wittenberger Mönch tatsächlich über Fähigkeiten verfüge, die ihm nur durch wahrhafte göttliche Inspirationen beschieden seien.

Diese Phraseologie brachte den Chefideologen der NSDAP, Alfred Rosenberg, förmlich in Rage. Er hatte bereits im gleichen Jahr ein Drama Möllers, das den Titel trug *Der Untergang Karthagos,* von allen deutschen Bühnen entfernen lassen, weil er darin eine kaum verschleierte Blasphemie gegenüber allen Bestrebungen nach Heldenhaftigkeit empfand. Was der sich allerdings jetzt mit dem vor Schwülstigkeit strotzenden Buch über den Führer herausgenommen hatte, das der Verkitschung der gesamten Bewegung gleichkam, verlangte nach Rosenbergs Auffassung harte Konsequenzen. So setzte er durch, dass der weitere Vertrieb des Buches, von dem bereits mehr als eine halbe Million Exemplare ausgeliefert worden waren, sofort einzustellen sei. Weiterhin legte er der Reichsschriftumskammer nahe, ungeachtet früherer Verdienste für eine noch festzulegende Zeitdauer Möller jegliche Veröffentlichung zu untersagen.

Dies ließ es Möller geraten erscheinen, eine geschickte Absetzbewegung vorzunehmen, bei der er einerseits einer Parteigröße, die es auf ihn abgesehen hatte, aus den Augen entschwinden würde und er andererseits auf einem Schlag erreichen könnte, sich eine neue Reputation zu verschaffen.

Als Kriegsberichter der Waffen-SS erhoffte er sich, gegen alle weiteren Angriffe ihm nicht wohlgesonnener Parteikreise gefeit zu sein, was indes eine Fehlannahme war. Goebbels, der sich zunächst über längere Zeit nicht genug hatte darin ergehen können, dass dieser Schriftsteller ein wahres Sprachgenie verkörpere und ihn in jeder Weise gefördert hatte, ließ ihn jetzt wie eine heiße Kartoffel fallen. Obwohl er ihn vordem beauftragt hatte, das Drehbuch für den Film *Die Rothschilds* zu schreiben und ihn danach auch noch als Mitverfasser an dem Drehbuch des in Regie von Veit Harlan entstehenden Filmwerkes *Jud Süß* ins Spiel brachte, tat er später so, als habe er von Möller nie viel gehalten.

Lediglich die Wochenzeitung der SS *Das Schwarze Korps* sowie die von der Reichsjugendführung herausgegebene HJ-Zeitschrift *Wille und Macht,* in welcher der eigenwillige Günter

Kaufmann, ein enger Vertrauter von Baldur von Schirach, das Sagen hatte, zählten ihn nach wie vor zu ihren Autoren, kümmerten sich nicht einen Deut darum, was man Möller vorwarf. Als Möller daraus glaubte die Schlussfolgerung ziehen zu können, dass in diesen Blättern ein anderer Ton durchaus willkommen sei, fiel er erneut von seinem Pegasus herunter.

In der Juni-Ausgabe von *Wille und Macht* publizierte er unter dem Titel »Der Tote« ein Gedicht, das einem gefallenen Soldaten gewidmet war. Darin kamen folgende Zeilen vor:

Ich habe Erde über meinen Lippen
in meinem Munde ist ein großer Stein
Der sanfte Maulwurf geht in meinen Rippen
und ist mein Freund.
Ich bin nicht mehr allein.

Der Aufschrei seiner Gegner blieb nicht aus. Diesmal fuhren sie ganz schweres Geschütz auf, bezeichnete seine Dichtung als eine »ästhetisierende Leichenschändung«, setzten dann noch eines drauf, indem sie Möller vorwarfen, er hätte die Verhöhnung eines gefallenen Soldaten vorgenommen.

Als dann schließlich auch noch sein 1941 erschienenes Buch *Die Maske des Krieges* der Frivolität bezichtigt wurde, konnten auch seine Berliner Freunde nichts mehr für ihn tun. Möller wurde erneut an die Front in Marsch gesetzt, diesmal jedoch nicht in seiner Eigenschaft als Angehöriger der SS-Standarte »Kurt Eggers«, sondern eingereiht als Offizier in eine Einheit der Division »Wiking«. Erstaunlicherweise unterlagen seine Bücher auch jetzt keinem Verbot. Es machte den Anschein, als ob seine parteiinternen Feinde nunmehr all ihre Munition verschossen oder ein anderes Ziel ins Visier genommen hätten.

Zum Verhängnis wurde ihm nach Kriegsende keineswegs sein schriftstellerisches Werk, obwohl es als eine Verherrlichung des nationalsozialischen Staates charakterisiert wurde, sondern seine Tätigkeit als SS-Kriegsberichter. Die Alliierten machten zwischen Allgemeiner SS und der Waffen-SS keinerlei Unterschied. Nachdem das Nürnberger Gericht die SS als eine verbrecherische Organisation bezeichnet hatte, bildete die Waffen-SS davon keine Ausnahme.

So kam Möller jetzt als Angehöriger einer »verbrecherischen Organisation« für drei Jahre in ein Internierungslager. Seinem Versuch, danach in der inzwischen entstandenen neuen Kulturszene der Bundesrepublik Fuß zu fassen, war kein Erfolg beschieden. Seine früheren Stücke, selbst solche, denen keinerlei Tendenz anhaftete, zumindest frei von jeglichem NS-Gedankengut waren, durften von keiner deutschen Bühne mehr aufgeführt werden. Das in Siebenbürgen spielende Theaterstück »Bauern«, das er bereits 1925 verfasst hatte, fiel ebenso darunter wie seine »Kalifornische Tragödie«, die aus dem Jahre 1929 stammte.

In der jungen Bundesrepublik bemühte sich der Schriftsteller, sein Leben mit einigen historischen Romanen wie beispielsweise *Die Frauen von Ragusa* oder *Die Geliebte des Herrn Beaujou* zu gestalten, die Anfang der 50er Jahre erschienen. Als ihm immer stärker bewusst wurde, dass er wohl immer daran zu tragen haben würde, sich im NS-Staat literarisch betätigt zu haben, gab er schließlich jeglichen Versuch auf, sich an eine Gesellschaft anzupassen, die ihn nicht mochte und der er nichts abzugewinnen vermochte. Einige Werke aus der Vorkriegszeit erschienen unter neuem Titel in den späten 60er Jahren in Neuauflagen.

Möller zog sich jetzt immer mehr zurück, reflektierte in seinem letzten Buch, das im Jahre 1971 erschien, sein Erleben als SS-Offizier, kehrte in gewisser Weise damit in eine Zeit zurück, die er niemals hinter sich lassen konnte. Was in seinem Inneren tatsächlich vorging, dafür mag ein kleiner Vierzeiler sprechen, der aus seinem *Frozzel-Brevier* stammt:

Ich zieh im gleichen Schritt und Tritt
Mit Mätzen und mit Motzen;
Ich teufle, dutschkle, beatle mit
Und bin mir selbst zum Kotzen.

Eberhard Wolfgang Möller verstarb in der Neujahrsnacht 1972. Seine letzte literarische Arbeit konnte in den *Deutschen Annalen* 1972 veröffentlicht werden.

Prominente streben in die SS-Standarte

Viele, die sich schon einen gewissen Namen als Schriftsteller gemacht hatten, traten an die Kriegsberichter-Abteilung der SS heran und baten um ihre Aufnahme. Tag für Tag meldeten sich weitere Freiwillige, so dass es Gunter d'Alquen jetzt sogar möglich war, eine Auswahl vorzunehmen. Er war sich durchaus darüber bewusst, dass mancher nur aus dem Grund kam, weil er einer direkten Einberufung aus dem Wege gehen wollte. Andere wiederum versprachen sich von einer Zugehörigkeit zum Kreis der SS-Kriegsberichter einen Vorteil für ihre weitere schriftstellerische Karriere. Doch auch an solchen fehlte es nicht, die sich von rein idealistischen Beweggründen leiten ließen, davon überzeugt waren, dass dies genau der richtige Platz für sie sei, um ihrem Land zu dienen.

Einer davon war Cornelius van der Horst, der eine Anzahl von Romanen geschrieben hatte, welche die Revolutionswirren des November 1918 behandelten. In seinem Buch *Die Bendlerstraße - Entscheidungen und Kämpfe* warnte der Verfasser nachdrücklich davor, sich mit dem Gedanken einer deutschen Räterepublik anzufreunden, mit welcher die Spartakisten sowjetische Zustände in Deutschland herbeizuführen gedachten.

Der Autor war davon überzeugt, dass es der Besinnung auf nationale Tugenden bedurfte, um ein solches Verhängnis abwenden zu können. Der Krieg, den Deutschland zwei Jahrzehnte darauf gegen die Sowjetunion führte, erschien ihm aus seiner Sicht als eine erneute, jedoch weitaus gefährlichere Auseinandersetzung mit den gleichen Kräften, die schon einmal Deutschland unter kommunistisches Joch hatten zwingen wollen.

Derartige Auffassungen, wie sie Cornelius van der Horst hegte, beherrschten zur damaligen Zeit das Denken so mancher seiner Schriftstellerkollegen. Auch Hermann Pierich gehörte zu ihnen, dessen Erzählungen und Romane aus dem deutschen Grenzland sich mit der schwierigen Situation von Menschen befassten, welche durch die Festlegungen der Siegermächte im Versailler Vertrag ihre Heimat im östlichen Teil Deutschlands eingebüßt hatten und gewissermaßen von einem Tag zum anderen unter Fremdherrschaft geraten waren. Auch er befand sich jetzt unter den Freiwilligen, die sich in der Dienststelle der Kriegsberichter-Abteilung meldeten. Hier traf er auch den Maler Kurt Paesler von Luschkowko, von dem bereits etliche Werke Eingang in die bayerischen Kunstsammlungen gefunden hatten. Nachdem er mit einer Kriegsberichter-Einheit an die Ostfront aufgebrochen war, hielt er dort auf seinem Zeichenblock dramatische Szenen des Kampfgeschehens fest, die viele Zeitungen abdruckten. Ihm ging es dabei stets um die Erreichung einer größtmöglichen Wirklichskeitstreue und nicht um billige Propagandaeffekte. In der SS-Standarte »Kurt Eggers« wurde er am 9. November 1943 zum Obersturmbannführer ernannt.

Auch Goebbels' Chefpropagandist findet sich ein

Beträchtliches Erstaunen aber löste es bei dem Kommandeur aus, als sich bei ihm zum Dienstantritt Hans Schwarz van Berk meldete, der eigentlich so etwas wie die Rolle eines Chefpropagandisten in der von Goebbels herausgegebenen Wochenzeitung *Das Reich* spielte. Noch bevor ihm d'Alquen die Frage stellen konnte, welchen Umständen es denn zuzuschreiben sei, einen Mann wie ihn hier begrüßen zu können, teilte der Ankömmling unter breitem Gelächter mit, dass er sich als Judenfreund enttarnt habe, wofür ihm nun die Verdammnis zuteil geworden sei, als einfacher Kriegsberichter ins Feld zu ziehen.

Was war tatsächlich geschehen? Goebbels' Starjournalist hatte nach der Rückkehr von einer Palästina-Reise in einem Zeitungsbericht geschildert, dass die Juden dort sehr hart zu arbeiten verstehen und man durchaus den Eindruck gewinnen könnte, sie würden gegebenenfalls auch gute Soldaten abgeben. »*Und das ist tatsächlich gedruckt worden?*«, amüsierte sich d'Alquen. »*Na klar*«, meinte Schwarz van Berk trocken. »*Wenn ich ein solches Manuskript einer Redaktion auf den Tisch lege, sind doch alle davon überzeugt, dass aus mir die Meinung von Goebbels spricht.*«

Ein solches »Entree« machte unter den SS-Kriegsberichtern alsbald die Runde. Was Hans Schwarz van Berk betraf, so verblieb er zwei Jahre in der SS-Standarte »Kurt Eggers«, nahm am 20. April 1944 seine Beförderung zum Obersturmführer entgegen. Längst wurde er auch wieder in der Zeitung *Das Reich* gedruckt, doch blieb er weiterhin ein Angehöriger der SS-Kriegsberichter-Truppe, deren immer wieder an den Tag gelegte Eigenwilligkeit, viele Dinge mit gänzlich anderen Augen zu betrachten, ihm einfach imponierte.

Vom Hochland in Tibet in die Niederungen der Ostfront

Als eines Tages Jobst Gösling sich zum Dienstantritt in der SS-Kriegsberichter-Abteilung meldete, wurde er mit großem Hallo empfangen. Gösling war bekannt wie ein bunter Hund. Viele waren ihm schon persönlich begegnet, anderen war er ein Begriff durch seine Reiseberichte, die sich keine deutsche Tageszeitung hatte entgehen lassen. Jobst Gösling war Teilnehmer einer für damalige Zeiten ungewöhnlichen Expedition gewesen, die ihn an der Seite von Professor Ernst Schäfer im Jahre 1938 nach Tibet geführt hatte.

Diese Expedition erregte allein schon durch die Tatsache Aufmerksamkeit, dass sie unter der Schirmherrschaft des Reichsführers SS Heinrich Himmler stand. Er selbst war es gewesen, der die SS-eigene Organisation »Ahnenerbe« veranlasst hatte, eine solche Expedition in die Wege zu leiten. Himmler, der davon überzeugt war, dass die arische Rasse überall in der Welt Spuren hinterlassen hatte, ging davon aus, dass man im Hochland von Tibet auf solche stoßen würde.

Es hatte schon zuvor zwei Tibetexpeditionen gegeben, eine 1930 und die andere vier Jahre darauf, die beide von dem Amerikaner Brooke Dolan vorgenommen worden waren. Himmler hatte sich sehr für die Forschungsergebnisse des Amerikaners interessiert und hierdurch zweifellos die Anregung erhalten, eine eigene Expedition nach Tibet zu entsenden, um dort durch einen Anthropologen nach Beweisen einer arischen Abstammung der tibetischen Bevölkerung zu suchen.

Für diese Aufgabe schien ihm der der SS-Obersturmführer Bruno Beger besonders geeignet zu sein, da er über eine anthropologische Ausbildung verfügte. Als Leiter einer solchen Expedition wählte er jedoch Prof. Ernst Schäfer aus, der über umfangreiche Erfahrungen verfügte, wie eine solche Expedition beschaffen sein musste, um zu neuen Erkenntnissen und wissenschaftlich fundierten Ergebnissen zu gelangen.

Hinzu kam der Umstand, dass Schäfer den beiden vorangegangenen Tibetexpeditionen angehört hatte, sein ungeschmälertes Interesse Ostasien galt und er obendrein 1933 der SS beigetreten war. Die Vorbereitungen der von Himmler inspirierten Tibet-Expedition gingen keineswegs so reibungslos vonstatten, wie er sich dies vorgestellt hatte, Sie riefen nämlich verschiedene Dienstellen des Dritten Reiches auf den Plan, die an dem Territorium Afghanistan, China, Tibet gleichfalls ein großes Interesse hegten, doch aus gänzlich anderen Gründen.

Dem Auswärtigen Amt ging es beispielsweise darum, den britischen Einfluss in dieser Region zurückzudrängen und Teile der dortigen Bergstämme zu veranlassen, die Seiten zu wechseln. Auch die militärische Abwehr richtete ihr Augenmerk auf diese Grenzgebiete, wo sie gern eine Anzahl von Agenten angeworben hätte. Beide gelangten unabhängig voneinander zu der Auffassung, dass die jetzige Himmler-Expedition eine hervorragende Tarnung bot, um auch solche Pläne mit Nachdruck verfolgen zu können. Doch zunächst traten gewisse Schwierigkeiten auf, da Afghanistan nicht gewillt schien, die Deutschen ins Land zu lassen. So mussten erst viele diplomatische Kanäle eingeschaltet werden, bis schließlich die Expedition aufbrechen konnte.

Inwieweit diese von der SS ausgerichtete Expedition sich nun tatsächlich damit begnügte, nur rein wissenschaftliche Ziele zu verfolgen, darf angezweifelt werden, zumal sich Jobst Gösling später während seines Einsatzes an der Ostfront gegenüber anderen Kriegsberichtern in dieser Hinsicht keinerlei Zurückhaltung auferlegte. Mehr als einmal ließ er durchblicken, dass schon vor dem Ausbruch des Krieges die deutsche Seite nach Möglichkeiten Ausschau gehalten habe, wie sich ein Vorstoß nach Britisch-Indien bewerkstelligen lasse.

Doch seine damals veröffentlichten Reportagen enthielten ausschließlich Schilderungen, wie von den Anthropologen die Schädel zahlreicher Tibeter vermessen wurden, um sie mit arischen Rassemerkmalen zu vergleichen, in den Klöstern altes buddhistisches Schrifttum nach Belegen durchforstet wurde, aus denen sich etwaige Hinweise auf die Existenz einer arischen Urreligion ableiten ließen. Die Rede war auch von der Suche nach widerstandsfähigen Getreidearten, die denen in Mitteleuropa überlegen waren.

In einigen der Berichte klang aber auch an, dass das Interesse der Expeditionsteilnehmer ebenso der Schaffung neuer Siedlungsgebiete in Tibet galt. Himmler scheint mit den Resultaten der Expedition hoch zufrieden gewesen zu sein. Er gab sogar einen Film in Auftrag, der unter dem Titel »Geheimnis Tibet« im Jahre 1943 in Berlin seine Uraufführung erlebte.

Zum gleichen Zeitpunkt wurde in München das sogenannte »Sven-Hedin-Reichsinstitut für Innerasien und Expeditionen« ins Leben gerufen und der Leitung von Professor Ernst Schäfer unterstellt. Er selbst verfasste drei Bücher über die Erlebnisse, welche die Mitglieder der Expedition in Tibet hatten. Die Titel: *Über den Himalaja ins Land der Götter*, *Das Fest der weißen Schleier* und *Unter Räubern in Tibet*.

Nach dem Ende des Zweiten Weltkrieges distanzierte sich der Wissenschaftler von der SS und gab eine Erklärung ab, dass sein Beitritt zur SS sowie die Zusammenarbeit mit dem SS-Ahnenerbe nur erfolgt sei, um sich frei von jeglichen Beschränkungen seiner Tätigkeit als Zoologe und Tibetforscher widmen zu können. Er fand eine Anstellung als Kustos im Bereich für Naturkunde des Niedersächsischen Landesmuseums. Seiner wissenschaftlichen Reputation haben die Jahre der engen Zusammenarbeit mit der SS nicht geschadet. Professor Schäfer verstarb im Jahre 1992 im Alter von 82 Jahren in Bad Bevensen.

Viele Briten und Amerikaner zog es in die Reihen der SS-Kriegsberichter

Etwa drei Jahre nach ihrer Aufstellung zählte die Abteilung 141 SS-Kriegsberichter. Bis zum Jahre 1944 wuchs sie auf 1180 Mann an. Inzwischen waren in ihre Reihen auch eine beträchtliche Zahl von Ausländern aufgenommen wurden. Der Weg dieser Leute in die Propaganda-Einheiten der Waffen-SS vollzog sich bisweilen auf geradezu abenteuerliche Weise. Auf einige von ihnen sei hier etwas ausführlicher eingegangen, weil sich dadurch interessante Einblicke in die Zeitgeschichte auftun.

Railton Ehrenbürger entstammte einer britischen Familie, die besonders stolz darauf war, dass viele ihrer Angehörigen seit Generationen als Offiziere im Dienste der Krone gestanden hatten. Auch sein Vater war Commander in der königlichen Marine gewesen, und so stand es für den Sohn von früh an fest, dass auch er eine militärische Laufbahn einschlagen würde.

1903 in Newbury geboren, trat er im Alter von 19 Jahren in die Kriegsakademie von Sandhurst ein, die er nach zwei Jahren als frischgebackener Leutnant verließ. Im Jahre 1926 überredete ihn die Royal Air Force zum Besuch einer Fliegerschule bei Chester. Ein Jahr später gehörte er der RAF als Luftwaffenoffizier an.

Doch kurze Zeit darauf vollzog sich in seinem Leben ein Bruch. Er brach mit seinen bisherigen politischen Ansichten, fühlte sich von dem britischen Parlamentarismus abgestoßen, suchte den Kontakt zu Mosley, dem Anführer einer Partei, die in Großbritannien etwa ähnliche Ziele wie Mussolini in Italien verfolgte. Railton Ehrenbürger gab seine militärische Karriere auf und zog sich auf ein Landgut zurück, das seiner Familie gehörte.

Als England Deutschland nach dessen Einmarsch in Polen den Krieg erklärte, erging an Railton Ehrenbürger die Aufforderung, sich sofort wieder bei der RAF zu melden und dort im 24. Geschwader die Ausbildung junger Piloten zu übernehmen.

Am 22. Mai 1940 erhielt sein Geschwader den Befehl, sich von dem englischen Standort Croydon sofort nach Merville in Frankreich zu begeben. Im Verlaufe dieser Überführung kam es zu einem Zusammenstoß seiner Maschine mit einem anderen Flugzeug. Ehrenbürger vermochte sich im letzten Moment durch den Absprung mit dem Fallschirm zu retten, doch geriet er wenig später in deutsche Gefangenschaft.

Als britischer Fliegeroffizier erregte er das besondere Interesse der deutschen Abwehr, die ihn im Stalag IIa, das sich in Neubrandenburg befand, eingehender Verhöre unterzog. Nachdem sich im Verlaufe der Befragungen ergab, dass der Engländer viele Ansichten teilte, die denen im Dritten Reich ähnlich waren und er obendrein aus seiner Sympathie zu Deutschland kein Hehl machte, entließ man ihn in die Freiheit.

Völlig überrascht von solcher Behandlung, willigte Ehrenbürger darin ein, seinem britischen Landsmann William Joyce, der sich nach Deutschland abgesetzt hatte und hier in die Dienste der NS-Propaganda getreten war, (er wurde als Lord Haw-Haw ein Begriff) beim Aufbau einer für England ausgestrahlten Sendung der sogenannten *German Radio Corporation* zur Seite zu stehen.

Ehrenbürger reicherte seine Texte mit derart vielen Fakten an, die von seinem Insiderwissen herrührten, welches aus dem Kreis seiner früheren Familie stammte, so dass seiner Propaganda durchaus eine gewisse Überzeugungskraft beizumessen war. Dies gab den Ausschlag dafür, dass ihm die SS-Standarte »Kurt Eggers« im Oktober 1944 den Vorschlag unterbreitete, ihr beizutreten und im Rahmen eines von ihr geplanten Unternehmens der sogenannten Kampfpropaganda, das unter der Tarnbezeichnung »Südstern« für die Italienfront vorbereitet wurde, aktiv mitzuwirken.

Am 9. Mai 1945 geriet Railton Ehrenbürger in die Hände der anglo-amerikanischen Truppen, wurde dann später von einem Kriegsgericht zu einer zehnjährigen Haftstrafe verurteilt.

US-Leutnant Monti landet hinter den deutschen Linien

Es wäre fast eine Geschichte für sich, auf welche Weise der US-Leutnant Martin James Monti zu der SS-Kriegsberichter-Abteilung kam. Monti, im Jahre 1921 in St. Louis geboren, war 1941 zur US Air Force eingezogen worden, wo er eine Ausbildung als Pilot absolvierte. Er errang sich aufgrund seines fliegerischen Könnens schnell den Respekt seiner Vorgesetzten. So erfolgte alsbald seine Beförderung zum Leutnant.

Niemand befragte ihn während dieser Zeit, wie es ihm in der US-Armee gefiel. Auch wollte keiner von ihm wissen, ob ihm die Politik des amerikanischen Präsidenten Roosevelt zusagte. Vielleicht hätte er in einem solchen Fall eingestanden, dass seine Sympathie auf Seiten Deutschlands lag. Doch es kam es niemals zu einem derartigen Gespräch, und so sah man ihn dann allgemein als einen Patrioten an, der für Amerika in den Krieg zog.

Seine Einheit wurde in Indien stationiert, von wo aus sie gegen Japan zum Einsatz kam. Die ganze Zeit über grübelte Monti darüber nach, wie es ihm gelingen könnte, sich von der Truppe abzusetzen und zu den Deutschen überzulaufen. Als zu Beginn des Jahres 1944 die Verlegung der US-Luftwaffeneinheit nach Süditalien erfolgte, erblickte Monti endlich darin eine Chance zur Verwirklichung seines Vorhabens. Die Tatsache, dass sich die Kriegslage inzwischen längst zu Ungunsten Deutschlands entwickelt hatte, hielt ihn von seinem Entschluss nicht einen Moment ab.

Als er am 13. Oktober 1944 mit seiner Maschine, einer P-38 Lightning, aufstieg, um eine routinemäßige Erkundung der deutschen Front vorzunehmen, wich er von dem festgelegten Flugkurs ab und steuerte statt dessen Mailand an, wo er zur Überraschung der deutschen Luftabwehr ein derart geschicktes Landemanöver hinlegte, dass er nicht ein einziges Mal in Gefahr geriet, seiner Maschine einem Treffer auszusetzen So war seine erste Bekanntschaft mit einer Einheit Kesselrings von der Bewunderung der Deutschen für sein fliegerisches Können geprägt.

Während sich Monti den Verhören der deutschen Abwehroffiziere stellte, gingen die Amerikaner von der Annahme aus, dass er entweder abgeschossen worden sei oder aufgrund eines Defektes seines Flugzeugs eine Notlandung habe vornehmen müssen. Erst als sich dann über einen in Norditalien stationierten deutschen Propagandasender ein gewisser Martin Wiethaupt zu Worte meldete und im behäbigen Südstaatendialekt den GIs versicherte, dass sie sich nicht der Illusion hingeben sollten, sie könnten an der Italienfront jemals die Alpenpässe überwinden, ergab sich ein gewisser Verdacht, um wen es sich hier handeln könnte.

Dem amerikanischen Geheimdienst OSS (Office of Strategic Services), dem Vorgänger der CIA, fiel es nunmehr nicht schwer, herauszufinden, wer sich hinter dem Namen Martin Wiethaupt verbarg.

Es gab im Übrigen eine ganze Anzahl von US-Bürgern, die im Verlaufe des Krieges die Seiten gewechselt hatten und sich in den Dienst der deutschen Propaganda stellten.

Was Monti anbelangt, so trat er in den letzten Kriegsmonaten der SS-Standarte »Kurt Eggers« bei und schrieb Artikel in einer Frontzeitung, die in englischer Sprache erschien. Dieses Blatt wurde mittels sogenannter Propagandawerfer hinüber zu den Stellungen der Anglo-Amerikaner geschossen. Gegen Kriegsende unternahm die Standarte »Kurt Eggers« alles, um diesen Mann davor zu bewahren, in die Hände der Alliierten zu fallen. Es zeitigte jedoch keinen Erfolg, da man etwas nicht richtig einzuschätzen vermocht hatte.

Hautsturmführer Karl Wickhelmmayr richtete an den Zensuroffizier der Standarte, Hauptsturmführer Lenhardt, die dringliche Bitte, Wiethaupt behilflich zu sein, ihm eine private Unterkunft in Berlin-Zehlendorf, Albertinen Straße 14 zu beschaffen. Als die amerikanische Armee gemäß der von den Alliierten getroffenen Vereinbarung auch einen Sektor in Berlin als Besatzungsmacht erhielt, gehörte dazu vor allem auch das Gebiet von Berlin-Zehlendorf. Hier stöberte sie nach kurzer Zeit Martin James Monti alias Martin Wiethaupt auf, womit dessen Schicksal besiegelt war.

1949 wurde Monti vor ein amerikanisches Kriegsgericht gestellt und zu 25jähriger Haft verurteilt. Anfänglich warf ihm die Anklage auch noch den Diebstahl eines amerikanischen Kriegsflugzeuges vor, ließ diesen Punkt dann aber fallen. Auch die zunächst in den langwierigen Verhören vorgebrachte Beschuldigung, er sei ein Angehöriger des sogenannten American Free Corps gewesen, das den Namen George Washington-Brigade führte, kam dann vor Gericht doch nicht zur Sprache.

Den Amerikanern erschien es auf einmal nicht mehr opportun, die Tatsache in die Welt zu posaunen, dass etliche Amerikaner der Waffen-SS angehört und sich am Kampf gegen die Sowjetunion beteiligt hatten. In dem ehemaligen Document Center mit Sitz in Berlin, das inzwischen dem Bundesarchiv angegliedert worden ist, waren allein sieben amerikanische SS-Offiziere erfasst. Robert Beimes gehörte der SS-Division »Hitlerjugend« an, Josef Anwender befand sich in der Division »Frundsberg«, Hauptsturmführer Paul Winckler-Theede, gebürtiger New Yorker, stand in den Reihen der Division »Das Reich«, um nur einige von ihnen zu nennen.

Doch nicht dies war der Grund, dass sich die US-Anklagebehörde, nachdem sie zunächst in dem Prozess gegen Monti mehr als forsche Töne angeschlagen hatte, sich auf einmal ziemlich kleinlaut gebärdete. Den Anklägern war ganz offensichtlich von höchster Stelle nahegelegt worden, mit keinem Wort darauf einzugehen, dass sich eine keineswegs geringe Zahl von US-Soldaten, die in deutsche Kriegsgefangenschaft geraten waren, sich aus freien Stücken deutschen Einheiten anschlossen. Die von den Amerikanern zunächst verbreitete Auffassung, dass dies einzig aus dem Grund erfolgt sei, um bei der ersten sich bietenden Gelegenheit zu den eigenen Truppen zurückzukehren, ließ sich nicht lange aufrechterhalten, da sie mit der Wirklichkeit nicht übereinstimmte. Ein Indiz hierfür stellte beispielsweise auch die Tatsache dar, dass die Waffen-SS während der Ardennenoffensive eine aus 150 Männern bestehende Einheit aufstellte, sie in amerikanische Uniformen steckte und im Hinterland des Gegners operieren ließ. Jeder dieser Männer beherrschte völlig akzentfrei das speziell amerikanische Englisch.

Martin James Monti wurde im Jahre 1960 nach Verbüßung einer 15jährigen Haft durch das höchste amerikanische Gericht begnadigt.

Nicht alle Ausländer, die von der SS-Kriegsberichter-Abteilung betreut wurden und hier eine spezielle Schulung erhielten, um sie auf ihre künftigen Propagandaeinsätze vorzubereiten, wurden direkt an die Front geschickt. Bei manchen ergab sich von vornherein, dass sie ganz besonders dafür prädestiniert erschienen, sich als Rundfunksprecher an die Staaten der Anti-Hitler-Koalition zu wenden. Bei ihrer Auswahl waltete auch stets das Kriterium, ob sie einen guten Bekanntheitsgrad in den politischen Kreisen ihrer Herkunftsländer besaßen.

Ein Mann namens Fred Kaltenbach

Dies war beispielsweise bei Fred Kaltenbach der Fall. Er stammte aus einer presbyterianischen Familie, die aus Deutschland in die USA eingewandert war. In Waterloo, wo er zuhause war, machte er auch seinen Highschool-Abschluss. Wie bei jungen Amerikanern üblich, schloss sich der erfolgreichen Beendigung der Schulzeit eine Tour durch Europa an. Man schrieb das Jahr 1914, als er gemeinsam mit seinem Bruder Gustav nach Deutschland kam und hier per Fahrrad die Gegend längs des Rheins erkundete.

Als es dann im August 1914 zum Ausbruch des Krieges kam, was auch eine gewisse Furcht vor Spionen hervorrief, gerieten die beiden jungen Amerikaner in den Verdacht, sich auch für andere Dinge und nicht nur die Schönheit der Landschaft zu interessieren. Sie wurden festgenommen und kamen erst vier Monate später nach Intervention eines US-Kongressabgeordneten wieder frei. Ihrer Begeisterung für Deutschland tat dieser Zwischenfall keinen Abbruch.

Fred Kaltenbach absolvierte jetzt ein Studium am Grinnel-College in Iowa und trat nach dessen Abschluss in die US Army ein. Da er sich zuvor an der Universität einer vormilitärischen Ausbildung für Studenten unterzogen hatte, kam er als sogenannter *second lieutenant* zur Küstenartillerie, wo er nach dem Kriegsende seine Demission erhielt. Kaltenbach trat jetzt der Amerikanischen Legion bei und folgte getreulich allen Einberufungen zu Reserveübungen. Um seine berufliche Karriere stand es bestens. Er arbeitete sich zum Dozenten für amerikanische Geschichte empor, wechselte 1931 an ein College in Iowa, wo er als Dozent auch Unterricht über Ökonomie und Handelsrecht erteilte. Mit der ihm eigenen Energie steuerte er sein Ziel einer Graduierung zum Master of Arts an der University of Chicago an.

Fred Kaltenbach, der übrigens in den USA sich als Frederick W. Kaltenbach bezeichnete, war in jeder Weise das, was man unter einem guten Amerikaner dort verstand. 1933 bot ihm die Berliner Humboldt-Universität an, hier seine Promotion zu betreiben. Es war dieser zweite Aufenthalt in Deutschland, der sein Wesen von grundauf veränderte. Er kam in ein Land, in welchem sich gerade eine Art von begeisterter Aufbruchstimmung vollzog, von der viele Menschen nach Hitlers Machtantritt durchdrungen waren. Kaltenbach, der in den letzten Jahren Zeuge geworden war, wie die USA durch Massenarbeitslosigkeit, Inflation und eine vollkommen darniederliegende Wirtschaft in einen Zustand wachsender Verelendung geraten war, empfand das, was sich in Deutschland abspielte, als die totale Umkrempelung seines eigenen Lebens.

Zurückgekehrt in die USA, rief er dort eine studentische Gruppe ins Leben, die mit der Hitlerjugend in Deutschland mancherlei Ähnlichkeiten aufwies. Die Mitglieder waren uniformiert, und auch deren braune Farbe sollte die enge Anlehnung an das deutsche Vorbild demonstrieren. Während der Wochenenden fanden Geländespiele statt, wurde mit großer Hingabe darüber diskutiert, wie ein Wandel beschaffen sein müsste, um den USA ein anderes Antlitz zu geben. Als die Hochschule von dem Treiben dieser Gruppe erfuhr, ordnete sie deren sofortige Auflösung an und kündigte das Arbeitsverhältnis mit Kaltenbach.

Damit war endgültig eine Trennungslinie zwischen ihm und seiner amerikanischen Heimat gezogen. Ohne noch einen Tag länger in den USA zu verbleiben, trat er mit dem Schiff die Überfahrt nach Deutschland an, wo die entsprechenden Stellen, Abwehr und SD, mit großer Genugtuung den inneren Wandel Kaltenbachs registriert hatten, der damit gewissermaßen seine Visitenkarte als Propagandist der deutschen Sache abgegeben hatte. Gunter d'Alquen nahm sich seiner an und vermittelte ihn an den Deutschen Kurzwellensender, ein Kind des Propagandaministeriums.

Der neue Mann im deutschen Solde legte sich sogleich ins Zeug, arbeitete eine mehrteilige Sendefolge aus, die sich mit den Festlegungen des Versailler Vertrages von 1919 befasste, die der Amerikaner als ein schmachvolles Machwerk verurteilte, einzig deshalb geschaffen, um Deutschland in Ketten zu legen. Wie beiläufig ließ er die Sendereihe mit dem Satz ausklingen, dass die Zeit gekommen sei, um mit dieser Kneblung eines großen Staatswesens in Mitteleuropa ein für allemal Schluss zu machen.

Die Reaktion in den USA reichte von Fassungslosigkeit über das gerade Vernommene bis zu der Ansicht, dass Kaltenbach völlig verrückt geworden sei, man ihn vielleicht gezwungen hätte, einen Text vorzulesen, der überhaupt nicht von ihm verfasst worden war. Doch schon seine nächsten Sendungen belehrten sie eines anderen. Da sprach jemand zu ihnen über den großen Teich, der von Hass auf das Land erfüllt war, welches ihm lange Heimat bedeutet hatte.

Doch es sollte alles nach amerikanischen Begriffen noch viel schlimmer kommen. Kaltenbach erhielt eine Festanstellung an dem Sender und befand sich von Stund an im Kreise Gleichgesinnter, die wie er mit den USA gebrochen und sich freiwillig in den Dienst der NS-Propaganda gestellt hatten, wofür sie ein recht großzügiges Salär empfingen. Robert Best und Douglas Chandler gehörten ebenso dazu wie Otto Koischwitz oder Mildred Gillars, von denen noch die Rede sein wird. Zwar breiteten sich schon die Schatten des kommenden Weltbrandes über Europa aus, doch noch unterstellte niemand in den USA den Abtrünnigen, dass sie sich eines Verrates mit strafbaren Folgen schuldig machen würden. Tatsächlich gab es zu diesem Zeitpunkt für die US-Justiz keinerlei Handhabe, wegen eines Gesetzesverstoßes aktiv zu werden.

Auch Fred Kaltenbach, der inzwischen eine Sekretärin aus dem Umfeld von Hermann Göring geheiratet hatte, worauf das Propagandaministerium die Kosten seiner Hochzeitsreise in die USA übernahm, brauchte keinerlei Bedenken während der Einreise zu hegen, dass irgendjemand auf den Gedanken kommen könnte, ihn festzunehmen.

Während seiner Reise durch die USA, die ihn zu seinen Brüdern, dem Vorstand der presbyterianischen Kirche sowie zu seinen alten Universitätskollegen führte, legte er sich übrigens keinerlei Zurückhaltung mehr auf. Er betrieb völlig offen nationalsozialistische Propaganda, bezeichnete die Rückkehr des Rheinlandes und den Anschluss Österreichs als Maßnahmen, zu denen Deutschland gegriffen habe, um endlich jenes Unrecht zu beseitigen, dem es lange Zeit ausgesetzt gewesen sei. Seine Reden, die er auch auf Einladung im Rotary Club hielt, fanden eine zwiespältige Aufnahme. Während ihm die einen vorhielten, dass er in die Rolle eines deutschen Agenten geschlüpft sei, der alles täte, um Amerika zu verunglimpfen, zollten ihm andere lautstark Beifall.

Eigentlich hatte Kaltenbach vorgehabt, den ganzen Sommer über in den Staaten zu verbleiben, doch da erreichte ihn aus Berlin die Nachricht, dass er sofort zurückkommen möge. Dies war ein Vierteljahr vor dem 1. September 1939, und genau damit hing seine Rückbeorderung zusammen. Kaltenbachs Stimme im Äther wurde dringender denn je benötigt. Ihm wurde an einem deutschen Kurzwellensender, der eigens für die Übertragung von Rundfunkprogrammen in die USA ins Leben gerufen worden war, die Leitung einer viermal in der Woche ausgestrahlten Sendung übertragen, welche die Amerikaner vor einer Einmischung in die Belange Europas warnte.

Im Auslandsrundfunk der USA wurden jetzt alle seine Sendungen aufgezeichnet, um den Sprecher stimmlich zu identifizieren, was bisher unterlassen worden war. Als Kaltenbach davon erfuhr, machte er sich den Spaß, der in seiner Heimatstadt Waterloo erscheinenden Tageszeitung *Daily Courier* die einzelnen Sendetermine mitzuteilen, und bat um Veröffentlichung. Die Retourkutsche erfolgte postwendend. Das State Departement teilte ihm mit, dass er aufgrund seiner Tätigkeit für eine fremde kriegsführende Macht eine Visum-Verlängerung nicht mehr erhalten würde. Man rate ihm, sofort in die USA zurückzukehren, da er sich anderen Falles wegen einer Straftat vor Gericht werde verantworten müssen.

In seinen Sendungen, die den Titel »Briefe nach Iowa« trugen, berichtete er im breiten Tonfall, der in diesem Landstrich des Mittleren Westens üblich war, über allerlei seltsame Vögel, denen die Deutschen jetzt das Gefieder ausrupfen würden. Winston Churchill nannte er einen pummligen Windbeutel, Chamberlain einen Umbrella Man, die BBC wurde für ihn zu einer Gesellschaft, die sich mit der Verbreitung unbegrenzter Gräuelpropaganda befasste.

Wie in der Nachkriegszeit in den USA angestellte Ermittlungen ergaben, wurde jede Sendung Kaltenbachs von etwa 300 000 Amerikanern gehört. Wie weit er ihr Denken zu beeinflussen vermochte, lässt sich nicht einschätzen. Es war wohl eher der Spaß an der Sache, der die Bürger von Iowa seine Sendungen einschalten ließ. Je derber seine Ausdrücke waren, mit denen er Politiker belegte, umso mehr wuchs seine »Fangemeinde« an. Von einem bestimmten Zeitpunkt an wurden in den amerikanischen Radiomagazinen genaue Hinweise zu seinen Sendezeiten gegeben. Fred Kaltenbach genoss sichtlich eine solche Popularität, für die er nach Kriegsende bitter zu büßen hatte.

Bis zum Kriegseintritt der USA am 11. Dezember 1941 hatten die amerikanischen Behörden aufmerksam das Treiben Kaltenbachs in Deutschland verfolgt, ohne dass dies die Einleitung irgendwelcher rechtlicher Schritte zur Folge hatte. Da die Freiheit von Rede und Wort zu den verbürgten Rechten in den USA gehörten, besaß die Administration keinerlei Handhabe, gegen ihren aufmüpfigen Landsmann vorzugehen. Dies änderte sich von dem Augenblick an, da es zwischen Deutschland und den USA zum Kriegszustand gekommen war.

Die Amerikaner ließen fast noch ein Jahr verstreichen, ehe der Leiter des FBI, J. Edgar Hoover, eine Untersuchung gegen die Familienangehörigen Kaltenbachs anordnete. Jeder einzelne von ihnen wurde jetzt genauestens unter die Lupe genommen, weil der Verdacht aufgekommen war, dass sie Fred Kaltenbach Informationen zuspielten, die jetzt der Geheimhaltung unterlagen. Über 126 Radio-Mitschnitte wurden darauf hin überprüft, ob sich darin bestimmte Hinweise oder Andeutungen fanden, die als ein Indiz dafür anzusehen waren, dass Kaltenbach von irgendwelchen Personen in den USA gewisse Nachrichten zugespielt wurden.

Die vorgenommenen Ermittlungen häuften sich in einer Akte, die immer mehr anschwoll. Das FBI verfiel jetzt sogar auf die Idee, ihm über neutrale Staaten Briefe von angeblichen Hörern seiner Sendungen zuzuleiten, die eine Anzahl, wie es auf den ersten Blick schien, naiver Fragen enthielten, deren Zweck es war, über seine Tätigkeit in Deutschland bestimmte Angaben zu erhalten, die man später gegen ihn zu verwenden gedachte.

Kaltenbach beantwortete jeden dieser Briefe, vermutlich machte er sich keinerlei Sorgen darüber, was davon beim FBI landete. Es fiel den US-Behörden nicht schwer, eine Menge von Material zusammenzutragen, aus denen sich eine Anklage gegen ihn konstruieren ließ. Er war übrigens nicht der Einzige, der ins Visier der alliierten Geheimdienste geraten war. Die USA bezichtigten 141 Amerikaner der Kollaboration mit den Achsenmächten, die britische Liste enthielt 45 Namen. Die BBC brachte eine Sendung, in der bis ins kleinste Detail berichtet wurde, worin die Vergehen der Landesverräter bestanden. Fred Kaltenbach reagierte darauf in der Weise, dass er die Tatsache des Landesverrats nicht in Abrede stellte, aber sie insofern *ad absurdum* führte, dass er sich zwar zu dem Verrat an Roosevelt bekannte, jedoch strikt verneinte, dem amerikanischen Volk Schaden zugefügt zu haben.

In den letzten Kriegsmonaten war er nur noch selten zu vernehmen, Herz- und Asthmaprobleme machten ihm zu schaffen. Offenbar wurde er sich jetzt erst der Tragweite seiner Handlungen bewusst und begriff, dass er mit einer jahrzehntelangen Haftdauer zu rechnen haben würde, sofern er in die Hände der Amerikaner fiele.

Dennoch verblieb Kaltenbach bei Kriegsende in seiner Berliner Wohnung. Er hatte jeden Gedanken einer Flucht von sich gewiesen, auch das Anbot der SS-Standarte »Kurt Eggers« abgelehnt, die ihm zu einer anderen Identität verhelfen wollte. Nur mit einem hatte Kaltenbach nicht gerechnet, dass es nämlich statt der Amerikaner Mitarbeiter des NKWD waren, die ihn in Berlin aufstöberten und in das sowjetische Speziallager Nr. 2 in

Buchenwald brachten, bei dem es sich um das frühere KZ gleichen Namens handelte. Hier waren von den Russen neben Angehörigen der ehemaligen Wehrmacht und SS, der Hitlerjugend wie auch der Wlassow-Armee in der Mehrheit solche Menschen inhaftiert worden, die man als potentielle Gegner einer künftigen Sowjetisierung der Ostzone ansah.

Auch das ehemalige Konzentrationslager Sachsenhausen bei Oranienburg diente den gleichen Zwecken. Hier kamen Tausende von Menschen in der Nachkriegszeit ums Leben, hier verlor sich auch die Spur von Fred Kaltenbach. Auf Anfragen des amerikanischen CIC nach seiner Person teilten die Russen mit, dass der Amerikaner im Oktober 1945 an einer schweren Krankheit verschieden sei. Ob dies der Wahrheit entspricht, lässt sich nicht sagen. Es könnte da durchaus Parallelen zum Fall Raoul Wallenberg geben. Drei Jahre nach dieser sowjetischen Mitteilung schlossen die Amerikaner die Akte über den Fall.

Ein aufsehenerregender Seitenwechsel

Bei zwei weiteren Amerikanern, die gleichfalls für die deutsche Seite tätig gewesen waren, handelte es sich um Robert Best und Douglas Chandler. Mag ihre Lebensbahn auch unterschiedlich verlaufen sein, so waren es jedoch fast übereinstimmende Motive, die sie zu ihrem Seitenwechsel veranlassten.

Robert Henry Best stammte aus dem amerikanischen Bundesstaat South Carolina. Er kam aus einem methodistischen Elternhaus, erhielt eine patriotische Erziehung, die ihn zu Beginn des Ersten Weltkrieges veranlasste, sich sofort zu den US-Streitkräften zu melden.

Nach dem Krieg entdeckte er seine Begabung für den Journalismus, dem intensive Studien an der hierfür besonders bekannten Columbia University vorausgingen. Als einer der besten seines Jahrganges erhielt er von seiner Universität im Jahre 1922 ein Pulitzer-Forschungsstipendium, welches ihm ermöglichte, frei von finanziellen Sorgen eine Europareise anzutreten, die ihn auch nach Wien führte. Diese Stadt mit ihrem typischen

Charme und ihrem Anflug von Leichtlebigkeit zog ihn derart in ihren Bann, dass er Wien zu seinem dauerhaften Domizil wählte und von hieraus für amerikanische wie auch britische Blätter als Korrespondent tätig wurde.

Österreich aber übte auf ihn noch eine andere Wirkung aus. Er beobachtete von hier aus aufmerksam die Vorgänge in Deutschland und erlag der gleichen Stimmung, die damals der Nationalsozialismus auf manche Menschen in westeuropäischen Ländern ausübte, speziell auch in der britischen Gesellschaft. Amerika erschien ihm dagegen wie ein Land, dessen Gefühle längst abgestumpft waren, wo die ständige Jagd nach dem großen Geld zu einem immer größeren Sinnesverlust führte.

Als es dann zum Eintritt Amerikas ins Kriegsgeschehen kam, was für die in Deutschland lebenden US-Bürger die Internierung bedeutete, lehnte es Robert Best mit aller Entschiedenheit ab, sich in die USA repatriieren zu lassen. Nichts vermochte ihn mehr von seinem Entschluss abzubringen, in Deutschland zu bleiben und sich um eine Anstellung am Großdeutschen Rundfunk zu bewerben.

Ob Robert Best von Anfang an vorschwebte, nunmehr direkte Propaganda gegen sein Heimatland zu betreiben, lässt sich nicht mit Sicherheit sagen. Möglicherweise wurde er erst bei einer Kontaktaufnahme mit dem Goebbelsschen Propagandaministerium dazu gebracht, in etwas einzuwilligen, was sich dann später mehr und mehr zu verselbständigen begann.

Robert Best war etwa 300 Mal über den Reichsdeutschen Rundfunk zu vernehmen. Während seine ersten Sendungen, die hinüber in die USA ausgestrahlt wurden, sich noch durch einen sehr zaghaften Ton von seinen Kollegen, etwa William Joyce, unterschieden, änderte sich dies dann auf einmal, indem er nun gerade ganz besonders darauf aus zu sein schien, seine Texte mit übelsten Ausdrücken zu spicken. Die Politiker des Weißen Hauses titulierte er jetzt grundsätzlich nur noch als paranoid und nicht eines einzigen klaren Gedankens fähig. Churchill avancierte zum Oberstrolch, Stalin zur bluttriefenden Bestie, und ein Wortspiel verunglimpfte Roosevelts Politik des New Deal als »*Jew Deal*«.

Als sich der Krieg seinem Ende näherte und Deutschland allmählich in einen Zustand der Agonie glitt, gab es Bemühungen seiner Zehlendorfer Betreuer, ihn zu überreden nach Spanien zu flüchten. Doch Best schien fest entschlossen, seinen einmal eingeschlagenen Weg bis zum bitteren Ende zu beschreiten. Er fiel in die Hände der britischen Armee, wurde nach langen Verhören nach Boston geschafft, wo ihm 1948 der Prozess gemacht wurde. Best erklärte zu Beginn der Verhandlung, dass er keinen Verteidiger benötige, da ein solcher doch nicht in der Lage wäre nachzuempfinden, was sich in seinem Innern an Wandlungen vollzogen habe.

Nach seiner Verurteilung zu lebenslanger Haft ging Robert Best in Revision, die jedoch verworfen wurde. Es blieb bei dem Urteil der ersten Instanz. Sein Versuch, im Februar 1951 beim Obersten Gericht der USA eine Anhörung durchzusetzen, führte zu keinem Erfolg. Ein Jahr darauf verstarb Robert Best, nachdem er einen Schlaganfall erlitten hatte, der eine Gehirnblutung auslöste. Er wurde 56 Jahre alt.

Douglas Chandler – Bitter enttäuscht von den USA

Auch Douglas Chandler gehörte zu den Amerikanern, die von ihrem eigenen Land bitter enttäuscht waren. Insbesondere die Kaltschnäuzigkeit, mit der die verantwortlichen Politiker in der Zeit der Großen Depression agierten, löste bei ihm ein Gefühl des Zorns wie gleichzeitig auch der Ohnmacht aus. Bei Chandler kristallisierte sich immer mehr die Meinung heraus, dass die Oberschicht der USA völlig desinteressiert daran war, wie der kleine Mann auf der Straße mit den verheerenden Auswirkungen der Wirtschaftskrise zurande kam. Dazu gesellte sich, dass Chandlers eigene Familie zu den Betroffenen gehörte, die so gut wie alles verloren hatten und immer mehr verarmten.

Eine Zeitlang hatte er noch eine Beschäftigung bei der Zeitung *Baltimore Sunday* gefunden, doch die mochte bald seine bissigen Kolumnen nicht mehr abdrucken, weil sie wegen des darin enthaltenen abfälligen Tones über die amerikanische Gesellschaftsordnung um ihre Reputation fürchtete.

Schließlich brach Chandler mit seiner Frau und den beiden kleinen Töchtern nach Europa auf, von dem er sich vor allem eine Besserung seiner wirtschaftlichen Lage erhoffte. Nach Aufenthalten in Frankreich, Österreich, Deutschland, Jugoslawien und Italien ließ er sich in Triest nieder. Er begann für die deutsche Presse zu arbeiten, die den Amerikaner gern zu Wort kommen ließ, weil seine zeitkritischen Berichte über die USA ganz im Sinne der deutschen Propaganda geschrieben waren.

Als er während des in Europa ausgebrochenen Krieges vermutete, dass die USA früher oder später gewillt sein könnten, sich daran auf der Seite Englands zu beteiligen, zog er nach Florenz um, wo er der italienischen Regierung das Angebot machte, als Rundfunkkommentator seine Landsleute in den USA davon abbringen zu wollen, einer solchen Politik der amerikanischen Regierung ihre Zustimmung zu geben. Doch Mussolini ließ Chandler wissen, dass Italien in keiner Weise daran interessiert sei, einen Brandherd durch Öl erst so recht zum Lodern zu bringen.

Enttäuscht nahm Chandler nunmehr Kontakt zu dem deutschen Presseattaché Hoffmann auf, der Goebbels' Propagandaministerium auf ihn aufmerksam machte. Als er das amerikanische Konsulat in Florenz ersuchte, ihm ein Visum für Deutschland auszustellen, wurde ihm dies unter Hinweis auf seine bisherige Tätigkeit, die ausschließlich darin bestanden hatte, die USA zu verunglimpfen, strikt verweigert. Chandler bat nun die deutsche Seite, ihm einen Fremdenpass auszustellen und die Einreise nach Deutschland zu gestatten.

Zu Beginn des Jahres 1941 traf er in Berlin ein, wo er sogleich für das in die USA ausgestrahlte Programm des deutschen Kurzwellensenders tätig wurde. In seiner Sendung, die mit dem Abspielen des *Yankee Doodle* und sich anschließendem Pferdegetrappel eingeleitet wurde, stellte er sich den Zuhörern als Paul Revere vor, der nichts weiter wolle, als ihnen die Wahrheit darüber zu sagen, wie die US-Regierung ständig das eigene Volk an der Nase herumführe.

Nach dem japanischen Angriff auf Pearl Harbor erging an alle in Berlin lebenden Amerikaner die Aufforderung, sofort Deutschland zu verlassen und in die USA zurückzukehren. Chandler lehnte dies mit den lakonischen Worten ab, er sei nicht gewillt, sich in ein Land zu begeben, mit welchen er nur schlechte Erfahrungen gemacht habe.

Stadtdessen begann er seine Propagandatätigkeit in Deutschland beträchtlich zu erweitern, kommentierte Nachrichten, die speziell für die USA bestimmt waren und von der Reichsrundfunkanstalt über den Kurzwellenbereich ausgestrahlt wurden. Durch Vermittlung der SS-Kriegsberichter-Abteilung erhielt er sowohl einen Vertrag bei der in Berlin ins Leben gerufenen Antikomintern-Organisation, welche vor allem politische Kräfte aus ganz Osteuropa um sich sammelte, die mit dem Kommunismus gebrochen hatten. Schließlich nahm ihn auch eine Fremdsprachendienst-Agentur unter Vertrag. Auf diese Weise gehörte er zu den bestbezahlten amerikanischen Propagandisten, die sich der Sache Deutschlands verschrieben hatten.

Im Sommer 1942 traf ihn ein schwerer Schicksalsschlag durch den Tod seiner Frau Laura. Chandler war hierüber derart deprimiert, dass er sich über längere Zeit nicht in der Lage fühlte, seine Rundfunkarbeit fortzusetzen. Auch später fiel er immer öfter aus, betrat kaum noch ein Rundfunkgebäude, ließ seine Sendungen bei sich daheim – zunächst in Wien und zuletzt in München – aufzeichnen.

Juli 1943 hatte der United States District Court Columbia gegen ihn formelle Anklage wegen Landesverrates erhoben. Zum Kriegsende wurde Chandler von einem Spezialkommando in Durach ausfindig gemacht und festgenommen. Fünf Monate später ließ man ihn jedoch wieder frei. Ob dies ein Versehen war oder jemand seine schützende Hand über ihn hielt, lässt sich nicht mit Sicherheit sagen. Jedenfalls veranlasste das US-Justiz-Ministerium am 12. März 1946 seine erneute Verhaftung und die Überführung in die USA. Er wurde jetzt nach Washington D. C. gebracht, wo man ihn mit der Anklage aus dem Jahre 1943 vertraut machte und dann seinen Fall nach Massachusetts übertrug, wo die Gerichtsverhandlung gegen ihn stattfand.

Douglas Chandler bestritt keinen der Anklagepunkte, sondern erklärte lediglich, dass es ausschließlich seine Absicht gewesen sei, die USA von einer Einmischung in das europäische

Kriegsgeschehen abzuhalten. Der von dem Anklagevertreter geforderten Todesstrafe wegen Untergrabung der Moral an der Heimatfront und des Versuchs der Zersetzung der US-Armee schlossen sich die Geschworenen nicht an. Chandler wurde am 3. Dezember 1948 zu einer lebenslangen Haftstrafe verurteilt, die er im Bundesgefängnis von Connecticut verbüßte.

Im Jahre 1953 bemühte sich eine seiner Töchter, eine Haftaussetzung oder Begnadigung zu erreichen, was jedoch mit der Begründung abgelehnt wurde, dass die Schwere des von ihrem Vater begangenen Verbrechens keinerlei Milde zulasse. 1969, ein Jahr nach Chandlers Tod im Gefängnis, sprach Oscar R. Ewing, der Hauptankläger in dem Prozess gegen Chandler, sein Bedauern aus, dass dieser sich noch so lange seines Lebens erfreuen konnte. Wäre es nach ihm gegangen, hätte dieser »Kerl auf dem elektrischen Stuhl geschmort«.

Ein Eidgenosse im Konflikt mit seinem Land

Auch der Schweizer Benno H. Schaeppi, der aus St. Gallen stammte und den Beruf eines Journalisten an der in Schaffhausen erscheinenden Zeitung *Grenzbote* ausübte, fühlte sich stärker von Deutschland angezogen als von seinem eigenen Heimatland. Nach seinem im Jahre 1938 erfolgten Eintritt in eine am äußersten rechten Rand stehende Organisation, die sich als »Bund treuer Eidgenossen nationalsozialistischer Weltanschauung« bezeichnete, geriet er wiederholt mit dem Gesetz in Konflikt. 1939 verurteilte ihn ein Schweizer Gericht zu einer Haftstrafe von vier Monaten wegen propagandistischer Betätigung für eine ausländische Macht.

Nach seiner Freilassung verließ Schaeppi die Schweiz und begab sich nach Deutschland, wo er bereitwillig den SD über die politische Situation in der Schweiz unterrichtete. Als ihm der Geheimdienst der SS anbot, weiterhin für ihn tätig zu sein, stimmte er dem sofort zu. Nach dem Kriegsbeginn mit der Sowjetunion meldete er sich freiwillig zur Waffen-SS und kam an der Ostfront zum Einsatz.

Schaeppi gehörte in der Folgezeit zu den Gründungsmitgliedern eines »Bundes der Schweizer in Großdeutschland.« Gegen Ende 1942 übernahm er die Leitung des sogenannten Panoramaheimes in Stuttgart, hinter dem sich eine Zentrale zur Anwerbung von Schweizer Staatsbürgern für die Waffen-SS verbarg. Der Bundesrat der Schweiz reagierte hierauf mit seiner Ausbürgerung.

Im Frühjahr 1944 absolvierte Schaeppi eine Offiziersausbildung an der SS-Junkerschule in Bad Tölz und wurde im Oktober 1944 zum Untersturmführer befördert. Nunmehr erfolgte seine Eingliederung in die SS-Standarte »Kurt Eggers«, die ihn als Kriegsberichter zu dem III. Germanischen SS-Panzerkorps entsandte. Bei Kriegsende geriet er in amerikanische Gefangenschaft, wo er sich als deutscher Staatsbürger ausgab. Aufgrund dieser Tatsache musste er sich einem Entnazifizierungsverfahren stellen, dem sich seine Freilassung anschloss. Als Benno H. Schaeppi davon erfuhr, dass von dem Schweizer Strafgerichtshof in Luzern gegen ihn und weitere ehemalige Angehörige der Waffen-SS, die aus der Eidgenossenschaft stammten, ein Prozess in Abwesenheit eröffnet worden war, überschritt er illegal die Grenze, um sich dort den Behörden zu stellen und sich gegen die von dem Gericht erhobenen Anschuldigungen zu verteidigen. Diesen Schritt hatten auch andere ehemalige Schweizer SS-Mitglieder getan, da sie alle davon überzeugt waren, sich in keiner Weise ehrenrührig verhalten, noch ihrem Heimatland Schaden zugefügt zu haben.

Sie hatten jedoch eine Tatsache nicht in Betracht gezogen, dass nämlich die Schweiz, die während der Kriegsjahre auf verschiedensten Ebenen mit deutschen Reichsstellen gekungelt hatte, jetzt darauf bedacht war, sich in der Öffentlichkeit besonders forsch zu gebärden, wenn es darum ging, Schweizer Staatsbürger abzuurteilen, die sich in irgendeiner Weise mit dem NS-Staat eingelassen hatten. So sollte von der eigenen »Anfälligkeit« abgelenkt werden, indem ein Bauernopfer erbracht wurde.

Hierfür bot sich der Prozeß in Luzern bestens an; Schaeppi und seine Mitangeklagten wurden jeweils zu 16 Jahren Zuchthaus verurteilt, die Begründung lautete, sie hätten gemeinsam einen Angriff auf die Unabhängigkeit der Eidgenossenschaft mit dem Ziel unternommen, eine Angliederung der Schweiz an das Deutsche Reich herbeizuführen.

Schaeppi, der diese Anklage als völlig absurd von sich gewiesen hatte, bemühte sich in den folgenden Jahren vergebens, eine Revision des Urteils durchzusetzen. Erst nach der Verbüßung von elfjähriger Haft erreichte er schließlich seine Freilassung. Nunmehr begab er sich zurück nach Deutschland, wo er einen Antrag auf Einbürgerung stellte, dem sofort entsprochen wurde. Er begann wieder eine journalistische Tätigkeit auszuüben, die ihn als Korrespondent für verschiedene Blätter nach Paris führte. Schaeppi verstarb am 26. August 1988 in Eckernförde, wo er seinen Lebensabend verbracht hatte.

Auch Walter Best, der sich im Dritten Reich anfänglich schriftstellerisch betätigt hatte, bis er seine besondere Neigung zum Theater entdeckte und als Dramaturg u. a. am Stadttheater in Mainz und anschließend bis zum Jahre 1935 am Preußischen Staatstheater in Kassel wirkte, gehörte zu dem Kreis prominenter Kriegsberichter innerhalb der Standarte »Eggers«. Natürlich war dort allen bekannt, dass es sich bei ihm um einen Bruder des SS-Obergruppenführers Dr. Werner Best handelte, über den die Historiker nach dem Krieg herausfanden, dass er sich einem Befehl des Reichsführers SS widersetzt und Tausende dänischer Juden vor der Deportation bewahrt hatte, indem er Mitglieder der Untergrundbewegung von dem Vorhaben in Kenntnis setzte, so dass sich alle rechtzeitig nach Schweden hatten in Sicherheit bringen können.

Eine Wiener »Quasselstrippe« zieht alle Register

Schließlich soll noch kurz auf eine Art Unikum eingegangen werden. Walli Eldon war ein typischer Wiener, immer mit dem Mundwerk vorneweg und niemals sonderlich betrübt, wenn er wieder einmal so richtig in einem Schlamassel steckte. Als ihm in Österreich 1934 eine Anklage wegen Hochverrats und eines Verstoßes gegen das Sprengstoffgesetz drohte – er hatte sich dort in verschiedenen Gruppierungen im nationalsozialistischen Sinne betätigt –, floh er nach Deutschland.

Hier fand er eine Anstellung als Reporter beim Rundfunk, wo er seine Hörergemeinde mit allerlei Schmonzetten unterhielt, die er mit wienerischem Charme vortrug. Als es zum Anschluss Österreichs an Deutschland kam, wurde er an den Wiener Rundfunk zur Abteilung Zeitfunk versetzt, was ihm überhaupt nicht zusagte, weil sich hier für seine lose Gosch'n keine entsprechenden Themen boten. Er antichambrierte solange bei der Intendanz, bis ihm die Leitung der Schallplattensendung »Fröhlich wollen wir den Tag beginnen« übertragen wurde, die ganz auf ihn zugeschnitten schien.

Mit Beginn des Krieges erfolgte seine Einberufung zur Wehrmacht, wo er als Sonderführer eine Propagandakompanie befehligte. Zurückgekehrt zog es ihn sogleich erneut zur leichten Muse. Dann bekam er ein Angebot, das ihn im ganz besonderen Maße reizte, die Macher der so populären Sendung »Das Wunschkonzert« gedachten, dem Wiener Spaßvogel einen Platz in ihrem Programm einzuräumen.

Doch zu seinem Kummer währte dies nicht lange, denn die Standarte »Kurt Eggers«, die gerade an der Westfront den Auftrag erhalten hatte, eine neue Art von Sender einzurichten, verpflichtete jetzt den Wiener Charmeur mit der flinken Zunge. Für den neuen Frontsender wurden Sprecher benötigt, die genügend Talent besaßen, auch einmal etwas so »rüberzubringen«, was Soldaten herzhaft lachen ließ. Hierfür war nun wirklich keiner so geeignet wie Walli Eldon.

Dass er so etwas wie ein Glücksjunge war, bestätigte sich sogleich nach Kriegsende, denn amerikanische Radioleute hatten schon die ganze Zeit zuvor diese Quasselstrippe mit Vergnügen angehört und schlugen ihm vor, jetzt bei dem von ihnen betriebenen US-Sender »Rot-Weiß-Rot« genau das Gleiche zu machen wie vordem und mit seiner gewissen Flapsigkeit die Boys aus den Staaten zu amüsieren. Natürlich wollten die keinen Kraut hören, weshalb man ihm vorschlug, sich einfach William Hamburger zu nennen.

Fünf Jahre ging das gut, keiner der Amis störte sich daran, dass sich ein ehemaliger Angehöriger der SS-Standarte »Kurt Eggers« jetzt als weiterer Alliierter zu ihnen gesellt hatte. Als 1949 der Sender seinen Betrieb in Deutschland einstellte, ging man mit einen *Goodbye* auseinander, und das war's dann gewesen. Walli Eldon machte sich auf den Weg nach Österreich, wo ihm die Behörden seine NS-Vergangenheit unter die Nase rieben, was den Österreichischen Rundfunk veranlasste, zu ihm auf Distanz zu gehen. So eröffnete er dann in der Innenstadt ein Schallplattengeschäft, und wann immer er Lust darauf bekam, ergötzte er sich an den beiden Schelmen Hans Moser und Theo Lingen, womit die Welt für ihn wieder in Ordnung war.

Kurt Eggers wird Namensgeber

Am 12. August 1943 erhielt Gunter d'Alquen, der die SS-Kriegsberichter-Abteilung befehligte, an seinem Standort in Berlin-Zehlendorf einen Anruf des Kommandeurs der V. SS-Panzerdivision »Wiking«, Obergruppenführer Herbert Gille, der ihm mit dürren Worten mitteilte, dass einer seiner besten Panzerkommandanten, Kurt Eggers, am heutigen Tage bei den schweren Abwehrkämpfen im Raum von Isjum eine tödliche Verwundung erlitten habe. Da er wisse, so fügte Gille hinzu, wie nahe Sie sich beide gestanden haben, hätte er es für seine Pflicht angesehen, ihm diese so schmerzliche Nachricht direkt zu übermitteln.

Gunter d'Alquens Gesicht überzog eine Leichenblässe, für Minuten war er unfähig, seine Arbeit fortzusetzen, er verbarg vor dem ins Zimmer tretenden Adjutanten nicht, dass sich seine Augen mit Tränen gefüllt hatten, er Mühe hatte, seine Fassung zurückzugewinnen.

Wer war Kurt Eggers, und was verband ihn mit d'Alquen? Um es einmal mit ganz einfachen Worten zu sagen: Kurt Eggers war ein Dichter, der mit seinen Versen sich vor allem an die Gefühle einer jungen Generation wandte, die nach 1933 in dem Glauben verhaftet war, dass dies den Anbruch einer neuen Ära bedeute. In unserer heutigen Zeit haben viele Menschen damit

Probleme, sich in frühere Denkvorstellungen hineinzuversetzen, woraus sich dann sehr schnell bestimmte klischeeartige Abbilder ergeben, da man einfach nicht nachzuvollziehen vermag, dass ein anderer Zeitgeist stets auch von anderen Ansichten geprägt war. Es dürfte deshalb unangebracht sein, alles in Bausch und Bogen zu verurteilen, was die Empfindungen einer früheren Generation anbelangt, mögen sie auch noch so grundverkehrt gewesen sein.

Kurt Eggers war zeitweilig Herausgeber der Wochenzeitung *Das Schwarze Korps* gewesen, während d'Alquen die Schriftleitung innehatte. Beide teilten die Auffassung, dass man sich niemals auf eingefahrenen Gleisen bewegen sollte, sondern immerfort Neues anstreben, Bewährtes davon annehmen, anderes wieder aufgeben, sobald sich herausstellte, dass es einen letztlich in die Irre führen würde.

Kurt Eggers, der am 10. November 1905 in Berlin geboren wurde, entstammte einer bürgerlichen Familie, begehrte wie viele seinesgleichen gegen eine im Elternhaus empfundene Enge auf, wollte an den Geschehnissen der Zeit, mochten sie noch so turbulent sein, teilhaben, eingreifen, sich einen eigenen Standpunkt bilden und sich dazu bekennen.

Nach dem Ausbruch der November-Revolution und dem Beginn der Barrikadenkämpfe in Berlin, wo die Spartakisten die Chance witterten, auch in Deutschland eine Räterepublik nach sowjetischem Vorbild errichten zu können und der bisherigen bürgerlichen Gesellschaft das Fundament unter den Füßen wegzuziehen, war Kurt Eggers, obwohl erst 14jährig, dort in der Berliner Innenstadt zu finden, wo es am heißesten zuging. Wie es dazu kam, ist schon wieder eine Geschichte für sich.

Als Neunjähriger hatte er sich einer Gruppe Gleichaltriger angeschlossen, die unter Anleitung Erwachsener ein kleines Segelschulschiff beherrschen lernten. Die Jugendlichen hatten ihren Ehrgeiz, alle Arbeiten auf dem Schiff, die dazu gehörten, es seefähig zu machen, völlig selbständig auszuüben. Nur der Kommandant dieses Mini-Schulschiffs war ein alter Fahrensmann von echtem Schrot und Korn, wie man so zu sagen pflegt.

Als sich nun ein Teil der roten Matrosen aus Kiel nach Berlin in Marsch setzte, packte ihn eine derartige Wut, dass er beschloss, denen einmal so richtig die Leviten zu verlesen. So passierte es, dass dieser Schulschiffkommandant gewissermaßen mit seinen Jungen sich dorthin begab, wo die Wogen am höchsten schlugen. Er und die anderen also mittendrin, und der 14jährige Eggers als eine Art Ordonnanz von einem zum anderen eilend.

Nach einem solchen Erlebnis, das ihn weit über seine Jahre hinaus hatte reifen lassen, hielt den Jungen nichts mehr auf der Schulbank. Eines Tages im Jahre 1921 mussten seine Lehrer resigniert feststellen, dass der junge Eggers sich klammheimlich davon gemacht hatte. Er hatte sich einem der Freikorps angeschlossen, welche in Oberschlesien den Versuch polnischer Insurgenten abwehrten, sich dieses deutschen Gebietes zu bemächtigen und es dem polnischen Staat einzuverleiben.

Das gesamte Geschehen war eine Folgeerscheinung des Versailler Vertrages, in welchem die aus dem Ersten Weltkrieg hervorgegangenen Sieger Deutschland auferlegt hatten, einen Teil seines östlichen Reichsgebietes an Polen abzutreten. Als die Polen über diese Vereinbarung hinaus einen noch größeren Appetit entfalteten und sich die industriellen Zentren Oberschlesiens durch einen militärischen Handstreich anzueignen gedachten, verhinderten dies die inzwischen entstandenen Freikorps-Einheiten. Der in die Geschichte eingegangene Sturm auf den Annaberg, an dem auch Kurt Eggers beteiligt war, der im Verlauf der Kämpfe verwundet wurde, vereitelte die polnischen Absichten.

Als im Jahre 1921 die Freikorps schrittweise aufgelöst wurden und das Deutschland von den Siegern zugestandene 100 000-Mann-Heer, die Reichswehr, entstand, zog es Kurt Eggers nach Mecklenburg, wo er als landwirtschaftlicher Eleve auf verschiedenen großen Gütern arbeitete. In dieser Zeit führte er ein ähnliches Leben, wie es der Schriftsteller Hans Fallada in seinem berühmten Buch *Bauern, Bonzen, Bomben* so packend geschildert hat.

1924 trat Kurt Eggers in Frankfurt/Oder in die Reichswehr ein, verließ sie jedoch nach kurzer Zeit wieder, weil deren völlige Entpolitisierung von ihm als Enttäuschung empfunden wurde. Er vermisste in ihr jenen Geist, der die jungen Soldaten in den Freikorps beflügelt hatte, wo ein nationales Bekenntnis zum Vaterland und die Bereitschaft, sich jederzeit hierfür einzusetzen, das beherrschende Element gewesen war.

Hatte Kurt Eggers zeitweise mit der Schule nichts mehr im Sinn gehabt, so gebot ihm jetzt die Vernunft, Versäumtes wettzumachen und sich ein umfassendes Wissen auf vielen Gebieten anzueignen. Nachdem er an einem Berliner Gymnasium sein Abitur nachgeholt hatte, verspürte er auf einmal einen wahren Drang, sich fundamentale Kenntnisse aus möglichst vielen Bereichen zu verschaffen, denen sein Interesse galt. Dazu gehörten die Naturwissenschaften ebenso wie die Philosophie und auch die Theologie. Eine besondere Faszination übte auch die Archäologie auf ihn aus, ebenso das Studium des Sanskrit.

Bei der Wahl seiner Universitäten ließ sich Eggers davon leiten, welcher fachliche Ruf ihnen hinsichtlich eines bestimmten Gebietes vorausging. Nach Göttingen und Breslau zog es ihn an die Rostocker Universität, wo er sein Examen der Theologie mit Auszeichnung bestand und im Anschluss daran eine Stelle als Hilfspfarrer in Neustrelitz erhielt. Später hatte er ein Pfarramt in Mecklenburg inne, und vielleicht wäre sein Leben in dieser Richtung weiter verlaufen, wenn er sich nicht durch die Wirren der Zeit abermals veranlasst gesehen hätte, hierzu einen Standpunkt einzunehmen.

So schied er dann aus den kirchlichen Diensten aus und begann sich in Berlin schriftstellerisch zu betätigen. Da in all seinen Texten eine geradezu leidenschaftliche Hingabe an das Wohlergehen und Gedeihen seines Landes Ausdruck fand, blieb es nicht aus, dass ihn die NSDAP zu umwerben begann. Goebbels, der damals von Hitler als Gauleiter nach Berlin geschickt worden war, wo Ernst Thälmann und die von ihm geführte Kommunistische Partei sich als stärkster Gegner der NSDAP im Kampf um die Macht erwies, hatte einen Kreis junger Literaten um sich geschart, allerdings nicht uneigennützig, sondern in der Absicht, sich ihres Talentes propagandistisch bedienen zu können. Wer allerdings in dem sogenannten Goebbelsschen Dichterkreis aufgenommen wurde, brauchte sich um eine entsprechende Karriere keine Sorgen zu machen.

Nach dem Machtantritt der NSDAP wurde Kurt Eggers zum Leiter des Reichssenders Leipzig ernannt, einige Zeit darauf bekam er die selbe Aufgabe beim Reichssender Stuttgart übertragen. 1936 erfolgte seine Ernennung zum Leiter der Abteilung Feiergestaltung, die bei dem sogenannten Rasse- und Siedlungshauptamt der SS zu dem Zweck geschaffen worden war, zu den verschiedensten Anlässen die dafür vorgesehenen feierlichen Umrahmungen auszuarbeiten.

Diese Tätigkeit verlangte von Eggers u. a., dass er eine Anzahl von Dramen schuf, welche das Leben geistiger Vorbilder wie beispielsweise Ulrich von Hutten oder Georg von Frundsberg in einer äußerst populären Form veranschaulichten. Daneben schrieb er während dieser Zeit Hörspiele, in welche sein eigenes Erleben beispielsweise bei der Erstürmung des Annaberges einfloss. Auch viele Wander- und Soldatenlieder entstammten seiner Feder. Die junge Generation, die sich weitgehend in der Hitlerjugend vereinte, erblickte damals in Kurt Eggers einen Dichter, der in seinen Versen dem Ausdruck verlieh, was sie als ihre Ideale ansah.

Dass Eggers ein ganz eigenes Verhältnis zum Sterben und zum Tode besaß, klang in vielen seiner Gedichte an; dass er seinen eigenen Tod später während des Krieges als Soldat herbeigesehnt habe, wie es nach 1945 mitunter zu vernehmen war, entbehrt jeglicher Grundlage. Diejenigen, die so etwas in die Welt setzten, beriefen sich bei ihrer Behauptung auf einen von ihm verfassten sogenannten Kampfspruch, dessen letzte Zeilen wie folgt lauten:

Das Schicksal fordernd zwingen,
Sich uns im Zweikampf
Nun zu stellen.
Wen schiert das Sterben,
Kamerad, es gilt.

Hierzu sollte nur einmal kurz daran erinnert werden, dass in der Zeit der Freiheitskriege Dichter wie Theodor Körner sich in einer nahezu identischen Weise über Kampf und Todesmut ausließen. So sei dem Verfasser nicht verwehrt, einige Zeilen aus Körners 1813 geschriebenem *Bundeslied vor der Schlacht* zu zitieren:

Ahnungsgrauend, todesmutig
Bricht der große Morgen an,
Und die Sonne kalt und blutig
Leuchtet uns'rer blut'gen Bahn
in der nächsten Stunde Schoße
Liegt das Schicksal einer Welt,
Und es zittern schon die Lose
Und der eh'ren Würfel fällt.
Vaterland! Dir woll'n wir sterben,
Wie dein großes Wort gebeut!
Unsre Lieben mögen's erben,
Was wir mit dem Blut befreit.
Wachse, du Freiheit der deutschen Eichen
Wachse empor über unseren Leichen! –
Vaterland, höre den heiligen Eid!
Jede Nerve sei ein Held
Treue Herzen sehn sich wieder;
Lebewohl für diese Welt!
Hört ihr's? Schon jauchzt es uns donnernd entgegen
Brüder! Hinein in den blitzenden Regen!
Wiedersehn in der besseren Welt.

So sei nun an dieser Stelle Kurt Eggers selbst das Wort erteilt durch sein Credo, dass sich in dem Kriegsalmanach *Dichter unter den Waffen* befindet. Eggers gibt dort wie folgt über sich Auskunft: »*Wer meine Bücher kennt, weiß, dass sie soldatischen Geist atmen. Und wer mich selber kennt, weiß, dass ich immer dort sein muss, wo für Deutschland gekämpft wird. Das war am Annaberg damals, als ich noch nicht ganz 16 Jahre alt war, und das ist heute nicht anders.*

Am 25. August 1939 zog ich ins Feld. Nach der ersten Phase des Krieges wurde ich als Sonderführer ins OKW berufen. Nun, da die Entscheidungstunde nahe herbeigekommen ist, stehe ich wieder dort, wohin ich gehöre: in der vordersten kämpfenden Front.

Ich bin Kommandant eines mittleren Panzers und fahre in der Kampfstaffel. Abend für Abend sitze ich mit meinen jungen Kameraden zusammen. Wir sprechen viel von Vergangenem, von Fernem, von Unerreichbarem, noch mehr aber von morgen, von Einsatz, Gefahr und Bewährung.

Wir sind stolz und glücklich, unsere gefürchteten Panzer in die Reihen der Feinde fahren zu dürfen. Wir sind dankbar, dass wir unter Millionen deutscher Soldaten erwählt wurden, die ersten am Gegner zu sein. Das soll mein bescheidener Dank an Deutschland sein, dass ich als Soldat und Dichter in dieser gewaltigen männlichen und revolutionären Zeit leben, dichten und kämpfen durfte.«

Im November 1942 wurde Kurt Eggers zur 5. SS-Panzerdivision »Wiking« abkommandiert. Als es am 12. August 1943 an der Ostfront vor Isjum zu schweren Abwehrkämpfen mit weit überlegenden Kräften der Roten Armee kommt, gibt Eggers, der im Range eines SS-Untersturmführers steht, seiner Panzerbesatzung den Befehl, zur Entlastung der deutschen infanteristischen Kräfte den weiteren Vorstoß der Sowjets zunichte zu machen. Bei diesem Angriff gerät sein vorpreschender Panzer unter schweren Beschuss, aus dem es kein Ausweichen mehr gibt. Die tödlichen Granaten erfassen den Panzer, in welchem auch Kurt Eggers' Leben erlischt. 37 Jahre hat es gewährt.

Bei einer ihm zu Ehren stattfindenden Gedenkfeier ergreift auch der große deutsche Schauspieler Heinrich George das Wort, den eine über viele Jahre währende Freundschaft mit Kurt Eggers verband. George las einige besonders ergreifende Stellen aus den Werken des Dichters vor. Eine, die er Eggers' Buch *Vom mutigen Leben und tapferen Sterben* entnommen hatte, lautete: *»Ich hoffe so zu sterben, dass mein Tod der Abschluss eines starken Lebens ist.«*

Im Dezember 1943 wurde während einer Feierstunde, die in dem Standort der SS-Kriegsberichter in der Neuen Heimat 27 im Stadtbezirk Berlin-Zehlendorf stattfand, der dortigen Einheit unter gleichzeitiger Umwandlung in eine SS-Standarte der Ehrenname »Kurt Eggers« verliehen.

Ungeschminkte Berichte für die Führungsebene

Von allen Kriegsberichtern der Waffen-SS, die an der Front zum Einsatz kamen, wurden nicht nur Schilderungen über bestimmte Kampfhandlungen erwartet, die sich zum Abdruck in den verschiedensten Presseorganen eigneten, sondern sie waren darüber hinaus angehalten, von ihren ganz persönlich gewonnenen Eindrücken Niederschriften anzufertigen und sie an den Berliner Standort der Standarte weiterzuleiten.

Gunter d'Alquen hatte alle seine Leute angewiesen, sich aufmerksam umzuhören, wie es um die Stimmung in den Einheiten bestellt war, was sich außerhalb der Gefechtstätigkeit abspielte. Insbesondere erteilte er seinen Kriegsberichtern den Auftrag, sich dafür zu interessieren, wie das Zusammenwirken mit den verbündeten Truppen, den Rumänen und Ungarn verlief, da er davon unterrichtet worden war, dass hier bereits gewisse Zerwürfnisse in Erscheinung getreten waren.

An solchen Berichten bestand aus zweierlei Gründen ein Interesse. Zum einem benötigte der Auslands-SD derartige Angaben, da es mit zu seinen Aufgaben gehörte, tägliche Berichte abzufassen, die rein internen Charakter trugen und zur Unterrichtung der Führungsebenen des Reiches bestimmt waren. Diese Berichte sollten so abgefasst sein, dass man sich anhand dieser Informationen ein ungeschminktes Bild der tatsächlichen Lage verschaffen konnte.

Zum anderem aber war d'Alquen persönlich darauf aus, in Erfahrung zu bringen, was sich wirklich tat. Was das Kriegsgeschehen an der Ostfront anbelangte, so teilte er da längst nicht die großspurigen Auffassungen der Anfangszeit, dass die Sache schon entschieden und die Rote Armee als geschlagen anzusehen sei. Er hielt eine solche Meinungsmache für leichtfertig, worin ihn sein Freund, der Schriftsteller Edwin Erich Dwinger, bestärkte, der als einer der besten Sachkenner der Sowjetunion galt.

Auch der ehemals in Moskau als deutscher Militärattaché tätig gewesene General der Kavallerie Ernst Köstring sprach wiederholt die Warnung aus, sich nichts vorzumachen, gäbe es doch noch immer die starken sowjetischen Verbände im Fernen

Osten, die völlig unverbraucht seien und die Stalin zu dem Zeitpunkt, den er für den richtigen ansah, gegenüber einer deutschen Front, die längst weit überdehnt sei, zum Einsatz bringen könne.

Doch solche Befürchtungen tat man im OKW wie auch im OKH mit einer Handbewegung ab, Köstring wurde als Miesepeter gescholten, Dwinger des Missmutes bezichtigt, der aus der Tatsache resultiere, dass man ihn nicht als so wichtig ansehe, was er als eine Kränkung empfände, worunter ganz offenbar sein Ego gelitten habe.

Auf den Tisch von d'Alquen gelangte Informationsmaterial, welches die Eindrücke der beiden SS-Kriegsberichter Walter Kalweit und Ernst Gugl wiedergab, die an einem Einsatz auf der Krim teilgenommen hatten. Die Berichterstatter gehörten dem V. Zug der SS-Kriegsberichter-Abteilung an, der im Bereich der Division »Wiking« das Geschehen an der Ostfront verfolgte.

Im Verlaufe einer Fahrt zum Asowschen Meer hörten sie von Wehrmachtsoffizieren der Panzerarmee Kleist, dass man schon seit geraumer Zeit dazu übergegangen sei, bewaffnete Einheiten aus einheimischen Kräfte aufzustellen, nachdem man sich davon überzeugt hatte, dass sie dem sowjetischen System feindselig gegenüberstanden. Auf die verblüffte Frage der beiden Kriegsberichter: *»Ja ist denn das überhaupt erlaubt, weiß denn der Adolf davon«*, erhielten sie die spöttische Anwort: *»Gefragt hat ihn niemand, aber das machen hier alle so. Jeder ist froh, auf eine solche Weise eine Verstärkung seiner eigenen Kampfkraft zu erhalten.«*

Auf diese Weise erfuhren beide Kriegsberichter der Waffen-SS als erste von einer völlig neuen Entwicklung, die an zahlreichen Abschnitten der Ostfront in Gang gekommen war, ohne dass es darüber überhaupt einen entsprechenden Befehl weder aus dem Führerhauptquartier noch vom Oberkommando der Wehrmacht gab.

Gunter d'Alquen war von dieser Nachricht derart elektrisiert, dass er sogleich spürte, wie in ihm das alte Gefühl aus den Zeiten aufkam, da er als Schriftleiter des *Schwarzen Korps* mit aller Bravour gegen den Stachel gelöckt hatte, sei es auch, um sich in alle Nesseln zu setzen. Wenn jetzt seine alte Zeitung als erste darüber berichten würde, dass Russen gemeinsame Sache mit den Deutschen gegen Stalin machten, so käme dies einer echten Sensation gleich. So lautete dann seine Anweisung an die SS-Kriegsberichter Walter Kalweit und Ernst Gugl: *»Begebt euch an Ort und Stelle, bringt alles über diese bewaffneten einheimischen Verbände in Erfahrung, forscht sie ganz besonders nach ihren Motiven aus, woher rührt ihr Hass gegen Stalin?«*

Auf der Krim – Ein Wechselbad der Gefühle

Kalweit und Gugl, beides erfahrene Journalisten aus der Vorkriegszeit, brachen daraufhin zur Krim auf. In Taganrog führten sie ein Gespräch mit dem Chef des Sicherungs-Regimentes 4, Oberst Moretti, der ihnen berichtete, dass es sich bei den Angehörigen dieser Freiwilligenverbände um Don-Kosaken, ukrainische Nationalisten wie auch ständig im Zunehmen begriffene desertierte Rotarmisten handele.

Oberst Moretti erklärte den Kriegsberichtern der Waffen-SS das Folgende: *»Als Beweggrund für ihre Bereitschaft, an unserer Seite gegen die Sowjets zu kämpfen, sagen uns diese Freiwilligen, dass es der unmenschliche Terror der Bolschewisten sei, die in den 20 Jahren ihrer Herrschaft alles getan hätten, um die aufgeklärte und eigenwillige Bevölkerung, welche am Don und am Asowschen Meer lebe, unter ihre Knechtschaft zu zwingen. Fast jeder, der sich bei uns freiwillig meldet, hat irgendeinen Freund oder einen Verwandten in den Kerkern der ehemaligen GPU gehabt. Der Entschluss, jetzt unter deutscher Fahne zu kämpfen, entspreche einem Gefühl der Rache und des Hasses.«*

Auf die naheliegende Frage der Kriegsberichter, ob nicht die Aufnahme dieser Freiwilligen die Gefahr in sich berge, von der sowjetischen Seite infiltriert zu werden, schloss der Offizier dies nicht aus, fügte aber dann hinzu: *»Es sind immer nur wenige, die schon nach kurzer Zeit von den anderen enttarnt werden. Für uns bilden diese Freiwilligen durch die Tatsache, dass sie über eine ausgezeichnete Ortskenntnis verfügen, und aufgrund ihrer draufgängerischen Haltung einen nützlichen Bestandteil der Südarmee.«*

Da der Auftrag beider Kriegsberichter lautete, sich einen Eindruck von der Kampfkraft der mit Deutschland verbündeten Mächte zu verschaffen, suchten sie die Befehlsstelle der Panzerarmee 1 in Stalino auf, wo man ihnen riet, sich nach Simferopol, der Hauptstadt der Halbinsel Krim, zu begeben.

Die Fahrt dorthin führte über Jasinowataja – Sinelnikokowo – Federowka – Dschankoj nach Simferopol. Obwohl es dem Süden mit den angenehmen Temperaturen der Schwarzmeerküste entgegenging, gestaltete sich der Weg dorthin alles andere als angenehm. Durch eine blitzschnell erfolgende Veränderung der Witterungsverhältnisse kam es zu einem Schneesturm von solcher Wucht, dass sich innerhalb weniger Minuten eine weiße Last auf den umliegenden Feldern türmte. Erst nach dem Erreichen von Melitopol trat die Sonne wieder zum Vorschein, deren Strahlen den Schnee in Sekundenschnelle zum Verdampfen brachten.

Der gefährlichste Teil der Fahrt stand den beiden SS-Kriegsberichtern noch bevor. Es war dies die Landenge am Faulen Meer, die es unter äußerster Vorsicht zu passieren galt, um nicht ins Blickfeld sowjetischer Beobachtungsposten zu geraten. Walter Kalweit und Ernst Gugl teilten später dem Kommandeur der SS-Standarte »Kurt Eggers« mit, dass, wenn sie es nicht mit eigenen Augen gesehen hätten, es ihnen wie feindliche Propaganda vorgekommen wäre. Was sie so verstörte, war der Anblick eines gewaltigen sowjetischen Verteidigungssystems, bestehend aus Drahtverhauen, Tanksperren, Bunkern und Schützengräben, das sich in einer Tiefe von mehr als 20 Kilometern staffelte. Kalweit schrieb nach Berlin: »*Standartenführer! Hätten wir unserer eigenen Propaganda geglaubt, so durfte es ein derart ausgebautes Stellungssystem der Sowjetarmeen überhaupt nicht mehr geben. Wenn doch, dann stimmt etwas mit unserer Propaganda nicht.*«

Hierzu sei eine kurze Bemerkung erlaubt, eine Art Vorwegnahme dessen, worauf an späterer Stelle dieses Buches ausführlicher eingegangen wird. Es waren Kriegsberichter der Waffen-SS, Angehörige der Standarte »Kurt Eggers«, die als Erste Zweifel an der eigenen Propaganda hegten und sich nicht scheuten, dies auch zum Ausdruck zu bringen. Als später die Kämpfe an der Ostfront einen immer härteren Charakter annahmen und sich die Lage für die deutsche Seite immer mehr verschlechterte, kam aus der Standarte die Forderung, in der eigenen Propaganda ausschließliche Ehrlichkeit walten zu lassen und nicht länger davor zurückzuschrecken, auch eigene Niederlagen ohne Wenn und Aber einzugestehen.

Ferner drängte die Führung der Standarte darauf, durch Formen einer sogenannten Kampfpropaganda unter Einsatz von sowjetischen Überläufern Verwirrung in die Reihen der Roten Armee zu tragen, um ihre Schwächung herbeizuführen. Dass dies freilich alles viel zu spät kam, um im Osten noch eine entscheidende Wende herbeizuführen, dürfte vielen intelligenten Offizieren der Waffen-SS durchaus bewusst gewesen sein.

Doch zurück zu den Eindrücken, welche die SS-Kriegsberichter auf der Krim sammelten. Hier erwartete sie eine weitere ungewöhnliche Nachricht, erfuhren sie doch zum ersten Male, dass sich nicht nur der Wehrmacht einheimische Kampfverbände angeschlossen hatten, sondern dies bei der Waffen-SS auch der Fall wäre. In allen Teilen des schwer zugänglichen Jaila-Gebirges, wo sich sowjetische Partisanen-Verbände auf ein größeres Angriffsunternehmen im Hinterland der Deutschen vorbereiteten, würden sie von Tatarenkompanien bekämpft, die sich hierfür freiwillig der Waffen-SS zur Verfügung gestellt hätten.

Zuständig für den Auslands-SD auf der Krim war Obersturmbannführer Seibert, der gegenüber den SS-Kriegsberichtern, von deren Ankunft er unterrichtet worden war, eine Einschätzung der militärischen Lage gab, die an Eindeutigkeit nichts zu wünschen übrig ließ. Er erklärte ihnen Folgendes: »*Bis auf die Halbinsel Kertsch und Sewastopol befindet sich die gesamte Krim unter deutscher Kontrolle. Doch nur äußerlich hat es den Anschein, als wäre das Land vollkommen befriedet. In Wirklichkeit befinden sich im Rücken der Front noch mehrere tausend Banditen, die in kühnen Raubzügen und Überfällen täglich versuchen, die deutschen Nachschubstraßen zu stören.*

Dieses Partisanenunwesen erreichte seinen Höhepunkt im Januar, als an allen Küstenplätzen der Krim sowjetische Truppenlandungen vorgenommen wurden und alle verfügbaren deutschen und rumänischen Reserven an die Einbruchstellen geworfen wur-

den. Damals kam es vor, dass größere Ortschaften von Partisanen überfallen und geplündert wurden, dass Lastwagenkolonnen der Wehrmacht im Jailagebirge ausgeraubt und die Fahrer bis zum letzten Mann in bestialischer Weise umgebracht wurden. In diesen Tagen schwankte das Zünglein an der Waage, wohin sich der Sieg neigen würde, ständig hin und her.«

Tataren werden zu Verbündeten der Waffen-SS

Der SD-Offizier berichtete dann weiter, dass man sich nicht mehr anders zu helfen gewusst hätte, als auf ein Angebot der Tataren zurückzugreifen, die gewillt waren, den Deutschen in ihrer schwierigen Lage zur Hilfe zu kommen, sofern sie ihren Kämpfern garantieren, dass sie den deutschen Soldaten völlig gleichgestellt seien und man sie als ebenbürtig betrachte. *»Wir haben das SS-Hauptamt davon verständigt, und Gottlob Berger hat uns sofort grünes Licht gegeben, selbst bei Himmler scheint inzwischen ein gewisses Umdenken eingesetzt zu haben.«*

Auf die Frage der Kriegsberichter, auf welche Weise man dann organisatorisch vorgegangen sei, erläuterte dann Obersturmbannführer Seibert: *»Aus Angehörigen der Waffen-SS wurden so eine Art von Werbekommissionen gebildet, die trotz der unwegsamen Gegend über 200 Tatarendörfer aufsuchten und innerhalb von zwei Wochen über 15 000 Freiwillige gewannen. 15 aus Tataren bestehende Kompanien begannen dann gemeinsam mit deutschen und rumänischen Truppen unzählige Stützpunkte der Partisanen auszuheben.«*

Ihrer Mitteilung an den Standartenführer war ein gewisser Stolz zu entnehmen, dass sie die ersten Kriegsberichter gewesen seien, die sich mit diesem Problem bekannt gemacht hätten. *»Es erfüllt uns mit großer Freude«*, so Kalweit und Gugl, *»schließlich gelingt es nicht täglich Kriegsberichtern, als Erste an solch brisante Themen zu gelangen.«* Abschließend baten sie den Standartenführer um sein Einverständnis, nunmehr die Tatarenkompanien in ihren Standorten aufsuchen zu dürfen, weil sie sich davon für weitere Berichte eine besondere Farbigkeit versprachen.

In Begleitung von SS-Hauptsturmführer Heinze traten die beiden Kriegsberichter die Fahrt zu verschiedenen Standorten der Tatarenkompanien an. Ihr Ziel lag bei Bijuc-Usenbasch. Vor Beginn der Fahrt wurden an alle Teilnehmer – zu deren Schutz auch eine kleine Begleitmannschaft gehörte – Maschinenpistolen ausgegeben.

Kalweit und Gugl verspürten ein unbehagliches Gefühl, mussten sie doch jeden Moment darauf gefasst sein, von den Bergen aus unter Feuer genommen zu werden. Doch als längere Zeit nichts geschah, wandte sich ihre Aufmerksamkeit mehr und mehr der Landschaft zu, die ein Bild voller Kontraste bot. Eben tat sich noch vor ihren Augen der Anblick fruchtbarer Steppe auf, die urplötzlich dann in ein wildromantisches Bergtal überging. Serpentinen führten zu den Hängen des Jailagebirges empor, und die Fahrzeuge mussten sich immer vorsichtiger bewegen, um nicht aus den Kurven geschleudert zu werden.

Die Kriegsberichter nahmen wahr, dass die Männer ihres Begleitkommandos aufmerksame Blicke zu den Stellen warfen, wo dichtes Gebüsch die Seiten der Straße säumte. Auf eine entsprechende Frage erfuhren sie, es sei schon vorgekommen, dass in dem Strauchwerk lauernde Partisanen mittels eines Stockes, der vorne eine Eisenspitze trug, deutschen Fahrzeugführern die Schädeldecke zertrümmert hätten. Zeitweise, so berichtete der Hauptsturmführer seinen Begleitern, sei eine Fahrt ins Jailagebirge nur dann möglich gewesen, wenn man vor dem Passieren jeder einzelnen Serpentine einen Feuerstoß aus seiner Maschinenpistole in die Luft abgegeben habe, was die Partisanen vor heimtückischen Angriffen abgehalten habe.

Die Dörfer der Tataren waren von dem Aussehen geprägt, wie es überall für den Orient typisch ist. Es gab eine Vielzahl von kleinen Häusern mit säulenverzierten Veranden davor, von denen winklige Gässchen sich zu allen Punkten des Ortes erstreckten, dessen Mitte eine große Moschee sowie ein daneben befindliches Minarett einnahm. Überall löste die Ankunft der SS-Kriegsberichter einen lärmenden Empfang aus. Während steinalte Männer mit langen Bärten und phantasievollsten Kopfbekleidungen würdevoll auf sie zuschritten, nahm es die Dorfjugend mit den

Gebräuchen nicht so genau. Sie umringten die Ankömmlinge, bestaunten ihre Waffen und noch mehr die Kameraausrüstung. Wild gestikulierend machten sie immer wieder auf sich aufmerksam, bis die Berichterstatter ihren nicht zu verkennenden Begehren nachkamen, einige Aufnahmen von ihnen zu machen.

Darüber vergaßen sie jedoch keineswegs ihr eigentliches Anliegen, die aus 130 jungen Männern bestehende Tatarenkompanie zu besichtigen, vor allem die Frage an sie zu richten, wie sie mit den Partisanen fertig würden. Erst als ein SS-Sturmmann, der für ihre Ausbildung zuständig war, sie zum Sprechen aufforderte, hagelte es nur so von Berichten. Einige erzählten, dass sie als Späher solange im Gebirge umhergestreift seien, bis sie die Verstecke der Partisanen ausfindig gemacht hatten, worauf die dann durch Funk verständigte Kompanie eingetroffen sei. Auf diese Weise hätten sie schon viele automatische Waffen und mehrere tausend Schuss Munition erbeutet. Der SS-Sturmmann fügte ergänzend hinzu: *»Sie verhalten sich im Kampf derart geschickt, dass ihre Verluste äußerst gering sind. Anfänglich mussten wir ihre Tollkühnheit stoppen und ihnen klarmachen, dass Tapferkeit nicht darin besteht, sinnlos sein Leben wegzuwerfen.«*

Zum Abschied luden die Tataren die beiden SS-Kriegsberichter zur Besichtigung ihrer Unterkünfte ein, bildeten dann im Hof einen großen Kreis und begannen stampfend zu tanzen. Während die Bewegungen der Tänzer immer wilder und temperamentvoller wurden, stimmten andere alte Reiterlieder an, die aus jener vergangenen glanzvollen Epoche stammten, da ihre Vorfahren über die Steppen Asiens dahingebraust waren. Natürlich ließen sich die Kriegsberichter auch diese Szenen nicht entgehen, und so klickten immer wieder ihre Kameras.

Weiter ging dann die Fahrt über Karasubasar und Stary-Krim nach Feodosia. Es war eine gut asphaltierte Strecke, die von Pioniereinheiten für den Vormarsch der 11. Armee hergerichtet worden war und ein schnelleres Fahren als zuvor zuließ. Zwischen Stary-Krim und Karasubasar musste allerdings das Tempo gedrosselt werden, weil hier die Straße aus zahlreichen Windungen bestand, die sich zu einem Berg hinaufschraubten.

Der den Kriegsberichtern als Führer beigegebene Hauptmann Gabel deutete mit seiner Hand in die südliche Richtung, wo ein riesiges Waldgebiet zu erblicken war. Der Offizier war gerade dabei zu erläutern, dass man dort eines der größten Partisanenlager mit etwa 2000 versprengten Rotarmisten vermutete, als plötzlich an einer Straßenbiegung, die entlang einer Bergschlucht führte, mehrere Schüsse fielen und die Kugeln haarscharf an ihren Köpfen vorbeipfiffen. Es waren schreckerfüllte Sekunden, doch weiteres Feuer blieb aus. *»Schwein gehabt«*, lachte der Hauptmann, während der Fahrer sogleich den Wagen auf volle Touren brachte. *»Es wäre völlig sinnlos, würden wir zu einem Angriff übergehen«*, meinte der Hauptmann. *»Bis wir die 300 Meter, die uns von den Partisanen trennen, zurückgelegt hätten, wären die Burschen längst verschwunden, ohne jegliche Spuren zu hinterlassen.«*

In Feodosia bot sich ein grauenhafter Anblick

Alles in Stadt und Hafen Feodosia erinnerte an die schweren Kämpfe, die sich noch kurz vor dem Eintreffen der SS-Kriegsberichter dort abgespielt hatten. Die Landung von mehreren sowjetischen Einheiten, darunter Angehörigen der Roten Marine, die als besonders zügellos verschrien waren, kam für die deutsche Seite völlig unerwartet. Nachdem Feodosia in die Hände der Wehrmacht gefallen war, ließ man nur eine geringe Zahl eigener Kräfte als Besatzung zurück, weil allgemein die Meinung vorherrschte, dass die sowjetischen Truppen, wenn sie erst einmal eine Stadt aufgegeben hatten, dort nicht wieder in Erscheinung treten würden.

Doch gerade dies sollte sich als ein tödlicher Irrtum herausstellen. Als plötzlich an diesem Teil der Krimküste eine Vielzahl von sowjetischen Landungsbooten auftauchte, wurde die deutsche Seite davon völlig überrascht. In der Hafenstadt befand sich lediglich ein Zug Pioniere, der über nichts weiter als drei Pakgeschütze verfügte. Dann existierte noch eine kleine Versorgungseinheit, die eine Frontbäckerei betrieb. In einem Lazarett lagen mehrere hundert zum Teil schwerverwundete Wehrmachtsangehörige, an deren Abtransport nicht zu denken war. Viele Krankenschwestern, die sich noch hätten in Sicherheit bringen können, blieben bei ihnen freiwillig zurück.

Als eine Gruppe roter Matrosen der sowjetischen Schwarzmeerflotte in das Lazarett eindrang, ließ sie dort sogleich ihren grausamsten Instinkten freien Lauf. Zunächst schlugen sie einigen Schwerstverwundeten die Schädel ein, bis sie auf eine noch bestialischere Idee verfielen. Sie gossen jetzt über deren Körper Wasser und warfen sie dann ins Freie, wo eine Temperatur von 30 Grad Kälte herrschte. Es bedurfte nur weniger Augenblicke, und die wehrlosen Verwundeten waren von einer dichten Eiskruste bedeckt, die sie wie ein gläserner Sarg umschloss. Auch die Krankenschwestern fand man hier. Sie waren alle nach mehrfacher Vergewaltigung von den Bestien in Menschengestalt verstümmelt worden, bis man sie der gleichen Todesprozedur unterzog.

Erst nach einem Gegenstoß deutscher und rumänischer Verbände gelang die Rückeroberung von Feodosia. Als sie beim Betreten des Lazarettgeländes wahrnahmen, was sich dort an Grauenvollem abgespielt hatte, traten vielen Soldaten Tränen in die Augen. Andere mussten sich abwenden, weil sie den furchtbaren Anblick nicht mehr ertrugen. (Übrigens blieb das Kriegsverbrechen von Feodosia bis zum heutigen Tage ungesühnt.)

Aus dem Munde von SS-Sturmbannführer Persterer vernahmen die beiden Kriegsberichter erstmals Einzelheiten des sowjetischen Überraschungsmanövers, das beinahe erfolgreich verlaufen wäre. *»Es war den Russen bereits gelungen, bis nach Stary-Krim vorzudringen. Unter der Wehrmacht wie auch der hier eingesetzten Waffen-SS herrschte eine wahre Panik. Unsere Leute sind getürmt, was sie nur konnten. Hätten nicht ein paar Offiziere sich buchstäblich im letzten Moment besonnen und sich den Fliehenden in den Weg gestellt, wäre die gesamte Krim für uns verloren gewesen. Darüber gab es aber wohl in der Heimat nichts zu lesen«*, schloss der SS-Offizier mit einer gewissen Bitterkeit seinen Bericht.

Es waren die auf der Krim verbrachten Tage, welche bei den SS-Kriegsberichtern Rottenführer Walter Kalweit sowie Rottenführer Ernst Gugl ein Gefühl von Nachdenklichkeit auslösten, das sie vordem so nicht gekannt hatten. Konfrontiert mit der ganzen Härte des Kampfes an der Ostfront, wurden sie auf einmal sich der eigenen Unzulänglichkeit ihres Tuns bewusst.

Dass die Rote Armee noch längst nicht am Ende war, wie Generäle des OKW bereits getönt hatten, womit sie sich beflissen einer Meinung Hitlers beugten, der sich davon überzeugt gab, dass es nur noch einiger weniger Aktionen bedürfe, um den Krieg im Osten siegreich abzuschließen, zeigte sich schon am nächsten Tag, der mit einem infernalischen Trommelfeuer begann.

»*Offenbar bereiten die Sowjets an der Landenge bei Kertsch, wo sie auf einer Frontbreite von nur 30 Kilometern unseres Wissens nach 17 Divisionen zusammengezogen haben, einen neuen Großangriff vor*«, unterrichtete sie Sturmbannführer Persterer. »*Solange wir die Lage nicht unter Kontrolle haben, ist es wohl besser, ihr begebt euch nach Simferopol zurück.*«

Wieder in Simferopol bot sich dort den SS-Kriegsberichtern die Gelegenheit zu einem Gespräch mit einem Mitglied des Tatarenkomitees. Seine offizielle Bezeichnung lautete: »Muselmanisches Komitee für die Krim.« Dabei vernahmen sie erstmals, dass von den etwa 500000 Tataren, die während der Zarenherrschaft ein ziemlich freies Dasein führen durften, lediglich noch 200000 am Leben seien. »*Die meisten Angehörigen unseres Volkes wurden durch die GPU entweder gleich an Ort und Stelle, also in ihren Dörfern, erschossen oder nach Sibirien deportiert, wo man sie dem Hungertode preisgab.*«

Befragt nach den Gründen, warum Stalin mit ihrem Volk so brutal verfahren sei, erklärte der Tatarenführer, dass dies etwas mit dem starken Glauben der Muselmanen zu tun habe. »*Bereits während des Bürgerkrieges 1917–1920 ergriffen wir Partei für die Weißen. Das hat uns Stalin niemals verziehen. Er war sich durchaus der Tatsache bewusst, dass ein Volk, dessen Menschen einen derart starken Gottesglauben haben, sich nie und nimmer einem kommunistischen System unterwerfen würde, das Kirchen und Moscheen niederbrennt oder sie zur Aufbewahrung von Getreide benutzt. In unserem Volk hat sich die Erinnerung daran erhalten, dass die Tataren zwischen dem 12. und dem 19. Jahrhundert ein eigenes Reich besaßen, dessen Könige in Bachtschissaraj residierten. Die ganze Zeit über haben wir Tataren uns eines gesicherten Daseins erfreut. Dann kamen die Russen und beschnitten unsere Rechte, ließen uns aber leben, und dann kam Stalin, der uns selbst dieses armselige Leben nicht gönnt.«* Bei den letzten Worten hatten sich die Finger ihres Gegenüber vor Zorn verkrümmt.

Doch die wohl eindrucksvollsten Worte fielen zum Abschluss dieses Gesprächs, das beide SS-Kriegsberichter zur Grundlage einer Artikelserie nahmen, die folgende Titel trugen: „*Tataren der Krim – An die Gewehre«, »Bergbauern, Muselmanen und Freiheitskämpfer«, »Unter den Tataren auf der Krim«, »Im Königsschloss von Bachtschissaraj«, »Die unbekannte Front«, »An der russischen Riviera«, »Bandenjagd bei Karasubasar«, »Die drüben vom Berge«, »Wo bleibt der große Khan«, »Am Strand des Faulen Meeres«.*

»Schon einmal,« so lauteten die letzten Sätze des Tatarenführers, *»haben wir deutsche Soldaten im Jahre 1917 kennengelernt und schenkten ihnen unser Vertrauen. Als jetzt erneut deutsche Soldaten zu uns kamen, bedeutete dies für uns eine Erlösung, denn sie haben uns vor der endgültigen Vernichtung durch die Sowjets bewahrt. Darum vertrauen wir auf Deutschland. Seid gerechte Herren, lasst uns unseren Glauben an Allah und wir werden euch dankbar und treu bis in alle Ewigkeit sein. Ein gewaltiges muselmanisches Reich von der Krim bis nach Kaukasien und dem Iran unter der Hoheit Deutschlands ist der geheime Wunsch aller Gläubigen«.*

BEI RUMÄNEN AUF DER KRIM

Die Kampfkraft der Verbündeten

Als die SS-Kriegsberichter die Nachricht erhielten, dass das 19. rumänische Gebirgsjägerbataillon bei Sudak Vorbereitungen zu einem Angriff auf mehrere Partisanenlager treffe, die längs der Höhenzüge des Berges Schambul ausgemacht worden seien, stand für sie fest, dass sie sich daran beteiligen wollten.

Kalweit und Gugl waren davon überzeugt, sich auf diese Weise ein Bild über die Kampfkraft der rumänischen Verbündeten Deutschlands verschaffen zu können. Hätten sie geahnt, was ihnen bevorstand, so hätte dies ihren Eifer mit Sicherheit gedämpft. Doch so fanden sie sich gegen Mitternacht im Bereitstellungsraum von Souk-Sou ein und beugten sich im spärlichen Schein einer Taschenlampe über eine Karte, welche der rumänische Oberstleutnant Herrmann vor ihnen ausgebreitet hatte, um sie mit der Lage vertraut zu machen.

Der Rumäne informierte sie, auf welche Weise der Angriff ablaufen sollte. *»Vier Kompanien meiner Einheit stoßen in einer Stunde aus dem Süden, Westen und Norden vor. Im Osten schließt sich eine Panzerkompanie des deutschen Heeres an. Ziel dieses konzentrierten Angriffs wird dann die Umgebung des Berges Schambul sein.«*

Danach erfolgte der Aufbruch. Über lehmige Waldpfade ging es in westlicher Richtung dorthin, wo die Partisanen vermutet wurden. Ein Sturmbannführer der Waffen-SS, der als Verbindungsoffizier die rumänische Einheit begleitete, trat kopfschüttelnd auf die Kriegsberichter zu: *»Fällt euch was auf, Kameraden, die lernen's nie. Kein Wunder dann auch, wenn die rumänische Armee an der Ostfront die höchsten Verluste zu verzeichnen hat.«*

Als ihn Kalweit und Gugl etwas verständnislos anschauten, fühlte er sich bemüßigt, sie darauf aufmerksam zu machen, wie sich die rumänische Kolonne vorwärtsbewegte. *»Seht nur genau hin, die ziehen durch die Gegend, als ginge es in die Pilze. Kein Sicherheitsabstand, keine Seitensicherungen, die bekommen nicht* *einmal mit, wenn sie schon das Weiße im Auge ihrer Gegner erblicken.«* Als Kalweit ihm daraufhin die Frage stellte, warum er nichts dagegen unternähme, lautete die knurrige Antwort: *»Weil es die Offiziere der Rumänen als eine schwere Demütigung betrachten, wenn man ihnen im Beisein ihrer Soldaten auch nur die geringste Anweisung erteilt. Von uns wird im Interesse einer guten Waffenbrüderschaft erwartet, dass wir uns äußerste Zurückhaltung auferlegen. Wenn ihr noch länger hier bei den Rumänen weilt, werdet ihr schon bald merken, woher der Wind weht.«* Die beiden Kriegsberichter sahen sich bedrückt an: Was sie soeben vernommen hatten, zwang sie zu größter Vorsicht, um nicht zum Opfer rumänischer Fahrlässigkeit zu werden.

Nachdem sie jetzt gewissermaßen mit geschärften Sinnen auf alles Besondere Obacht gaben, wie sich die Rumänen beim Eindringen in das Partisanengebiet verhielten, wurden sie sehr schnell vielem gewahr, was jeder Vernunft widersprach.

Während einer Rast unweit des Zielortes, wo buchstäblich jede Sekunde mit dem Auftauchen von Partisanen gerechnet werden konnte, glaubten die SS-Kriegsberichter ihren Augen nicht trauen zu dürfen. Bis auf vier Posten, die gelangweilt herumstanden, legten alle anderen ihre Waffen zur Seite, rannten durch die Gegend und suchten nach Brennholz. *»Die wollen jetzt doch wohl nicht ein Feuer mit großer Rauchentwicklung machen«*, meinte Kalweit fassungslos. Ein älterer deutscher Rittmeister, der ebenfalls dem Verbindungsstab angehörte, raunte ihnen in diesem Augenblick zu: *»Wenn jetzt ein sowjetischer Überfall erfolgt, sind wir alle verloren. Mit euch zusammen zählen wir hier lediglich sieben Deutsche, ich bin davon überzeugt, sobald der erste Schuss fällt, geht die ganze Kompanie stiften.«*

In diesem Moment begann in der Ferne ein Maschinengewehr zu rattern, dann waren mächtige Detonationen zu vernehmen, deren Widerhall durch die Bergschluchten noch verstärkt wurde. Der rumänische Oberleutnant informierte strahlenden Gesichts die Deutschen: *»Zwei meiner Kompanien haben soeben drei Partisanenlager ausgehoben. Sämtliche Partisanen wurden erledigt. Außerdem ist uns ein Munitionslager mit mehreren tausend Schuss sowie ein Verpflegungslager mit vielen Zentnern Käse und*

Butter in die Hände gefallen. Bald werden wir Genaueres wissen, was sich dort getan hat.«

Als sich dann kurz darauf herausstellte, wie sich alles in Wirklichkeit zugetragen hatte, war dem rumänischen Offizier nicht die geringste Verlegenheit anzusehen. Eine rumänische Kompanie war auf vier Partisanen gestoßen, hatte auf sie das Feuer eröffnet, einen Mann getötet, die drei anderen waren entkommen.

Weiter ging der Marsch, bis sich nach kurzer Zeit herausstellte, dass man im Kreise herumgelaufen war. Der Rittmeister, der vor den Kriegsberichtern schritt, wandte sich um und griente: *»Ich vergaß vorhin zu sagen, mit Karte und Kompass wissen sie auch nichts anzufangen, aber mit der Zeit merken sie dann doch, dass die Richtung nicht stimmt.«*

Plötzlich gab es einen Halt. Die Rumänen gingen in Deckung und einer ihrer Offiziere zeigte aufgeregt nach links, wo auf einer Höhe Feldstellungen auszumachen waren. Die Rumänen begannen wild zu gestikulieren, wurden sich nicht darüber einig, was jetzt zu unternehmen sei. Den Rittmeister packte die Wut: *»Wenn wir nicht sofort die Höhe säubern, marschiert die nachfolgende Kompanie glatt in die Katastrophe. Die Partisanen sind dabei, ihre Geschütze herzurichten, wir müssen handeln. Es gehört zwar eigentlich nicht zu unseren Aufgaben, aber wenn wir jetzt nicht die Initiative ergreifen, schlagen sich die Rumänen in die Büsche.«*

So rissen die Deutschen ihre Maschinenpistolen von den Schultern, und das kleine Häuflein stürmte den Hang empor, davon überzeugt, dass ihnen die rumänische Kompanie auf dem Fuße folgen würde. Als man die feindlichen Feldstellungen erreichte, hatten die Partisanen, denen bei diesem plötzlichen Angriff der Schrecken in die Glieder gefahren war, bereits das Weite gesucht. Doch als sich die Deutschen nach ihren rumänischen Kameraden umblickten, sahen sie sich mit einer fast unglaubhaften Szene konfrontiert. Nicht einer der Rumänen, auch keiner der Offiziere, war ihnen gefolgt. Sie verharrten regungslos in der Deckung, wagten noch nicht einmal jetzt, die Köpfe hervorzustecken. Kalweit und Gugl aber vermochten ihre Bestürzung nicht zu verbergen. Wie werden sich die Rumänen erst verhalten, wenn es wirklich einmal hart auf hart kommt, stellten sie sich im Stillen die Frage.

Befürchtungen über die rumänische Haltung

Auch eine weitere Begegnung mit den rumänischen Bundesgenossen vertiefte ihre Befürchtungen. Die Kriegsberichter hatten gerade das ihnen von den Rumänen zugewiesene Quartier in der Ortschaft Taraktasch bezogen, als sie vom gegenüberliegenden Hofe ein wüstes Geschimpfe vernahmen. Sie erblickten einen rumänischen Oberleutnant, der mit einer Peitsche erbarmungslos auf einen Soldaten einschlug, bis dieser besinnungslos zu Boden sank.

Zeuge dieses Wutausbruchs eines rumänischen Offiziers war auch ein Volksdeutscher geworden, der die beiden SS-Angehörigen ansprach, als er deren verstörte Gesichter wahrnahm. Seine Worte klangen voller Bitterkeit: »*So geht es bei denen schon immer zu. Die rumänische Armee ist völlig anders als die deutsche. Bei euch sind die Offiziere und ihre Untergebenen Kameraden und damit als Menschen gleichgestellt. Bei uns ist der Offizier ein Herrgott und der Soldat weniger wert als ein Tier. Über lange Zeit erhielten unsere Soldaten täglich nur ein paar Scheiben verschimmeltes Brot und eine dünne Wassersuppe, während sich die Herrschaften an der Offizierstafel die köstlichsten Fleischgerichte munden ließen, die sie mit Sekt herunterspülten.*«

Ein anderer Volksdeutscher, der gleichfalls von den Rumänen zum Wehrdienst eingezogen worden war, wies die Kriegsberichter darauf hin, dass die Verpflegung der rumänischen Soldaten erst von dem Zeitpunkt an besser geworden sei, als sie ihre Rationen von der deutschen Wehrmacht bekamen. Doch gehe es beispielsweise bei der Verteilung von Sonderverpflegung noch immer schändlich zu. Als erst kürzlich ein deutscher Feldwebel an jeden Mann eine Tafel Schokolade verteilen wollte, sei ein rumänischer Hauptmann dazwischen getreten, habe ihm dies verwehrt und dann 120 Tafeln Schokolade an sich genommen, die er an seine Frau geschickt habe. Da es immer wieder zu solchen Vorfällen kommt, ist das Verhältnis zwischen Soldaten und Offizieren denkbar schlecht.

Noch aufschlussreicher verlief für die zwei SS-Kriegsberichter ein sogenannter geselliger Abend, zu dem sie von hohen rumänischen Offizieren eingeladen worden waren. Als sie sich an einen der Offiziere mit der Frage wandten, was seitens der rumänischen Führung eigentlich unternommen werde, den Soldaten Mut und Tapferkeit anzuerziehen, bekamen sie die impertinente Antwort: »*Die Stimmung und Verfassung des gewöhnlichen Soldaten ist absolute Nebensache. Der Soldat hat nichts zu denken, sondern lediglich den Befehlen bedingungslos zu gehorchen.*«

Auf einem Exerzierplatz kam es zwischen den Kriegsberichtern und dem rumänischen Hauptmann zu folgendem Dialog: »*Unser Marschall Antonescu ist der größte Soldat, den unsere Nation hervorgebracht hat. Sein Wunsch ist im Kriege allen Rumänen Befehl!*« Und nach dem Kriege? Der Hauptmann zuckte die Achseln, blickte sich nach allen Seiten um, antwortete dann: »*Nach dem Kriege müsst ihr die Eiserne Garde fragen.*« – »*Wofür kämpft eigentlich der rumänische Soldat im Osten?*« – »*Er kämpft für Transsylvanien und Bessarabien.*«

Ein Leutnant Buchal lud die beiden Deutschen ein, bei ihm zu speisen. »*Sehen Sie*«, so empfing er sie, »*früher lernten alle rumänischen Offiziere Französisch, heute studieren alle die deutsche Sprache. Der politische Umschwung in Rumänien auf die Seite der Achsenmächte ist hundertprozentig, aber übersehen Sie nicht, dass unsere Wünsche über Bessarabien hinausgehen. Mit der Eroberung Bessarabiens wurden unsere Ansprüche an Russland befriedigt; dass wir weiter nach Osten marschieren und mit euch unser Blut vergießen, ist in unserer Forderung nach Transsylvanien begründet. Wir folgen euch, wohin ihr auch gehen möget, nach Asien, nach Afrika oder sonstwohin, aber wir müssen wissen, dass über unseren Anspruch an Ungarn gerecht entschieden wird.*«

Tiefe Gegensätze zwischen den Verbündeten

Eine weitere Begegnung mit rumänischen Offizieren auf der Krim versetzte die beiden Kriegsberichter der Waffen-SS in noch viel größeres Erstaunen. War bei ihnen selbst schon die Frage aufgetaucht, warum sie sich so großen Interesses bei den Führungsstäben der rumänischen Verbündeten erfreuten, so ließ dies inzwischen bei ihnen den Verdacht aufkommen, dass es die Absicht der Rumänen war, sie zu manipulieren.

Die Rumänen waren offenbar darauf aus, den deutschen Propagandisten klarzumachen, dass allen Bündnisabkommen zum Trotz zwischen Rumänien und Ungarn tiefgreifende Gegensätze bestünden, die bereits in Feindseligkeit auszuarten drohten. Da sie jedoch davor zurückschreckten, ihr Zerwürfnis mit den Ungarn im Reich offen darzulegen, waren sie anscheinend auf die Idee verfallen, sich der beiden Kriegsberichter als ihr Sprachrohr zu bedienen.

Unter dem Vorwand, ob sie ihm nicht ihre Berichte über die Krim-Tataren für die rumänische Zeitung *Timpul* überlassen könnten, näherte sich ihnen während ihres Aufenthaltes in Karasubasar ein Oberleutnant namens Grecu, der sich als Angehöriger einer rumänischen Propaganda-Kompanie vorstellte. Er lud die beiden Deutschen zum Mittagessen in das rumänische Divisionskasino ein. Noch bevor sie es betreten hatten, kam er ihnen bereits entgegen und flüsterte ihnen zu: *»Der Kommandeur der 4. rumänischen Gebirgsdivision möchte die deutschen Kameraden kennenlernen.«*

Der Oberleutnant geleitete sie in den Speisesaal, der zur Überraschung von Walter Kalweit und Ernst Gugl bis auf den letzten Platz besetzt war. Rund 50 rumänische Offiziere hatten sich zur Begrüßung der Deutschen eingefunden. Sogleich erhob sich einer aus ihrer Mitte und trat ihnen mit ausgebreiteten Armen und strahlendem Gesicht entgegen. General Manulio stellte sich ihnen als Kommandeur der rumänischen Einheit vor, vermittelte ihnen durch seine überschwängliche Art das Gefühl, als würden sie sich schon seit vielen Jahren kennen.

Er forderte sie auf, links und rechts neben ihm Platz zu nehmen. Kaum war dies geschehen, wurden die auserlesensten Speisen aufgetafelt, blieben die Sekt- und Cognacgläser nicht einen Augenblick ungefüllt. Dann kam es noch während des Essens zu einer Szene, die den beiden Kriegsberichtern schlagartig die Augen öffnete, warum sie sich der rumänischen Gastfreundschaft in einer geradezu erdrückenden Weise erfreuten.

Ein Major war plötzlich aufgestanden, wandte sich mit ernster Miene an die deutschen Tischgäste und bat sie, ihn anzuhören. Er begann so etwas wie eine Erklärung abzugeben, ohne auch nur seinen Vorgesetzten mit einem einzigen Wort um dessen Zustimmung zu bitten. Alles erweckte den Eindruck einer Inszenierung, ohne dass indessen hierzu ein Stichwort ergangen wäre. Der rumänische Offizier sprach zu den Deutschen in einem Tonfall, als wäre der Zweck ihrer Zusammenkunft, jemandem Trauer zu bezeugen.

Seine Stimme klang voller Gram, als er erklärte: »*Viele meiner Verwandten leben in Transsylvanien. Nachdem dieses Land Ungarn zugesprochen wurde, mussten sie ihren Namen, ihre Sprache und ihr Bekenntnis zu Rumänien aufgeben. Zwei meiner Brüder sind von den Ungarn aus niedrigsten Beweggründen erschlagen worden. So wie diesen Menschen geht es hunderttausend Menschen, die nun unter ungarischer Herrschaft stehen. Sie alle werden von den Ungarn unterdrückt und rechtlos gemacht, wo es nur möglich ist. Wir Soldaten wissen von diesen Tatsachen. Auch das rumänische Volk weiß davon. Wenn wir durch die Vermittlung Deutschlands Transsylvanien nicht wiederbekommen, werden unsere Divisionen nach Budapest marschieren.*«

Nachdem der Major geendet und wieder seinen Platz eingenommen hatte, näherte sich ein Volksdeutscher den Kriegsberichtern, zog sich einen Stuhl heran, sodass er hinter ihnen und dem rumänischen General zu sitzen kam, der übrigens die ganze Zeit über so tat, als ginge ihn die Sache überhaupt nichts an, und erklärte mit treuherzigem Augenaufschlag: »*Ihr solltet wissen, als Volksdeutscher habe ich wenig Veranlassung, mich in politische Fragen Rumäniens zu mischen, doch ich muss sagen, dass mein Kamerad*«, er deutete auf den Major, »*gar nicht so Unrecht hat. Mir sind Hunderte von Fällen zu Ohren gekommen, in denen Rumänen von den Ungarn enteignet und erschlagen wurden. Vom volksdeutschen Standpunkt aus wäre es deshalb sehr gut, wenn man Transsylvanien an Rumänien zurückgeben würde, besonders da viele Zehntausende von Volksdeutschen in Siebenbürgen beheimatet sind. In Rumänien haben wir eine kulturelle Autonomie, man hat sich damit abgefunden, dass wir niemals unser Deutsch-*

tum vergessen werden. In Ungarn aber ist diese Wandlung noch nicht eingetreten. Die Klagen der Rumänen über eine schlechte Behandlung ihrer Volksgenossen in Transsylvanien gelten ebenso für die Volksdeutschen.«

Kalweit und Gugl verständigten sich durch einen kurzen Blickwechsel, dass es am besten sein würde, die Klagen der Rumänen mit Schweigen zu übergehen. Irgendein noch so belangloses Wort von ihnen hätte bereits Zustimmung signalisieren können.

Nach Aufhebung der Mittagstafel ließen sich die Rumänen ihre Enttäuschung nicht anmerken. Ein Adjutant bat die Kriegsberichter, am nächsten Tag als Gäste des Generals an dessen Geburtstagsfeier doch unbedingt teilzunehmen. Doch damit war das rumänische Beeinflussungsprogramm des ersten Tages noch längst nicht abgeschlossen. Oberleutnant Grecu, der so etwas wie die Rolle eines Inspizienten spielte, teilte ihnen mit, dass der 2. Generalstabsoffizier sie gern in seinem Büro empfangen würde.

Die Wände seines Gefechtsstandes waren mit riesigen Karten bedeckt. Eine dieser Karten sprang besonders ins Auge, diente sie doch nicht der Veranschaulichung eines Rumänien in den derzeitigen Grenzen, sondern der zukünftigen, wie sie sich die rumänische Staatsführung und natürlich im ganz besonderen Maße die Militärs vorstellten.

Großspurige rumänische Offiziere

Als Generalstabsoffizier Hauptmann Kalmuski die verwunderten Gesichter seiner deutschen Gäste bemerkte, setzte er zu einer Erklärung an: *»Ich sehe Ihr Erstaunen darüber, dass Sie auf dieser Karte ein Rumänien dargestellt finden, dass gut und gerne die doppelte Fläche umfasst, wie es gegenwärtig der Fall ist. Doch wir sind fest davon überzeugt, dass auch Bessarabien, Transnistrien, die Bukowina, Transsylvanien und auch etliche Gebiete, die heute noch zu Jugoslawien gehören, in Kürze schon Bestandteil eines Großrumänien sein werden.*

Diese Karte stellt also nicht etwa ein Produkt meiner Phantasie dar, sondern sie entspricht der Zielstellung unserer rumänischen Armee. Wir wissen durchaus, dass Deutschland, als es Ungarn Transsylvanien überließ, bei dieser Entscheidung nicht aus freiem Willen handelte. Wollte es Ungarn als Verbündeten gegen die Sowjets gewinnen, musste es gewisse Zugeständnisse an Budapest machen. Aber jeder Politiker und Völkerkundler, der sich von Vernunft walten lässt, wird zugeben müssen, dass die heutigen Staatsgrenzen nicht mit den Volksgrenzen übereinstimmen.

Übrigens dürfte auch nicht übersehen werden, dass Ungarn seine Versprechungen gegenüber eurem Land nicht eingehalten hat, indem es während des Winters seine Truppen aus der Ostfront herauszog und den eigentlichen Kampf den Deutschen überließ, während wir Rumänen dagegen den Winter mit euch durchgehalten haben. Wir sind aber davon überzeugt, dass Deutschland diese Tatsache in späteren Zeiten nicht vergessen wird. Was Transnistrien angeht, so legen wir auf dieses Land nicht allzu großen Wert. Es ist für uns zu groß, auch leben dort nur sehr wenige Rumänen, und wir haben einfach nicht die Menschen, um später diese Gebiete bis zum Bug zu verwalten. Was wir aber von der Gerechtigkeit verlangen, ist Transsylvanien.«

Während ihres gesamten Aufenthaltes auf der Krim, der mehrere Wochen währte, wurden die beiden Kriegsberichter der Waffen-SS bei jeder Begegnung mit rumänischen Offizieren ständig erneut mit diesem für sie recht heiklen Thema konfrontiert. Da passierte es dann, dass Walter Kalweit trotz all seiner Vorsicht und Zurückhaltung, die er und sein Gefährte sich auferlegten, prompt in eine Falle lief, nachdem die Rumänen erneut das Gespräch auf Transsylvanien brachten.

Die Geburtstagsfeier des rumänischen Generals Manulio wurde mit einem Pomp aufgezogen, der alles bisher Erlebte in den Schatten stellte. Praktisch die gesamte Führung der rumänischen Armee auf der Krim hatte sich eingefunden, um den General immer wieder hochleben zu lassen. 60 rumänische Stabsoffiziere waren ungeachtet der Tatsache, dass gerade zu dieser Zeit ihre Truppen an vielen Stellen von den sowjetischen Partisanen schwer bedrängt wurden, nach Karasubasar gekommen, um dem großen Festgelage beizuwohnen. Während ihre Soldaten mit den üblichen kargen Rationen auskommen mussten, trieb die rumänische Generalität eine Völlerei sondergleichen. Die Tische bogen sich unter den Leckerbissen, die mittels Flugzeugen aus Bukarest herbeigeschafft worden waren. Es gab sage und schreibe 16 Gänge und fast genauso viele Tischreden.

Ein Abgesandter des Marschalls Antonescu verkündete den bevorstehenden Sieg über die Sowjetunion, wobei den trunkenen Rumänen entging, dass ein Vertreter des Generalobersten von Manstein in seiner Ansprache es tunlichst vermied, sich der gleichen Vokabel zu bedienen. Plötzlich beugte sich Oberleutnant Grecu zu Kalweit hinüber und flüsterte ihm zu, dass alle der Ansicht seien, es würde einen sehr guten Eindruck machen, wenn ein Angehöriger der SS-Propagandatruppe auch einige Worte sprechen würde.

Kalweit, bereits ein wenig benebelt vom Hochprozentigen, erhob sich also und gab zunächst einen kurzen geschichtlichen Überblick des Verhältnisses zwischen Rumänien und Russland. Ein Dolmetscher übersetzte seine Worte. Da ihm der Beifall zu dünn erschien, glaubte er seiner Rede noch eins draufsetzen zu müssen und hob jetzt besonders die Tatsache hervor, dass die rumänischen Grenzen endlich so verändert werden müssten, dass sie mit den Tatsachen des Volkstums übereinstimmten. Kaum hatte der Dolmetscher seine Worte von den Volkstumsgrenzen übersetzt, als in dem Festsaal ein frenetischer Beifall ausbrach. Die rumänischen Stabsoffiziere sprangen in die Höhe, Generäle mit hochroten Gesichtern klopften dröhnend auf die Tischplatte und dann erschallten gleich einem einzigen Aufschrei immer wieder die Rufe: *»Es lebe das rumänische Transsylvanien, nieder mit Ungarn.«* Sie hatten zumindest eine Wirkung, der Kriegsberichter der Waffen-SS Walter Kalweit wurde jäh stocknüchtern, hoffte nur sehr, dass niemand von den Anwesenden sich noch am nächsten Tag daran erinnerte, was für einen Bockmist er verzapft hatte. Wenn die Ungarn von seiner Rede erfuhren, dann war er geliefert. Sie erfuhren kein Sterbenswörtchen davon. Seinem Standartenführer Gunter d'Alquen beichtete er kurze Zeit darauf die fatale Angelegenheit, der ihm jedoch verzieh, da er in dieser Beziehung selbst kein unbeschriebenes Blatt war.

Als die beiden SS-Kriegsberichter sich bereits im Aufbruch befanden, schlug ihnen Hauptmann Grecu vor, ihn am nächsten Morgen nach Eni-Sali zu begleiten, wo ein weiteres Unternehmen der rumänischen Truppen gegen sowjetische Partisanen bevorstände.

Nach einer zweistündigen Fahrt durch die wildromantische Bergwelt der Krim wurde das Tatarendorf Eni-Sali erreicht, wo sie der Chef der 4. rumänischen Eskadron, Hauptmann Tobá, herzlich willkommen hieß. Er gehörte zu den rumänischen Offizieren, die mehr als einmal ihre Tapferkeit unter Beweis gestellt hatten. Bei der Eroberung Odessas drang er an der Spitze seines Sturmbataillons als Erster in die Stadt ein. Als er bemerkte, dass in einem Nachbarabschnitt eine deutsche Kompanie dem Druck der Russen weichen musste und es ihr nicht einmal gelang, ihre Verwundeten mitzunehmen, eilte er ihr kurzentschlossen zur Hilfe, schlug den Gegner in die Flucht und vermochte so eine Anzahl verwundeter deutscher Soldaten noch rechtzeitig aus sowjetischen Händen zu befreien, bevor sie von den Rotarmisten umgebracht worden wären. Für seinen an den Tag gelegten Mut wurde ihm der höchste Orden seines Landes verliehen, während er von deutscher Seite das Eiserne Kreuz als Auszeichnung empfing.

Während des Aufenthaltes von Kalweit und Gugl bei dieser rumänischen Einheit erfuhren sie von seinen Leuten so manches über Hauptmann Tobá, was ihnen als Hintergrundmaterial sehr willkommen war. Daraus ergab sich das Bild eines Offiziers, der sich in vieler Beziehung von den zuvor gemachten Erfahrungen mit Angehörigen der rumänischen Armee unterschied. Dieser Hauptmann, so drückte es jemand aus, stelle unter den rumänischen Soldaten eine Ausnahmeerscheinung dar. Seine Parole, die er bei jedem Angriffsunternehmen beherzigt, laute: immer 50 Meter den eigenen Leuten voraus, darin sollte die Vorbildwirkung eines Offiziers bestehen.

Etwa 50 Volksdeutsche versahen in dieser rumänischen Einheit ihren Wehrdienst. Einer davon, der im Range eines Unteroffiziers stand, suchte von sich aus den Kontakt zu den deutschen Kriegsberichtern, weil er ihnen etwas anvertrauen wollte, das ihn sehr bedrückte. »*Bevor Hauptmann Tobá hier die Befehlsgewalt der Eskadron übernahm*«, so teilte er ihnen mit, »*herrschten hier schlimme Zustände. Wir bekamen nicht ein einziges mal Sold zu sehen, den steckten die rumänischen Offiziere für sich ein. Es wurde gehungert, setzte beim kleinsten Aufbegehren Prügel und selbst Teile der Unterbekleidung wurden uns vorenthalten. Erst als es einem von uns gelungen war, einen deutschen Verbindungsoffizier darüber zu informieren, dass man uns buchstäblich wie ein Stück Dreck behandele, traf kurze Zeit danach Hauptmann Tobá bei uns ein, der mit alldem aufräumte und uns zu verstehen gab, dass ein Offizier seine Soldaten als Kameraden anzusehen und entsprechend zu behandeln habe.*«

Kabalen und Konflikte

Nachdem erst einmal die beiden SS-Kriegsberichter für die Volksdeutschen innerhalb der rumänischen Truppe auf diese Weise zu einer Art von Bezugspersonen geworden waren, drängte es auch eine Ordonnanz dazu, ihnen sein Herz auszuschütten. Was sie von ihm erfuhren, war mehr als beklemmend. Der Soldat gab ihnen zu verstehen, dass mit Ausnahme von Hauptmann Tobá keiner der anderen Offiziere es mit ihnen ehrlich meine. »*Sie treten Ihnen zwar offiziell als Freunde gegnüber, doch stellt dies lediglich Heuchelei dar. All ihren Bekundungen zum Trotz mögen sie Deutschland nicht. Ihr solltet wissen, was sich kürzlich abspielte, als die Russen Feodosia und Kertsch einnahmen. Als die Nachricht davon bei uns eintraf, haben drei unserer Offiziere freudig ausgerufen: Gott sei Dank, nun geht es den eingebildeten Deutschen auch einmal richtig dreckig, von uns aus soll man sie von der Krim vertreiben.*«

Ein volksdeutscher Arzt skizzierte ihnen gegenüber die ziemlich verworrene Lage in Rumänien mit den Worten: »*Es trifft zwar zu, dass heute die Rumänen weitgehend hinter Marschall Antonescu stehen. Doch dies müssen Sie wie ein befristetes Zweck-*

bündnis betrachten. Sowie es Rumänien mit deutscher Hilfe gelungen ist, das gestellte Ziel einer Erweiterung seiner Staatsgrenzen zu erreichen, wird es in dem Land einen Umschwung geben, der große Auseinandersetzungen zur Folge hat.

Die Tragödie besteht darin, dass die überwiegende Zahl der jungen Rumänen zu den Anhängern der Eisernen Garde zählt. Als die Eiserne Garde in Rumänien eine Revolution entfachte, mit dem Ziel, das gesamte Staatswesen von grundauf zu erneuern, fand dies die Unterstützung tausender junger Rumänen. Antonescu aber, der sich als Stütze der alten Kräfte versteht, knüppelte diese Erhebung nieder, tausende wurden hingemetzelt. Viele sitzen noch heute in den Kerkern, nur weil sie Anhänger der Eisernen Garde waren. Es wäre gut, wenn Deutschland diese innerrumänischen Verhältnisse recht aufmerksam beobachten würde, weil sie vielleicht über kurz oder lang die deutsch-rumänische Waffenbrüderschaft in Frage stellen könnten.«

Am nächsten Morgen ging es hinauf in die Berge, Hauptmann Tobá, gemäß seiner Devise, den anderen weit voranschreitend. Er duldete jedoch an seiner Seite die Kriegsberichter der Waffen-SS. Mit seiner Hand deutete er auf einen Berg, der die anderen weit überragte. »*Dies ist die Höhe 1010, von der wir durch unsere Spähtrupps in Erfahrung gebracht haben, dass sich dort etwa 80 Partisanen verschanzt haben*«, weihte er die beiden Deutschen ein. »*Wir beabsichtigen uns in mehrere Züge aufzuteilen und dann aus vier Richtungen das Partisanenlager anzugreifen. Während des Gefechts werden wir uns dann konzentrisch vereinigen, je nachdem, wo uns der erbittertste Widerstand entgegengebracht wird.*«

Während der Kriegsberichter Walter Kalweit bei dem Zug blieb, den der Hauptmann persönlich anführte, begab sich Ernst Gugl zu einer anderen Einheit, die in linker Richtung vorrückte. Während zunächst noch alles ruhig blieb und somit fast den Anschein erweckte, als hätten die Partisanen die Annäherung ihrer Gegner bislang nicht wahrgenommen, änderte sich dies schlagartig, als auf einmal von der linken Bergseite her ein rasendes MG-Feuer einsetzte.

Der rumänische Offizier ordnete sofort an, dass die anderen Züge ihre Richtung verändern sollten, um ihren Kameraden, die offenbar in eine schwierige Lage geraten waren, zur Hilfe zu kommen. Eine Leuchtkugel informierte die anderen Einheiten, sofort einen Wechsel ihrer Position vorzunehmen.

Feuerduell um Höhe 1010

Inzwischen war ein regelrechtes Feuerduell um die Höhe 1010 entbrannt. Nach dem Passieren einer weiteren Erhebung geriet jetzt auch der von Hauptmann Tobá geführte Zug unter Beschuss. Dessen ungeachtet arbeiteten sie sich weiter voran. Dabei stießen sie in einer Mulde auf einen volksdeutschen Soldaten, dem eine Kugel den Oberschenkel durchschlagen hatte. Der Verwundete berichtete Kalweit, was sich abgespielt hatte. Trotz der brenzligen Situation gab sich der Kriegsberichter alle Mühe, jedes seiner Worte festzuhalten. »*Ich marschierte in der Spitzengruppe des linken Zuges, als plötzlich sieben Partisanen vor uns aufsprangen und davonrannten. Gleichzeitig erhielten wir Feuer aus der Flanke und mussten in Deckung gehen. Mein Zugführer war nicht zu entdecken, auch die Unteroffiziere waren mit einer Ausnahme verschwunden. Die Situation war derart kritisch, dass es auf Sekunden ankam, wenn wir nicht alle draufgehen sollten.*

In diesem Augenblick sprang Ihr Kamerad, der deutsche Kriegsberichter, hoch und rief: vorwärts, wenn wir hier liegen bleiben, kommt keiner von uns zurück. Ich folgte ihm und bemerkte bei einem kurzen Zurückblicken, wie sich einige andere von unserer Einheit anschlossen. Doch der überwiegende Teil unserer Soldaten empfand Angst und blieb wie gelähmt liegen. Ich befand mich etwa einen Meter hinter dem deutschen Kameraden, als eine Kugel meinen Oberschenkel durchschlug, so dass ich nicht mehr weiterkonnte.«

Der Kampf um die Höhe 1010 tobte immer erbitterter. Zusehends verstärkte sich das Feuer. Von allen Seiten der Höhe schoss es, und die Querschläger zischten nur so durch die Bäume. Die Situation nahm mit jeder Minute bedrohlichere Formen an. Auch nachdem die Rumänen Granatwerfer in Stellung gebracht hatten, gelang es nicht, die Lage unter Kontrolle zu bekommen. Alles deutete daraufhin, dass die sowjetischen Partisanen weit stärker waren, als bisher angenommen worden war. So entschloss sich dann Hauptmann Tobá, den ungleichen Kampf abzubrechen, und erteilte angesichts der feindlichen Übermacht den Befehl zum Rückmarsch. Als sich der deutsche Kriegsberichter Ernst Gugl bei dem rumänischen Offizier zurückmeldete, dankte ihm dieser für seinen tapferen Einsatz, für welchen er dann später mit einer hohen rumänischen Auszeichnung geehrt wurde.

Unterdessen hatte sich bereits die entschlossene Handlungsweise von Ernst Gugl herumgesprochen und war das Tagesgespräch. Doch mit welchen Worten verabschiedete sich der 1. rumänische Generalstabsoffizier, Oberstleutnant Catana, von den beiden SS-Kriegsberichtern: »*Vergesst nicht in Deutschland zu berichten, dass das Herz Rumäniens nach seinen unterdrückten Brüdern in Transsylvanien schreit.*«

SS-KRIEGSBERICHTER AUS 14 EUROPÄISCHEN STAATEN

Propagandisten einer »neuen Zeit«

Aus einem Lagebericht der SS-Standarte »Kurt Eggers« wurde ersichtlich, in welcher Schnelligkeit ihr Aufbau vonstatten ging. Unmittelbar nach ihrer in Berlin-Zehlendorf vorgenommenen Ausbildung erfolgte bereits die Verlegung der einzelnen Kriegsberichter-Züge zu den verschiedensten Frontbereichen oder in die von Deutschland besetzten Gebiete. Im Unterschied zu der Abteilung für Wehrmachts-Propaganda (WPr) im Oberkommando der Wehrmacht beschritt die SS-Standarte von Anfang an einen anderen Weg, indem sie Kriegsberichter aus 14 europäischen Staaten in ihre Reihen aufnahm.

Für die aus den nordeuropäischen Staaten stammenden Kriegsberichter wurde eigens ein Kommando Kopenhagen geschaffen, dessen Leitung Untersturmführer Björnson innehatte. SS-Oberscharführer Weil unterstand eine Kurierstelle, die sich in der Hetzendorfer Straße 79 im XII. Bezirk von Wien befand. Hauptsturmführer Franz Hradetzki war für das Kommando Preßburg in der Slowakei zuständig. Ferner existierten Kommandos in Galizien, Agram, Budapest sowie in Oslo. Im späteren Verlaufe des Krieges, als die Landung der Alliierten in der Normandie erfolgte, entstand auch ein sogenanntes Kommando »Oberrhein 50«.

Was verbarg sich hinter »Vineta«

Besondere Beziehungen bestanden seitens der SS-Standarte zu einer Dienststelle, welche die verharmlosende Bezeichnung »Vineta« trug. In Wirklichkeit verbarg sich dahinter eine der geheimsten Einrichtungen der deutschen Propaganda, die dem Goebbels-Ministerium unterstand. Ihrer Gründung war die Überlegung vorausgegangen, dass im Falle eines Krieges die Propaganda eine bislang nie gekannte Rolle spielen würde.

Als geradezu unentbehrlich würden Rundfunksendungen in vielen Sprachen anzusehen sein; Gleiches galt für die Anfertigung von Flugblättern, die sich von der Qualität ihres Druckes und dem Erscheinungsbild her grundsätzlich von ihren simplen Vorgängern aus der Zeit des Ersten Weltkrieges zu unterscheiden hatten. Es bedurfte also einer Art Dienstleistungsunternehmen, das in der Lage war, allen Ansprüchen einer Propaganda zu genügen, die darauf bedacht war, Wirkungen von tatsächlicher Bedeutung zu erzielen.

Im Einzelnen bedurfte es hierzu Fachleute, welche modernste Druckverfahren beherrschten. Es waren Graveure vonnöten, Zeichner mit Geschick und Ideenreichtum, zahlreiche Dolmetscher, die nicht nur einwandfreie Übersetzungen vornehmen konnten, sondern zu deren Wortschatz auch abweichende Landesakzente gehörten, um erforderlichenfalls den Eindruck erwecken zu können, dass sie genau aus einem bestimmten Gebiet stammten, auf dessen Bevölkerung man Einfluss nehmen wollte.

Auf der Suche nach einem geeigneten Sitz für diese Dienststelle richtete sich das Augenmerk wiederum auf Berlin-Zehlendorf, wo es viele stille Seitenstraßen gab, in welchen das Bild zumeist von Villen bestimmt wurde, die durch ihre Vorgärten mit ihrem hohen Baumbewuchs es Neugierigen, die sich hierher verirrten, schwer machten, einen Blick auf die Eingangsfront zu werfen.

Das jetzt ausgewählte Gebäude hatte über eine gewisse Zeit die persische Gesandtschaft beherbergt, war dann von ihr aufgegeben worden und stand nun für anderweitige Zwecke zur Verfügung. Hier, in der Viktoriastraße 10, etablierte sich also »Vineta«, wurden Rundfunksendungen in den verschiedensten osteuropäischen Sprachen produziert, und was zur damaligen Zeit tatsächlich eine Besonderheit ohnegleichen darstellte, die Propagandisten von »Vineta« parlierten sogar in zehn kaukasischen Sprachen.

Anfang 1943 verfügte »Vineta« über einen Mitarbeiterstab von 395 Leuten. Ein Jahr darauf hatte sich deren Zahl nahezu verdreifacht. Zu diesem Zeitpunkt bereiteten die Mitarbeiter von »Vineta« Tag für Tag ein Rundfunkprogramm vor, das in 18 Sprachen 24-stündig gesendet wurde.

Während 1944 die Zahl der bei »Vineta« beschäftigten Deutschen stark zurückging, weil bedingt durch die Kriegslage viele Mitarbeiter zum Fronteinsatz abkommandiert worden waren, nahm »Vineta« immer mehr ausländische Künstler unter Vertrag, welche sie mit der Durchführung bestimmter Propagandaaufgaben betreute. Insgesamt waren es Mitte des Jahres 1944 an 1400. Der überwiegende Teil von ihnen wurde für die Gestaltung von Sendungen verpflichtet, welche sich an die in Deutschland tätigen Ostarbeiter wandten. Andere wiederum arbeiteten an Programmen, welche für die Angehörigen der im Aufbau begriffenen Nationalen Russischen Befreiungsarmee des Generals Wlassow bestimmt waren.

Als die SS-Standarte »Kurt Eggers« sich nicht länger an ihre Abmachung mit der Abteilung für Wehrmachtspropaganda gebunden fühlte, sich lediglich mit der reinen Kriegsberichterstattung für Presse, Funk und Wochenschau zu befassen, sondern nun ebenfalls den Weg der sogenannten Aktivpropaganda einschlug, der die direkte Einwirkung auf die gegnerischen Truppen beinhaltete, kam es zwischen ihr und »Vineta« zu einer engen Zusammenarbeit. Gleiches bahnte sich zu einer anderen Einrichtung an, die unter dem Namen »Deutsches Propaganda Atelier« firmierte und ihren Sitz in der Kamillenstraße 4 in Berlin-Lichterfelde hatte.

Wer aus der Wortwahl auf eine Art von Werbeunternehmen geschlossen hätte, wäre bass erstaunt gewesen, was sich hier vor seinen Augen auftat, sofern es ihm vergönnt gewesen wäre, einmal einen Blick ins Allergeheimste werfen zu dürfen.

In diesem »Atelier« wurden u.a. Werfer zum Abschuss von Flugblättern angefertigt, die in einer Hülse steckten, welche einer Granate aufgesetzt war. Entsprechend ihres gedachten Verwendungszweckes wurde sie lediglich für eine begrenzte Reichweite konstruiert Bei ihrem Aufschlag zerbarst die darin enthaltene Hülse und gab die Flugblätter frei, die nun in Erdnähe herumwirbelten. Bei anderen in dieser Propagandawerkstatt angefertigten Gegenständen handelte es sich um Haltevorrichtungen, die unterhalb von Flugzeugtragflächen für den gleichen Zweck angefertigt wurden.

Deutsches Propaganda-Atelier bestückte V1

Einer der Aufträge, dessen Ausführung dem Deutschen Propaganda-Atelier übertragen wurde, unterlag einer ganz besonderen Geheimhaltungsstufe. Trotz des zeitlichen Abstandes gibt es durchaus noch immer weitere überraschende Tatsachen. Auf eine stieß der Autor dieses Buches bei seinen Nachforschungen über die Tätigkeit der SS-Standarte »Kurt Eggers«.

Anfang 1944 erteilten die Reichsführung der SS, das Auswärtige Amt sowie das Reichspropaganda-Ministerium gemeinsam dem Standartenführer Gunter d'Alquen die Anweisung, in Zusammenarbeit mit dem Deutschen Propaganda-Atelier sogenannte Legeröhren für V1-Geräte herzustellen. Parallel dazu sollte eine Anzahl der wortgewandtesten SS-Kriegsberichter mit der Abfassung entsprechender Flugblätter beginnen. Durch sie wollte man den Engländern zu verstehen gegeben, dass nunmehr die alles entscheidende Wende des Krieges bevorstehe. Die Führung der Standarte betraute mit der Durchführung dieser Maßnahme den SS-Sturmbannführer Kriegsbaum sowie die SS-Unterscharführer Mikues und Metzger, die zu diesem Zweck sofort den Kontakt zu Hauptmann Breger beim General der Kampfflieger Rangsdorf aufnehmen sollten.

Als Zeitpunkt der Fertigstellung von zunächst 100 derartiger Legeröhren, wie ihre wörtliche Bezeichnung lautete, wurde der 25. August 1944 bestimmt. An dem genannten Tag sollte durch das Flakregiment 155, das zum Generalkommando LXV gehörte, der Transport in den Einsatzraum erfolgen, wo dann noch der Zusammenbau der Zündvorrichtung zu geschehen hatte. Die Befestigung sollte an einer Art Flugscheibe, die aus Tiefziehblech bestand, vorgenommen werden.

Keine Berichte oder sonstige Angaben existieren darüber, ob diese Fugblattbehältnisse sich nach dem Abschuss der V-Waffen über England tatsächlich von ihren Trägerkörpern gelöst haben. Der letzte Vermerk, der sich in den entsprechenden Aktenstücken findet, stammt vom 7. März 1945 und enthält die lapidare Mitteilung: Ein Verschießen der V1 findet nicht mehr statt.

Wiking-Stiftung für Angehörige von Gefallenen

Nachdem wir der Zeit ein wenig vorausgeeilt sind, zurück zu den ersten Unternehmungen der SS-Kriegsberichter-Abteilung, wie anfänglich ihre Bezeichnung lautete. Beim Kommando Kopenhagen hatte Untersturmführer Björnson den Befehl erhalten, sofort nach Berlin zu kommen, da er vorgesehen sei, die Rundfunkberichterstattung über den Besuch des norwegischen Ministerpräsidenten Vidkun Quisling bei Freiwilligen seines Landes an der Ostfront in alle nordischen Staaten zu übertragen.

Als Björnson am 11. Mai 1942 in Berlin eintraf, blieb ihm nicht einmal mehr die Zeit, einen Händedruck mit Kameraden in der Zehlendorfer Zentrale der Kriegsberichter-Einheit auszutauschen. Die Fahrt ging sofort weiter zu einem Regiments-Gefechtsstand norwegischer Freiwilliger, der sich im Leningrader Abschnitt der Ostfront befand.

Zur Begleitung Quislings gehörten u. a. der norwegische Minister Riisnaes sowie der Höhere SS- und Polizeiführer Redies. Neben Björnson nahmen noch weitere nordländische Kriegsberichter der Waffen-SS teil, darunter Oberscharführer Jonak, ein erfahrener Wochenschaumann, sowie Olsen, der für verschiedene norwegische Tagesblätter berichtete und mit dem Minister Riisnaes seit Jahren befreundet war.

Während in den Tagen zuvor in dem Frontabschnitt eine nur geringe Gefechtstätigkeit herrschte, änderte sich dies kurz vor dem Eintreffen des norwegischen Ministerpräsidenten. Bereits in den Nachtstunden hatten die Sowjets ein Stoßtrupp-Unternehmen gestartet. Eine Gruppe Rotarmisten hatte es unter Ausnutzung der Dunkelheit fertiggebracht, mit Flosssäcken den Fluss Mius zu überqueren, wo sie sich dann einer Vorpostenstellung der norwegischen Freiwilligen bemächtigte. Als die Norweger zum Gegenstoß ansetzten, vermieden die Russen den Kampf und verschwanden in der Nacht. Offensichtlich hatte das Unternehmen keinen anderen Zweck gehabt, als die Wachsamkeit der Norweger, die zur Division »Wiking« gehörten, auf die Probe zu stellen. Am nächsten Morgen setzte dann eine verstärkte Artillerietätigkeit der sowjetischen Seite ein.

Doch den Schwerpunkt in der Berichterstattung der norwegischen Korrespondenten bildete ein gänzlich anderes Thema. Es war die Mitteilung von mehreren Angehörigen der Division, wonach die gesamte Einheit sich dazu entschlossen hätte, eine Wiking-Stiftung für die Angehörigen gefallener Kameraden zu schaffen. Als Erstes sei vorgesehen, für die Kinder Gefallener Sparbücher in Höhe von 3000 Reichsmark auszugeben.

Untersturmführer Björnson, dessen Originalbericht über die Rundfunkstation in Oslo ausgestrahlt wurde, flocht dabei die Worte ein, sich auch der Witwe des bei Husyatin gefallenenen norwegischen SS-Kriegsberichters Lossa anzunehmen, was umwendend geschah und norwegische Zeitungen veranlasste, Frau Annelore Lossa aufzusuchen und sich von ihr berichten zu lassen, welche Gründe ihren Mann bewogen hatten, sich in diesem Krieg freiwillig auf die Seite Deutschlands zu stellen.

Sowjetische Partisanengefahr nimmt weiter zu

Neben den für eine Veröffentlichung in den Zeitungen des Reichsgebietes bestimmten Berichten gingen dem Standartenführer Gunter d'Alquen an seinem Standort in Berlin-Zehlendorf in zunehmender Zahl auch Informationen der an den verschiedenen Frontabschnitten eingesetzten SS-Kriegsberichter zu, denen zu entnehmen war, dass sich die Lage im Osten für die deutsche Seite ständig verschlechterte. Vor allem machten sowjetische Partisanenverbände, die im Hinterland operierten, den deutschen Verbänden schwer zu schaffen.

Für d'Alquen, der aufmerksam all diese Berichte las, schälte sich ein Bild der Kriegssituation heraus, das mit der allgemeinen Einschätzung, wie sie das Reichspropaganda-Ministerium verbreitete, in keiner Weise mehr übereinstimmte.

Am 12. Mai 1943 übermittelte ihm der SS-Untersturmführer Hans-Heinrich Dwinger, dem der 6. Zug der SS-Kriegsberichter-Abteilung unterstand, eine längere Nachricht zur Lage der SS-Kavallerie-Division, die einen Tag zuvor von SS-Oberführer Hermann Fegelein übernommen worden war. Der Auftrag an die Division lautete, ein Unternehmen einzuleiten, das die Tarnbezeichnung »Weichsel I« trug. Es war vorgesehen, am 13. Mai 1943 mit der Säuberung eines riesigen Gebietes, des sogenannten nassen Dreiecks, zu beginnen, das sich zwischen den Sümpfen des Pripjet und Dnjepr südlich der Bahnlinie Kalikowitschi-Retschiza erstreckte. An dem Unternehmen war auch eine slowakische Sicherungsdivision beteiligt, welche entlang der Bahnlinie Isbyn – Choiniki ein Entkommen der Partisanen in westlicher Richtung verhindern sollte.

Der Untersturmführer verwies in seinem Bericht besonders auf die Tatsache, dass es sich bei den Partisanen um gut ausgebildete Angehörige der Roten Armee handelte. Von irgendeiner Handvoll schlecht bewaffneter kommunistischer Fanatiker, die sich in den Wäldern herumtrieb, konnte keineswegs die Rede sein. (Der Kriegsberichter trat damit gewissen verharmlosenden Darstellungen im deutschen Blätterwald entgegen).

Eine der von vier in diesem Territorium operierenden Gruppierungen, die offenbar nach ihrem Anführer benannt, sich die Bezeichnung »Sanjukow« gegeben hatte, setzte sich zum größten Teil aus dem ehemaligen sowjetischen Schützenregiment 44 zusammen, das fälschlich als vernichtet gemeldet worden war, sich aber tatsächlich in das schwer zugängliche Waldgebiet zurückgezogen hatte und von seiner Bewaffnung her neben leichten und schweren Maschinengewehren sogar über Pak und andere Geschütze verfügte.

Jedoch als noch bedenklicher war nach der Einschätzung des Berichtenden die Tatsache anzusehen, dass der überwiegende Teil der Rotarmisten deutsche Uniformen trug, insbesondere solche der Luftwaffe. Während die Gruppe Sanjukow aus etwa 500 Mann bestand, zählte eine andere Partisanengruppierung, die sich »Kolpak« nannte, sogar über zehntausend Mann, die sich in drei Bataillone gliederte. Sofern es gelingen sollte, die Partisanen in den Sumpfgebieten zu stellen, dürfte mit sehr schweren Kämpfen zu rechnen sein, endete der Bericht des SS-Untersturmführers.

Der Standartenführer Gunter d'Alquen wie auch der Regimentsadjutant Obersturmführer Walter Best zogen aus solchen und ähnlichen Berichten ihre ganz persönliche Schlussfolgerung, die in einen Sonderbefehl einmündete, der zwar offiziell nur für die SS-Standarte »Kurt Eggers« galt, doch mit dem beabsichtigt war, die Aufmerksamkeit auf bestimmte Missstände zu lenken, die indirekt etwas mit der anwachsenden Stärke der Partisanenbewegung in Weißrussland zu tun hatten.

Dieser Sonderbefehl trug folgenden Wortlaut: »*In unsere Standarte sind in letzter Zeit eine Anzahl von russischen wie auch polnischen Hilfswilligen, darunter auch mehrere Zivilisten, eingegliedert worden. Mit dem Eintreffen einer weiteren Anzahl solcher Hilfswilliger ist in nächster Zeit zu rechnen. Diese Kräfte werden zum Teil bei der Abteilung V als Kraftfahrer ausgebildet und zum Teil als Handwerker und Arbeitskommandos beim Stab eingesetzt. Die russischen Zivilisten stehen der Gruppe Kampfpropaganda und der Gruppe Rundfunk für deren Aufgaben zur Verfügung.*

Es ist nun in letzter Zeit mehrfach vorgekommen, dass von Angehörigen unserer Standarte, darunter auch Unterführern, diese Hilfswilligen in einer Weise behandelt werden, die nicht dazu angetan ist, die Arbeitsfreude dieser Männer zu fördern. So passierte es beispielsweise, dass sie von Rottenführern zu ungewohnten Zeiten aus ihren Stuben geholt und zu persönlichen Handreichungen (Stiefelputzen usw.) herangezogen wurden. Am 19.1. wurde sogar einem Hilfswilligen, der ein Paket zur Baracke hinübertrug und sich dabei ungeschickt anstellte, von einem Angehörigen der Standarte ins Gesicht geschlagen.

Zur Abstellung dieser Missstände befehle ich Folgendes:

1) Jeglichen Einsatz dieser Hilfswilligen befehlen die Gruppenleiter oder Stellvertreter, deren Gruppen die Männer zugeteilt sind.

2) Ich verbiete es allen Unterführern und Männern, Hilfswillige, die dem Stabe der Standarte angehören, zu privaten Dienstleistungen heranzuziehen, und werde jeden Fall, der mir gemeldet wird, disziplinarisch bestrafen.

3) Die Wahrung der Belange der Hilfswilligen übernimmt der Gruppenleiter der Gruppe Kampfpropaganda oder sein Stellvertreter.«

Dieser Befehl trägt die Unterschrift des SS-Obersturmführes Best.

Der Übergang zur Kampfpropaganda

Etwa zur gleichen Zeit erließ die Standarte den Befehl Nr. 3, in welchem es hieß: »*Die bisherige Bezeichnung Aktiv-Propaganda innerhalb der SS-Standarte wird mit sofortiger Wirkung in Kampf-Propaganda umgewandelt. Dem entsprechend heißt der Aktiv-Propaganda-Zug zukünftig 1. Kampf-Propaganda-Zug.*«

Dieser Befehl machte in aller Eindeutigkeit klar, dass sich die Standarte »Kurt Eggers« anschickte, auf eine gänzlich neue Weise in das Geschehen an der Ostfront einzugreifen. Dass sich die Situation an der Ostfront weiter zuspitzte, entnahm Standartenführer d'Alquen auch einer weiteren Mitteilung, die ihm vom 6. SS-Kriegsberichterzug zuging, welcher sich am Einsatzort der SS-Kavallerie-Division befand.

Der Zug setzte sich aus den Wortberichtern Unterscharführer Neujahr, Unterscharführer Bockhacker sowie den Sturmmännern Moser, Gerlach und Rokne zusammen. Weiter gehörten ihm als Bildberichter Unterscharführer Fritsch nebst den Sturmmännern Hoppe und Obermüller an. Als Rundfunksprecher waren zu der Division Oberscharführer Brüssler, Unterscharführer Harrer und Rottenführer Schick abkommandiert worden. Schließlich gab es noch den Filmberichter Oberscharführer Mösges und den Zeichner Unterscharführer Gruber.

Doch angesichts der immer härteren Gefechtstätigkeit, der zu vielen Ausfällen in den einzelnen Schwadronen führte, vermochten die Kriegsberichter ihrer eigentlichen Aufgabe so gut wie gar nicht mehr nachzugehen, da die Regimentskommandeure nicht umhin konnten, jedem verfügbaren Mann Kampfaufgaben zu übertragen. Dies bedeutete beispielsweise für die Kriegsberichter Moser und Obermüller, dass sie als Melder oder MG.-Schützen bei der Abwehr sowjetischer Angriffe zum Einsatz kamen. Bei Swinaria ostwärts Klimenkowa erhielten beide die Aufgabe übertragen, als Gefechtsvorposten alle sich beim Gegner abspielenden Vorgänge genauestens zu beobachten und bei entsprechenden Wahrnehmungen sofortige Meldung zu machen.

Hierbei gerieten beide Kriegsberichter in eine für sie äußerst dramatische Situation. Unter dem Druck der Russen hatte sich die Schwadron entschlossen zurückzugehen und hierbei ihre Gefechtsvorposten völlig vergessen. Als die beiden Kriegsberichter schließlich dahinter kamen, dass sie nur noch allein auf weiter Flur standen, irrten sie über Stunden durch das unwegsame Gelände, bis sie endlich wieder den Anschluss an ihre Leute fanden.

Der bei der SS-Kavallerie-Division eingesetzte Kriegsberichterzug schmolz im Verlauf der schweren Kämpfe immer mehr zusammen. Als Erster wurde der Bildberichter Obermüller durch Granatsplitter am Rücken und Oberarm verwundet. Dann zerfetzten Granatsplitter den linken Oberschenkel des Wortberichters Neujahr.

Eine besondere Tapferkeit legte der Bildberichter Fritsch an den Tag. Da er sich ständig mit seiner Kamera im vordersten Frontabschnitt aufhielt, geriet er mehr als einmal unter feindlichen Beschuss. In einem Fall nahm er einen verwundeten Melder wahr, der sich noch einige Zeit kriechend bemüht hatte, wieder seine eigenen Leute zu erreichen, bis ihn dann die Kräfte vollends verließen.

Fritsch, der ganz allein neben einem ausgefallenen Geschütz stand, sah plötzlich zu seinem Schrecken, dass eine heranstürmende Gruppe von Rotarmisten nur noch etwa 60 Meter entfernt waren. Worin das Schicksal seines verwundeten Kameraden bestehen würde, sobald er in die Hände der Sowjets geriet, war ihm klar. Ohne noch eine Sekunde länger zu zögern, lief der Kriegsberichter zu dem Verwundeten und schleppte ihn dann auf der Schulter tragend Meter um Meter zu den rückwärtigen deutschen Stellungen.

Wenige Tage darauf wurde der SS-Unterscharführer Fritsch, als er auf einem Tigerpanzer einen Angriff mitfuhr, durch Granatsplitter schwer verwundet. Als sich dann die Lage an diesem Frontabschnitt weiter zuspitzte und die Gefahr eines sowjetischen Durchbruchs bestand, stellten sich vier der Kriegsberichter sofort der Aufklärungs-Abteilung für einen Kampfeinsatz zur Verfügung, wobei sie während der nächsten acht Tage sämtlich durch Verwundungen ausfielen. Auf Veranlassung von Ritterkreuzträger Obersturmführer Göhler wurden alle diese Kriegsberichter der Waffen-SS mit dem Eisernen Kreuz II. Klasse ausgezeichnet.

Ein SS-Untersturmführer lehnt sich auf

Bereits Anfang 1942 war in der Dienststelle der Kriegsberichter-Abteilung ein Brief eingegangen, der sich von anderen dadurch unterschied, dass er manche Dinge geradezu unverblümt beim Namen nannte. Er stammte aus der Feder von SS-Untersturmführer Hans-Werner Nachrodt, der den 5. Kriegsberichterzug befehligte. Dieser war der Division »Wiking« zugeordnet worden.

Während sein Schreiben zunächst eine kritische Bestandsaufnahme enthielt, was den Fahrzeugpark der Division betraf, der nach Beanspruchung des vergangenen Halbjahres des Ostfeldzuges derartig mitgenommen war, dass sich mit Fug und Recht aber auch nicht ein einziges Fahrzeug mehr im notwendigen Maße als fronteinsatzfähig bezeichnen ließ, kam der SS-Offizier dann unvermittelt auf das zu sprechen, was sein Herz wohl am meisten bedrängte. *»Meines Erachtens nach«*, so schrieb er an Gunter d'Alquen, den Kommandeur der Kriegsberichter-Abteilung, *»sollte besonders darauf Wert gelegt werden, eine einwandfreie, soldatische und phrasenlose Berichterstattung vorzunehmen. Was man in letzter Zeit der Heimat als ein Bild der Front vorgesetzt hat, stimmt in vieler Hinsicht mit der Wirklichkeit nicht überein. Ich denke in diesem Zusammenhang an gewisse Wochenschauberichte mit Szenen über den Stellungsausbau sowie über die Winterausrüstung und Verpflegung der Truppe, welche den wirklichen Verhältnissen an der Front in keiner Weise entsprachen und zum Teil erschütternd waren.«*

Der Untersturmführer fuhr fort: *»Man ist an der Front der Meinung, dass die Heimat die Wahrheit, entgegen der bisher meist geübten Gepflogenheit, in ihrer ganzen Härte erfahren soll und muss, um zu der für den weiteren Verlauf des Krieges entscheidenden Erkenntnis zu gelangen, dass es in diesem Kampfe jetzt um alles geht und dass deshalb die Heimat auch ihre gesamte Kraft einzusetzen verpflichtet ist. Nur auf eine solche Weise, so meint man an der Front, dürfte eine so überraschende Maßnahme, wie sie jetzt bei der Beschaffung der Winterbekleidung für die Truppe der Heimat abverlangt wurde, auf das richtige psychologische Ver-*

ständnis stoßen. Mit der Übernahme des Oberbefehls über das Heer durch den Führer ist der Truppe bekanntlich die Pflicht auferlegt worden, dass sämtliche Berichte von Kommandobehörden nach oben sich an strengste Wahrheitsliebe zu halten haben und jegliche Schönfärberei verpönt ist. Man geht hier nunmehr von der Hoffnung aus, dass sich Letzteres endlich auch in den Propaganda-Anweisungen des OKW sowie des Propaganda-Ministeriums bemerkbar machen wird.«

Der SS-Untersturmführer beendete sein Schreiben mit den Worten: *»Ich sehe deshalb meine besondere Aufgabe als Zugführer darin, außer der soldatischen und fachlichen Sonderschulung der noch nicht im Osteinsatz gewesenen neu zugeteilten Kriegsberichter eine Betrachtungsweise zu vermitteln, die frei von jeglichem Dogma ist.«*

Während in den informativen Mitteilungen, welche die an der Ostfront eingesetzten Angehörigen der SS-Standarte »Kurt Eggers« zur Unterrichtung des Kommandeurs an den Standort Heimat 27 in Berlin-Zehlendorf weiterleiteten, immer häufiger gewisse Zweifel zum Ausdruck kamen, ob die deutsche Ostpolitik nicht Schuld an den sich verhärtenden sowjetischen Widerstand trage, ging der Dienstbetrieb davon unbeeindruckt weiter.

Auf welchem Weg gelangten die Kriegsberichte in die Zeitung?

Der Standartenführer bekam eine Sonderausgabe der *Stuttgarter Illustrierten* in die Hand, welche sich von der ersten bis zur letzten Seite aus Beiträgen der SS-Kriegsberichter zusammensetzte. Die Redaktion dieses Blattes hatte Reportagen verschiedenen Genres ausgewählt, in denen sich nicht nur der harte Kriegsalltag widerspiegelte, sondern auch auf die Sehnsüchte und Wünsche einzelner Soldaten ausführlich eingegangen wurde. Zu Wort kamen auch Frauen, deren Männer an der Front standen, und die Berichterstattern schilderten, auf welche Weise sie es zuwege brachten, bei der Erziehung der Kinder einzuflechten, was wohl der Vater zu der einen oder anderen Sache meinen würde.

Beim täglichen Blick in die verschiedensten Blätter stellte Gunter d'Alquen erfreut fest, dass ständig mehr Berichte wie auch Fotos seiner Leute abgedruckt wurden. Dies veranlasste ihn, einmal eine Zusammenstellung für den Zeitraum eines Monats vornehmen zu lassen, um sich ein Gesamtbild zu verschaffen, welche Resonanz die Kriegsberichter-Standarte in der Öffentlichkeit fand.

Hierzu bedarf es ein paar erklärender Worte, welchen Weg überhaupt die von den Kriegsberichterstattern verfassten Beiträge nahmen, bevor sie auf die Schreibtische der Redaktionen gelangten. Überall dort, wo Kriegsberichter im Einsatz waren, wurden ihre Ausarbeitungen – sei es nun in Form von Artikeln, Fotoserien, Tonkonserven für den Rundfunk oder Bildmaterial für die Wochenschau – über zwei bis drei Tage gesammelt und dann der nächsten Kurierpost mitgegeben. Dies setzte jedoch voraus, dass zuvor eine Freigabe durch das jeweils zuständige Armee-Oberkommando erfolgt war.

Bei allen AOKs gab es Zensuroffiziere, deren Aufgabe es war, sämtliche Materialien daraufhin zu überprüfen, dass sie nicht etwaige Angaben oder Details enthielten, die für die gegnerische Aufklärung hätten von Nutzen sein können. Einzig aus solchen Gründen, die man verpflichtet war, den Kriegsberichtern mitzuteilen, durften Streichungen bzw. Veränderungen vorgenommen werden. Strikt untersagt war es dagegen, jedwede kritischen Bemerkungen der Frontkämpfer zu unterschlagen.

Sowie die Berichte in Berlin bei der Standartenführung eingetroffen waren, wurden sie unmittelbar an das Reichsministerium für Volksaufklärung und Propaganda weitergeleitet, wo sie unter dem Gesichtspunkt in Augenschein genommen wurden, ob darin nichts enthalten war, was die Bündnispartner Deutschlands hätte vor den Kopf stoßen können oder der gegnerischen Propaganda bestimmte Anhaltspunkte lieferten, die sich ihr als nützlich erweisen würden.

War diese letzte Hürde genommen, konnte die SS-Standarte darüber entscheiden, welchen Blättern sie die einzelnen Berichte zur Veröffentlichung anbieten wollte. Natürlich war der Standarte daran gelegen, ihre Berichte in möglichst profilierten Zeitungen oder Zeitschriften wiederzufinden. Ein Abdruck in der Reichsausgabe der *Deutschen Allgemeinen Zeitung* kurz *DAZ* genannt, die im 83. Jahrgang erschien und deren Redaktion in Berlin SW 68 Kochstraße 22–26 zwei Männer innehatten, die ihr Handwerkszeug bei Ullstein erlernt hatten, Dr. Karl Silex sowie Otmar Best, wurde durchaus als Erfolg gewertet.

Irgendein Recht, bei einer bestimmten Zeitung auf einen Abdruck zu bestehen, gab es nicht. Gunter d'Alquen, der aus seiner Zeit als Hauptschriftleiter des *Schwarzen Korps* mit vielen Berliner Journalisten auf freundschaftlichem Fuße stand, wäre es nie in den Sinn gekommen, solche Kontakte zu benutzen, um einen Artikel, der aus der Feder eines seiner Kriegsberichter stammte, in irgend eine Zeitung zu lancieren. Er war viel zu sehr ein Vollblutjournalist, als dass ihm solche Machenschaften nicht zuwider gewesen wären.

Natürlich waren Veröffentlichungen in Zeitungen wie *Das Reich* oder in der *Berliner Illustrirten* – die übrigens seit ihrer Gründung das kleine »e« im Zeitungskopf bewusst fortließ, um dadurch dem Leser zu verstehen zu geben, dass man nicht gewillt war, sich jeder sprachlichen Veränderung zu beugen – durchaus erwünscht. Ebenso solche in den *Münchner Neuesten Nachrichten*, dem ebenfalls in München erscheinenden *Illustrierter Beobachter*, der *Kölnischen Illustrierten,* den Blättern *Die Woche*, *Die Koralle, Pariser Zeitung, Hamburger Fremdenblatt, Prager Tageblatt, Illustrierter Kurier Krakow, Pester Lloyd, Völkischer Beobachter, Königsberger Zeitung, Frankfurter Zeitung, NSZ Westmark* und verschiedenen anderen.

Eine von d'Alquen im Juni 1944 vorgenommene Erfassung der Zahl der in diesem Monat erfolgten Veröffentlichungen seiner Kriegsberichter brachte folgendes Ergebnis: Insgesamt erschienen 1084 Einzelberichte sowie 104 Serien in 1344 Zeitungen und Zeitschriften, die in Deutschland und anderen europäischen Ländern herausgegeben wurden.

Da inzwischen zahlreiche SS-Kriegsberichter bei ihren Einsätzen an der Front den Tod gefunden hatten, nahm der Regiments-Adjutant der Kriegsberichter-Standarte, SS-Obersturmführer Best, Kontakt zur Dienstelle der Reichsjugendführung auf und unterbreitete ihr den Vorschlag, interessierte Angehörige der HJ zu einem Ausleselehrgang für den Kriegsberichter-Nachwuchs im Berliner Objekt der SS-Standarte »Kurt Eggers« zu entsenden.

An diesem Lehrgang, der im März 1944 stattfand, nahmen 94 Angehörige der HJ teil. 28 von ihnen hatten sich als Wortberichter und 21 als Bildberichter beworben. Drei hatten den Wunsch geäußert, Filmberichter zu werden, das Interesse von vier anderen galt der Technik. Aber die meisten jungen Leute begeisterten sich für die Tätigkeit eines Rundfunkberichters. Mancher von ihnen scheiterte allerdings bereits bei der Eignungsprüfung aufgrund seiner mangelhaften stimmlichen Voraussetzungen für eine Mikrophonübertragung.

Denjenigen der Kriegsberichter-Anwärter, welche es geschafft hatten, in die engere Auswahl zu kommen, wurde eine Reihe von Themen zur Ausarbeitung gestellt, die für Überraschung auf den Gesichtern sorgten. Die Ausbilder, versierte Journalisten, stellten ihnen beispielsweise die Aufgabe, einen Artikel darüber zu verfassen, was eine Straßenbahnschaffnerin so alles im Verlaufe eines Arbeitstages erlebt. Die angehenden Rundfunkberichter sollten sich in den Wartesaal eines Bahnhofs begeben und die dortige Atmosphäre in einer fünfminütigen Sendung einfangen.

Von den anfänglich 94 Bewerbern meisterten 78 sämtliche Prüfungen, wonach ihre Aufnahme in die Standarte erfolgte. Am 17. März 1944 veranstaltete das Reichspropagandaministerium für die angehenden jungen Kriegsberichter einen Empfang, über den seinerzeit auch die Deutsche Wochenschau berichtete.

Volksdeutsche fühlen sich zurückgesetzt

Analog zu den Veränderungen, die sich zu Beginn des Jahres 1943 in verschiedenen Einheiten der Waffen-SS vollzogen, hatte auch die SS-Kriegsberichter-Abteilung darauf entsprechend zu reagieren. Ihr Kommandeur Gunter d'Alquen war davon unterrichtet worden, dass durch die Aufnahme von Volksdeutschen in die Reihen der kämpfenden Verbände künftig für wert erachtet wurde, dieser Tatsache auch in den deutschsprachigen Zeitungen Südosteuropas Rechnung zu tragen.

Gunter d'Alquen war es bekannt, dass es bei dem 6. Kriegsberichter-Zug, der der 6. SS-Gebirgs-Division »Nord« zugeordnet worden war, auch einige Angehörige volksdeutscher Abstammung gab. Was er indessen nicht wusste, war, inwieweit deren Berichte in den von volksdeutschen Kreisen herausgegebenen Blättern Eingang gefunden hatten. Als er dieser Frage nachging, fand er heraus, dass eine ganze Anzahl von Beiträgen der beiden volksdeutschen Wortberichter Sturmmann Dr. Krauss sowie Sturmmann Moser in reichsdeutschen Zeitungen erschienen waren, jedoch nicht eine einzige Veröffentlichung in der volksdeutschen Presse vorlag. Am merkwürdigsten dünkte es ihn, dass selbst die von der Volksdeutschen Mittelstelle herausgegebene Zeitschrift *Unser Einsatz* nicht eine einzige Zeile von den SS-Kriegsberichtern gedruckt hatte.

Er beschloss der Sache auf den Grund zu gehen. Bei einem Gespräch stellte sich dann heraus, dass das Zerwürfnis zwischen Ungarn und Rumänien bereits ein derartiges Ausmaß angenommen hatte, dass dies Auswirkungen auf die gesamte deutschsprachige Presse des Banat, der Batschka und Siebenbürgens zeitigte. Da die meisten deutschsprachigen Blätter entweder von der ungarischen oder rumänischen Regierung finanziell abhängig waren, zogen sie es schließlich vor, auf die Veröffentlichung von Beiträgen volksdeutscher Kriegsberichter gänzlich zu verzichten.

Der Standartenführer musste einsehen, dass seine Befugnisse nicht ausreichten, um derartigen Zuständen ein Ende zu bereiten. So fand er dann als Einziges den Ausweg, dass die deutschsprachigen Blätter in Rumänien ausschließlich Berichte solcher volksdeutschen Korrespondenten erhielten, die die rumänische Staatsangehörigkeit besaßen, und bei Angeboten an die deutschen Zeitungen Ungarns das gleiche Verfahren praktiziert wurde.

Aus der Kontaktaufnahme der SS-Kriegsberichter-Abteilung zu der Volksdeutschen Mittelstelle ergab sich jedoch ein gänzlich anderer Aspekt, nachdem d'Alquen hier den stellvertretenden Leiter Dr. Rupert Rupp kennenlernte, der sich bereits einen Namen durch seine literarischen Arbeiten gemacht hatte. Gunter d'Alquen war von ihm derart angetan, dass er in der Folgezeit alles tat, um diesen Mann als Mitarbeiter zu gewinnen, was ihm dann auch schließlich gelang.

Dr. Rupert Rupp war es zu einem späteren Zeitpunkt des Kriegsverlaufes im ganz besonderem Maße zuzuschreiben, dass in der SS-Standarte »Kurt Eggers« immer mehr der Gedanke um sich griff, dass die deutsche Ostpolitik von grundauf einer Erneuerung bedurfte, um ein Zusammengehen mit all den Völkerschaften der UdSSR herbeizuführen, die nicht länger gewillt waren, Stalins brutales Gewaltsystem zu erdulden. An anderer Stelle dieses Buches wird davon ausführlicher die Rede sein.

Die Befürchtungen des Kommandeurs der SS-Kriegsberichter-Abteilung, dass durch die Fehde, die zwischen Ungarn und Rumänien auf dem Rücken ihrer volksdeutschen Minderheiten ausgetragen wurde, bereits ein beträchtlicher Schaden entstanden sein könnte, sollten sich schon bald bestätigen.

Als im Sommer 1943 eine neue Werbeaktion zur Gewinnung von Freiwilligen aus dem Kreise der Volksdeutschen für die Einheiten der Waffen-SS anlief, spielte die sich gänzlich anders ab, als dies beim erstenmal der Fall gewesen war. Keine Spur mehr von irgendeiner Begeisterung, sondern stattdessen eine völlige Gleichgültigkeit, die sich in vielen Gegenden längs der Donau eingestellt hatte. Überall dort, wo die mit der Werbung beauftragten Offiziere der Waffen-SS hartnäckig auf ein Gespräch bestanden, bekamen sie so ziemlich das Gleiche zu hören, Volksdeutsche, die sich freiwillig dazu entschieden hätten, in den Reihen der Waffen-SS an dem schweren Kampf Deutschlands gegen das bolschewistische Russland teilzunehmen, würden überhaupt keinerlei entsprechende Anerkennung finden. Die Zeitungen ihrer Heimat würden sie nicht mit einem Wort erwähnen, schlimmer sei es jedoch, dass gerade sie einen besonders hohen Blutzoll zu verzeichnen gehabt hatten. Viele Familien hätten auf diese Weise ihren Ernährer verloren, ganze Siedlungen seien von männlichen Bewohnern nahezu entblößt worden.

Das Bild vervollständigte sich noch durch einen informellen Bericht, den einer der Mitarbeiter d'Alquens nach Berlin übermittelte. Darin hieß es u. a.: »*Verschiedentlich wurde mir berichtet, dass auch bei der Behandlung der Freiwilligen – zum Teil beherrschen diese die deutsche Sprache nur unvollkommen – nicht die richtige Form angewendet wird. Hierdurch kommt es dazu, dass die Freiwilligen über entsprechende Zwischenfälle mit ihren Vorgesetzten ausführlich ihren Angehörigen Mitteilung machen, was dafür sorgt, dass sich in den Dörfern eine allgemeine Missstimmung verbreitet. Dies trägt wiederum dazu bei, dass es nur noch zu einer geringen Zahl an Freiwilligenmeldungen kommt. Geklagt wird auch darüber, dass die Versorgung der Hinterbliebenen wie auch der Schwerverwundeten nur unzureichend, teilweise überhaupt nicht, geregelt ist.*«

Das Schreiben schloss mit der Einschätzung: »*Wenn sich also heute noch Freiwillige zur Waffen-SS melden, so tun sie dies aus einer gewissen Verpflichtung gegenüber ihren Kameraden heraus und aus Scham, vielleicht zurückgestanden zu haben. Von einem besonderen Idealismus kann man heute wohl nicht mehr sprechen.*«

Eine andere Nachricht, die den Kommandeur der SS-Kriegsberichter-Abteilung etwa zur gleichen Zeit erreichte, besserte seine Stimmung dagegen erheblich auf. Sie bezog sich auf die schweren Abwehrkämpfe, die an der Ostfront am Dnjepr im Gange waren. Hierbei hatten Wehrmachtsstäbe ausdrücklich um die Unterstützung von SS-Kriegsberichtern gebeten. Der Grund hierfür klang unmissverständlich in den Worten des Hauptmanns Weigele von der 23. Panzer-Division an, dass er jetzt erstmals in vorderster Linie Kriegsberichter von den Kameraden der Waffen-SS zu Gesicht bekäme, während die der Wehrmacht es stets vorziehen würden, sich ausschließlich beim Korps aufzuhalten.

Die von den Rundfunkberichtern SS-Oberscharführer Brüssler sowie SS-Unterscharführer Harrer hergestellten Sendungen, so wurde anerkennend von der Abteilung Wehrmachtspropaganda festgestellt, hätten eine Atmosphäre des Frontgeschehens wiedergegeben, wie dies in der sprachlichen Ausdrucksform und der Art des Geschilderten sonst nur selten gelänge.

Eine am 15. September 1943 nach Berlin übertragene Sendung, die eine Lagebesprechung an der Front zwischen dem SS-Brigadeführer Fegelein, Obersturmbannführer Rumohr sowie Sturmbannführer Diegarten beinhaltete, veranlasste einige hauptstädtische Zeitungen sogar, von einem neuen Ton in der Rundfunkberichterstattung von der Front zu sprechen. Die während dieser Sendung vorgenommenen Aufnahmen waren wenige Tage darauf in der deutschen Wochenschau zu sehen. Allein im Monat August 1943 wurden von den Einsätzen der Division Text- und Fotoberichte in 93 verschiedenen Zeitungen veröffentlicht.

Osteuropäische Freiwillige und ihre Behandlung

Schritt um Schritt bröckelte an der Ostfront die bisherige starre Haltung des Führerhauptquartiers, keinerlei Kampfverbände aus Bevölkerungskreisen der besetzten sowjetischen Gebiete aufzustellen und sie in irgendeiner Form in das deutsche Heer einzugliedern oder ihnen sogar eine Art von selbständigem Status einzuräumen.

Dass vielen Wehrmachtseinheiten eine Unterstützung durch Hilfswillige, wie alsbald die Bezeichnung für sie lautete, äußerst willkommen war, wurde akzeptiert, ohne darüber groß Worte zu verlieren. Selbst dass manche von ihnen nach kurzer Zeit bereits Aufgaben wahrnahmen, deren militärischer Charakter wie beispielsweise die Bewachung von Munitionsdepots oder der Transport von Waffen und Munition bis in die erste Frontlinie nicht zu übersehen war, wurde hingenommen, auch wenn hierzu keine direkte Richtlinie in Form einer Befehlsgebung vorlag.

Es war schließlich die Waffen-SS, die als Erste dazu überging, in ihre Einheiten Freiwillige aus verschiedenen europäischen Ländern aufzunehmen und, gewissermaßen daran anknüpfend, mit der Aufstellung von sogenannten Legionen zu beginnen, deren Führung Offiziere jener Nationen innehatten, aus denen die Freiwilligen stammten.

Am 8. März 1943 erhielt der Kommandeur der SS-Kriegsberichter, Gunter d'Alquen, in seiner Berliner Dienststelle die offizielle Mitteilung, dass Hitler die Aufstellung einer lettischen SS-Freiwilligen-Legion genehmigt habe. In Riga, Pleskauer Straße 16, sei bereits mit der Anwerbung von Freiwilligen begonnen worden. Es bestünde die Absicht, eine Anzahl von Letten nach Berlin in Marsch zu setzen, damit sie hier eine Ausbildung als Frontkorrespondenten erhalten sollen.

Wie weit die entsprechenden Vorbereitungen in Riga bereits gediehen waren, entnahm d'Alquen der Tatsache, dass ihm als Ausbilder für die lettischen Kriegsberichter ein Mann avisiert wurde, der über längere Zeit eine führende Position im Lettischen Nachrichten-Büro innegehabt hatte: Friedrich Anderson, der seit der Besetzung Lettlands durch die Deutschen eine Tätigkeit als Direktor bei der Fa. Ostland Faser GmbH ausgeübt hatte, war nur zu gern gewillt, in die Pressearbeit zurückzukehren, die ihm interessanter dünkte. Da er mehrere Sprachen perfekt in Wort und Schrift beherrschte, übertrug ihm d'Alquen mit Freude die Ausbildung der lettischen Kriegsberichter.

Als der Standartenführer noch einmal aufmerksam die Einzelheiten über die Aufstellung der lettischen Waffen-SS-Legion las, fand er darunter eine Anweisung, die er zunächst für völlig unglaubhaft hielt, weil sie sich mit den bisherigen Gepflogenheiten absolut nicht vereinbaren ließ. Zunächst war von den Freiwilligen die Rede, die sich im Alter von 17 bis 45 Jahren bei der entsprechenden Anwerbungsstelle in Riga melden konnten. Dann hieß es weiter, dass Letten aus sechs Jahrgängen in Kürze eingezogen werden sollten, von denen 15 000 Mann als Rekruten der Legion zugeführt werden sollten.

Der entscheidende Satz aber, der bei Gunter d'Alquen eine derartige Verwunderung ausgelöst hatte, so dass er sich die Richtigkeit der entsprechenden Passage noch einmal ausdrücklich bestätigen ließ, lautete: Weitere 15 000 Mann sind für die Wehrmacht vorgesehen. Das bedeutete im Klartext, dass das bisherige Verbot, innerhalb der Wehrmacht eine fremdländische Einheit aufzustellen, offensichtlich keine Gültigkeit mehr besaß. Der deutsche Aufstellungsstab, der unter der Leitung von SS-Brigadeführer Hansen stand, tat gegenüber d'Alquen so, als ob dies die selbstverständlichste Sache der Welt sei.

Letten enttäuscht über Waffenbrüderschaft

Genau ein Jahr später hatte sich im Zusammenhang mit der Aufstellung lettischer Einheiten auf deutscher Seite jegliche Euphorie gelegt. Zerronnen waren all die Vorstellungen, die man über eine enge Waffenbrüderschaft gehegt hatte. Ein Schreiben des Abschnittsführeres Lettland der SS-Standarte »Kurt Eggers« brachte ohne jegliche Umschweife zum Ausdruck, worin die bittere Wahrheit bestand. Außerdem wurden Ross und Reiter benannt, also jene, die dafür verantwortlich waren, dass die Stimmung in Lettland völlig umgeschlagen war.

In diesem, angesichts seines brisanten Inhaltes als streng geheim eingestuften Schreiben, hieß es u. a.: *»Seit dem Vordringen der Roten Armee bis an die Grenzen Lettlands und der dadurch notwendig gewordenen Einberufung weiterer Jahrgänge zur Lettischen Legion hat sich die innerpolitische Lage leider sehr verschlechtert. Das lettische Volk beseelt ein tiefer Hass gegen den Bolschewismus, und es hat deshalb die Deutschen im Jahre 1941 tatsächlich als seine Befreier aus der ärgsten Drangsal begrüßt. Das lettische Volk war damals bereit, freudig zu den Waffen zu eilen und mit seinen Befreiern gegen die Sowjets zu kämpfen.*

Leider glaubten wir Deutsche damals stark genug zu sein, um auf diese wertvolle Waffenhilfe verzichten zu können. Das lettische Volk wurde auf diese Weise vor den Kopf gestoßen. Aber noch mehr durch die Ablehnung einer verantwortungsvollen Mitarbeit seitens der Zivilbehörden.Tausende deutscher Zivilbeamter, darunter viele Baltendeutsche, kamen in das kleine Land. Die Maßnahmen dieser Zivilverwaltung, noch mehr aber das sich oftmals bis zum Skandal steigernde falsche Auftreten der Beamten, haben der deutschen Verwaltung schweren Schaden zugefügt, ihrem zivilen Teil jeden Kredit beim lettischen Volke genommen. Die aufdringliche Propaganda der Zivilverwaltung, die sehr oft psychologisch verletzend wirken musste, wird als ‚Propaganda' im üblen Sinne, als unwahre Mache empfunden und darum von vornherein abgelehnt.

Eine Erziehungsarbeit, die der Mentalität des lettischen Volkes entspricht, fehlt vollkommen. Das ist umso bedauerlicher, als die Feindpropaganda mit den raffiniertesten und kostspieligsten

Mitteln arbeitet. Das einzige Aktivum, welches Deutschland noch heute in Lettland einzusetzen hat, ist die hohe Achtung vor der Waffen-SS und das besondere Vertrauen, das das lettische Volk dem Reichsführer-SS entgegenbringt. Allein vom Reichsführer erwartet Lettland das erlösende Wort, die letzte Entscheidung!

*Die Waffen-SS muss deshalb dieses Aktivum in der tatkräftigsten Weise ausnützen, und dies sehr rasch, wenn hier nicht Zustände einreißen sollen, die sehr gut in der Ukraine beobachtet werden konnten.** (Dies bezog sich auf die Besatzungspolitik des Reichskommissars Ukraine, Erich Koch. Einfügung des Verf.)

Das lettische Volk hat z. B. heute noch sehr wenig Verständnis für den europäischen Gedanken. Es fühlt sich vielmehr zwischen den zwei Kolossen Russland und Deutschland eingekeilt. Während es im Jahre 1941 in Deutschland seinen Befreier erblickte, ist es heute in großen Teilen aller Bevölkerungsschichten davon überzeugt, dass die Bolschewisten zwar Lettland vernichten, die Deutschen aber Lettland vergewaltigen wollen. Zahlreiche Missstände, die hier nicht im Einzelnen aufgeführt werden können, haben inzwischen auch die Disziplin der Lettischen Legion untergraben. Fahnenflucht, sogar gruppenweise, unerlaubte Entfernung vom Dienst, Verkauf von Waffen und Ausrüstungsgegenständen sind an der Tagesordnung.«

Gunter d'Alquen, an der Spitze der SS-Standarte »Kurt Eggers« stehend und bekannt für sein nonkonformistisches Denken und Handeln, beschloss nach Erhalt dieses alarmierenden Schreibens, sofort etwas zu tun, um dem sich in Lettland anbahnenden Verhängnis so gut als möglich zu begegnen und mit den ihm zur Verfügung stehenden Mitteln einen SS-Werbezug »Lettland« aufzustellen und ihn sofort nach Riga zu entsenden.

Er war sich durchaus der Tatsache bewusst, dass es bereits viel zu spät sein konnte, um auf das weitere Geschick dieses kleinen osteuropäischen Landes noch Einfluss nehmen zu können, aber er wollte auch nichts unversucht lassen, was nicht vielleicht noch Abhilfe versprach.

Ohne sich mit dem SS-Hauptamt erst in Verbindung zu setzen, veranlasste er sofort eine Reihe von Maßnahmen, die dazu bestimmt waren, den Letten ein anderes Bild der Gemeinsamkeit zu geben, welche beide Völker über alles Trennende hinweg verband. Da er schnell begriffen hatte, dass das Wort Propaganda in Lettland als etwas Verachtenswürdiges empfunden wurde, vermied er es grundsätzlich.

Die der Standarte »Kurt Eggers« angehörenden lettischen SS-Kriegsberichter bekamen von ihm den Auftrag, überall im Land herumzureisen und dort unter Bezugnahme auf ihre Fronterlebnisse ausführlich zu dem Thema zu sprechen, dessen Motto lautete: »Wofür kämpfen wir?« Andere Vorträge galten der Frage, was unter soldatischen Tugenden zu verstehen sei und ob auch die Letten stolz darauf wären, solche zu besitzen.

Die Kriegsberichter-Standarte erlangt den Respekt der Letten

Auch das durch eine verfehlte und bornierte deutsche Besatzungspolitik zu einem heiklen Thema gewordene Verhältnis Lettlands zu Deutschland und zur Sowjetunion wurde in aller Offenheit von den Angehörigen der Standarte behandelt. Sie machten kein Hehl daraus, dass vieles, was inzwischen in Lettland vorgefallen sei, nicht hätte passieren dürfen. Einer der deutschen SS-Kriegsberichter fand sogar die Worte: *»Wir Deutschen haben vieles getan, was Würde und Gefühle des lettischen Volkes verletzt haben.«* Die gesamten Blätter des Landes und auch die Frontzeitungen, die innerhalb der Lettischen Legion verbreitet wurden, druckten dies ab.

In den Kinos von Riga wurde ein Film uraufgeführt, den Kameraleute der SS-Kriegsberichter-Standarte über den Kampf der lettischen SS-Freiwilligen-Legion angefertigt hatten. Zur gleichen Zeit nahmen die Radiostationen des Landes in ihre Programme eine völlig überarbeitete Soldatenstunde auf, in der in einer bis dahin nicht üblich gewesenen Art und Weise auf die Wünsche und Befindlichkeiten der lettischen Freiwilligen eingegangen wurde. In Riga, Dünaburg und anderen Orten tauchten überall Schaukästen auf, die Fotos vom Kampfgeschehen an der Ostfront aus der Warte der lettischen Legionäre zeigten.

Immer häufiger wurde jetzt den Angehörigen der SS-Standarte »Kurt Eggers« von Persönlichkeiten des öffentlichen Lebens in Lettland bescheinigt, dass die so gänzlich neue Art, dem lettischen Volk Respekt zu erweisen, nicht ohne Wirkung bleibe. Prof. Ozolins vom Konservatorium in Riga lobte die Veränderung der deutschen Sicht auf sein Land, stellte jedoch die eindringliche Frage, warum man dafür so viel Zeit gebraucht habe.

Ein Ehrenbuch für den lettischen Standartenführer Voldemars Veiss

Die Standarte »Kurt Eggers« verwirklichte noch eine Reihe weiterer Ideen, die ebenfalls den Zweck verfolgten, das politische Klima zwischen Lettland und Deutschland zu verbessern. Dazu gehörten Vortragsabende von lettischen Frontkämpfern, die auch in Werkhallen vor den dort beschäftigen Industriearbeitern stattfanden. Ferner wurden verschiedene Bücher herausgebracht, welche die Geschichte Lettlands und seine Leidenszeit unter der sowjetischen Herrschaft zum Inhalt hatten.

Besondere Aufmerksamkeit erregte die Veröffentlichung eines sogenannten Ehrenbuches, das dem Leben des gefallenen lettischen Standartenführers Voldemars Veiss gewidmet war. Als das in lettischer Sprache verfasste Buch im Continent-Verlag in Riga erschien, setzte ein wahrer Ansturm auf die Buchhandlungen ein, und es mussten alsbald weitere Auflagen gedruckt werden.

Wer war dieser Voldemars Veiss, dem die Letten so große Verehrung bekundeten? Schon von frühester Jugend an war er von dem Gefühl durchdrungen, seinem Vaterland als Offizier zu dienen. Der Zerfall des zaristischen Russland und die dort erfolgte Machtübernahme durch die Bolschewiken empfand er als Bedrohung für alle europäischen Völker, aber im ganz besonderen Maße für die kleinen baltischen Staaten, die durch ihre geographische Lage ihm besonders gefährdet schienen.

In der lettischen Armee hatte er den Rang eines Oberstleutnants bekleidet. Das zeitweilige Paktieren Deutschlands mit der Sowjetunion, das Stalin dazu benutzte, sich als Erstes die baltischen Staaten einzuverleiben, löste in ihm ein Gefühl des Zornes aus, dass hier ein zynisches Pokern um Macht auf den Köpfen kleiner europäischer Anrainerstaaten betrieben wurde und die Weltöffentlichkeit bei diesem widerlichen Schauspiel tatenlos zusah. Als dann 1941 der Pakt zwischen Hitler und Stalin zerbrochen war und die Deutsche Wehrmacht nach ihren Einmarsch in Russland Lettland wieder den sowjetischen Klauen entriss, beruhigte er sich etwas, doch auch nachdem er einem Angebot der deutschen Seite zugestimmt hatte, an der Aufstellung sogenannter lettischer Selbstverteidigungskräfte mitzuwirken und als Kommandeur ihre Führung zu übernehmen, bewahrte er einen Rest von Misstrauen, ob sich die Deutschen tatsächlich als verlässliche Partner erweisen würden.

Aufgabe der Selbstverteidigungskräfte sollte es sein, ein Einsickern sowjetischer Partisanen nach Lettland zu vereiteln. Den Wunsch nach Bildung einer eigenen nationalen Streitmacht hatte Hitler mit Blick auf die Ukraine abgelehnt, wo bereits massiv derartige Bestrebungen im Gange waren. Hitler ging zu diesem Zeitpunkt noch von der Befürchtung aus, dass ein Entstehen solcher nationaler Bewegungen in den besetzten russischen Gebieten letztendlich den deutschen Sieg gefährden würden.

Er hatte jedoch keine Einwände dagegen, dass bereits im Herbst 1941 lettische Formationen zeitweilig in die Wehrmacht integriert wurden, mit der Absicht, sich dort Kampferfahrungen anzueignen. Nach Umwandlung der lettischen Selbstverteidigungskräfte in eine unter SS-Befehl stehende Legion wurde Voldemars Veiss die Führung eines Regimentes anvertraut und ihm der Rang eines Obersturmbannführers verliehen.

Als er sich während der Kämpfe bei Spaskaya Polist mit seiner Truppe besonders bewährte, wurde ihm das Eiserne Kreuz 1. Klasse verliehen und es erfolgte seine Beförderung zum SS-Standartenführer. Im Januar 1944 verteidigte eine lettische Kampfgruppe, die seinen Namen trug, Nekokhovo. Am 9. April 1944 wurde Standartenführer Veiss durch eine Granate so schwer verwundet, dass er an dieser Verletzung eine Woche später erlag. In lettischen und in deutschen Zeitungen fand sein Leben eine entsprechende Würdigung.

Die ungewöhnliche Lebensgeschichte des Karlis Aperats

Es soll nicht unerwähnt bleiben, dass es eine Anzahl weiterer Letten gab, die hohe Offiziersränge in der Legion bekleideten. Dazu gehörte beispielsweise der ehemalige lettische Kriegsminister General Rudolf Bangerskis, der den Dienstgrad eines SS-Gruppenführers trug und im späteren Verlaufe des Krieges eine aus Letten bestehende Division der Waffen-SS befehligte.

Das Interesse der SS-Kriegsberichter-Standarte »Kurt Eggers« galt vor allem dem lettischen Ritterkreuzträger Karlis Aperats, dessen fesselnde Lebensgeschichte reich an dramatischen Höhepunkten war. Aperats wurde am 4. März 1892 in Riga geboren. Lettland war zu diesem Zeitpunkt noch ein Bestandteil des russischen Reiches. Nach Ausbruch des Ersten Weltkrieges erfolgte im Jahre 1915 seine Einberufung zur zaristischen Armee. Er gehörte hier zunächst einem Infanterie-Regiment an, das fast ausschließlich aus Russen bestand. Anfang 1916 entsprach man seinem Wunsch und versetzte ihn zu dem lettischen Schützenregiment 1, das in Dünamünde stationiert war. Über ein Jahr stand er mit diesem Regiment im Kampf gegen deutsche Truppen.

Da er sich mehrfach durch seine Tapferkeit auszeichnete, wurde er zum Unteroffizier befördert. Nach einem längeren Lazarettaufenthalt infolge einer schweren Krankheit wurde er gegen Ende 1917 aus der zaristischen Armee entlassen und gleichzeitig zur Offiziersreserve nach Riga versetzt. Inmitten der bereits ausgebrochenen Wirren der Oktoberrevolution wurde er noch als Festungskommandant von Windau eingesetzt.

Als die Letten zu Beginn des Jahres 1919 ihr Land aus dem zerfallenden russischen Staatsgebilde zu lösen begannen, schloss sich Karlis Aperats einem lettischen Bataillon an, das nunmehr an der Seite eines deutschen Freikorps die von Trotzki geschaffene Rote Armee daran zu hindern suchte, Lettland seine inzwischen ausgerufene Unabhängigkeit wieder zu nehmen. Sein ganzes Sinnen war nun darauf gerichtet, Lettland vor dem Schicksal Russlands zu bewahren und es nicht in die Hände des zerstörerischen sowjetischen Systems fallen zu lassen. In der Militärhierarchie seines Landes stieg er auf, wurde zunächst Leiter der Nachrichtenabteilung im Stab der 1. Lettischen Brigade, anschließend Nachrichtenführer im Infanterie-Regiment 2 der Ersten Kurländischen Infanteriedivision.

Nachdem man in militärischen Kreisen immer stärker auf seine überragenden Fähigkeiten aufmerksam geworden war, erhielt er seine Berufung zur Organisationsabteilung des Armeeoberkommandos in Riga, bis er im Oktober 1922 zum Divisionsnachrichten-Führer ernannt wurde. Im Jahre 1930 übertrug man ihm den Posten eines Stadtkommandanten von Libau.

Das Schicksal schien es gut mit dem kleinen Lettland zu meinen; zehn Jahre hintereinander wurde es von dem großen Nachbarn in Ruhe gelassen. Doch wie sich dann 1940 herausstellte, ist es eine trügerische Ruhe gewesen. In dem Moment, als der Hitler-Stalin-Pakt durchgesetzt wurde, war es um Lettlands Freiheit geschehen. Die Rote Armee rückte in Lettland ein, propagierte einen Sozialismus nach sowjetischem Vorbild, der jedermann glücklich machen würde, und erklärte als Erstes den lettischen Militärs, dass sie sich von sofort an als Angehörige der Roten Armee zu betrachten hatten.

Aus dem Letten Karlis Aperats wurde so ein Sowjetsoldat, mit dem roten Stern an der Schirmmütze. Man hatte ihm sogar seinen Offiziersrang belassen und Avancen gemacht, was für eine große Zukunft vor ihm liege. Doch dies war ein Versuch am untauglichen Objekt. Aperats war ein Lette und wollte ein Lette bleiben, und so verfingen alle sowjetischen Schmeicheleien bei ihm nicht. Von einem Tag zum anderen wählte er wie viele Letten zu dieser Zeit den Weg in den Untergrund, wo er eine aus 1700 Mann bestehende Einheit aufbaute, die sich den stolzen Namen »Die Vaterlandsverteidiger« gab und schon mit ihren ersten Aktionen sowjetischen Stützpunkten im Lande zu schaffen machte.

Als sich die Lage zwischen Deutschland und der UdSSR immer mehr zuspitzte und im Juni 1941 der Krieg ausbrach, waren die Letten vom ersten Augenblick an dabei. Die von Aperats geführte Untergrundeinheit ging jetzt zum offenen Kampf gegen die sich zurückziehende Rote Armee über.

Bereits im August 1941 wurde dieser patriotische Offizier, den jeder in Lettland kannte, zu einem der Führer des lettischen Heimatschutzes ernannt. Als daraus dann die Lettische SS-Freiwilligen-Division entstand, empfand es Karlis Aperats geradezu als selbstverständlich, dass hier zukünftig sein Platz sein würde.

Es folgten für ihn Einsätze in Weißrussland sowie an der Leningradfront. Am 20. April 1943 wurde er zum Obersturmbannführer der Lettischen Legion ernannt. Nachdem sein Regiment im Norden der Ostfront zum Einsatz kam, sah es sich im Raum von Opotschka schweren sowjetischen Angriffen ausgesetzt, die zu vielen Verlusten in den eigenen Reihen führten. Das Regiment schmolz immer mehr zusammen, bis es allmählich nur noch der Stärke einer Kampfgruppe entsprach.

Die etwa 850 Mann zählende Einheit, die nur noch über zwei Pakgeschütze und ganz wenig Munition verfügte, wurde östlich von Arapi in ein Gefecht mit zwei sowjetischen Partisanen-Bataillonen verwickelt, das sie zwar erfolgreich bestand, doch ihre Kräfte noch mehr verschliss. An sie erging jetzt der Auftrag, als Nachhut den Rückzug einer Division zu decken. Die Kämpfe nahmen von Tag zu Tag einen immer heftigeren Charakter an.

Am 16. Juli 1944 verteidigte die lettische Kampfgruppe einen Brückenkopf bei Mosuli, der nahezu pausenlos von einer sowjetischen Division angegriffen wurde. Das Ende zeichnete sich ab. Nach einem über fünf Stunden währenden Gefecht gab es nur noch wenige Überlebende. Viele Schwerverwundete waren von ihren Kameraden zu einem provisorischen Verbandsplatz getragen worden, wo kurz danach ihre Körper von sowjetischen Panzern zermalmt wurden. Auch Obersturmbannführer Karlis Aperats hatte eine schwere Verletzung am Kopf erlitten.

Als sich seine Kameraden über ihn beugten und ihren Kommandeur aus der Frontlinie nach hinten schleppen wollten, wies er sie durch eine Handbewegung zurück. Sein letzter Befehl lautete, sie sollten ihn hier liegenlassen und sich selbst in Sicherheit bringen. Kaum dass sich seine Leute zögernd von ihm abgewendet hatten, fiel an der Ssinaja-Brücke bei Mosuli ein Pistolenschuss. Lebend wollte Karlis Aparats nicht in die Hände der Rotarmisten fallen.

Posthum wurde diesem tapferen Soldaten das Ritterkreuz verliehen. Bis zum heutigen Tage ist er in Lettland unvergessen geblieben. Jedes Jahr wird an seinem Todestag an dieser Brücke von Menschen, die ihn verehren, ein Kranz dem Wasser übergeben.

Die von der Waffen-SS an die Ostfront entsandten Kriegsberichter sahen vieles dort mit recht kritischen Augen. Ihnen missfiel insbesondere die Tatsache, dass offensichtlich bei dem Umgang mit der Bevölkerung in den besetzten Teilen Weißrusslands zumeist völlig planlos gehandelt wurde. Die oftmals anzutreffende Bereitschaft, den Deutschen bei der Beseitigung des stalinistischen Systems aktiven Beistand zu leisten, wurde von manchen Besatzungsbehörden entweder überhaupt nicht zur Kenntnis genommen oder wenn doch, so geschah es nur zögerlich, weil es keine verbindliche Aussage dazu gab, wie im Einzelnen zu verfahren sei.

Zahlreiche Fehler und Versäumnisse, aber auch eine Reihe von Willkürmaßnahmen seitens der in den besetzten Gebieten geschaffenen Reichskommissariate führten dazu, dass das anfänglich den Deutschen entgegengebrachte Vertrauen immer mehr dahinschwand. Besonders schwerwiegende Folgen traten ein, als das von deutscher Seite zunächst gegebene Versprechen, die von Stalin vorgenommene Kollektivierung der Landwirtschaft wieder aufzuheben und Grund und Boden als Privateigentum in die Hände der Bauern zurückzugeben, nicht eingehalten wurde.

Der Grund hierfür war eine in Berlin angestellte Überlegung, dass die russische Mentalität seit jeher so beschaffen sei, dass es der Knute bedürfe, um den Muschik zu irgendeiner Leistung anzuspornen. Deshalb, so lautete eine Schlussfolgerung aus dem Ministerium für die besetzten Ostgebiete, das Alfred Rosenberg unterstand, sollte die jetzige Form des sowjetischen Agrarsystems einfach beibehalten werden, allein schon im Hinblick auf die Tatsache, dass die deutschen Truppenverbände in Russland völlig darauf angewiesen seien, ihre gesamte Versorgung aus der einheimischen Landwirtschaft zu decken.

Noch schlimmere Auswirkungen zeitigte ein zu Beginn des Krieges gegen die Sowjetunion unter Federführung des SS-Hauptamtes ausgearbeitetes Propaganda-Pamphlet, das den Titel *Der Untermensch* trug. Gemeint waren damit die in der Sowjetunion lebenden Menschen, die so charakterisiert wurden, als dass die slawische Bevölkerung mit anderen Menschen nicht vergleichbar sei..

Wörtlich hieß es darin: »*Der Untermensch, jene biologisch scheinbar völlig gleichgeartete Naturschöpfung mit Händen, Füßen und einer Art von Gehirn, mit Augen und Mund, ist doch eine ganz andere, eine furchtbare Kreatur, ist nur ein Wurf zum Menschen hin, mit menschenähnlichen Gesichtszügen – geistig, seelisch jedoch tiefer stehend als jedes Tier. Im Innern dieses Menschen wütet ein grausames Chaos wilder hemmungsloser Leidenschaften: namenloser Zerstörungswille, primitivste Begierde, unverhüllteste Gemeinheit.*«

So wie in der Wehrmacht bei vielen Kommandostellen der nach Beginn des Krieges gegen Russland von Hitler erlassene sogenannte Kommissarsbefehl, der die sofortige Liquidierung aller in deutsche Gefangenschaft geratenen Kommissare der Roten Armee vorsah, Empörung hervorrief und weitgehend unbeachtet blieb, gab es nicht wenige hohe Offiziere in der Waffen-SS, die dieses Zerrbild eines angeblichen sowjetischen Untermenschentums für puren Unsinn ansahen und Himmler mehrfach, wenn auch zunächst vergeblich, ersuchten, sich davon zu distanzieren.

AKTION SILBERSTREIF

Erste Pläne der Standarte zur Zersetzung der Roten Armee

In der Berliner Zentrale der SS-Standarte »Kurt Eggers« häuften sich mit der Zeit viele informelle Berichte, in denen in einem völlig unverblümten Ton Kritik an bestimmten Vorgängen geäußert wurde, die sich auf den Kriegsverlauf im Osten immer negativer auswirken würden. Gunter d'Alquen, der sich niemals mit der Rolle eines unbeteiligten Beobachters abzufinden bereit war, gelangte zu der Überzeugung, dass es höchste Zeit sei, in bestimmte Geschehnisse einzugreifen.

Nicht länger sollte sich nach seiner Auffassung die Standarte darauf beschränken, die Dinge an der Ostfront so laufen zu lassen, wie dies mehr schlecht als recht der Fall war, sondern er gedachte jetzt durch ein gezieltes Unternehmen ein Beispiel dafür zu schaffen, dass eine direkte Einflussnahme auf die Rote Armee durchaus von Erfolg gekrönt sein könnte.

Doch zuvor veranlasste er einen der wohl intelligentesten SS-Kriegsberichter, Dr. Rupert Rupp, den er selbst in die Einheit geholt hatte und dessen Fähigkeit, weit vorausschauend bestimmte Ereignisse einer nüchternen Betrachtung zu unterziehen, seine besondere Wertschätzung besaß, ihm dabei behilflich zu sein, endlich ein wahrhaftes Bild des russischen Menschen zu zeichnen.

Eine Begegnung des SS-Kriegsberichters Rupp an der Ostfront

Rupp, der seinem Kommandeur nachdenklich zugehört hatte, fuhr plötzlich hoch und sagte: »*Da gibt es tatsächlich etwas, was ich Ihnen sowieso einmal erzählen wollte, sofern die Zeit es zuließ. Vor einigen Wochen hatte ich während eines Einsatzes an der Ostfront eine recht ungewöhnliche Begegnung. Ich lernte dort einen jungen Georgier kennen, der bereits auf unserer Seite mitkämpft, obwohl, wie Sie wissen, Standartenführer, hier noch immer keine Klarheit besteht, inwieweit diese Hilfswilligen, wie sie von uns genannt werden, sich an direkten Kampfeinsätzen beteiligen dürfen. Tatsächlich ist es in vielen Einheiten längst Usus geworden.*

Timur Gantiade, so sein Name, ein junger Student aus dem Kaukasus, benutzte eine längere Kampfpause, um mir gewissermaßen den Verlauf seines bisherigen Lebens zu schildern, woraus sich seine Motivation ableitet, an unserer Seite zu kämpfen. Ich habe bislang darauf verzichtet, das Gehörte niederzuschreiben, weil ja der Reichsführer partout dagegen ist, die in solchen Darstellungen enthaltenen Schlussfolgungen öffentlich zu machen.«

Der Kommandeur der SS-Standarte »Kurt Eggers« Gunter d'Alquen meinte daraufhin lakonisch: *»Ich sehe das ganz anders.«*

Der erschütternde Bericht, mit dem der georgische Student Timur Gantiade gegenüber einem Fremden sein Leben offenbart hatte, wurde später am Standort der SS-Standarte »Kurt Eggers« in Berlin-Zehlendorf dazu benutzt, um neu hinzustoßenden Kriegsberichtern eine Sicht auf das Denken vieler in der Sowjetunion lebenden Menschen zu geben, die geeignet war, von ihnen in Deutschland ein gänzlich anderes Bild zu verbreiten, als es bislang der Fall gewesen war.

In dieser Schilderung eines jungen Menschen über die seelischen und körperlichen Verletzungen, die ihm unter den Verhältnissen der sowjetischen Diktatur zugefügt worden waren, kam all die erlittene Qual zum Ausdruck, die tiefe Not, die sein Innerstes peinigte.

Es folgt sein Bericht, der im gewissen Sinne für die SS-Standarte zur Initialzündung einer neuen Form der Kampfpropaganda wurde, mit der sie an der Ostfront eine Zermürbung der Roten Armee einleitete, indem sie sozusagen den einfachen sowjetischen Soldaten ein Spiegelbild ihrer selbst vor das Gesicht hielt. Unter Tarnbezeichnungen wie »Wintermärchen«, und »Skorpion Ost« nahmen Unternehmungen an der Ostfront ihren Anfang, die eine nie gekannte Zersetzung der Roten Armee zum Ziel hatten, wovon im nächsten Kapitel die Rede sein wird.

Warum der junge Georgier Timur Gantiade mit dem sowjetischen System brach

Dies vertraute Timur Gantiade dem Kriegsberichter der Waffen-SS, Dr. Rupert Rupp, an: »*Als ich zum erstenmal empfand, dass ich ein lebendes, denkendes, empfindendes Wesen war, hatte ich mein 18.Lebensjahr erreicht. Ich kann es heute noch nicht ermessen, wie roh, lieblos und leer meine Jugend gewesen sein muss. Ich besitze kaum eine Erinnerung an diese Zeit. Ich habe achtzehn Jahre meines Lebens vergessen, weil ich sie nicht gelebt habe.*

Von meinem Vater weiß ich nur aus Erzählungen fremder Menschen, dass er eine kleine Schiffswerft am Schwarzen Meer besaß, die ihn zu einem angesehenen Mann machte. Als die Sowjets kamen, enteigneten sie ihn zuerst, machten ihn dann zu einem Hafenarbeiter und schleppten ihn endlich fort. Wohin, habe ich nie erfahren.

So war ich allein. Ich verbrachte meine Tage zunächst in den Horden der eltern- und heimatlosen Kinder meiner Umwelt, von niemandem gepflegt, von allen aber verstoßen, getreten und verachtet. Eines Tages stand ich allein in meinen Lumpen vor einer fremdem Haustür. Ich hatte beabsichtigt, in dem Haus um Brot zu bitten. Doch ich spürte, dass ich den Willen hierzu nicht mehr besaß. Alles was ich tat, war mir bis ins Innerste verhasst. Ich ekelte mich vor mir selbst wie vor einem zerfallendem Leichnam. Manchmal hatte ich die entsetzliche Empfindung, den Geruch von Verwesung an mir wahrzunehmen. Dann schüttelte es mich, und ein Grauen lief mir kalt über den Rücken.

So verharrte ich unschlüssig vor der Tür des fremden Hauses. Ein Mann kam vorüber. Er trug eine graue Hose, die ihm um die Beine tanzte, und einen engen schmutziggelben Rock. Auf dem Kopf aber saß wie eine Narrenkrone ein schwarzer Halbzylinder. Der Fremde riss eine Reitgerte aus seinem Stiefelschaft, ließ sie zweimal durch die Luft pfeifen und dann plötzlich gegen mein Gesicht schnellen. Zu meiner eigenen Überraschung glückte es mir, durch blitzschnellen Zugriff den Hieb der dünnen Reitgerte mit meiner Hand aufzufangen. Im nächsten Moment hatte ich dem Fremden durch eine kurze Drehbewegung die Reitgerte entwendet.

Wie wild versuchte ich jetzt davon zu laufen, doch der Unbekannte bekam mich zu packen.Ich erwartete jetzt ein Strafgericht, doch er hieß mich lediglich an seiner Seite zu bleiben und ihm zu folgen. Doch das Überraschendste kam noch. Im barschen Tonfall forderte er mich auf: Von heute an hast du Vater zu mir zu sagen. Meine Verblüffung hatte sich noch nicht gelegt, als er mit mir zusammen ein größeres Gebäude betrat. Dort wurden meine Personalien aufgenommen. Der Fremde diktierte meinen Namen, meinen Geburtsort und meinen Geburtstag. Nicht ein einziges Wort stimmte. Grigor Nemuradse, geboren am 14. September 1913 in Sakataly. Ich wagte keine Silbe zu äußern.

Seit diesem Tage habe ich diesen Menschen nicht mehr gesehen. Was ihn zu seiner seltsamen Handlung veranlasste, ist mir auch heute noch nicht ganz klar. Vielleicht brauchte er aus irgendeinen Grund den Nachweis eines Sohnes, vielleicht war es auch eine augenblickliche menschliche Anwandlung, mich aus meiner Verkommenheit zu befreien, vielleicht aber war es auch nur die Lust am Spiel mit einem menschlichen Schicksal, ich weiß es nicht zu sagen.

Jedenfalls begann damals eine neue Zeit für mich. Ich wurde Zögling in einer Staatsschule, in der ich einen verhältnismäßig guten Unterricht erhielt. Wir schliefen zu mehreren hundert Knaben in zwei langen Sälen. Nach den furchtbaren Entbehrungen der vergangenen Jahre erschien mir vor allem die geregelte Verpflegung als dankenswerter Zustand, auch wenn wir nur Kartoffeln oder Rüben aßen.

Es dauerte aber nicht lange, als ich mein neues Schicksal zu hassen begann wie die verlorenen Jahre meines früheren Lebens. Jede freie Regung war unmöglich gemacht, jeder Schritt glich dem anderen, unser Tagesablauf war wie in einen Kettenpanzer eingepresst. Nur von sehr weit her schlug manchmal das eigentliche Leben an die Tore unserer Schule. Und wenn auch dieses Leben dumpf und freudlos war, so barg es doch immer noch einen Rest des Glaubens an Freiheit. In diesem Glauben lebten wir allein. Nur die Verheißung der Zukunft hielt uns aufrecht.

Im Laufe der Jahre gewöhnten wir uns an die Leere des Daseins. Je mehr sich in unseren Köpfen Wissen anhäufte, je weiter wir über die Begrenzungen unserer Jugend hinwegzuschauen vermochten, desto dumpfer und qualvoller erschien allen das Leben. Vielleicht habe ich es einer gewissen Zähigkeit und Ausdauer zu verdanken, dass sich mir eines Tages der Weg zur Hochschule auftat.

Es hatte den Anschein, als würde sich jetzt in einem einzigen Augenblick all das verwirklichen, was mich über die düsteren Jahre in meinen Träumen als Hoffnung begleitet hatte. Ich glaubte eine neue Welt gefunden zu haben. Da die Universität von einer größeren Zahl von georgischen Studenten besucht wurde, ergab es sich von selbst, dass wir uns häufig zusammenfanden. Wie froh waren wir, wenn uns der Klang unserer Heimatsprache miteinander verband.

Einmal brachte ein Kamerad zu einem unserer Zusammenkünfte ein altes Liederbuch aus der Zeit mit, da unsere Väter noch frei und lebensfroh waren, Georgien noch kein Bestandteil der Sowjetunion war. Was für ein Glücksgefühl erfasste uns beim Singen dieser alten Texte und Melodien.

Es war wie ein trunkener Rausch der Jugend, der uns erfüllte und die Vergangenheit wie einen Alptraum verscheuchte. In diesem Augenblick eines überberstenden Lebensgefühls hatten wir nicht bemerkt, dass plötzlich eine Gruppe Uniformierter, die durch ihren grünen Streifen an den Schirmmützen unschwer als Tschekisten zu erkennen waren, uns umstellt hatten und wir unserer Festnahme entgegensahen.

Über die Vernehmungen am nächsten Morgen gibt es nicht viel zu berichten. Sie dienten ausschließlich dem Zweck, uns zu demütigen, und endeten damit, dass unser Kamerad Aslanoff, welcher sich als Besitzer des Liederbuchs bekannte, von der Universität ausgeschlossen und in ein Zwangsarbeitslager eingeliefert wurde. Andere wurden rein willkürlich zu Freiheitsstrafen verurteilt.

Mir selber wurde eröffnet, dass ich vom gleichen Tage an das Studium der Geographie zu beenden hätte. Es stände mir indes frei, Wirtschaftswissenschaft zu studieren. Zuerst wollte ich mich dagegen auflehnen, den Vorlesungen einfach fernbleiben, doch schreckte mich die Angst davor ab, welche Art von Gewalt man dann gegen mich anwenden würde.

Nach und nach dämmerte mir die furchtbare Erkenntnis, dass es eine freie Beschäftigung mit der Wissenschaft in unserem Land nicht gab. Nur dem, der hündisch genug in seinem Charakter war, um alle vorgetragenen Gedanken und Meinungen mechanisch nachzuleiern, wurde das Vorwärtskommen ermöglicht. Es kam hinzu, dass ich für das mir aufgezwungene Studienfach keinerlei Interesse empfand.

Ich verfiel auf die Idee, neben dem mir aufgezwungenen Studium außerdem Vorlesungen über Geschichte und Philosophie zu hören. Doch gerade dort geriet ich in noch weitaus größere Irrsale und Wirrsale von Anschauungen hinein.

Erst mit der Zeit begriff ich, dass der sowjetische Staat mit den Studenten an den Hochschulen ein geradezu perfides Spiel betrieb. Da es offenbar eigener schöpferischer Leistungen ermangelte, wurden die Stimmen der großen Geister der Vergangenheit auf willkürliche Weise umgedeutet, verändert oder, falls dies nicht möglich war, einfach verschwiegen.

Dies führte dann dazu, dass etwa Plato, Aristoteles, Dante, Kopernikus, Herder, Goethe oder auch Kant samt und sonders als Vorkämpfer des Marxismus dargestellt wurden. Wollte man in einem ihrer Werke nachlesen, worin die Kerngedanken ihrer Ansichten bestanden, stellte man alsbald fest, dass sie in den Büchern nicht enthalten waren. Dies nährte den Verdacht, dass die Lektoren der Verlage in der UdSSR ganz offensichtlich angehalten waren, alles, was sich mit der kommunistischen Ideologie nicht vereinbaren ließ, einfach wegzulassen.

Auf diese Weise kam es häufig zu derart absurden Erscheinungen, wie sie sich Menschen, die anderswo unter normalen Bedingungen leben, überhaupt nicht vorstellen können. Ich erinnere mich an einen bezeichnenden Vorfall, der deutlich machte, dass unser Land bereits Symptome eines Verfalls offenbarte, der weiter vorangeschritten war, als es zu vermuten gewesen wäre.

Uns stand eine kleine Auswahl von Werken Goethes zur Verfügung. Das Merkwürdige aber war daran, dass die Welterfahrungen und Lebenserkenntnisse, die uns Goethe in der Figur des Faust als jemanden, der ständig und überall auf der Suche nach einer verallgemeinernden Wahrheit ist, in dieser sowjetischen Ausgabe nicht mit einer einzigen Silbe auch nur erwähnt wurden. Stattdessen wurden ausschließlich Sentenzen des Gegenspielers Mephistopheles wiedergegeben, so dass unkritische Leser zu der Meinung gelangen mussten, dass dies eben die wirklichen Bekenntnisse Goethes seien, welche er der Menschheit übermitteln wollte.

Eines meiner schlimmsten Erlebnisse jedoch, welche die ganze Niederträchtigkeit, die dem sowjetischen System zu eigen war, auf einen Schlag hervorkehrte, sollte mir noch bevorstehen. An unserer Universität erschien ein Professor, der bis dahin einen Lehrstuhl an der Leningrader Universität innegehabt hatte.

Ihm ging der Ruf voraus, dass er gern mit den Studenten debattierte und hierbei auch Meinungen gelten ließ, die nicht immer einen lupenreinen Marxismus-Leninismus verkörperten. Besonders nahm uns für ihn ein, dass er einen Kreis junger Studenten um sich scharte, mit denen er sich auch außerhalb der Hörsäle traf.

So jubelten wir dann in unserem Innern auf, endlich ein Mensch mit Herz und Seele, der auch für unsere Gewissenskämpfe Verständnis aufbrachte, der uns auf jede Frage eine Antwort gab, für jede unserer Sorgen einen Rat wusste. Die größte Freude aber bestand für uns darin, sich mit ihm gemeinsam zu der Auffassung bekennen zu können, dass man vergangene Epochen nicht nur aus dem Blickwinkel der Gegenwart, sondern aus den Gegebenheiten der damaligen Zeiten selbst zu beurteilen habe. Ja, es kam sogar vor, dass er dort, wo wir gegen manche seiner Auffassungen begründete Einwände vorbrachten, sich dem von uns vertretenden Standpunkt anschloss.

Eines Tages lud er eine Anzahl von Studenten zu einer kleinen Feier bei sich ein. Ich und auch noch ein anderer Student konnten daran zu unserem großen Bedauern nicht teilnehmen, da für den gleichen Abend eine Pflichtveranstaltung unserer eigenen Fakultät stattfand, der fernzubleiben sich niemand getraut hätte.

Noch in der gleichen Nacht erfuhr ich, was sich Schreckliches auf dieser Feier zugetragen hatte und welch furchtbarem Schicksalsschlag ich durch die Tatsache meiner Abwesenheit entronnen war. Zur festgesetzten Stunde hatten sich bei dem Professor etwa 20 Studenten eingefunden. Der Professor begrüßte sie zunächst mit den Worten, welche Freude es ihm bereite, in so kurzer Zeit das Ver-

trauen gerade der um ihn versammelten Studenten gewonnen zu haben, und dass er überzeugt sei, jeden einzelnen von ihnen bis in alle Winkel seines Denkens, Fühlens und Wollens zu kennen.

Gerade dies, so betonte er, und im gleichen Augenblick verwandelte sich seine Stimme und nahm einen messerscharfen Klang an, habe ihm seine Aufgabe wesentlich erleichtert. Diese Aufgabe, die man ihm übertragen habe, sei ihm harte aber notwendige Pflicht gewesen. Er habe sie jedoch ohne zu zögern erfüllt und dabei feststellen müssen, dass sich unter den Studenten dieser sowjetischen Universität ein vermessener Aufruhr allen Denkens und Planens ausgebreitet habe, der nichts anderes sei als gefährlichster Trotzkismus. Mit äußerster Sorgfalt sei er darangegangen, die Rädelsführer ausfindig zu machen. Hier nun stünden sie vor ihm.

Die Gesichter der um ihn herumstehenden Studenten wurden aschfahl. Viele fühlten sich, als sei ihnen gerade eine Schlinge um den Hals gelegt worden. Einige unternahmen den Versuch, schnell noch durch die Tür zu entweichen, doch dafür war es bereits zu spät.

Angehörige der GPU versperrten ihnen den Weg, stürzten sich auf sie und begannen mit ihrer Fesselung. Lediglich zwei der Studenten, die wild entschlossen waren, den Häschern zu entgehen, durchbrachen um sich schlagend den Sperrriegel und benutzten die Dunkelheit zum Entkommen.

Die GPU-Leute feuerten ihnen einige Schüsse nach, die den einen der Flüchtigen leicht verletzten, ohne ihn jedoch daran hindern zu können, dass er im Schutze der Nacht entkam. Später erfuhr ich von einem der beiden, was sich in der Wohnung des Professors, bei dem es sich um einen Handlanger des sowjetischen Geheimdienstes handelte, für eine widerliche Szene abgespielt hatte.

Was mich selbst betraf, so wollte ich nicht einen Augenblick länger mehr dort verweilen, wo man mit Menschen einen derartigen Schindluder betrieb. Noch in der gleichen Nacht floh ich aus Tiflis in die Berge. Fünf Nächte hindurch hastete, stolperte und keuchte ich vorwärts, während ich mich tagsüber in Scheunen oder Heuhaufen verkroch. Schließlich fand ich in einem einsamen Felsennest einen Unterschlupf, in welchem ich beschloss längere Zeit zu bleiben.

Meine kärgliche Nahrung verschaffte ich mir von den umliegenden Feldern oder wagte mich nach einiger Zeit auch bis zu einigen hier verstreut lebenden Bauern vor, die mir stets ein wenig von ihrem Essen abgaben, ohne eine Frage nach meiner Herkunft zu stellen. Ich blieb ihnen gegenüber vorsichtig, vermied alles, was mein Versteck hätte verraten können. Immerhin musste ich in Erwägung ziehen, dass es selbst in dieser Einöde Spitzel gab, die einen an die Geheimpolizei ausliefern könnten.

Doch als ich allmählich mit den georgischen Bauern vertrauter geworden war, stellte ich zu meiner Erleichterung fest, dass sie weit aufrichtiger waren als die Menschen, die in den großen Städten lebten. Dies stärkte bei mir die Überzeugung, dass das georgische Volk trotz der Unterdrückung, der es durch Stalin unterworfen worden war, niemals auch nur einen Deut seiner eigenen Geschichte aufgeben würde.

Manche dieser so prachtvollen Menschen trugen sich mit dem Gedanken, zu einem geeigneten Zeitpunkt sich des stalinistischen Systems durch einen Volksaufstand zu entledigen. Doch wenn sie mir derartige Andeutungen machten, blieb ich weiterhin auf der Hut, denn die bitteren Erfahrungen aus der vergangenen Zeit hatten mich gelehrt, ständig mit der Möglichkeit eines Verrates zu rechnen.

Ich brauchte lange dazu, ehe ich es fertigbrachte, mich davon zu überzeugen, dass es Wesen gab, die nicht nur ein menschliches Antlitz aufwiesen, sondern auch eine menschliche Seele besaßen. Ich bin dem Schicksal dankbar, das mich zu jener Zeit diesen Menschen zuführte. Bei ihnen habe ich mich wiedergefunden. Sie gaben mir auch den Mut, das Wagnis auf mich zu nehmen, in eine Stadt zurückzukehren. Ich war gewillt, einen neuen Weg für die Befreiung meiner Heimat und seiner Menschen zu beschreiten.

Doch es gelang mir nicht, ein neues Leben zu beginnen, wie ich mir das vorgestellt hatte. Ich musste mich mit dareinfinden, dass mir alle Wege zu einer befriedigenden Arbeit versperrt blieben, da ich ja das Studium an der Universität abgebrochen und mich seit dem geschilderten Vorfall dort nicht mehr hatte blicken lassen.

Es blieb mir nichts anderes übrig, als mich gewissermaßen halb legal durchzuschlagen. Schon bald kostete es mich keine Über-

windung mehr, jede Arbeit zu übernehmen, die sich mir anbot; es war mir gleichgültig geworden, ob ich mein Leben als Gepäckträger, Stiefelputzer oder Kanalarbeiter fristete. Zeitweilig fasste ich auf einem Basar Fuß, wurde sogar Besitzer eines Tisches auf dem Markt der Armseligkeiten, wie eine solche Stätte im Volksmund bezeichnet wurde.

Vielleicht wäre mein Leben für alle Ewigkeit so weiter gelaufen, wenn es nicht zum Krieg zwischen Deutschland und der Sowjetunion gekommen wäre. Eigentlich gab es nur einen einzigen Grund dafür, dass ich mich freiwillig zum Eintritt in die Rote Armee meldete. Ich wollte ganz einfach dem Einerlei meiner Tage entgehen.

Umso unerwarteter sah ich mich eines Morgens einem Ereignis gegenüber, das mein ganzes bisheriges Leben vollständig umkrempeln sollte. Ich war im Dämmerlicht der Frühe zu einem Spähtrupp eingesetzt worden und sollte in weit ausgeschwärmter Formation die rechte Flanke vor Überraschungen her sichern. Während mein Herz fieberhaft pochte und ich mir allerlei Gefährdungen vorstellte, die über mich hereinbrechen könnten, blitzte unmittelbar vor mir auf einmal, und zwar in dem Augenblick, als ich aus einem dichten Buschwerk heraustrat, um mir freie Sicht zu verschaffen, der Lauf eines feindlichen Gewehres auf. Der gegnerische Schütze entdeckte mich um den Bruchteil einer Sekunde später, als ich ihn wahrgenommen hatte. Als er mir den Kopf zuwandte, hielt ich mein Gewehr bereits im Anschlag. Mein Zeigefinger tastete schon nach dem Abzug, ich sah den Deutschen schon in sich zusammensinken.

Doch in diesem Augenblick erfasste mich ein Gefühl, das einem Wirbel glich, der mir mein Gleichgewicht raubte. Alles in mir pulsierte, mein ganzes bisheriges Leben, das aus einer einzigen Drangsal und Qual bestand, lief in Sekunden vor meinen Augen ab. Ich hatte das Gefühl, auf einem schmalen Grat zu stehen, wo es allein von meiner Entscheidung abhing, ob ich in einen Abgrund stürzen oder in einen gänzlich anderen Lebensbereich eintreten würde.

Langsam löste sich mein Zeigefinger vom Abzug des Gewehrs, ich ließ den Lauf sinken, richtete mich auf und ging mit ruhigen

Schritten dem deutschen Soldaten entgegen. Der Soldat, der ohne Zweifel an ein Wunder glauben mochte, dass diese dramatische Begegnung eine so unverhoffte Wendung nahm, löste sich nun ebenfalls aus seiner Anspannung. Vielleicht lächelte er sogar, aber es kann sein, dass ich mir das einfach eingebildet hatte.

Ich trat auf ihn zu und sagte ihm in meinem schlechten Deutsch, das ich auf der Universität gelernt hatte, ich sei ein georgischer Soldat, der zu ihm herüberkommen wolle. Später fand ich, dass meine Worte ihm ziemlich simpel vorgekommen sein müssen, während sie für mich eine Lebensentscheidung bedeuteten. Eigentlich hatte ich nämlich sagen wollen, ich suche einen besseren Weg für meine Heimat, aber ob er dies wohl verstanden hätte?

Manchmal geht das Leben seltsame Wege, ich habe dies in fast magischer Weise verspürt. Erst in dem Moment, wo ich annahm, dass ich mich nun von meiner eigenen Heimat abgewandt hatte, tat sich mir die Erkenntnis auf, dass Heimat viel mehr als den Lebenskreis bedeutet, in welchem man geboren wurde. Die Heimat hat etwas mit dem Geist zu tun, von dem ein Volk erfüllt wird, dessen unzertrennlicher Teil ein jeder Einzelne ist, der sich einem bestimmten Volk zugehörig fühlt. So war ich, obwohl in fernster Fremde, endlich nach Hause gekommen.«

Diesen Bericht eines jungen Georgiers ließ die Standarte »Kurt Eggers« vervielfältigen und mit den Spezialwerfern, welche für die Aufname von Propagandamaterial entsprechend hergerichtet waren, überall dort an der Ostfront abschießen, wo man genau wusste, dass sich in den gegenüber liegenden Stellungen georgische Einheiten befanden.

Daraufhin passierte etwas äußerst Erstaunliches. Von der Abteilung Fremde Heere Ost, die für die Feindaufklärung der Wehrmacht in Russland zuständig war, gingen in kurzer Folge mehrere Meldungen ein, wonach festgestellt wurde, dass an einigen Frontbereichen im Verlaufe weniger Tage mehrere Einheiten der Roten Armee abgezogen worden seien, bei denen es sich nach allgemeinen Erkenntnissen ausschließlich um kaukasische Verbände gehandelt habe.

Auf den Kommandeur der Waffen-SS-Kriegsberichter Gunter d'Alquen wirkten diese Nachrichten förmlich elektrisierend. Sie stellte für ihn die Bestätigung dar, dass sich mit einer gänzlich anderen Form des Einwirkens auf Stalins Armeen weit mehr erreichen lasse, als dort, wo man sich lediglich irgendwelcher Drohgebärden bediene, die ausschließlich darauf abzielten, die sowjetischen Soldaten einzuschüchtern.

So etwas verfing nicht mehr. Es kam jetzt vielmehr darauf an, dem einfachen Rotarmisten zu sagen: Seht, so verläuft das Leben in der Sowjetunion, wo eine ständige Furcht vor Bespitzelung und Denunziation tagtäglich wie ein Damoklesschwert über jedem Einzelnen hängt. Es gibt keine sowjetische Familie, in der nicht jemand, ohne sich etwas zu Schulden habe kommen lassen, von der Geheimpolizei abgeholt worden sei und seitdem irgendwo in einem der zahlreichen Zwangsarbeitslager jenseits des Polarkreises schmachte, sofern er überhaupt noch unter den Lebenden weilt. Dies aber sollte mit einer einzigen Frage an die sowjetischen Soldaten verbunden werden, ob es sich für einen Staat zu sterben lohne, dessen Charakter zutiefst verdorben und unmenschlich von seiner gesamten Wesensart her sei.

Im Berliner Standort der SS-Kriegsberichter nahmen immer mehr Überlegungen Gestalt an, dass die bisher angewandte vordergründige Propaganda zur Beeinflussung des Feindes keinerlei überragende Wirkung mehr besaß, sondern längst einer stumpfgewordenen Waffe glich. Dem wollte die Standarte etwas gänzlich anderes entgegensetzen. Die Vorbereitungen liefen darauf hinaus, eine Aktion zu starten die wie ein Paukenschlag erfolgen sollte, nicht zuletzt auch dazu bestimmt, die eigenen Leute wachzurütteln.

Was den jungen Kaukasier Timur Gantiade angeht, so verloren sich seine Lebensspuren an der Ostfront. Nachdem er zu den Deutschen übergelaufen war, entschied er sich dafür, einer Kampftruppe beizutreten, die ausschließlich aus Landsleuten bestand und als geschlossene Formation an der Seite der Deutschen kämpfte. Timur Gantiade wurde wiederholt für seine bei den verschiedensten Einsätzen bewiesene Tapferkeit u. a. mit dem Infanteriesturmabzeichen, dem Panzervernichtungsstreifen, der silbernen Tapferkeitsmedaille ausgezeichnet und zum Unteroffizier befördert. Weiteres ist nicht bekannt.

Nachdem viele der bisherigen Propaganda-Einsätze, die seitens der entsprechenden Wehrmachtsstellen an der Ostfront durchgeführt worden waren, nur einen mäßigen Erfolg zu verzeichnen hatten, sollte jetzt erstmals unter Berücksichtigung von Erfahrungen der SS-Standarte »Kurt Eggers« und im Zusammenwirken mit ihr ein Unternehmen zur Zersetzung der Roten Armee gestartet werden, das allein von seiner Dimension her alles übertreffen würde, was es an früheren Propagandamaßnahmen gegeben hatte.

Es bekam die Tarnbezeichnung »Silberstreif« und sollte dem Ziel dienen, möglichst zahlreiche Rotarmisten zum Überlaufen zu bewegen, indem sich über Lautsprecherwagen an allen Frontabschnitten ehemalige Angehörige der Sowjettruppen, welche bereits mit Stalin gebrochen hatten, an ihre früheren Kameraden mit der Aufforderung wandten, es ihnen nachzutun.

Millionen von Flugblättern gehen über sowjetischen Stellungen nieder

Insgesamt sollten etwa 400 Millionen Flugblätter über den sowjetischen Stellungen abgeworfen werden. Erstmals richtete die deutsche Seite ihr Augenmerk darauf, dass alle Lautsprecherdurchsagen in russischer Sprache von einstigen Rotarmisten vorgenommen wurden, deren Namen auf der anderen Seite gut bekannt waren. Als Idealfall galt, wenn eine Lautsprecherdurchsage sich direkt an einen Mischa oder Wassilij wandte und sie aus dem Munde eines seiner früheren Kameraden kam, mit denen er über längere Zeit zusammen gewesen war.

Dazugelernt hatte man auf der deutschen Seite aber auch in anderer Hinsicht. Galt bisher der Grundsatz, dass Partisanen nicht als reguläre Kombattanten anzusehen seien, so erging am 1. Juli 1943 ein Befehl des Oberkommandos des Heeres (OKH), in welchem es u. a. hieß: *»Die Sowjetpropaganda hat die falsche Vorstellung erweckt, dass jeder Partisan, der in deutsche Gefan-*

genschaft gerät oder überläuft, erschossen wird. Überläufern aus den Reihen der Partisanen wird nunmehr zugestanden, dass sie ihr persönliches Eigentum wie Geldmittel, Bekleidung, Wertsachen und Auszeichnungen behalten dürfen. Sie werden von sofort an den sonstigen Überläufern der Roten Armee in jeder Weise gleichgestellt, was beispielsweise Verpflegung oder Unterbringung anbelangt, Kranken oder Verwundeten wird jegliche ärztliche Hilfe zugesichert. Den Partisanen wird es freigestellt, zukünftig auf deutscher Seite gegen Stalin zu kämpfen oder in den russischen Gebieten, die von der Wehrmacht bereits befreit worden sind, einer Tätigkeit beim Wiederaufbau nachzugehen.«

Stalin lässt erstmals Anzeichen von Verzweiflung erkennen

Psychologen aus den deutschen Propaganda-Einheiten waren nach einer Analyse des Stalin-Befehls Nr. 227 vom 28. Juli 1942 zu der Meinung gelangt, dass in der Roten Armee eine Kriegsmüdigkeit festzustellen war, der die Stawka, die oberste Führungsspitze der Sowjetarmee, kaum noch beizukommen vermochte.

Aus einigen Formulierungen in dem von Stalin verfassten Befehl war nach deutscher Auffassung Verzweiflung herauszulesen. So bei der Einschätzung der militärischen Lage des Landes, worüber es wörtlich hieß: *»Der Feind dringt immer tiefer in die Sowjetunion bis zur Wolga und an die Tore des Kaukasus vor. Die Bevölkerung verliert bei den ständigen Niederlagen den Glauben an die Rote Armee. Bei weiteren Gebietsverlusten mit der Aufgabe von erheblichen Menschen- und Rohstoffreserven ist eine Katastrophe unvermeidlich.«*

Dem schloss sich eine massive Drohung an, die wie folgt lautete: *»Schlussfolgerung: Keinen Schritt mehr zurück! Panikmacher und Feiglinge sind zu vernichten. Jeder Kommandeur oder Politarbeiter, der zurückgeht, ist ein Vaterlandsverräter und entsprechend abzuurteilen. Ohne ausdrücklichen Befehl des Oberkommandos der Roten Armee gibt es keinen Rückzug.«*

Bei Zuwiderhandlung wurden die schärfsten Strafen angedroht, so die Überstellung der betreffenden Rotarmisten in Strafbataillone. Durch Schaffung sogenannter Sperrabteilungen sollte von sofort an die Disziplin und Ordnung in der Roten Armee aufrechterhalten oder wiederhergestellt werden.

Die deutsche Seite war aufgrund der militärischen Lagebeurteilung Stalins zu der festen Überzeugung gelangt, dass dem propagandistischen Vorhaben »Silberstreif« ein durchschlagender Erfolg beschieden sein würde. Nicht ins Kalkül hatte man jedoch gezogen, dass Hitler weiterhin darauf bestand, keine Aufstellung einer Nationalen Russischen Befreiungsarmee auf deutschem Boden zuzulassen.

Gerade diese Tatsache führte letztlich dazu, dass man mit den zahlreichen Rotarmisten, die nach Anlaufen des Unternehmens »Silberstreif« einen Frontwechsel vollzogen hatten, nichts anzufangen wusste. Dies wiederum verstand die sowjetische Seite geschickt auszunutzen, indem sie verbreitete, dass die übergelaufenen Verräter entgegen allen deutschen Behauptungen in Kriegsgefangenenlagern ein elendes Leben fristeten.

Zum Auftakt der Propaganda-Aktion »Silberstreif« trat an sämtlichen Frontabschnitten, die darin einbezogen waren, eine spürbar verstärkte Kampftätigkeit der deutschen Verbände ein. Auf diese Weise sollten die Rotarmisten neben den Flugblättern, die über ihren Stellungen niedergingen, sowie den Lautsprecheransagen, die von ihren ehemaligen Kameraden zu ihnen herüberschallten, noch mehr verunsichert werden.

Anhand der sich schlagartig steigernden Überläuferzahlen seit Beginn des Unternehmens gab es durchaus so etwas wie eine messbare Größe, an welcher sich der Erfolg ablesen ließ. Bei der Heeresgruppe Süd verzeichnete man innerhalb eines Monats ein Ansteigen der Überläuferzahlen auf 3547 Rotarmisten. Eine ähnliche Erscheinung gab es auch im Bereich der Heeresgruppe Mitte. Statt der vorgesehenen 400 Millionen Flugblätter waren tatsächlich sogar über eine Milliarde entweder durch die deutsche Luftwaffe abgeworfen worden oder durch sogenannte Propaganda-Werfer hinüber zu den feindlichen Frontlinien geschossen worden.

Für die Beteiligten an diesem Unternehmen der Aktivpropaganda, wie die genaue Bezeichnung dafür lautete, ergaben sich während der Durchführung dieser Aktion eine Reihe von Erkenntnissen, die man zukünftig beachten wollte. Manche der Überläufer teilten mit, dass sie nur mangelhafte Fähigkeiten im Lesen besäßen und eher durch die Lautsprecherdurchsagen in ihrem Entschluss bestärkt worden seien, zur deutschen Seite überzuwechseln.

Andere Rotarmisten berichteten, dass es noch viel mehr Überläufer geben würde, wenn es da nicht unter ihnen so manchen gäbe, der gleich nach Kriegsausbruch zeitweilig in deutsche Gefangenschaft geraten sei, wo er dann – veranlasst durch die schlechte Behandlung, die ihm zuteil geworden sei – wieder die Flucht ergriffen und sich als versprengt ausgebend zur sowjetischen Seite durchgeschlagen habe.

Derartige Informationen ließen in der Abteilung Wehrmachtspropaganda die Sorge aufkommen, dass alle ihre Anstrengungen letztlich umsonst sein würden, sofern es nicht zu einer gänzlich anderen Einstellung gegenüber den Angehörigen osteuropäischer Völker käme. Genau dies aber war das Thema, welches die SS-Kriegsberichter immer stärker beschäftigte und von dem sie sich erhofften, dass es der Standarte »Kurt Eggers« gelingen würde, hier die entscheidenden Schritte zu einem grundlegenden Wandel zu bewirken.

Wie schon erwähnt, hatte über längere Zeit zwischen der Abteilung für Wehrmachtspropaganda und den Kriegsberichtern, welche für die Waffen-SS tätig waren, eine strikte Aufgabenteilung bestanden, indem Letztere nicht befugt waren, Maßnahmen zur Zersetzung gegnerischer Streitkräfte, was unter dem Begriff der Aktivpropaganda fiel, zu ergreifen.

Alle Aktionen, die darauf abzielten, den Feind durch psychologische Mittel zu verunsichern, behielt sich die Wehrmacht vor. Dies hatte nun schon seit geraumer Zeit in der SS-Standarte »Kurt Eggers« für Frust gesorgt, war man doch zu der Meinung gelangt, vieles weitaus besser handhaben zu können, als dies bisher die Wehrmacht zuwege gebracht hatte.

Das geschilderte Unternehmen »Silberstreif«, an welchem die Standarte bereits einen gewissen Anteil hatte, war noch im Gange, als es zu einem völlig unerwarteten Schritt seitens der Waffen-SS kam. Der Anstoß dazu kam durch den SS-Kriegsberichter Johann Weidemann, dem an der Ostfront um die Jahreswende 1941/42 aufgefallen war, das nicht das Geringste geschah, die Rotarmisten durch Lautsprecher-Durchsagen zu verwirren, ihnen klarzumachen, dass sie sich in einer hoffnungslosen Situation befanden. Weidemann gehörte dem 7. Kriegsberichter-Zug im Range eines Untersturmführers an.

OPERATION »WINTERMÄRCHEN«

Was eine Lautsprecherdurchsage an der Ostfront bewirkte

Ohne von irgendeiner Seite einen Befehl dazu erhalten zu haben, organisierte sich Weidemann einen Lautsprecherwagen der Wehrmacht, der seit längerem unbenutzt herumstand, entwarf einen Text, der keine der üblichen propagandistischen Floskeln enthielt, mit denen früher die Russen beschallt worden waren, ließ ihn ins Russische übersetzen und veranlasste einen Hiwi, eine entsprechende Durchsage hinüber zur sowjetischen Frontlinie vorzunehmen.

Eigentlich hatte Weidemann sich hiervon keine sonderliche Wirkung versprochen, sondern lediglich bezweckt, etwas gegen die eigene Untätigkeit zu tun. Doch dann wurde sein Gesicht immer verdutzter, als er beobachtete, dass eine beträchtliche Anzahl von Rotarmisten mit winkenden erhobenen Händen auf die deutsche Frontlinie zuliefen. Dort war man über die Auswirkung der Lautsprecherdurchsage derart verblüfft, dass man zunächst gar nicht wusste, was man mit den Überläufern anfangen sollte.

Als Johannes Weidemann einen Bericht über seine »Eigenmächtigkeit« an die Standartenführung in Berlin aufsetzte, ahnte er nicht, was sich noch daraus alles für ihn ergeben sollte. Gunter d'Alquen erkannte schlagartig, dass jetzt offenbar der richtige Zeitpunkt gekommen sei, um die Waffen-SS nicht nur in die Aktivpropaganda einzubeziehen, sondern ihr künftig eine vollkommen selbständige Rolle einzuräumen. Ihm war jedoch klar, dass es dazu eines geeigneten Schrittes bedurfte, um den Reichsführer SS zu überzeugen, dass die bisherige von der Wehrmacht an der Front ausgeübte Propagandatätigkeit zu lasch gewesen sei, weshalb die SS-Kriegsberichter-Standarte ihrerseits Handlungsbedarf sehe.

Der Standartenführer beauftragte den Untersturmführer mit der Ausarbeitung einer Denkschrift, die nicht nur seine bisherigen Erfahrungen auf diesem Gebiet enthalten sollte, sondern in erster Linie auch Überlegungen, was sich bisher als völlig unzulänglich erwiesen habe und worin falsche Ansatzpunkte zu erblicken seien, welche die Wirksamkeit der eigenen Propaganda schmälerten oder sogar direkt zunichte machten, indem ihre Überzeugungskraft gleich null war.

Weidemann, der nicht angenommen hatte, dass seine Unterrichtung der Standarte dort solche Folgen zeitigen würde, vergewisserte sich noch einmal in der Berliner Kommandostelle, ob er in seinen Darlegungen auf irgend etwas oder irgend jemanden Rücksicht nehmen müsse, oder ihm gestattet sei, frei von der Leber seine Meinung kundzutun. Gunter d'Alquens lakonische Antwort lautete: *»Untersturmführer, haben Sie schon einmal erlebt, dass wir die Dinge nicht stets beim Namen zu nennen pflegen?«*

Der Kriegsberichter Johann Weidemann, 37jährig und durch seine journalistische Tätigkeit gewohnt, nicht lange um den heißen Brei herumzureden, sondern eine Sache schnell auf den Punkt zu bringen, machte sich an die Niederschrift seiner Überlegungen zur deutschen Frontpropaganda, ohne dabei, wie man zu sagen pflegt, ein Blatt vor den Mund zu nehmen. Da diese Denkschrift ein Zeitdokument sondergleichen darstellt und viele Historiker, die sich mit dem Verlauf des Zweiten Weltkrieges befassen, es entweder überhaupt nicht oder nur bruchstückhaft zur Kenntnis genommen haben, sei sie an dieser Stelle wörtlich wiedergegeben.

Die Denkschrift des SS-Kriegsberichters Weidemann

Der SS-Kriegsberichter hatte seinen Ausführungen, die vom Juli 1943 datieren, den Titel gegeben: *Vorschläge zur Einleitung einer Propagandaschlacht an allen Fronten.* Bereits die Einleitung war provokativ gehalten, indem sie auf jegliche Beschönigung der Tatsachen verzichtete. Nachfolgend der Wortlaut: *»Zu Beginn dieses Krieges konnten wir uns rühmen, den besten Kriegspropagandaapparat der Welt zu haben. Das war auch die Meinung unserer Feinde. Mit der Ausweitung und langen Dauer dieses Krieges aber hat die Schlagkraft unserer Propagandawaffe mehr und* *mehr nachgelassen. Lange, schwere Kämpfe nutzen das Schwert ab und machen den Soldaten umso empfindlicher für die Angriffe der Propagandawaffe.*

Es wäre also natürlich gewesen, wenn mit der längeren Dauer des Krieges die Propagandawaffe intensiver und in größerem Umfange ins Feld geführt worden wäre. Warum das nicht geschehen ist, kann an dieser Stelle nicht untersucht werden. Fest steht, dass die Propagandawaffe nicht als ebenbürtiger Partner neben der kämpfenden Truppe in Erscheinung getreten ist. Fest steht auch, dass es nicht an Männern gefehlt hat, die immer wieder einen stärkeren Ausbau und Einsatz der Propagandawaffe gefordert haben. Jegliche Propaganda gegenüber dem Feind muss dauernd und intensiv betrieben werden. Gelegentliche Großaktionen verpuffen, wenn sie nicht fortlaufend durch Kleinarbeit, d.h. bis zu den Feindkompanien hinüber, untermauert werden. Nur die Kontinuität der propagandistischen Angriffe, das dauernde Ineinanderfließen von Groß- und Kleinangriffen kann die Feindmoral untergraben.

Klare, wahre oder wahrheitserscheinende Grundparolen müssen dem Feind in stetem Angriff eingehämmert werden. Aufgabe der Kleinangriffe ist es, die Grundparolen aufzugreifen und sie unter Ausnutzung der örtlichen Gegebenheiten zu variieren. Die Grundparole muss der große Zielpunkt im strategischen Kampfplan der Propaganda sein. Den taktischen Einsatz hat die Kleinarbeit zu leisten. Nur wenn eine propagandistische Offensivschlacht größten Ausmaßes zum Beispiel von der Eismeerstraße bis zum Schwarzen Meer durchgeführt wird, kann mit der Schwächung des Feindes gerechnet werden.

Von gelegentlichen Einzelaktionen erholt sich der Gegner schnell, zumal wenn seine propagandistischen Gegenschläge rechtzeitig und im starken Maße einsetzen. Oberstes Gesetz der propagandistischen Strategie ist das gemeinsame Operieren der Propagandawaffe mit der kämpfenden Truppe. Es darf keine militärische Kampfplanung ohne eine propagandistische Kampfplanung geben. Militärische und propagandistische Aktionen müssen zu einer Ganzheit werden. Das gilt vom Angriff wie von der Verteidigung, nur mit dem Unterschied, dass die Propagandawaffe, auch wenn sich die eigene Truppe in der Verteidigung oder gar in der Lösung vom Feind befinden sollte, offensiv bleiben muss.

Wirksame Propaganda kann nur offensiv geführt werden. Ist der Feind angeschlagen, oder befindet er sich auf dem Rückzug, so ist er für die Angriffe einer klug geführten Propagandawaffe besonders empfänglich. Das besagt aber nicht, dass er unempfindlich wäre, sobald er sich auf dem Vormarsch befindet. Durch geeignete Parolen kann auch der vormarschierende Feind, zumal wenn er nach hinhaltendem Widerstand blutige Verluste erleidet und sich überdies bei ihm Kriegsmüdigkeitserscheinungen zeigen, mit Erfolg bekämpft werden.

Die Ansicht, dass der schlachtengewinnende Feind über unsere Versuche, ihn durch propagandistische Parolen zu schwächen, nur lacht, ist falsch. Es darf nicht vergessen werden, dass z. B. der sowjetische Soldat trotz seiner Erfolge die Auswirkungen zweier überaus harter Kriegsjahre spürt und somit den Keim der Demoralisierung in sich trägt. Sobald die Ostfront zum Stehen kommt, Kälte, Hunger und Blutvergießen auf der anderen Seite weitergehen und die deutsche Kriegsführung an irgendeinem Frontabschnitt einen Offensiverfolg haben sollte, dann ist die Zeit gekommen, um die größte Propagandaschlacht einzuleiten. Dieses dauernde Ineinanderfließen von propagandistischen Groß- und Kleinangriffen darf nicht eher ruhen, bis der Feind die Waffen streckt.

Um diese Schlacht einleiten zu können, ist Folgendes zu tun:

1. *Es ist der Truppenführung klarzumachen, dass die Propaganda im fünften Kriegsjahr eine der wichtigsten Waffen ist. (Ein Aktivpropagandazug ist mindestens ebenso wichtig wie der Zug einer Panzerkompanie. Bei klugem Einsatz kann er ein ganzes Regiment wert sein).*

2. *Um den Anforderungen der Aktivpropaganda gerecht zu werden, d. h. den Feind auf der ganzen Front ansprechen zu können, muss möglichst jede kämpfende Division, bestimmt aber jedes Korps, einen Aktivpropagandazug, bestehend aus einem Lautsprecherwagen (300 Watt), 6 Granatwerfern »41« und einer ambulante Typen-*

druckerei zur Herstellung von Kleinstflugblättern sowie die dazu gehörigen Geräte, Fahrzeuge, Waffen, Fachkräfte und Bedienungsmannschaften besitzen.

3. Es ist erforderlich, dass die Geräte und Fahrzeuge der Aktiv-Propaganda schnell, gut und in den erforderlichen Mengen geliefert werden.

4. Lautsprecherwagen, ambulante Typendruckereien, Prop.-Granatwerfer und die dazu gehörige Munition werden rohstoff- und herstellungsmäßig wie wichtige Waffen behandelt.
(Man kann mit Recht behaupten, dass ein Lautsprecherwagen den Einsatzwert eines Panzers besitzt. Es wäre also an der Zeit, diese Waffe »Lautsprecherwagen« in großen Serien herzustellen.)

5. Die fehlenden Fachkräfte (Propagandisten, Dolmetscher, Tontechniker usw.) werden aus der kämpfenden Truppe herausgezogen und zu den Propagandaeinheiten versetzt.

6. Stärkerer Einsatz von propagandistisch geschulten Gefangenen und Überläufern als Redner. Ebenso rednerischer Einsatz von Frauen und Kindern, die dem von uns bekämpften Lande angehören (Ansprachen auf Schallplatten).

7. Die Luftwaffe stellt Maschinen zum Massenabwurf von Flugblättern zur Verfügung. Während diese Forderungen Zug um Zug erfüllt werden, ist der größte Teil unserer kämpfenden Divisionen mit Aktivpropagandazügen versehen, so kann mit dem massierten Einsatz aller Propagandamittel begonnen werden. Soll die Propagandaschlacht eine entscheidende Wirkung erzielen, so müssen die unter Punkt 1 bis 7 erhobenen Forderungen bald voll und ganz erfüllt werden.

Der Plan

1. *Aktiv-Propagandazüge sind den Divisionen resp. Korps zugeteilt und arbeiten nach den Richtlinien des OKW/WPr IV – bei der Waffen-SS nach den aus der Zusammenarbeit mit dem OKW/WPr IV entstandenen Befehlen der SS-Kriegsberichter-Abteilung, Gruppe Aktivpropaganda in Zusammenarbeit mit dem Ic den Plan für den Divisionsabschnitt aus.*

Flugblätter und Broschüren-Abwerfen durch Flugzeuge und Abschießen durch Propaganda-Granatwerfer.

Lautsprecherpropaganda. (Musiksendungen in russischer Sprache, Versorgung der feindlichen Hauptkampflinie mit Nachrichten, Ansprachen usw.) Der Einsatz von Propagandamitteln muss täglich von Bataillonsabschnitt zu Bataillonsabschnitt wechseln, so dass jede Feindstelle im Abschnitt angesprochen wird. Die günstigsten Punkte zur Aufstellung der Lautsprecherwagen und Prop.-Granatwerfer sind vorher auszumachen.

Zur Flugblatt- und Lautsprecherpropaganda

2. *Flugblätter mit den großen Grundparolen werden in Millionenauflage gedruckt und über den Fronten und dem Hinterlande durch die Luftwaffe abgeworfen. Die Auflagen werden im Reich und in den Großdruckereien im rückwärtigen Heeresgebiet hergestellt. Der Abwurf wird zentral von den Armeen geleistet.*

3. *Die Propagandaschlacht wird durch den Massenabwurf von Flugblättern eingeleitet. Gleichzeitig setzen die Züge der Aktivpropaganda, unter Berücksichtigung der örtlichen Verhältnisse, mit den propagandistischen Kleinangriffen ein. Die Züge fertigen Kleinflugblätter an. Die Auflagen werden auf der ambulanten Typendruckmaschine hergestellt und mit Prop.-Granatwerfern zur feindlichen HKL hinübergeschossen. Die Wirkung der Flugblätter ist von Überläufern und Gefangenen in Erfahrung zu*

bringen. Unter Ausnutzung dieser Erfahrungen sind weitere Auflagen zu drucken. Feindliche Parolen und Argumente, die auf unsere Propaganda eingehen, sind schnellstens zu widerlegen.

4. Mit dem Flugblattangriff (Prop-Granatwerfer), der unaufhörlich auf den Feind eintrommeln muss, setzt auch die Lautsprecherpropaganda ein. Zu bestimmten Tageszeiten oder, wenn die Situation dies nicht zulässt, zu wechselnden Zeiten, sind die Feindbataillone mit Nachrichten, Reden (Ansprachen von frisch eingetroffenen Überläufern), Musik usw .zu versorgen. In dieser Versorgung dürfen keine größeren Pausen entstehen. (Diese tägliche Erfassung soll ein Ersatz für das fehlende Erfassen besonders des Sowjetsoldaten durch den deutschen Rundfunk sein. Die feindliche HKL soll also ihr tägliches Rundfunkprogramm haben. Der Inhalt der Sendungen muss die großen Grundparolen, gemischt mit den örtlichen negativen Erscheinungen bei der feindlichen Truppenführung und den Zuständen im Hinterland enthalten.)

5. Außer dem Redner, der die feindliche HKL mit Nachrichten, Ansprachen (schnelle Widerlegung von Feindparolen und Gerüchten) zu versorgen hat, liefert das Oberkommando der Wehrmacht Schallplatten folgender Art: Ein Lied von einer Frauenstimme gesungen, welches die feindlichen Soldaten zum Überlaufen veranlassen soll. Ferner Kriegsberichte in der Sprache des Feindes von anderen Frontabschnitten. Zeitfunkberichte in der Sprache des Feindes (Ostarbeitereinsatz im Reich, Tag in einem englischen Gefangenenlager, Grußsendungen, Bilder aus den besetzten Gebieten, aus den landwirtschaftlichen Aufbaugebieten im Osten, Aufbau in anderen von deutschen Truppen besetzten Ländern usw. Des Weiteren Volkslieder, Chöre, Lieder mit propagandistischem Text, gesungen von bekannten Sängern und Sängerinnen des Feindvolkes, die im Reiche leben. Kurze Ansprachen mit ständig aktu-

ellem Inhalt wie Stachanowsystem, Russlands Eigentum geht zu Grunde, der Sowjetsoldat verblutet für den kapitalistischen Krieg Roosevelts, Gegensätze zwischen Buren und Engländern, den Gaullisten und Giraudisten, Kanadiern und Engländern in der 8. Armee, Gegensätze zwischen Engländern, Amerikanern und Bolschewisten, warum der sowjetische Soldat keinen Urlaub bekommt. Was treiben die Bonzen im Hinterland? Wofür kämpft der amerikanische Soldat?

Die Tatsache, dass in den von uns besetzten Ostgebieten Hunderttausende von Familien leben, deren männliche Angehörige in der Roten Armee kämpfen, ist von unserer Propaganda wenig genutzt worden. Die auf der anderen Seite kämpfenden Ukrainer, Ruthenen usw. möchten gerne wissen, wie es in ihrer Heimat aussieht. Ein Lied von einer schönen Frauenstimme gesungen, inhaltlich auf das Heimweh, auf den sinnlosen Tod der Sowjetsoldaten und auf die friedliche Arbeit unter deutschem Schutz abgestellt, kann von großer Wirkung sein.

Das Tagesfunkprogramm müsste mit diesem Lied beginnen und enden. Die Sowjetkommandeure und Politruks können ihren Soldaten das Lesen von Flugblättern verbieten. Einem Text aber, der zu ihnen hinübergesungen wird, stehen sie machtlos gegenüber. Die Melodie hat den Sinn, den Sowjetsoldaten seinen Überläufertext unvergesslich einzuprägen. Dieses Lied, tagtäglich vom Eismeer bis zum Schwarzen Meer zur Sowjet-HKL hinübergesungen, wird bald zum musikalischen Repertoire der Sowjetsoldaten gehören.

An Frontabschnitten, die für die Sowjets besonders verlustreich sind, müssen Frontberichte in russischer Sprache entstehen. Die Folien müssen so schnell wie möglich nach Berlin geschafft und dort auf Hartplatte gepresst werden. Die Platten müssen dann ebenso schnell wieder zu dem Zügen der Aktivpropaganda gelangen und von dort aus zur feindlichen HKL hinübergesendet werden. Es wäre z.B. genug Gelegenheit gewesen, über die blutigen Verluste der Rotar-

misten und über die Stärke der deutschen Abwehr am Ladogasee und am Kubanbrückenkopf zu berichten.
Die Verwirklichung dieses Vorhabens hat nur einen Sinn, wenn temperamentvolle, mitreißende russische Sprecher und Sprecherinnen zur Verfügung stehen. Auch muss die Organisation der Kurierwege, das Umpressen von Folien auf Hartplatte und die Verteilung auf die einzelnen AP-Züge reibungslos und schnell funktionieren. Es wird auf den Sowjetsoldaten Eindruck machen, wenn er von seinen Landsleuten eine Schilderung von verlustreichen Kämpfen bekommt, über die er von seinen Politruks nur verschwommene und optimistische Andeutungen hört. Diese Berichte wären auch zur Sondersendung im deutschen Rundfunk für die im Reiche eingesetzten Ostarbeiter zu verwenden. Ebenso zur Verbreitung durch unsere Aktiv-Propaganda-Züge in den besetzten Ostgebieten mittels Drahtfunk.
Über die im Reiche eingesetzten Ostarbeiter gehen in nichtbesetzten russischen Gebieten die tollsten Gerüchte um. Dafür sorgt die Sowjetpropaganda. Es wäre nützlich, wenn die Sowjetsoldaten von ihren eigenen Genossen über die wahren Verhältnisse informiert würden. Zu diesem Zweck muss ein Stab von russischen Zeitfunkberichtern, der sich nur mit dem Ostarbeitereinsatz und den Aktualitäten im Reiche befasst, herangebildet werden.
Zum Beispiel: Ein ukrainischer Berichter macht eine Aufnahme über die Verteilung von Land an eine Dorfbevölkerung. Zum Schluss lässt er einige Frauen und Männer dieses Dorfes ihre Ansicht sagen. Den Soldaten in der russischen HKL, und besonders denen, die man aus diesem Dorfe bei der Roten Armee vermutet, werden Grüße ausgerichtet mit der Aufforderung, zu den Deutschen überzulaufen, um ihr Land in Empfang zu nehmen. Und an dem friedlichen Aufbauwerk unter dem Schutz der deutschen Wehrmacht teilzunehmen. Möglich wäre auch der Besuch eines russischen Gefangenenlagers mit Ansprachen von Gefangenen an ihre Kameraden in der russischen HKL, die da sinnlos für den Bolschewismus sterben sollen.

Im Reiche leben verschiedene russische Sänger, die zum Teil an der Moskauer Staatsoper tätig waren und daher in der gesamten Sowjetunion bekannt sind. Diese Sänger singen auf Platten Volkslieder, Arien aus russischen Opern und Lieder, die eine kluge propagandistische Färbung im Sinne des Antibolschewismus haben. Die Sänger sind vorher mit Namensgebung der sowjetischen HKL bekanntzugeben. Man muss sich einmal vorstellen, die Sowjets würden unsern Landsern Folgendes ankündigen: ›Achtung, Achtung – deutsche Kameraden! Es singt jetzt der Tenor der Berliner Staatsoper ... das Lied, Hitlersoldat, du stirbst im Osten ...‹ Ansprachen mit ständig aktuellem Inhalt müssen bei den Propaganda-Zügen in großer Auswahl und in vielen Variationen vorhanden sein. (Wenn hier vorwiegend das russische Beispiel zitiert wird, so darf die anglo-amerikanische HKL nicht vergessen werden. Die propagandistischen Methoden sind auch hier die gleichen).

6. Die großen Grundparolen werden vom OKW WPr IV ausgegeben und in Massenauflagen durch die Luftwaffe über der feindlichen HKL und im feindlichen Hinterland abgeworfen.

7. Die genaue Erkenntnis der Verhältnisse beim Feind, die für die persönliche Ansprache des Gegners unbedingte Voraussetzung ist, kann eingeholt werden durch intensive Vernehmung von Überläufern und Gefangenen; deutsche Agenten, die hinter der feindlichen HKL oder weit im Hinterland abgesetzt sind; Abhören der feindlichen Telefongespräche oder Funkwege. (Im Stellungskrieg ist das Telefonabhörgerät von unschätzbarem Wert für den propagandistischen Kleinkrieg)

8. Die Auswertung aller Gefangenenaussagen oder des sonstigen anfallenden Materials kann nur erschöpfend sein, wenn die Propagandisten mit den Ic der Divisionen auf das engste zusammenarbeiten.

9. Die Züge für Aktiv-Propaganda haben ihr ständiges Quartier bei der 1. bzw. 2 Führungsstaffel. Von dort aus kann der Einsatz bei den Regimentern bzw. Bataillonen am schnellsten erfolgen. Durch die ständige Zusammenarbeit der Zugführer mit dem Ic der Division, mit den Regiments- und Bataillonsstäben wird das propagandistische Interesse der militärischen Führer, soweit es nicht schon vorhanden ist, bald voll und ganz geweckt werden.

10. Während die militärischen Führer Überläufer und Gefangene fast ausschließlich nach militärisch-strategischen Gesichtspunkten vernehmen, haben die Einsatz-Truppführer denselben folgende Fragen vorzulegen, die nach eigenem Gutdünken noch erweitert und vertieft werden können:

Truppenteil, Frau und Kinder, Verwandte und wo sich diese befinden.
Warum sind Sie übergelaufen bzw. gefangengenommen worden? Warum haben Sie nicht bis zum Tode gekämpft?
Sind Sie politisch geschult? Mitglied der kommunistischen Partei oder der Komsomolzenbewegung? Wenn ja oder nein, warum?
Wie heißen die Führer Ihrer Einheit?
Wie sind Sie charakterlich (mutig, feige, brutal, asozial, herrschsüchtig, Säufer usw.) Wie heißen Ihre Kommissare und Politruks? Welche sind als Idealisten oder Karrieremacher anzusprechen. Stimmt es, dass sich die meisten Juden im Hinterlande unabkömmlich machen?
Welche Führer werden von den Sowjetsoldaten geschätzt, gefürchtet oder gehasst?
Sind Flintenweiber, Telefonistinnen oder andere weibliche Helferinnen bei ihrer Einheit? Wie heißen sie (auch der Vorname und die Beschreibung der Person genügen). Welche negative Wirkung strahlen sie auf die Truppe aus? (Liebeshändel mit Offizieren, Kommissaren, Politruks, Einmischen der Weiber in die Personalpolitik, Cliquenbildungen, Saufereien usw.)?

Wie ist die Verpflegung? Welche amerikanischen Lebensmittel und Genussmittel kommen vor (Genaue Bezeichnung erforderlich, Fleisch, Tabak- und Brotsorten)?
In welchem Maße sind Krankheiten, besonders Geschlechtskrankheiten, verbreitet? Wie ist die Behandlung durch die Ärzte? Sind genügend Medikamente, Verbandszeug usw. vorhanden. In welchem Zustand sind die Lazarette?
Leben die Offiziere besser als die Mannschaften? Bekommt der Sowjetsoldat Heimaturlaub? Wenn nicht, bekommen ihn Offiziere, Kommissare oder Politruks?
Wie ist das Leben der Offiziere, Verwaltungsführer, Ausbilder usw. in der Etappe (Weibergeschichten, bessere Verpflegung, Saufereien, Schiebereien usw.)?
Welche Tapferkeitsauszeichnungen gibt es, und werden Offiziere und Politruks bei der Verleihung bevorzugt?
Wie funktioniert die Feldpost? Gibt es eine Zensur? Sind Soldaten abgeurteilt worden wegen defaitistischer Äußerungen in Feldpostbriefen?
Wurden Todesurteile wegen Fahnenflucht, Überlaufversuch, politischer Vergehen, Gehorsamsverweigerung usw. vollstreckt? Wie ist die Stimmung bei Ihrer Einheit? Glauben die Soldaten an den Sieg der Sowjetunion?
Werden in Ihrer Einheit politische Vorträge gehalten? Wenn ja, welchen Inhalts? Wie heißen die Vortragenden und wie sind sie charakterlich beschaffen?
Was wissen Sie von Deutschland?
Gibt es in ihrer Einheit politische oder persönliche Meinungsverschiedenheiten zwischen den militärischen und politischen Führern?
Werden deutsche Flugblätter in der Sowjetarmee behandelt und widerlegt? Was halten Sie von der deutschen Propaganda? Welche Truppenzeitungen gibt es?
Welche deutschen Waffen fürchtet der Sowjetsoldat besonders?
Was sagt die Bevölkerung der ehemals von den deutschen Truppen besetzten Gebiete über die deutschen Soldaten und über die Methoden der deutschen Zivilverwal-

tung? Wünscht die Bevölkerung, welche heute wieder unter der Sowjetherrschaft lebt, die deutschen Soldaten und die deutsche Verwaltung wieder zurück? Lebte man unter den Deutschen besser? (Positive Äußerungen müssen sofort propagandistisch ausgenutzt werden und gegen die Sowjetverwaltung ausgespielt werden.)
Ist der Betreffende Techniker, Lehrer, gehört er überhaupt einem geistigen Berufe an, so ist er außerdem nach folgenden Punkten zu vernehmen:
In welchem Betrieb haben Sie zuletzt gearbeitet?
Was wurde dort erzeugt (Genaue Beschaffenheit der Waffen erkunden!)?
Wie ist die soziale Lage der Arbeiter im Kriege, und wie war sie vor dem Kriege (Löhnung, Arbeitszeit, Ernährung, Familie, Wohnung, Kleidung, Urlaub, Krankenkassen)?
Wie leben die roten Direktoren?
Korruptionserscheinungen, Hunger, Einzelschicksale sowjetischer Rüstungsarbeiter, Defaitismus, Gerüchte um hohe bolschewistische Führerpersönlichkeiten im sowjetischen Hinterlande genau erforschen. Was wissen Sie über den Terror des NKWD im Hinterlande?
Was versprach die Oktoberrevolution den russischen Völkerschaften?
Wie wollen die Sowjets den Krieg gewinnen, und was versprechen sie ihren Völkern für die Nachkriegszeit?
Was haben Sie zu der scheinnationalen Propaganda Stalins, zu den neuen Uniformen und Orden der Sowjetarmee zu sagen?
Glauben Sie an die von den Sowjets erfundenen deutschen Gräuel?
Glauben Sie an die Vernichtungszahlen, die der sowjetische Wehrmachtsbericht verbreitet?
Was denkt der Sowjetsoldat bzw. das Sowjetvolk über die Hilfe der Engländer und Amerikaner? Wie denken Sie sich die Weiterentwicklung des Sowjetsystems nach einem etwaigen Siege der Kapitalisten und Bolschewisten? Sind Sie auch der Überzeugung, dass Sie dann noch einen blutigen

Krieg gegen die kapitalistischen Länder zu führen haben? Ist der Überläufer bzw. Gefangene Nichtrusse (Turkmene, Usbeke, Tatare, Kaukasier usw.), so ist er besonders über die Verhältnisse seines Volksstammes zu den Russen zu befragen:

a) Worin bestehen die Gegensätze zwischen Ihrem Volk und den Russen?

b) Wird Ihr Volk von den Russen für dumm, faul, kurz für zweitrangig gehalten und danach behandelt? (Beförderung, Verpflegung usw.)

Kann Ihr Volkstamm russisch sprechen und lesen? Ist es ihm besonders angenehm, wenn er von uns in seiner Stammessprache angesprochen wird?

Wann, wie und warum haben sich Ihre Landsleute gegen das Großrussentum oder gegen die Sowjets erhoben?

Briefe von Gefangenen sind genau zu studieren und evtl. brauchbare Äußerungen von Menschen aus dem sowjetischen Hinterland propagandistisch auszuwerten.

13. Gefangene und Überläufer sind, mit geringen Ausnahmen, nur zur Aussage zu bewegen, wenn ihnen konkrete Fragen gestellt werden. Die Unterhaltungsführung über einen Dolmetscher ist mühevoll, darf aber kein Grund sein, die Masse der Fragestellungen nachlässig zu behandeln.

14. Überläufer und Gefangene sind durch kluge Behandlung (gute Verpflegung, Alkohol, Tabak) zu bewegen, unmittelbar nach der Vernehmung über den Lautsprecher zu ihren ehemaligen Einheiten zu sprechen.

15. Einige Namen von Offizieren und Mannschaften, die sich auch in der feindlichen HKL befinden, sind zu erforschen und zur persönlichen Ansprache durch Flugblätter und Lautsprecher zu benutzen.

16. Das durch eben bezeichnete Fragestellungen anfallende Material ist zur Erreichung folgender Ziele propagandistisch zu verarbeiten:

Demoralisierung der feindlichen Fronttruppe, Herbeiführung der Uneinigkeit zwischen Truppenführung und Truppe, Aufwiegelung der Truppe gegen ihre Offiziere und politischen Leiter, Aufwiegelung der Fronttruppe gegen die Etappe, Aufwiegelung der Fronttruppe gegen die Moskauer Parteizentrale und ihr Oberhaupt Stalin.«

Den Abschluss dieser so ungewöhnlichen Denkschrift des SS-Kriegsberichters Johann Weidemann bilden die Sätze: *»Es bleibt der schöpferischen Kraft, der Klugheit und der Geschicklichkeit eines jeden Aktivpropagandisten überlassen, in welchem Maße er das anfallende Material in schlagkräftige Propagandamittel umzuwandeln versteht. Die großen Richtlinien können von oben angegeben werden, den propagandistischen Kleinkrieg aber kann man nur mir Erfolg führen, wenn man dauernd am Pulse des Feindes ist und fortgesetzt seine verwundbaren Stellen angreift. Nur der ununterbrochene und klug geplante Angriff wird seine Wunden weiter aufreißen und ihn am Ende tödlich treffen.«*

Nachdem die Denkschrift des SS-Untersturmführers Weidemann auf den Tisch von Heinrich Himmler gelangt war, wartete Gunter d'Alquen gespannt darauf, worin dessen Reaktion bestehen würde. Ja er war sich nicht einmal sicher, ob es eine solche überhaupt geben würde. Himmler war schließlich dafür bekannt, dass er nur zögerlich auf etwas einging, was ihm eine Entscheidung abverlangte, zumal wenn er nicht abzuschätzen vermochte, wie andere darüber dachten.

Als der Standartenführer jedoch schon nach wenigen Tagen die Aufforderung erhielt, sich beim Reichsführer einzufinden, begab er sich dort in der Überzeugung hin, dass sich die Dinge in der richtigen Weise entwickelten; Himmler hatte angebissen, jetzt kam es nur noch darauf an, ihn für die sofortige Durchführung eines Planes zu gewinnen, der im Kopf des Standartenführers längst Gestalt angenommen hatte. Er gedachte mit seinen Leuten an einem größeren Abschnitt der Ostfront einen propagandistischen Einsatz zu starten, dessen Ziel es sein sollte, die Kampfkraft der Roten Armee in einem solchen Maße zu zersetzen, wie dies bislang, was die Art und Weise des Vorgehens anbelangte, zuvor noch nie der Fall gewesen war.

Bereits am Gesicht Himmlers merkte der Standartenführer, dass die in der Denkschrift Weidemanns enthaltenen Überlegungen offenbar das Interesse des Reichsführers gefunden hatten. So kam es also nur noch darauf an, festzulegen, wo und wann und vor allem in welchem Umfange dieses Unternehmen erfolgen sollte.

Dass sich damit erstmals die Waffen-SS in einen Bereich vorwagte, den die Abteilung Wehrmachtspropaganda beim OKW voll für sich in Anspruch nahm, schien Himmler nicht im Geringsten zu stören. »*Wenn Sie, Standartenführer, es hinbekommen, dass Ihrem Vorhaben ein voller Erfolg beschieden ist, wird niemand überhaupt mehr die Frage aufwerfen, ob die Waffen-SS damit nicht ihre Kompetenzen überschritten habe*«, gab er d'Alquen zu verstehen. »*Wichtig wäre es allerdings, den Beweis anzutreten, dass wir es verstehen, solche Dinge besser als die Wehrmacht anzupacken*«, fügte er hinzu.

Nachdem Gunter d'Alquen sich vergewissert hatte, dass man ihm freie Hand dabei ließ, dieses erste eigenständige Unternehmen der Waffen-SS auf dem Gebiet der Kampfpropaganda in die Wege zu leiten, begann er unverzüglich zu handeln. Bereits mit der neuen Bezeichnung Kampfpropaganda, die er anstelle für den bisherigen Begriff »Aktivpropaganda« wählte, der ihm mißfallen hatte, weil man sich seiner Meinung nach darunter nichts richtiges vorzustellen vermochte, setzte er bewusst einen neuen Akzent.

Ein »Wintermärchen« am Oranienbaumer Kessel

Bei der Festlegung des Abschnittes an der Ostfront, an welchem das Unternehmen, das inzwischen den Tarnnamen »Wintermärchen« erhalten hatte, beginnen sollte, hatte die Führung der SS-Standarte »Kurt Eggers« sorgfältig alle Umstände erwogen, von dem Erfolg oder Misserfolg abhängen konnten.

Allein um bestimmte Botschaften in die Frontlinie des Gegners durch Lautsprecher übermitteln zu können, durfte

Das in dem Berliner Stadtbezirk Zehlendorf in der Straße der Heimat gelegene Gebäude mit der Hausnummer 27 bildete einstmals den Sitz der Standarte »Kurt Eggers«. Hier sieht alles noch genauso aus wie während der Jahre 1940–1945. Heute befindet sich hier eine Einrichtung der evangelischen Kirche.

Diese Villa am Kibitzweg 9 im Berliner Stadtbezirk Dahlem stellte einstmals den Sitz des russischen Generals Wlassow dar, der hier mit Unterstützung des Kommandeurs der Standarte »Kurt Eggers«, Gunter d'Alquen, die Aufstellung einer russischen Nationalen Befreiungsarmee betrieb. Bis auf das Auto im Vordergrund entspricht noch alles dem damaligen Bild. Der Kibitzweg trägt heute allerdings den Namen Otto-von-Simson-Straße.

Ärmelstreifen der SS-Kriegsberichter-Abteilung, aus der die Standarte »Kurt Eggers« hervorging

Reichsführer SS Heinrich Himmler inspizierte gemeinsam mit dem SS-Brigadeführer Karl Gustav Sauberzweig die in Kroatien aufgestellte moslemische SS-Division »Handschar«. Die Aufnahme fertigte ein Kriegsberichter der Standarte »Kurt Eggers« an.

Standartenführer Gunter d'Alquen im Kreis seiner Familie

Gunther d'Alquen

Namensgeber: der Dichter Kurt Eggers

Die Witwe Kurt Eggers' bei der Standarte (× Joachim Fernau)

Einer der beiden Söhne des großen norwegischen Dichters Knut Hamsun gehörte ebenfalls der Standarte »Kurt Eggers« an. Arild Hamsun, hier im Kreis der Geschwister und Eltern vorn links sitzend berichtete vor allem über den Einsatz der skandinavischen Freiwilligen.

Arild Hamsun als Kriegsberichter der Standarte »Kurt Eggers«

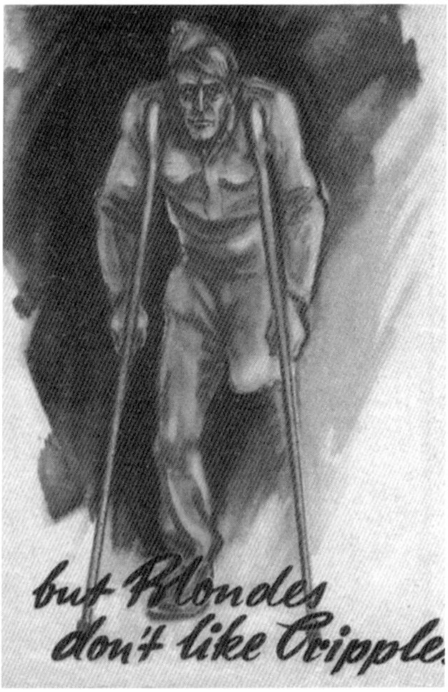

Eines der Propagandaplakate, die während des Unternehmens »Südstern« an der Italienfront bei Monte Casino von der Standarte »Kurt Eggers« unter den US-Streitkräften in Umlauf gebracht wurde. Auf dem linken heißt es: »Gentleman bevorzugen Blondinen« – auf dem rechten: »Aber Blondinen mögen keine Krüppel«

American boys!

She wanted to spend her life in peace and happiness by the side of her husband . . .

Now he will never come back!

Far awey from his country and his people he was sacrificed for foreign interests.

HOW MANY AMERICAN WIVES ARE

already waiting in vain for their husbands? How many mothers for their sons, and how many girls for their sweethearts?

What about the girl you love? Will she also belong to those

Waiting in vain?

Ein weiteres Propagandaposter des Unternehmens »Südstern« bringt den Angehörigen der US-Armee ihre wartenden Frauen und Mütter in Erinnerung

Angehörige der 6. SS-Gebirgsdivision Nord beim Morsen in dem Einsatzgebiet Karelien. Die Aufnahme stammt von dem Kriegsberichter der Standarte »Kurt Eggers« Walter Slapak

Stellungsverlauf mitten durch ein Maisfeld in der Ukraine. Diese Aufnahme fertigte der Kriegsberichter Keintzel von der Standarte »Kurt Eggers« am 15.8. 1943

Eine Gruppe Lettischer Legionäre besichtigt am 26. Mai 1943 verschiedene Sehenswürdigkeiten der Reichshauptstadt

Post erhalten Angehörige einer Einheit der Waffen-SS, die sich mit Volksdeutschen aus Ungarn zusammensetzt. (Aufnahme des SS-Kriegsberichters Rose vom 28. Januar 1945)

Übergabe einer Fotodokumentation an Goebbels

Gunter d'Alquen während seiner journalistischen Tätigkeit für »Das Schwarze Korps«. Er gehörte zu den journalistischen Begleitern Hitlers auf dessen Propagandaflügen vor der Wahl 1933 mit einer Junkersmaschine

SS-Kriegsberichter

Schwere Abwehrkämpfe am Mius
(KB Meyer-Wittberger, 30. März 1944)

SS-Gebirgsjäger bergen einen
verwundeten finnischen Kameraden.
(KB Wisinewski,11. November 1942)

Titel der Broschüre »Der Untermensch«

Andrei Andrejewitsch Wlassow

Wlassow nach der Gefangennahme

Berittene Freiwillige mit deutscher Ausrüstung

Russische Freiwillige fordern Soldaten der Roten Armee zum Überlaufen auf.

Russische Freiwillige

»Hitler, der Befreier« die Hoffnung der Bevölkerung in den besetzten Ostgebieten, deren Enttäuschung durch die deutsche Ostpolitik den späteren Partisanenkrieg begünstigte.

SS-Reiter im Einsatz gegen Partisanen bei Mosyr. (SS-PK Obermüller, Mai 1943)

Bosnische Freiwillige in der Waffen-SS.

Wolfgang Eberhard Möller

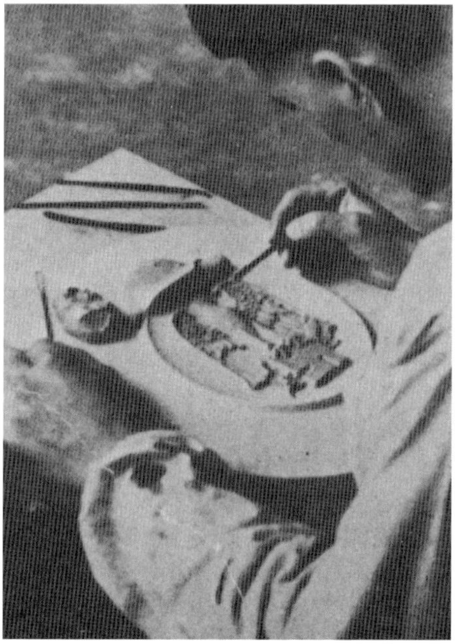

SS-Kriegsberichter Ernst Krause beim Modellieren der Ostmedaille

Wilhelm Petersen

Gunter d'Alquen bei einer Ansprache im Deutschen Haus des Rundfunks in Berlin

Grabstein der Familie d'Alquen

Einzelpreis 15 Rpf.
zuzüglich ortsübliches Bestellgeld. — Ausland mit ermäßigtem Porto 25 Pf., übriges Ausland 35 Pf.

Berlin, 30. Juni 1938
26. Folge 4. Jahrgang

Das Schwarze Korps

ZEITUNG DER SCHUTZSTAFFELN DER NSDAP

Organ der Reichsführung ‑ SS

Verlag: Franz Eher Nachf. GmbH., Zweigniederlassung Berlin. Berlin SW 68, Zimmerstraße 88. Fernruf: 11 00 22. Postscheckkonto: Berlin 4454. Anschrift der Schriftleitung: Berlin SW 68, Zimmerstraße 88–91. Anzeigenpreise laut ausllieg. Preisliste

Bezugspreise: Durch die Post bei freier Zustellung ins Haus durch den Briefträger 66 Pf., durch Streifband monatlich 95 Pf., Ausland mit ermäßigtem Porto 80 Pf., übriges Ausland RM. 1,05. — In Groß-Berlin erfolgt Zustellung durch Austräger unserer Zweigstellen

Trachtenverbot für Juden

Zeichnung: Bogner

Die einzige Tracht, die man solchen Typen zugestehen soll, ist eine Tracht Prügel!

Wenn das der Führer wüßte...

„Und denken Sie nur, Schlagsahne gibt es da in Hülle und Fülle, soviel Sie haben wollen, da sollte man doch lieber Butter draus machen, ich denke nur, wenn das der Führer wüßte ..."

*

„Den Leuten geht es zu gut, sagt mir doch der Meister, er könnte die Arbeit nicht vor nächster Woche anfangen, und wenn es mir zu lange dauerte, sollte ich ruhig zur Konkurrenz nach nebenan gehen. Wenn man denkt, wie das früher war. Die werden wieder üppig, sobald es ihnen besser geht, das sollte der Führer wissen ..."

*

„Dreimal bin ich um die Gedächtniskirche herumgefahren, meinen Sie, ich hätte irgendwo meinen Wagen parken können? Alles verstopft und jeder Fleck besetzt. Da geht man schon besser im Zeichen der Motorisierung zu Fuß. Wie soll das erst werden, wenn der Volkswagen kommt? Das sollten sich die Leute da oben mal ansehen, das müßte der Führer wissen ..."

*

So ließe sich die Reihe ins Endlose beliebig fortsetzen, tagtäglich und auf allen ernsten und heiteren Gebieten von Politik, Wirtschaft und privatester Auseinandersetzung ... „Ja, wenn das der Führer wüßte ..."

Und dieselben Leute, die so anscheinend den Führer, die Staatsführung, von einer undurchsichtigen chinesischen Mauer umgeben wissen, die hören am Radio abends die neuesten, ernsten und bedrohlichen Meldungen aus der Tschechoslowakei, warten noch die Tanzmusik ab und legen sich ruhig und unbesorgt in ihre Federn: „Das wird der Führer schon in Ordnung bringen — Gute Nacht!"

*

Gewiß, das eine wie das andere ist wohl ein Zeichen eines grenzenlosen Vertrauens zu Adolf Hitler und seiner Staatsführung, auf der anderen Seite kann nichts besser als gerade diese alltägliche Beobachtung zeigen, wie sehr das autoritäre Staatssystem in seiner allumfassenden und funktionierenden, besorgenden Organisation auf die Dauer eine fast schon zu große Verwöhnung des einzelnen mit sich bringt.

Aus dringenden Notwendigkeiten hat der Staat große Teile der Wirtschaft aus der Privatinitiative einzelner Interessen herausgenommen, um sie der Gemeinschaft dienstbar zu machen, er hat dem privaten Bezirk die schier unlösbaren Sorgen genommen, er hat, selbst Angebot und Nachfrage lenkend, die Produktion angekurbelt, daß manche Wirtschaftszweige heute fast „von selbst" laufen.

Aus Gründen des lebensnotwendigen Arbeitsfriedens, aus Gründen selbstverständlichen Rechtes hat der nationalsozialistische Staat nach ewigem Streit und Kampf von Klassen und Wirtschaftszweigen durch seine Arbeitsfront nach höheren Staatsinteressen Arbeitsrecht und Tariffragen geordnet und in stabile und dauerhafte Formen gebracht.

Auf allen Gebieten des Lebens hat so der Staat im Namen des neuen Volkes eine Vaterstelle angenommen, die ihm in erster Übergangszeit harte und feste Eingriffe in manch „geheiligte Bezirke" notwendig machten.

Welcher Bezirk verlangte und brauchte denn nicht diese ordnende Hand, wo hat sich dieser „Eingriff" nicht als fruchtbar und aufbauend ausgewirkt? Wir erleben heute eine Konjunktur, die über jeden Verdacht einer Scheinblüte erhaben sein dürfte.

Nicht wahr, der allgemeine Eindruck ist der: der Laden läuft, soweit man sieht, es klappt!

Nur so manche Kleinigkeiten, so manche Schönheitsfehler, das ist ärgerlich, das ist unerfreulich, da eckt man an, da wird man unwirsch, das kann doch eben nur daran liegen, daß der Führer es eben nicht gesehen hat, daß es noch nicht bis „da oben" hingedrungen ist, da müßte man mal hinschreiben, ja — wenn das der Führer wüßte ...

Gewiß, Österreich — fabelhaft, großartig! Wie haben wir das gemacht? — Aber das mit den Parkplätzen, das müßte der Führer mal in die Hand nehmen, und dann die ungerechten Rohstoffeinschränkungen und die Devisenfrage. Überhaupt, es macht wirklich keinen Spaß!

Nicht wahr, am besten wäre es, wenn an jedem Sonnabend, nicht zu früh, aber auch nicht zu spät natürlich, ein Stimmungsmeßbeamter vorsprechen würde, um Herrn Müller oder Schulze ganz ergebenst im Auftrage des Staates nach seinem jeweils brennenden Wehwehchen zu fragen, wobei ganz selbstverständlich der Anzahl seiner Klagen nach oben keine einengende Kontingentvorschrift entgegenstünde.

Und diese hunderttausende Bläschen und Geschwürchen, fein säuberlich gesammelt und geordnet, die müßten dann, gut aufgeschichtet, dem Führer in die Reichskanzlei gebracht werden, damit er endlich einmal zu sehen bekäme, was alles faul in seinem Staate sei, wie alles zu beheben, was eben kurz und gut zurzeit besonders dringlich und erwünscht nun schleunigst auch zu tun und auch zu lassen wäre.

Wo könnten wir wohl sein, wenn jedermann den Staat als eine Bewahr- und Besorgeanstalt größten Stiles ansehen dürfte. Wo und wie könnte die Führung des Volkes wohl Zeit, Energie und Kraftreserven hernehmen, die großen lebensnotwendigen Fragen des Reiches zu lösen, von deren Schwere und Verantwortung sich der einzelne in seinem kleinen Kreis kaum eine auch nur annähernde Vorstellung machen kann?

„Die da oben" werden es schon machen" — Gewiß, das Vertrauen ehrt und ist mittlerweile auch schon selbstverständlich nach den Erfolgen, weil risikolos, geworden, aber ist das etwa schon ein Grund für „uns da unten", nun zu schlafen, manchmal aufwachend mit kritischem Ausblick um uns zu sehen und auf dem anderen Ohr nun weitere Dinge, die da kommen, abzuwarten?

Wie freuen wir uns alle ohne Ausnahme, wenn wir in Stadt und Land dem Führer unseren dankenden Gruß zurufen. Wo wäre unser Recht zu dieser Freude, wenn sie nur lauter, aber leerer Schall bliebe, wenn wir nicht selber, seien es Schwielen oder tätige Sorgen, vorweisen könnten als Anteil an seiner Arbeit.

Gewiß, die Eltern zogen uns groß, lehrten uns laufen, gaben uns Erfahrung und bessere, reifere Erkenntnisse mi. auf den Weg, aber das alles zu verwerten, selbständig zu gebrauchen, das blieb und bleibt den Jungen immer wieder selbst in eigener Verantwortung überlassen.

Wen der Schuh drückt, der betet dagegen nicht zum lieben Gott, sondern der geht zum Schuster, zeigt auf die Blase am Hacken und auf den Nagel in der Sohle, nur so findet der Schuster schnell und sicher den Fehler, den er so auch am leichtesten dann abschafft.

Wieviel Instanzen hat der Alltag für all die Bläschen und drückenden Stellen, die den Schmerz lindern, und was das Wesentliche ist, seine Ursache erst daraus erkennen und beheben können, wie und wohin man zeigt.

Großer Gott, wenn das alles und alles erst gleich der Führer wissen müßte!

Doch was er wirklich wissen muß, das weiß er wohl besser als du und ich.

Er wird die Menschen schon nicht für Engel halten, denn wer konnte sie so wie er kennenlernen?

Er wird nicht alle Gegenwart für ein Paradies halten, denn wer hatte selbst in der Hölle der Vergangenheit ein derart klares Bild seiner Ziele, die er nun, Teil um Teil, in die Tat der Gegenwart und Zukunft zwingt.

Er wird schon nicht glauben, daß alle die großen Notwendigkeiten im Handumdrehen zu zaubern sind, denn wer hätte wohl ein besseres Maß für den Ernst und die Schwere der gewaltigen Mühen als gerade er?

Und was er wissen will, das sieht er sich an, wer sollte ihn wohl daran hindern können.

Aber all den kleinen Kram des Alltags, den haben wir gefälligst schon unter uns zu klären, all den kleinen Zank und Ärger, den wollen wir doch im Bereich unserer eigenen Kirchturmspitze erledigen.

Man soll doch nicht sagen, dafür gäbe es nicht Möglichkeiten genug. Und wenn du dann erfährst, das Ding, das dich da ärgert, hat den und diesen Grund, und es ist beabsichtigt, im nächsten Monat schon ... Siehst du, schon ist der Ärger verschwunden, — natürlich, das mußte ja so sein!

Und so wie es verkehrt wäre, lebenslängliche Ansprüche an eine Kinderbewahranstalt zu richten, wäre es ebenso falsch, das Kind nun immer noch am Gängelband zu führen, wenn es schon längst eigentlich frei laufen müßte!

Da ist so mancher, dessen „Privatinitiative" versagte, als es einmal darauf ankam, gut, man nahm ihn an die Zügel, damit er die richtige Gangart begreife, nun geht er gut, im richtigen Schritt, warum sollte er nicht ohne Zügel laufen können? **Es wird ihm gewiß mehr Freude machen, und da er nun allein verantwortlich ist, wird er bestimmt mehr acht auf den Weg geben, als wenn er weiß, daß dafür hinter ihm ja jemand verantwortlich ist.**

Was eben kurz und gut hier nur gesagt werden sollte, ist dieses:

Der „Vater" Staat ist nicht ein Kindermädchen, er mag es nicht sein und er sollte es nicht sein!

Und was der Führer wissen müßte?

Das wir alle ehrlich und mutig sind, in der besten Absicht, jeden Stein ihm aus dem Weg zu tragen, daß wir alles tun, was wir vermögen und, erst wenn es über unsere letzte Kraft dann geht, vertrauend auf seine deutsche Sendung bauen.

Das müßte der Führer wissen, und bis dahin — nicht wahr — haben wir wohl alle noch einiges zu schaffen!

Titelblätter von »Das Schwarze Korps«

Einzelpreis 15 Rpf.
zuzügl. ortsübl. Bestellgeld.

Berlin, 11. Februar 1943
6. Folge 9. Jahrgang

Das Schwarze Korps

ZEITUNG DER SCHUTZSTAFFELN DER NSDAP
Organ der Reichsführung SS

Verlag: Franz Eher Nachf. GmbH., Zweigniederlassung Berlin, Berlin SW 68, Zimmerstraße 88. Fernruf: 11 00 22. Postscheckkonto: Berlin 4454. Anschrift der Schriftleitung: Berlin SW 68, Zimmerstr. 88-91. Anzeigenpreise laut aufl. Preisliste

Bezugspreise: Durch die Post bei freier Zustellung ins Haus durch den Briefträger 66 Pf., durch Streifb. monatl. 95 Pf. Ausland mit ermäß. Porto 80 Pf., übriges Ausland RM. 1,05. In Groß-Berlin erf. Zustellung durch Austräger uns. Zweigstellen

Nehmt uns in eure Reihen auf!

Wir werden es vielleicht niemals erfahren, wie die Männer von Stalingrad über die letzte Grenze geschritten sind, dahinter alles versank, was ihnen einstmals begehrenswert erschienen war. Wir oder unsere Kinder werden wohl einmal die Blätter wenden, die die Geschichte dieses Kampfes verzeichnen. Wir werden darin von Erhebungen über die Furcht und die Not des Todes lesen, die über alle menschliche Erfahrung hinausreichen. Und wir werden nicht mehr nach Beispielen suchen müssen, um das Maß der Größe zu erkennen.

Denn Stalingrad ist selber ein Maß geworden. Mit Stalingrad ist unsere Welt reicher geworden um einen Wert, der im dunklen Feuer einer rasend aufstürmenden Vernichtung in seiner letzten Härte und Reinheit erst zu ahnen ist. Aber den wir heute begreifen als ein Geschenk. In dem wir die Wiederkehr des Erhabenen begrüßen. Den wir an uns reißen als das Unverlierbarste, das dieser Krieg in feurigen Tagen und Nächten aus Leiden und Opfern heraufsteigen läßt.

Der stille und gläubige Gehorsam der Männer von Stalingrad hat die Wiedergeburt des Unsterblichen behütet bis zu dem Augenblick, in dem es frei geboren über den rauchenden Trümmern von Stalingrad stand. Und während dort unten noch brennende Augen in die heranrollende Vernichtung starrten, Mann auf Mann aus den kämpfenden Gruppen zurücksank in das letzte Schweigen, über stürzende Mauern und berstende Gewölbe das schon ermattende Leben wieder zu den furchtbaren Basteien des Widerstandes vorbrach, während dort unten in Nacht und Feuer, in Grauen und Blut auch das starre Auge des Krieges sich schließen wollte vor solchem entsetzlichen Sturmlauf gegen den Tod, war schon die Sage hochgehoben und von den Schatten des Todes gelöst. „Unter der Hakenkreuzfahne, die auf der höchsten Ruine von Stalingrad gehißt war, vollzog sich der letzte Kampf."

Dies wird in keinem Geschichtswerk zu lesen sein, weil die Befehle nicht mitgeschrieben werden können, die das Herz selber gibt in den Augenblicken der letzten Entäußerungen aller menschlichen Wünsche und Hoffnungen: dieses Ringen um die Vollendung, diese Tapferkeit im Angesicht des Nichts, diese Furchtlosigkeit, die dem Nichts in die leeren Augenhöhlen starrt. Wo um die Feldzeichen und Standarten eines Lebens gekämpft wird, das nur mit dem eigenen Tode erstritten werden kann, muß eine einsame und schweigende Zone durchschritten werden.

Aus dieser Einsamkeit dringt keine menschliche Stimme, und nur der Schauder, der von den großen Überwindungen zu uns kommt und unser Herz anrührt, jener Atem Gottes, der wie ein Sturm ist, wird unser stilles, ewiges Gespräch mit den Gefallenen durchwehen.

Zu solcher Zwiesprache versammelt sich das Volk mit den Männern von Stalingrad. Lösen wir unsere Augen von dem, was sie uns in der Strategie dieses Krieges mit ihrem Standhalten bedeuten: von jenem meßbaren Wert ihres Ringens, das Armeen gebunden und vernichtet, den drohenden Zusammenbruch einer Frontlinie vereitelt, die neuen Bereitstellungen gesichert, die schwankende Nadel des Sieges wieder dem Stern entgegengerichtet hat, der über unserem notwendigen Kampf leuchtet. Würden wir nicht allzubald in ihrem Sterben nur ein notwendiges Opfer sehen, das in der kalten Mechanik des Krieges unausweichlich geworden war?

Sie haben nicht nur geopfert. Sie haben ein Gesetz aufgerichtet. Sie haben in unsere Welt eine Forderung getragen, und in ihrem Namen wird unser Dasein endgültig verwandelt werden zu der Bestimmung, zu der es aufgerufen wurde. Wir werden sie nicht auf Denkmäler stellen, an denen wir bewundernd und voller Ehrfurcht vorbeigehen, um wenige Schritte später in die trägen Gewohnheiten unseres Denkens und Handelns zurückzufallen. Das Wort Stalingrad wird fortan wie ein Schneidebrenner sein. Wir werden nicht einen Mythus des Helden von Stalingrad schaffen, der wie ein fernes Lied unter uns lebt.

Wir werden das Opfer der Männer von Stalingrad nicht nur in Minuten des Gedenkens, in Stunden der Erinnerung in dunkler Trauer beschwören.

Wir werden sie in unsere Zeit und in unser Geschlecht nehmen als die Schrittmacher unseres ganzen Lebens. In ihrem Namen werden Gesetze geschrieben und erfüllt werden.

Sie haben die Luft geatmet, die uns umweht. Sie sind über die Erde gegangen, die wir lieben. Ihr Herz hat den Frauen unseres Landes entgegengeschlagen, und ihre Nächte waren von der Liebe zum Leben heiß und verlangend. Sie haben einmal ihre Köpfe in die Arme ihrer Mütter geborgen wie wir alle. Sie haben die Hände ihrer Väter als Kinder gehalten, und diese Hände haben sie in das Leben der Männer entlassen. Und sie haben das Herz ihrer Mütter noch schlagen hören, als sie schon lange auf der einsamen Bahn des Krieges standen, und aus den Händen ihrer Väter hat sich ihnen immer wieder und wieder das Leben entgegengehoben, das in Treue und Gehorsam erfüllt werden muß.

Sie haben es in den Jahren, in denen sie reiften, vielleicht nicht immer gewußt und haben ihre eigenen Wege gesucht, — bis der Krieg ihnen wieder die Grenzen zeigte, in denen sich das Leben erfüllen muß: auf dem Boden, über den sie den Vater und die Mutter sich beugen sahen, säend, erntend, in den Werkstätten, in Städten und Dörfern, alte Formen des Lebens mit neuer Lust des Werdens erfüllend, Gesprengtes wieder vereinend zum gehorsamen und treuen Ausdruck des Lebens.

Sie zogen von ihren Berghöhen, aus weiten, fruchtbaren Ebenen unseres Landes aus, von schmalem Lebensgrund der eine, aus reichem Erbe der andere; Träumende, denen das Leben erfüllt ist im sanften Lied einer Hirtenflöte, Stürmende, die nach den großen Bildern des Lebens Ausschau halten; Strenge und Gütige, Einsame und Lebensfreudige.

Sie haben ihre Väter und Mütter noch einmal gegrüßt und ihre Mädchen umfaßt, und ihre Hand hat noch einmal auf dem Kopf ihres Kindes gelegen. Sie taten es lachend und aus einer großen Hoffnung, sie nahmen so vieles mit, das ihnen den Augenblick des Abschieds leicht machte. Sie liebten das Leben, wie es sich ihnen dargeboten hatte, die kleine Stadt, den Garten, das Wirtshaus, die Bücher, die Bilder, den Wein. Dorthin würden sie zurückkehren, das war ihre Zuversicht.

Von solchem Bilde des Lebens ist der Gang zu dem anderen, das uns ihre Gesichter aus den blutigen Nebeln von Stalingrad entgegenhebt, wie ein Weg in ein Reich, aus dem keine Wiederkehr möglich erscheint. Keine Wiederkehr zu den Verhältnissen, aus denen sie einstmals ausgezogen sind. Sie sind von ihren alten Eigenschaften und Besonderheiten abgetrennt und erscheinen uns wie eine in vielen Feuern geglühte neue Gestalt. Daß es uns schwerfällt, ihre Erscheinung zu begreifen, das macht, daß wir die einsame Zone ihrer Überwindung nicht mit durchschritten haben.

Keine Phrase dringt zu ihnen vor, die uns ein Zeichen gegeben haben für die Erfüllbarkeit auch anderer Forderungen als derjenigen, zu deren Meisterung wir den Menschen bisher mächtig glaubten. **Sie sagen uns, daß Liebe und Glaube mehr und Größeres vermögen, wenn Liebe mehr ist als eine flüchtige Leidenschaft, Glaube mehr ist als das Einssein und das Sicheinsfühlen mit dem Sieger. Sie lehren uns, daß diese Werte in einer Welt aufgesucht werden müssen, in der die billigen Worte wie Rauch vergehen und wo das harte und schreckliche Urgestein der Welt herrscht, aus dem die großen Gesetze der Völker geschlagen werden. Dies ist ihre Forderung: daß wir alle vordringen zu dem Raum, in dem sie verweilen.**

Aber ist der Schmerz aus unserer Welt genommen, indem wir die ihre zu begreifen suchen? Am nächsten sind den Gefallenen ihre Väter und ihre Mütter, ihre Frauen und ihre Kinder. Am nächsten ist ihnen die Liebe der Lebenden, von denen sie einmal Abschied genommen haben. Jedes Wort wäre verdammt, das die Trauer der Zurückbleibenden nur mit dem Hinweis auf die Unabänderlichkeiten des Krieges zu mildern versuchte. Trennt sich nicht

STALINGRAD

Nie, niemals wird die Sage
der wilden Ruhmestage
in unserm Volk vergehn.
Wie ihr so heiß gestritten,
wie ihr so tief gelitten,
das muß unsterblich bleiben stehn.

Um eure Todesstunden
hat Gott den Kranz gewunden
mit seiner eignen Hand.
Ihr seligen Überwinder,
euch danken Kindeskinder
auf immer Herd und Vaterland.

WERNER JANSEN

Zeichnung: SS-Kriegsberichter Wilhelm Petersen

Preis 15 Pf. zuzügl. ortsübliches Bestellgeld
Ausland m. ermäß. Porto 25 Pf., übriges Ausland 35 Pf.

Berlin, 7. Mai 1936
19. Folge 2. Jahrgang

Das Schwarze Korps

ZEITUNG DER SCHUTZSTAFFELN DER NSDAP
Organ der Reichsführung SS

Verlag: Franz Eher Nachf. G.m.b.H., Zweigniederlassung Berlin, Berlin SW 68, Zimmerstr. 88, Fernspr. A 1 Jäger 0022, Postscheckkonto Berlin 4454. Anschrift der Schriftleitung: Berlin SW 68, Zimmerstr. 88-91. Anzeigenpreise laut auflieg. Preisliste.

Bezugspreise: Durch die Post bei freier Zustellung ins Haus durch den Briefträger 66 Pf., durch Streifb. für Deutschland u. Österreich monatl. 95 Pf. Ausland mit ermäß. Porto 80 Pf., übrig. Ausland RM 1.05.— In Groß-Berlin erfolgt Zustellung durch Austräger und Zweigstellen.

Parteibuch ist kein Versorgungsschein

Immer wohl ist der beste Teil der Jugend unseres Volkes von dem leidenschaftlichen, glühenden Willen erfüllt gewesen, das zukünftige Schicksal der Nation reiner und besser zu gestalten als die Gegenwart. Immer hat diese Jugend nach Gemeinschaften gestrebt, in denen sie den Kampf für dieses Ziel aufnehmen konnte. Nie aber ist das Glühende und die Leidenschaft einer Jugend so auf ein klares, lebensnahes Ziel ausgerichtet worden, wie es durch die Kampfgemeinschaft des Nationalsozialismus geschah.

Nie ist eine Jugend so zur Härte vor sich selbst und den kritischen Augen des Gegners gezwungen gewesen, nie ist ihre Leidenschaft und ihr Zukunftsglaube in eine so harte, klar umrissene Bahn gefügt worden, wie durch die Kampfzeit der Bewegung.

Keine geschichtlichen Vergleiche

Wer auf die Fahne Adolf Hitlers schwor, ließ alles das hinter sich, dem er vorher mit seinem Sein und seinem Wollen gehört hatte. Familie und Beruf, die eigene, persönliche Zukunft, traten hinter den Dienst für den Führer zurück. So wuchs eine Gemeinschaft des Kampfes heran, die in der Art und der Härte ihrer charakterlichen Auslese mit keiner der früheren Gemeinschaften kämpferischer deutscher Jugend zu vergleichen war.

Wer diese Jahre des Kampfes durchstand, der hatte eine Bewährungsprobe hinter sich, wie sie besser nicht sein konnte. Es gibt keine Bewegung, keinen geschichtlichen Vorgang, der in einer auch nur vergleichsweise so kurzen Zeit die Kraft gehabt hätte, so Typen bildend, so Menschen formend und auslesend zu wirken. Das preußische Offizierkorps und die großen geistigen Orden der Geschichte haben durch Generationen hindurch tasten und formen müssen, bis sie zu einer wirklich gefestigten Gemeinschaft wurden. Die NSDAP. der Kampfzeit war eigentlich von Anbeginn eine verschworene Gemeinschaft, die durch die Härte des Kampfes nur noch gefestigter wurde und in der jedes neu hinzukommende Glied eingefügt, eingeschmolzen wurde, gleichgültig, woher der einzelne kam. Wer sich aber nicht einfügte, der wurde wieder ausgeschieden durch den Kampf und die innere Auslese.

In jeder Stadt, in jeder Ortsgruppe bestand eine solche Gemeinschaft, fest, hart und unzertrennlich, in der jeder die Fähigkeiten und menschlichen Schwächen, die Art und den Grad der Bewährung des anderen genau kannte. Und in dieser gegenseitigen Kenntnis lag die ganze Stärke der Gemeinschaft. Die Schwierigkeit begann erst dann, als die Bewegung sich zwangsläufig zum Volk erweiterte, als die Kämpfer aus ihrer engen Kampfgemeinschaft heraustraten, um im Staat und in seinen Organisationen eingesetzt zu werden. Wo sie also in einen Bereich traten, in dem der Nebenmann nicht nur in seinen Fähigkeiten und Schwächen nicht genauestens erprobt, sondern in dem nun auch der Gegner nicht mehr deutlich wie bisher erkennbar war, da er mit Tarnungen und sogar mit nationalsozialistischen Worten und Wendungen arbeitete.

In den zurückliegenden Jahren war alles andere gegenüber dem Kampf um die Seele des deutschen Menschen, gegenüber dem Kampf um die Macht zurückgetreten. Tag für Tag wurde durch diesen Kampf die ganze menschliche Kraft aufgerieben. Tag für Tag das gleiche unermüdliche Ringen mit dem Gegner, der gleiche Einsatz als Redner, Propagandist, SA.- und SS.-Mann.

Während so bei uns um das politische Erwachen des deutschen Volkes gerungen wurde, häuften andere Stein auf Stein zu dem Gebäude eines sauberen Fachwissens und vergaßen meist darüber die innere, seelische Ausrichtung.

Als die nationalsozialistische Bewegung die Macht erobert hatte, da saßen diese Fachleute, die politisch meist eine „objektiv“ liberale oder farblose Haltung eingenommen hatten, und die durch die Jahre ihrer Macht geschulten politischen Gegner in den Staatsämtern. Und wenn sie auch meist bestrebt waren, sich dem neuen Geist, der Deutschland erobert hatte, äußerlich oder sogar innerlich anzupassen, sie mußten schon allein aus dem Trieb der Selbsterhaltung oder der Rechtfertigung ihres ganzen bisherigen Seins sich auflehnen gegen den „Neuling“ oder „Nichtfachmann“, der neben sie gestellt wurde und durch nationalsozialistische Arbeit ihnen gegenüber ein Übergewicht besaß.

Das alte Wort, wahr und verlogen zugleich, daß Gesinnung nicht Leistung ersetzen könne, tauchte wieder auf, obwohl jedem Einsichtigen klar war, daß erst einer wirklich bewährten Gesinnung die Leistung entwachsen kann, daß also die Gesinnung die Voraussetzung für einen verantwortungsvollen politischen Auftrag sein mußte.

Zu diesem Abwägen von Leistung und Gesinnung trat der Versuch, wenigstens versteckt, dafür aber um so gehässiger, den Vorwurf des Parteibuchbeamtentums zu erheben.

Mit dem raschen Einwachsen der Bewegung in die staatlichen Aufgaben auf allen Lebensgebieten ergab es sich von selbst, daß Nationalsozialisten auch auf Posten gestellt werden mußten, für die ihre Kraft und Befähigung nicht ausreichte.

Die Selbstkritik der Bewegung

Niemand trat mit schärferer Selbstkritik dieser Erscheinung entgegen als die Bewegung selbst, mit ihrem Grundsatz der höchsten Verantwortlichkeit jedes Amtsträgers. Die Gesinnung oder — wie es der gehässige Kritiker ausdrückt — das Parteibuch stellt nach nationalsozialistischer Auffassung keinen Anspruch auf einen bestimmten Versorgungsschein dar. Auch in der neuen, schwierigen Aufgabe, alleingestellt auf einsamen Posten, den Fallstricken eines heimlichen, oft nur persönlichen Gegners und den Gefahren eines ungewohnten Parketts ausgesetzt, bedarf es einer immer neuen, immer gleichbleibenden Bewährung. Das Leben und der Kampf setzen auch hier die Auslese mit gleicher Härte wie bisher fort.

Bei aller Schärfe des Maßstabes dieser Selbstkritik darf ein anderes Prinzip, das die Bewegung erst groß und stark gemacht hat, darüber nicht vergessen werden, die verschworene Gemeinschaft des Kämpfertums.

Wir wollen niemand, der es ehrlich meint, vorrechnen und immer wieder vorhalten, woher er gekommen ist und welchen Weg er genommen hat, um endlich zur nationalsozialistischen Bewegung zu stoßen. Niemand, der ehrlichen Herzens und klaren, offenen Willens zu uns kommt, soll aus der Volksgemeinschaft ausgeschlossen sein, welches auch seine Vergangenheit immer gewesen sein mag. Ein neues Volk läßt sich nur formen, wenn das Vergangene überwunden und vergessen wird. Das muß vorausgesagt werden.

Aber immer wieder ist bei solchen Menschen, die erst spät zur Bewegung gekommen sind und trotzdem an verantwortlichen oder einflußreichen Posten stehen, die Tendenz festzustellen, Vergangenes zu rechtfertigen, Vergangenes aus anderen Motiven als der Herstellung einer wirklichen Volksgemeinschaft mit dem Mantel des Vergessens zuzudecken.

Es ließe sich an manchem Beispiel erhärten, wie hier immer noch gewisse Zusammenhänge und Beziehungen aus der alten, überwundenen Zeit eine Rolle spielen und auch gegen alte Nationalsozialisten eingesetzt werden. Das Korpsband ist dabei nicht ohne Bedeutung. Die gleiche Schärfe, mit der man heute bei uns Kritik am Versagen irgendeines Parteigenossen übt, ist mindestens auch da angebracht, besonders wo hier die wichtigste Grundlage, die lange Bewährung in der Gesinnung, fehlt.

Man muß ihnen Zeit lassen!

Weit zahlreicher aber als diejenigen Fälle, in denen ein alter Nationalsozialist sich der neuen Aufgabe nicht recht gewachsen zeigt, sind die, wo es noch nicht gelungen ist, alte Nationalsozialisten an die Posten zu stellen, an die sie im Interesse der Durchdringung unseres gesamten Lebens mit der Weltanschauung des Führers ihrer Befähigung und ihrer charakterlichen und weltanschaulichen Bewährung nach hingehören.

Man muß ihnen nur eine gewisse Zeit lassen, sich die notwendigen technischen und verwaltungsmäßigen Erfahrungen anzueignen und sachliches Wissen, das sie im Interesse des Kampfes der Bewegung einst vernachlässigen mußten, zu erweitern. (Wir kennen beispielsweise ein Ministerium, das diesen Weg mutig und mit vollem Erfolg gegangen ist!)

Jene verschworene Gemeinschaft der Kämpfer, die uns einst groß gemacht hat, gilt es zu bewahren und die Jugend, die aus der Bewegung heraus jetzt nachwächst in die Verantwortung, und in der wir unsere Saat aufgehen sehen, einzureihen in diese große und treue Kameradschaft der Kämpfer Adolf Hitlers.

Zeichnung: Bogner

„Drama in den Bergen“

»Parteibuch ist kein Versorgungsschein«

dort keine heftige Kampftätigkeit im Gange sein. Um durch eine gezielte Propaganda auf die Rotarmisten einwirken zu können, empfahl sich für eine derartige Aktion ein Frontabschnitt, wo gerade relative Ruhe herrschte, wo die sowjetischen Soldaten für die von der deutschen Seite aus erfolgenden Durchsagen in russischer Sprache besonders aufnahmefähig waren, ja sich vielleicht sogar in einem Zustand befanden, wo ihnen bereits selbst mancherlei Gedanken durch den Kopf gingen, die von Zweifeln und Ängsten bestimmt waren, die man jedoch nicht auszusprechen wagte, weil man sich genau der Tatsache bewusst war, dass die Politruks über ein Netz von Spitzeln verfügten.

Ebenso wichtig erachtete es die Waffen-SS-Standarte, dass ihre Vorstellungen von einer wirksamen Kampfpropaganda sich nur dann durchsetzen ließen, wenn sie die volle Unterstützung der deutschen Verbände finden würden, die sich an diesem Teil der Ostfront im Einsatz befanden.

Als deshalb Gunter d'Alquen davon erfuhr, dass in Kürze das III. Germanische Panzer-Grenadier-Korps der Waffen-SS, das sich im Wesentlichen aus zahlreichen Freiwilligen nordeuropäischer Staaten zusammensetzte und unter Befehl des ihm gut bekannten SS-Obergruppenführers Felix Steiner stand, einen Frontabschnitt am sogenannten Oranienbaumer Kessel westlich vor Leningrad übernehmen werde, stand für ihn fest, dass hier die entsprechenden Einsatzbedingungen für eine solche Aktion, wie sie ihm vorschwebte, in hervorragender Weise gegeben waren. Steiner und er waren sich schnell darüber einig, das Vorhaben gemeinsam zu bewerkstelligen.

Für den Leser dürfte es vielleicht von Interesse sein, wenn an dieser Stelle ein paar Worte über diesen Abschnitt der Ostfront eingeflochten werden, zumal gerade hier eine Situation entstanden war, die nicht dem Bewegungskrieg entsprach, wie er seit dem Jahre 1939 typisch geworden war. Deutsche wie Russen lagen sich in Stellungen gegenüber, die dem Geschehen an der Westfront während des Ersten Weltkrieges ähnelten. Alles schien festgefahren, keine Seite in der Lage zu sein, für sich einen Vorteil zu erzielen.

Nach dem Kriegsbeginn gegen die Sowjetunion war u. a. die Eroberung Leningrads ins Auge gefasst worden, wobei man von der Annahme ausging, dass dies wie eine Beigabe im Verlauf der übrigen militärischen Operationen sein würde, deren Hauptstoßrichtung zunächst ja Moskau galt. Wie sich jedoch alsbald zeigte, stellte das Vorrücken auf Leningrad im nördlichen Teil der Sowjetunion alles andere als eine Art »Spaziergang« dar.

Nachdem deutsche Verbände es geschafft hatten, bis in die ersten Außenbezirke der Stadt vorzustoßen, die zur Zarenzeit den Namen St. Petersburg trug, ging es nicht mehr weiter voran. Der sowjetische Widerstand versteifte sich in einem Maße, mit dem auf der deutschen Seite nicht gerechnet worden war. Hitler entschied sich dafür, die Stadt zu belagern, weil ihm die Erreichung anderer militärischer Ziele wichtiger dünkte.

Die Stadt blieb über zwei Jahre eingeschlossen. Eine Versorgung der Bevölkerung ließ sich nur zur Winterzeit durchführen, da der einzige Zugang zur Stadt über den Ladogasee führte, auf dem sich allerdings erst eine dicke Eisschicht ausgebreitet haben musste, damit auf diesem Wege Transporte das eingeschlossene Leningrad erreichten. In erster Linie handelte es sich hierbei jedoch um militärische Güter, auf die einfache Bevölkerung nahm der Kremldespot wie seit Anbeginn seiner Herrschaft keinerlei Rücksicht. Dass Tag für Tag in Leningrad ungezählte Menschen, insbesondere Frauen, eines schrecklichen Hungertodes starben, war ihm völlig gleichgültig.

Vor der Stadt befand sich der so genannte Oranienbaumer Kessel, bei dem es sich genau genommen um eine Ansammlung schwer zugänglicher Sumpfwälder handelte, in denen sich eine Anzahl sowjetischer Soldaten aufhielten, deren Aufgabe einzig und allein darin bestand, einen etwaigen Versuch der Deutschen, sich durch dieses Gebiet in das Innere der Stadt vorzuarbeiten, zu verhindern.

Die deutsche Seite ihrerseits beschränkte sich darauf, es zu keinem Entweichen der Russen aus dem Kessel kommen zu lassen. Da die deutsche Führung über längere Zeit offensichtlich dem Oranienbauer Kessel keine sonderliche Bedeutung beimaß, versäumte sie es, diese »Sumpffestung« beizeiten zu beseitigen.

Erst zu spät erkannte die deutsche Führung, dass die Rote Armee bereits seit mehreren Monaten die Nächte dazu benutzt hatte, um Kräfte in Stärke von zwei Armeen in den Kessel einsickern zu lassen. Alle Zeichen deuteten darauf hin, dass sich die Sowjets anschickten, in allernächster Zeit einen Angriff zur Entlastung Leningrads vorzunehmen. Diesen abzuwehren war der Auftrag des SS-Panzer-Grenadier-Korps. Genau zu diesem Zeitpunkt hatte sich Gunter d'Alquen mit seinen Leuten zu diesem Punkt der Ostfront begeben, um hier die Russen mit seinem »Wintermärchen« auf andere Gedanken zu bringen.

Seitens der SS-Standarte »Kurt Eggers« war zu diesem Zweck ein Sonderkommando gebildet worden, das über eine genügende Anzahl von Lautsprecherwagen sowie Granatwerfern verfügte, wobei letztere für den Abschuss von Propagandamaterialien umgerüstet worden waren. Die Granatenhülsen waren so beschaffen, dass sie mit Flugblättern oder Frontzeitungen in größerer Zahl bestückt werden konnten. Beim Aufschlag zerbarsten die Geschosse und verstreuten ihren Inhalt über eine größere Fläche.

Das Sonderkommando bestand aus vier Einsatztrupps, die allesamt mit der notwendigen Technik ausgestattet waren. Vom Personal her gehörten dazu Fahrer, Tontechniker, sogenannte Werferschützen, die fast in der Art von Richtkanonieren dafür ausgebildet worden waren, den Abschuss des Propagandamaterials zielgenau dorthin zu steuern, wo immer es erwünscht war. Bei den Schützen handelte es sich übrigens um russische Hilfswillige.

Als interessant und in mancher Weise auch aufschlussreich konnte das Verhalten der Amtsgruppe Wehrmachtspropaganda gedeutet werden, die ja bis zu diesem Zeitpunkt – Ende 1943 – solche oder ähnliche Aktivitäten ausschließlich in eigener Regie betrieben hatte. Nachdem sich d'Alquen der Zustimmung Himmlers versichert hatte, war es ihm überhaupt nicht in den Sinn gekommen, diese Dienststelle der Wehrmacht von seinen Absichten zu unterrichten.

Als man dort schließlich dahinter kam, was dieser umtriebige ehemalige Hauptschriftleiter der Wochenzeitung *Das Schwarze Korps*, der inzwischen in der Waffen-SS zum Obersturmbannführer aufgestiegen war, vorhatte, ließ man ihn gewähren, ohne auch nur ein Wort des Widerspruchs vorzubringen. Im Gegenteil, man bot ihm jegliche denkbare Unterstützung an, von welcher der Kommandeur der SS-Standarte »Kurt Eggers« nur allzugern Gebrauch machte.

Auf diese Weise gelangte er in den Besitz einer mobilen Druckerei, deren Besonderheit darin bestand, dass sie, mit allem, was dazu gehörte, so beschaffen war, dass es sich auf einem der großen Wehrmachtsfahrzeuge unterbringen ließ. Außerdem wurde ihm zugesichert, dass er für die Zeit des von ihm beabsichtigten Einsatzes über die gesamte Druckkapaziät des 1. Eisenbahn-Druckerei-Zuges verfügen konnte, welcher eigentlich ein Bestandteil der Heeresgruppe Nord war.

Gunter d'Alquen war späterhin davon überzeugt, dass die Amtsgruppe Wehrmachtspropaganda ihm gegenüber nicht aus reinem Wohlwollen gehandelt hatte, sondern man dort in gewisser Weise sogar froh darüber war, sich dieses lästigen Geschäftes entledigen zu können, das stets danach bewertet wurde, wie viele Rotarmisten nach einer jeweiligen Propaganda-Offensive der Deutschen die Front gewechselt hatten. Vielleicht aber erhoffte sie sich auch, so seine Vermutung, dass die Waffen-SS scheitern oder – wie man es im Landser-Jargon zu bezeichnen pflegte – so richtig auf die Schnauze fallen würde.

Wie dem auch gewesen sein mag, zu jener Zeit scherte er sich darum nicht im Geringsten, war er doch fest davon überzeugt, dass die Waffen-SS so etwas besser über die Bühne bringen würde als die Pendanten der Wehrmacht.

Das Sonderkommando »Wintermärchen« begab sich Mitte Dezember 1943 an den von ihm ausgewählten Frontabschnitt des Oranienbaumer Kessels, ohne freilich zu ahnen, dass die zur Durchführung der aufwendigen Propaganda-Offensive benötigte zeitweilige Kampfpause bereits an einem seidenen Faden hing.

Über viele Monate hatte sich hier so gut wie überhaupt nichts getan, war es lediglich zu kurzen Schusswechseln gekommen, kleinen Gefechtsplänkeleien, womit allerdings bald Schluss sein sollte. Als Obergruppenführer Steiner ihn warnte, dass er sich den denkbar schlechtesten Zeitpunkt für sein Unternehmen ausgesucht habe, weil hier schon in wenigen Tagen die Hölle los sein könnte, gab sich Gunter d'Alquen davon unbeeindruckt. *»Soll es kommen, wie es eben kommt«*, meinte er, *»ich wollte schon lange einmal miterleben, wie sich die Wirklichkeit an der Front abspielt, so gesehen bin ich also zum richtigen Zeitpunkt eingetroffen.«*

Dennoch fühlte sich Steiner als Oberkommandierender dafür verantwortlich, dass d'Alquen mit seinem Stab nicht Quartier in unmittelbarer Frontnähe bezog. Sollten die Russen urplötzlich angreifen, bestand immerhin die Gefahr, dass sie die Hauptkampflinie durchbrachen, was für den Standartenführer und seine Leute dann zum Verhängnis werden konnte.

So ordnete der Obergruppenführer an, dass sich die Angehörigen des Sonderkommandos »Wintermärchen« zwölf Kilometer hinter der eigentlichen Frontlinie aufzuhalten hätten, sobald ihr täglicher Einsatz beendet war. Als Quartier wies er ihnen die kleine Ortschaft Gubanizy zu. Das von jedweden Kampfhandlungen bis zu diesem Zeitpunkt verschont gebliebene Dorf war von den typischen russischen Bauernkaten geprägt, die alle so aussahen, als seien ihre tief herabhängenden Dächer dazu bestimmt, die Schneelasten des Winters abzuschütteln.

Dem Stab des Sonderkommandos gehörten zahlreiche Russen an, die am Standort der SS-Standarte in Berlin-Zehlendorf eine Ausbildung als Propagandisten erhalten hatten. Bei ihnen handelte es sich ausschließlich um ehemalige Angehörige der Roten Armee, die übergelaufen waren und ihre Bereitschaft zu verstehen gegeben hatten, künftig mit den Deutschen zusammenzuarbeiten. Darunter befanden sich ehemalige Lehrer, Gerichtsschreiber, Metteure von Druckereien, Mitarbeiter städtischer Verwaltungen und andere, die nach einem sowjetischen Begriff zur Intelligenzija zählten. Auch ein hochbegabter Zeichner, der die Fähigkeit besaß, die Gesichtszüge eines Menschen auf das genaueste wiederzugeben, befand sich darunter.

Die vier Einsatztrupps, in welche das Unternehmen aufgegliedert worden war, wurden nicht nur den Kampfverbänden der Waffen-SS wie beispielsweise der SS-Panzer-Grenadier-Division »Nordland« oder der SS-Brigade »Nederland« zugeordnet, die alle zu den um diese Zeit herum neuaufgestellten III. Germanischen Freiwilligen-SS-Panzer-Grenadier-Korps gehörten, sondern betreuten auch die 9. sowie 10. Luftwaffen-Felddivision, die sich hier gleichfalls im Einsatz befanden.

Den direkten Vorbereitungen für die Kampfpropaganda-Aktion am Oranienbaumer Kessel gingen Befragungen von sowjetischen Kriegsgefangenen voraus, welche Informationen über die einzelnen Truppenverbände besaßen, die hier eingesetzt waren.

8000 ehemalige Rotarmisten geben über sich Auskunft

Es wurden etwa 8000 ehemalige Angehörige der Roten Armee darüber befragt, was sie über die sowjetischen Truppen im Oranienbaumer Kampfabschnitt wussten. Die Kriegsberichter der Standarte »Kurt Eggers« stellten ihre Fragen nicht nach dem Schema, dessen sich üblicherweise Vernehmungsoffiziere bedienten, sondern schlugen jenen leichten Plauderton an, mit welchen Journalisten es verstehen, anderen auch solche Dinge zu entlocken, die sie ursprünglich nicht die Absicht gehabt hatten preiszugeben.

Geschickt brachten sie das Gespräch auf die persönlichen Gepflogenheiten der Kommandeure, achteten dabei genau auf den Gesichtsausdruck ihres Gegenübers, gaben sich belustigt oder brachten ihn durch eine wie hingeworfene Bemerkung, dass der betreffende Offizier offensichtlich ja ein Mann ohne Fehl und Tadel sei, dazu, dass sich bei so manchem plötzlich die Zunge löste und vieles über die Lippen kam, was sich für die Zwecke einer Propaganda, die mit möglichst überprüfbaren Fakten aufwarten wollte, eignete.

Bei diesen Gesprächen mit sowjetischen Kriegsgefangenen bzw. Überläufern stellten die Angehörigen der SS-Standarte mit einer gewissen Überraschung fest, dass sich so mancher von ihnen ausdrücklich dafür bedankte, dass erstmals jemand mit ihm so gesprochen habe, als wäre er ein gleichberechtigter Mensch, auf dessen Meinung Wert gelegt werde. Diese Tatsache erachteten viele der Kriegsberichter für äußerst aufschlussreich, zumal Standartenführer Gunter d'Alquen gleich von mehreren Seiten Hinweise über die bei den Gesprächen gewonnenen Eindrücke bekam.

Aufgrund der Vielzahl von erhaltenen Informationen sahen sich die Propagandisten in die Lage versetzt, eine Anzahl von Texten für Lautsprecherdurchsagen zu verfassen, deren Überzeugungskraft darauf beruhte, dass sie mit Angaben gespickt waren, welche sich durch die im Oranienbaumer Kessel befindlichen Rotarmisten unschwer auf ihren Wahrheitsgehalt überprüfen ließen. Der Standartenführer war darauf bedacht, besonders taufrische Berichte über bestimmte Vorgänge auf der sowjetischen Seite in die Hand zu bekommen, um sich ihrer unverzüglich zu bedienen.

Als Ia fungierte in seinem Stab übrigens Untersturmführer Johann Weidemann, dessen Denkschrift zum Auslöser dieses ersten umfassenden Einsatzes der Waffen-SS auf dem Gebiete der Kampfpropaganda wurde. Er war es auch, der den Standartenführer darauf aufmerksam gemacht hatte, dass die Wirksamkeit einer Aktion nicht zuletzt davon abhing, bestimmte brisante Vorgänge, welche die sowjetischen Soldaten mit Sicherheit innerlich zutiefst aufgewühlt hatten, unmittelbar nachdem sie sich abgespielt hatten, wie eine Art Reflexion hinüber zur sowjetischen Frontlinie zu expedieren, sei es nun mittels abgeworfener oder abgeschossener Flugblätter oder Lautsprecherdurchsagen.

Ein solcher Fall trat etwa drei Wochen nach Beginn des Unternehmens »Wintermärchen«, am 7. Januar 1944, ein. An diesem Tag geriet der sowjetische Soldat Maxim Jewgrafow, der an einem Angriffsunternehmen bei Iwanowska beteiligt gewesen war, in deutsche Kriegsgefangenschaft. Bei seinem ersten Verhör zeigte er sich derart aufgelöst, dass er mehrmals in Tränen ausbrach und die Worte nur hervorstammeln konnte. Der ihn vernehmende Offizier nahm daraufhin sofort zu dem Sonderstab »Wintermärchen« Kontakt auf, weil ihm sein Instinkt sagte, dass dieser Rotarmist etwas erlebt haben musste, was ihm schwer zusetzte.

Genau so war es. Die Kriegsberichter der Waffen-SS stellten ihm die Frage, ob er bereit sei, über einen Lautsprecher zu seinen bisherigen Kameraden zu sprechen und ihnen zu berichten, was ihn so verstört habe. Jewgrafow, welcher dem 482. Schützenregiment angehörte, stimmte diesem Vorschlag sofort zu, bedingte sich jedoch aus, dass er seine Worte selbst wählen und dazu einen Text abfassen wollte. Obwohl eine solche Vorgehensweise noch nie praktiziert worden war, stimmte Gunter d'Alquen sofort zu, vor Wagnissen schreckte er bekanntlich niemals zurück.

So wandte sich dann am 8. Januar 1944 der ehemalige Angehörige der Roten Armee Maxim Jewgrafow mit Folgenden Wortlaut an sein früheres Regiment, nachdem er zunächst seinen Namen und die genaue Bezeichnung seiner Einheit genannt hatte: *»Ich bin in deutscher Gefangenschaft. Bei dem Angriff auf Iwanowska wurde mein Zug völlig zusammengeschossen. Von 20 Mann blieben nur noch zwei Kameraden übrig. Alle anderen waren tot oder verwundet. Und da sagte man uns vorher, wir brauchten nur anzugreifen, und die Deutschen würden wie die Hasen vor dem Jäger flüchten.*

Unser Zugführer, der Leutnant Juchnow – merkt euch genau den Namen – betrank sich vor dem Angriff auf Iwanowska und nannte die deutschen Soldaten Feiglinge. Aber als dann der Angriff losging, da befahl er uns ins Feuer zu gehen, und er selbst blieb hinten. Für solche Offiziere zu sterben lohnt sich nicht. Ich habe jetzt in der Gefangenschaft Zeit, in Ruhe über alles nachzudenken. Ich wurde nicht von den Deutschen erschossen, weder gequält noch zu Tode gefoltert, wie das von unseren Politruks ständig behauptet wird. Da sind wir alle beschwindelt worden. Ich bin gesund und freue mich, dass der Krieg endlich für mich zu Ende ist.

Euch Kameraden an der Oranienbaumer Front kann ich nur raten: Lasst euch nicht mehr von euren feigen Offizieren, die ja nur die Brust voller Orden haben möchten, ins Feuer schicken. Macht Schluss mit dem Krieg und kommt zu den Deutschen. Die nehmen euch gut auf. Meldet euch zu Spähtrupps und verschwindet dann in der Dunkelheit zu den deutschen Linien!«

Dieser Text wurde auf einer Platte aufgezeichnet und dann mehrmals über den Lautsprecher wiederholt. Gleichzeitig wurde er auf einigen tausend Flugblättern gedruckt und durch die sogenannten Propaganda-Werfer in Richtung der feindlichen Stellungen abgeschossen. Während früher auf solche Durchsagen die sowjetische Seite sofort mit Feuerstößen reagierte, lastete diesmal eine bleierne Ruhe über dem gesamten Frontabschnitt. Die Deutschen rätselten herum, ob dies etwas zu bedeuten hatte, und wenn ja, was.

»Standartenführer, die Überläufer kommen!«

Es vergingen etwa zwei Tage, wo sich nichts tat. Dann wurde Gunter d'Alquen gemeldet: *»Standartenführer, sie kommen, sie strecken ihre Hände empor, winken mit unseren Flugblättern, es werden immer mehr, das müssen sie sich selbst anschauen.«*

Das erste von der Waffen-SS selbständig veranlasste Unternehmen der Kampfpropaganda an der Leningradfront, bei dem viele der von dem Untersturmführer Weidemann unterbreiteten Vorschläge aufgegriffen worden waren, hatte seinen erfolgreichen Auftakt genommen.

Als dann Mitte Januar die erwartete sowjetische Offensive zur Entlastung Leningrads einsetzte, schlug »Wiking«-Kommandeur Steiner vor, die Aktion zu beenden, weil die Situation jetzt für die daran Beteiligten zu riskant geworden sei. Dies wies der Standartenführer von sich. *»Jetzt sollten wir gerade weitermachen, um dabei Erfahrungen zu sammeln, ob nicht eine Beeinflussung des Gegners selbst noch zu einem Zeitpunkt möglich ist, wo er sich siegessicher wähnt«*, begründete Gunter d'Alquen seine Hartnäckigkeit. Steiner fand sich schließlich damit ab, bestand jedoch darauf, dass das gesamte Sonderkommando »Wintermärchen« sofort seinen bisherigen Stützpunkt aufgab, da man für seine weitere Sicherheit keine Gewähr leisten konnte.

Tatsächlich spitzte sich die Situation am Oranienbaumer Kessel in einer Weise zu, dass die propagandistische Tätigkeit in der bisherigen Form zunächst nicht fortgesetzt werden konnte. Selbst ein neuer Stützpunkt, der 35 Kilometer hinter dem bisherigen lag, vermochte nur noch eine kurze Zeit gehalten zu werden, bis er ebenfalls dem Druck der Russen weichen musste.

Zeitweilig mussten die SS-Kriegsberichter der Standarte »Kurt Eggers« selbst zu den Waffen greifen, um nicht in die Hände der anstürmenden Rotarmisten zu fallen. Obwohl es jetzt nahe lag, das Unternehmen abzubrechen, wollte der Standartenführer davon nichts wissen. Er selbst hatte den Text zu einem neuen Flugblatt entworfen, das er bei der nächsten sich anbietenden Gelegenheit auf seine Wirksamkeit hin testen wollte.

Neuer Einsatzort des Sonderkommandos »Wintermärchen« wurde Narwa, von wo aus jetzt die einzelnen Aktionen der Kampfpropaganda mit noch größerer Intensität wieder aufgenommen wurden. Das erwähnte Flugblatt wurde durch mehrere der Granatwerfer, welche sich zum Verschießen von Propaganda-Materialien eigneten, zur sowjetischen Frontlinie expediert. Es sprach die Kämpfer der zweiten sowjetischen Stoßarmee mit folgenden Worten an: »*Eure große Offensive, die in der Neujahrsnacht begann, hat sich schon festgefahren. Ein Dutzend Regimenter sind zerschlagen worden. Eure Tanks sind in den Minenfeldern in die Luft geflogen oder abgeschossen worden. Was habt ihr erreicht?*

Wir haben ein paar Dörfer aufgegeben. Ihr habt in den Häusern nachgesucht, ob die deutschen Soldaten dort vielleicht Brot und Butter vergessen haben. Denn ihr habt Hunger. Nicht viele von euch konnten etwas finden. Die meisten waren schon vorher tot. Ihr Überlebenden werdet das nächste Mal fallen. Das wisst ihr auch ganz genau. So sagt zum Beispiel der bei Iwanowska gefangene Schütze E. (wir nennen seinen Namen nicht, um seine Frau nicht den Bluthunden vom NKWD auszusetzen), dass er und seine Kameraden von betrunkenen Offizieren mit der Pistole ins Feuer getrieben wurden. Wir haben den Schützen die Frage gestellt, wann wohl der Krieg zu Ende wäre, er hat geantwortet: Ich denke darüber gar nicht mehr nach. Ich lebe hier gut und danke Gott, dass ich nicht länger ein Todeskandidat in der Roten Armee bin.

Der Schütze E. ist glücklich darüber, dass er nicht länger das verhasste Gesicht seines Leutnants sehen muss, der den Schützen Iwanoff schwer misshandelt hat. Jetzt ist Iwanoff schon gefallen. Und niemand weiß, wofür. Dies meint auch der Obersergeant

Murrschoff, einer der wenigen Überlebenden der 2. Kompanie, 48. Sonderpanzerbataillon, 52. Panzerbrigade. Er bittet uns, euch seinen Namen zu nennen, weil er keine Familie im Lande des NKWD hat. Es ist seine Meinung, dass die Rote Armee sich so lange verbluten soll, bis die kapitalistischen Konservenlieferanten in Amerika mit ihren frischen Armeen selbst über Russland herfallen.

Denkt ihr nicht auch über diese Dinge nach? Wollt ihr denn unbedingt sterben? Vergesst doch nicht die vielen tausend Toten, die eure lächerliche Offensive gekostet hat! Und merkt euch eins: Ihr könnt nur weiterleben, wenn ihr sofort aufhört mit diesem Krieg, werft die Waffen fort! Kämpft nicht länger für eine Regierung, die eure Kinder hungern lässt. Kommt zu uns, hier ist Friede.«

Dieses Flugblatt, das auch von Maschinen der Luftwaffe über den sowjetischen Stellungen abgeworfen wurde, scheint genau den Nerv vieler der einfachen Rotarmisten getroffen zu haben. Die Zahl der Überläufer schnellte noch während des Verlaufs der sowjetischen Offensive derart in die Höhe, dass Nachrichtenoffiziere der Wehrmacht es einfach nicht fassen konnten, was sich da in einzelnen Frontabschnitten der Heeresgruppe Nord abspielte.

Ehe jedoch der Standartenführer in dem von ihm geleiteten Sonderkommando »Wintermärchen« eine Analyse dieses Geschehnisses vornehmen konnte, erreichte ihn die Abberufung von seinem Kommando. Himmler hatte sich mit den Erfolgen Gunter d'Alquens wiederholt im Führerhauptquartier gebrüstet, so dass es Hitler in den Sinn kam, dies könnte der richtige Mann sein, um ein solches Unternehmen der Kampfpropaganda auch an der Italien-Front bei Monte Cassino zu starten.

Das Unternehmen mit der Bezeichnung »Südstern« sollte darauf abzielen, die polnischen Soldaten des Generals Anders zu einem Frontwechsel zu bewegen. Hitler wollte diese nationalgesinnten Polen zu einer Rückkehr in ihr Heimatland bewegen, wo sie zur Abwehr einer sowjetischen Gefährdung einen Beitrag leisten sollten.

Auch nachdem Standartenführer Gunter d'Alquen abgereist war, um die ihm übertragene neue Aufgabe an der Italienfront zu übernehmen, nahm der Kampfpropaganda-Einsatz »Wintermärchen« noch bis zum März 1944 seinen Fortgang.

Aus einer Lagemeldung, die der SS-Obersturmführer Paesler v. Luschkowo an die Führung der SS-Standarte »Kurt Eggers« in Berlin-Zehlendorf weiterleitete, ging hervor, dass inzwischen schwere Kämpfe am gesamten Frontabschnitt des Oranienbaumer Kessels tobten. Den Russen sei es gelungen, einen großen Brückenkopf bei Siivertsi zu bilden, von dem aus sie einen ständig stärker werdenden Druck auf die dortige Rollbahn ausübten. Stukas seien dabei, diesen Brückenkopf zu eliminieren. Ein sowjetisches Landeunternehmen bei Mereküla, das in Stärke von etwa tausend Mann durchgeführt worden sei, hätte keinen Erfolg gezeitigt, da es durch sofortige Angriffe der Luftwaffe restlos zerschlagen werden konnte. Dagegen befände sich noch der Gegner in dem Besitz des Eisenbahnknotenpunktes Auvers, von dem aus er heftige Vorstöße auf die Rollbahn unternähme. Eine besonders kritische Lage sei bei Narwa entstanden, das von einer Einschließung bedroht sei.

Das Sonderkommando »Wintermärchen« ließ sich selbst dann nicht entmutigen, seine Tätigkeit fortzusetzen, als eine neue, von den SS-Kriegsberichtern ausgearbeitete Flugblattserie, die sich speziell an die Offiziere der Roten Armee richtete, zunächst von der Luftwaffe nicht übernommen werden konnte, die durch den pausenlosen Fronteinatz keine ihrer Maschinen zu entbehren vermochte.

Dagegen wurden an allen Abschnitten der Front die Lautsprecheransagen beibehalten, als ob es überhaupt keine sonderliche sowjetische Angriffstätigkeit zu verzeichnen gäbe. Damit wurden genau die Anweisungen befolgt, wie sie in der Denkschrift des SS-Untersturmführers Weidemann enthalten waren, nämlich und selbst bei feindlicher Offensivtätigkeit die Propaganda-Aktionen unter keinen Umständen einzustellen, weil gerade durch ihre unbeirrte Fortsetzung ein hohes Maß an Verunsicherung beim Gegner hervorgerufen würde.

Den Beweis dafür erbrachte die Tatsache, dass selbst im Verlaufe des Vordringens der sowjetischen Verbände an diesem Teil der Ostfront im Frühjahr 1944 sich weiterhin sowjetische Überläufer einfanden. Obersturmführer von Luschkowko verwies darauf, dass sich Überläufer südlich des Brückenkopfes von Narwa gerade in dem Augenblick Wlassow-Offizieren gestellt hätten, nachdem sie deren Lautsprecherdurchsagen vernommen hatten, dass auch die gegenwärtigen Angriffe ihrer Einheiten nichts daran zu verändern vermochten, dass Stalins Herrschaft seinem Ende entgegen gehe. Aus den Berichten von Überläufern über die innere Verfassung der Rotarmisten wurden sogleich drei Flugblätter verfasst und zwei Texte für die Lautsprecherdurchsagen angefertigt.

Berücksichtigt wurde auch eine andere Anregung Weidemanns, nach dem Erhalt brisanter Informationen über den Zustand der gegnerischen Truppen keinerlei Zeit verstreichen zu lassen und unverzüglich zu handeln. So wurden die Überläufer zu den Einsatzstützpunkten der Standarte »Kurt Eggers« weitergeleitet, wo sie noch am gleichen Tage die Aufforderung an ihre Kameraden richteten, es ihnen nachzutun.

Nach mehrmaliger Wiederholung der Durchsage griff der Wlassow-Offizier Hauptmann Pawlinko zum Fernglas. Dann nahm sein Gesicht den Ausdruck eines Mannes an, der mit sich selbst und der Welt völlig zufrieden war. Er wandte sich an die anderen Mitglieder der Einsatzgruppe mit den gelassen klingenden Worten: *»Seht nur, da kommen sie, wurde ja auch Zeit.«*

Zeit war es nach Auffassung der Standarte »Kurt Eggers« auch dafür geworden, dass die Abteilung für Wehrmachtspropaganda beim OKW endlich einmal diesen Einsatz der Waffen-SS im Bereich der Kampfpropaganda gebührend zur Kenntnis nahm. Noch bevor sich der Standartenführer zur Übernahme seines neuen Kommandos nach Italien begeben hatte, händigte er dem Sonderführer Otto eine Reihe von Aufzeichnungen aus, die sich auf Wehrmachtsberichte der letzten Zeit bezogen. Nach Auffassung von Kommandeuren verschiedener Verbände der Waffen-SS wurde darin nicht mit einem einzigen Wort auf die Erfolge ihrer Truppen eingegangen. Unter den Angehörigen der Waffen-SS habe dies Verbitterung ausgelöst, und sie seien zu der Meinung gelangt, dass die Wehrmacht alles unternehme, um sich herauszustreichen.

Ein Disput mit Generalmajor von Wedel

Als der Chef der Abteilung Wehrmachtspropaganda, Generalmajor von Wedel, dem die SS-Kriegsberichter-Standarte formell unterstand, einen Verantwortlichen des Sonderkommandos »Wintermärchen« zur Berichterstattung nach Rastenburg befahl, ahnte er nicht im Geringsten, womit ihn der avisierte Sonderführer Otto noch vor seinem eigentlichen Vortrag konfrontieren würde.

Da der Standartenführer seine Leute stets dazu angehalten hatte, bei allem Respekt gegenüber einem Vorgesetzten niemals ein Blatt vor den Mund zu nehmen, sobald man zur Sache komme, handelte dann der Sonderführer auch demgemäß und teilte ihm unverblümt mit, dass es in vier Fällen Wehrmachtsberichte aus der jüngsten Zeit zu beanstanden gäbe, weil darin der Eindruck vermittelt worden sei, als hätte sich an gewissen hart umkämpften Frontabschnitten im Osten ausschließlich die Wehrmacht hervorgetan, was jedoch nicht der Wirklichkeit entspräche. Der Sonderführer scheute sich auch nicht, den Satz hinzuzufügen: *»Da wollen sich wohl einige auf unsere Kosten dicke tun, sich mit einen schönen Orden schmücken, den sie nicht verdient haben.«*

Betroffen von dem rüden Ton, den sich Sonderführer Otto ihm gegenüber herausnahm, vermied der Generalmajor in seiner Replik jedoch jegliche Schärfe, sondern gab zu verstehen, dass er persönlich die Angelegenheit außerordentlich bedauere, aber sich nicht getroffen fühle, da er selbst in der Zeit, in der die beanstandeten Wehrmachtsberichte abgefasst wurden, nicht bei seiner Dienststelle gewesen sei. Aber auch sein Stab könne nicht verantwortlich gemacht werden, da von den Heeresgruppen die Unterlagen für den Wehrmachtsbericht zu seiner Dienststelle kämen und er selbst ebenso wenig wie sein Stab die Möglichkeit habe, die Vollständigkeit der Berichtsunterlagen in Bezug auf die Erwähnung hervorragender Taten von SS-Verbänden zu prüfen.

Da der Generalmajor am Gesicht des Sonderführers merkte, wie wenig dem das Gesagte gefiel, das ihm ganz offensichtlich wie eine Ausrede vorkam, lenkte er unvermittelt ein, schlug einen Ton an, der Verständnis für den Unwillen der Waffen-SS signalisierte und machte dem Sonderführer den Vorschlag, dass man es in Zukunft so handhaben wolle, dass die einzelnen Kommandeure der Waffen-SS-Divisionen sich an ihn persönlich wenden und ihn über hervorragende Leistungen ihrer Einheiten direkt unterrichten sollten. Generalmajor von Wedel besänftigte schließlich den aufgebrachten Sonderführer, indem er ihm versicherte, dass er die Herren seines Stabes anweisen werde, in Zukunft mit besonderer Sorgfalt darauf zu achten, dass derartige Pannen sich nicht wiederholen.

Nachdem auf diese Weise die Zwistigkeiten zwischen Waffen-SS und Wehrmacht aus dem Weg geräumt waren, trug der SS-Vertreter vor, wie das Kampfpropaganda-Unternehmen »Wintermärchen« im Einzelnen vorbereitet worden sei und welche Erfahrungen bzw. Erfolge bis zur Stunde vorliegen würden.

Trotz des vorangegangenen Disputs zeigte sich der Chef der Wehrmachtspropaganda stark beeindruckt, wie die Angehörigen der SS-Standarte »Kurt Eggers« ihr erstes selbständiges Unternehmen im Bereich der Kampfpropaganda in einer Art aufgezäumt hatten, die nichts dem Zufall überließ. Im ganz besonderen Maße aber imponierte es ihm, dass die Aktion selbst dann fortgesetzt wurde, als schwere gegnerische Angriffe einsetzten und es erforderlich machten, die Lautsprecherfahrzeuge ständig unter laufenden Motoren zu halten, um sie im Augenblick der Gefährdung sofort von ihren Einsatzpunkten abziehen zu können.

Generalmajor von Wedel war von dem Vortrag derart angetan, dass er Sonderführer Otto bat, einige spezielle Aspekte des Unternehmens »Wintermärchen« unbedingt den Kommandeur der Propaganda-Ersatz- und Ausbildungs-Abteilung, Oberst Blume, wissen zu lassen, der insbesondere an der Tendenz der verfassten Flugblätter den einzelnen Methoden, die bei jedem Einsatz zur Anwendung kamen, sowie an technischen Details äußerst interessiert sei. Der Chef der Wehrmachtspropaganda brachte seine Überzeugung zum Ausdruck, dass durch die Aktion »Wintermärchen« die gesamte Propagandatätigkeit des deutschen Heeres eine neue Stufe der Entwicklung erreicht habe.

UNTERNEHMEN »SÜDSTERN«

Neues Einsatzgebiet Italien

Von dem Augenblick an, da sich die Achsenmächte nicht länger in Nordafrika behaupten konnten, war es nur noch eine Frage der Zeit, bis es zu einer Landung alliierter Truppen auf Sizilien kommen würde, das sie dann als Sprungbrett für ihr weiteres Vordringen auf das italienische Festland nutzen konnten. Hitler vermutete, dass die Italiener schnell wankelmütig werden würden, sobald sich die Kriegsereignisse auf italienischem Boden abspielen würden. Er rechnete damit, dass die Italiener in einem solchen Fall die Absicht hegen könnten, die Seiten zu wechseln.

So begann er unverzüglich seine Vorkehrungen zu treffen. Dies schloss zum einen die Sicherung der Alpenpässe an der deutsch-italienischen sowie an der französisch-italienischen Grenze ein. Ferner erteilte er die Anweisung, dass die deutschen Truppen jederzeit in der Lage sein mussten, die bisher von den Italienern besetzten Gebiete in Frankreich und auf dem Balkan in dem Augenblick unter ihre Kontrolle zu bringen, als es eine neue Situation erfordere. Des Weiteren hatte die deutsche Seite eine Anzahl ihrer Truppen aus Frankreich nach Italien verlegt und sich auch trotz starker Bedenken dazu entschlossen, aus der Ostfront einige Einheiten abzuziehen und sie in Richtung Italien in Marsch zu setzen.

Mit den aus der Ostfront herausgelösten Verbänden gelangten auch Angehörige der SS-Standarte »Kurt Eggers« in das neue Einsatzgebiet, das gänzlich andere Aufgaben für sie bereithielt, mit denen sie sich erst vertraut machen mussten. Dabei wurde ihnen ein hohes Maß an Einfühlungsvermögen abverlangt, da ja die Italiener noch immer als Deutschlands Verbündete anzusehen waren und nichts geschehen durfte, was die Kluft hätte vertiefen können.

Feldmarschall Kesselring, dessen Aufgabe bisher darin bestanden hatte, den Luftraum über dem Mittelmeer abzusichern, was durch die ständig schrumpfende Zahl einsatzbereiter Flugzeuge unmöglich war, geriet unversehens in die Rolle eines

Oberkommandierenden sämtlicher sich auf italienischem Boden befindlichen deutschen Streitkräfte, obwohl dies nicht offiziell bestätigt worden war.

Am 10. Juli 1943 erfolgte die Landung der Alliierten auf Sizilien. Ihr Geheimdienst hatte bei den Deutschen durch eine Anzahl von Täuschungsmanövern den Eindruck erweckt, als ob die Landung nicht wie vermutet in Sizilien, sondern auf Sardinien beabsichtigt sei. Verschiedene militärische Pannen ihrer Gegner machten es den Deutschen möglich, nach hinhaltendem Widerstand trotz einer großen Überlegenheit der alliierten Luft- und Seestreitkräfte ihr gesamtes Truppenkontingent über die Meerenge von Messina zum italienischen Festland hinüber zu schaffen. Der deutschen Führung war jedoch klar, dass dies nur einen Zeitgewinn von wenigen Wochen bedeutete und der britisch-amerikanische Großangriff auf Italien bevorstand.

Was tat sich während dieser Zeitspanne bei den Einsatztrupps der SS-Kriegsberichter-Standarte? Am 28. Juli 1943 berichtete der SS-Untersturmführer Dr. Alfred Thoss, der den Einsatztrupp Korsika leitete, wie schwierig es war, dorthin zu gelangen.

Am 19. Juli war der Trupp in Berlin in Marsch gesetzt worden, wobei der Weg über Frankreich genommen wurde, der dann weiter nach Masa bei Pisa führte, wo die sich dort befindliche SS-Sturmbrigade Reichsführer SS ebenfalls den Befehl erhalten hatte, sofort nach Korsika aufzubrechen.

Die Ausführung dieses Befehls bereitete der Einheit immense Schwierigkeiten, weshalb alles nur sehr langsam vor sich ging, obwohl die Situation zweifellos Eile gebot. Die schweren Waffen und Fahrzeuge der SS-Sturmbrigade wurden in Livorno an Bord eines Transportschiffes gebracht, das dann die Überfahrt nach Korsika antrat. Dies stellte eine wahre Zitterpartie dar, weil kurz zuvor ein anderes Transportschiff von britischen U-Booten torpediert worden war.

Von einer Sicherung der Seewege nach Korsika konnte nicht mehr die Rede sein. Es existierte nur noch ein einziges Transportschiff von 12 000 Bruttoregistertonnen, das es tagelang nicht wagte, wegen der latenten englischen U-Bootgefahr auszulaufen.

Die Männer der Brigade wurden in mehreren Flügen durch eine Ju 52 nach Korsika gebracht. Dies konnte jedoch nur für zwei Drittel der Mannschaften ermöglicht werden, da die zur Verfügung stehende Maschine den Befehl erhielt, dringend benötigten Nachschub nach Sizilien und nach Sardinien zu schaffen.

Die SS-Brigade bekam von dem italienischen Kommandierenden General, dem sie unterstellt worden war, als Standort einen Küstenstreifen südlich der Hafenstadt Bastia zugewiesen, in deren Nähe sich auch ein Flugplatz befand. Der General ließ die Deutschen jedoch wissen, dass ihr jetziger Aufenthaltsort nur vorübergehender Natur sei, zu einem späteren Zeitpunkt sollten sie den Schutz des Gebietes um Aullene im südlichen Korsika übernehmen. Es werde damit gewartet, bis die gesamte Einheit auf der Insel eingetroffen sei.

Die Kriegsberichter der Waffen-SS, die mit dem ersten Teil der Brigade nach Korsika gelangt waren, hatten keine Zeit verloren, sondern sofort die Gegend erkundet und bereits ihre ersten Reportagen auf den Weg nach Berlin gebracht. Darin wurde detailgetreu geschildert, unter welch schwierigen Bedingungen der Transport der Einheit nach Korsika erfolgt war: In einem der Berichte kam ein Truppenarzt zu Wort, der durch seine Tätigkeit viel zur Bekämpfung der Malaria beigetragen hatte. Besonders stolz aber waren die Kriegsberichter auf ihr Glanzstück, die Anfertigung einer Bildreportage von dem Marsch der SS-Sturmbrigade durch das wildromantische Bergland Korsikas zu ihrem Bestimmungsort. Zu Kampfhandlungen selbst sei es noch nicht gekommen, so ließen sie wissen, allerdings seien bereits zwei feindliche Flugzeuge abgeschossen worden.

Aus den nach Berlin weitergereichten internen Informationen war aber auch zu ersehen, dass es um die Bedingungen für eine qualitativ gute Berichterstattung schlecht bestellt war. Durch das Fehlen von Feldküchen könne nur kalte, nährstoffarme Verpflegung ausgegeben werden, worunter die Abwehrkräfte erheblich litten, was wiederum trotz aller vorbeugenden Maßnahmen vereinzelte Malariafälle begünstigt habe. Bitter vermisst würden auch angesichts einer täglich ansteigenden Hitze auf 40° – 45° Tropenuniformen.

Der Leiter des Einsatzstabes Korsika machte aber auch die Dienststelle in Berlin darauf aufmerksam, dass die zahlreichen Serpentinen des Berglandes in Korsika höchste Anforderungen an die Fahrkunst stellten. Es sollten deshalb nur solche Fahrer nach Korsika geschickt werden, die äußerst nervenstark waren, führen doch die meisten der sehr schmalen Straßen an Abgründen vorbei.

Über die auf Korsika befindlichen deutschen Truppen hieß es in dem Bericht, dass lediglich noch eine Wehrmachtsnachschubkompanie sowie eine kleinere Marineeinheit vorhanden wären. Das Verhältnis der italienischen Soldaten zu den deutschen sei von Gleichgültigkeit geprägt. Es komme weder zu Kontakten noch zu Gesprächen. Besonders schlecht sei es um die Disziplin des italienischen Militärs bestellt. Immer wieder sei zu beobachten, dass die einzelnen Soldaten an ihren Offizieren grußlos vorbeiliefen, die Hände in den Hosentaschen, eine Zigarette im Mund. Dagegen würden die deutschen Soldaten durch ihre guten Ehrenbezeigungen bei den Korsen angenehm auffallen.

Auch zwischen den deutschen und den italienischen Offizieren herrschte so etwas wie Funkstille. Die italienischen Offiziere hatten für sich in Bastia die besten Hotels beschlagnahmt oder lebten in Wohnungen, die teilweise vier Zimmer umfassten. Überall war deutlich festzustellen, dass eine gespannte Atmosphäre in der Luft lag, dass sich irgend etwas zusammenbraute.

Wenn sich auch aus den Gesichtern der italienischen Offiziere gegenüber den Deutschen noch keine direkte Feindseligkeit ablesen ließ, so war doch zu spüren, wie wenig man ihre Anwesenheit auf Korsika schätzte. Verhandlungen mit italienischen Dienststellen über die Einrichtung von Nachschub- und Brennstofflagern verliefen regelmäßig im Sande.

Mitarbeiter des Auslands-SD, die Erkundungen über den Widerstandswillen der italienischen Soldaten anstellten, bekamen unverblümt gesagt, dass es ihnen völlig gleichgültig sei, ob die Deutschen oder die Engländer den Krieg gewinnen würden. Die weiteren Erkenntnisse lauteten, dass die von den Italienern errichteten Küstenbefestigungen derart primitiv ausgeführt worden seien, dass sie eine etwaige Landung der Alliierten nicht abzuwehren vermochten. Alles deute darauf hin, dass die Italiener auch nicht die geringste Absicht hegen würden, Engländern oder Amerikanern Widerstand entgegenzusetzen.

Ein eigenartiger Vorfall hatte sich gleich nach der Ankunft der ersten SS-Offiziere abgespielt. Eine Art von Delegation der Korsen erschien in ihren Quartieren und unterbreitete den Deutschen den Vorschlag, gemeinsam die Italiener aus Korsika hinauszuwerfen. Der Wortführer überreichte den Deutschen ein Verzeichnis mit den Namen aller Korsen, die sich an einer solchen Aktion beteiligen wollten. Die Korsen konnten nicht begreifen, warum die deutschen Soldaten davon nichts wissen wollten.

An ein Haus in Bastia auf Korsika hatte jemand in großen Lettern die Losung an die Wand gemalt: *»Vive l'Allemagne, vive Hitler! Vive la Corse!«*. Ein darunter befindliches italienisches Hoheitsabzeichen war kreuz und quer durchgestrichen. Die vorbeiziehenden italienischen Soldaten zeigten völlig ausdruckslose Gesichter, deutsche Soldaten schüttelten bedenklich die Köpfe, vorübergehende Korsen taten so, als wäre diese Inschrift ihr höchstpersönliches Werk.

Der nach Berlin zur Unterrichtung der SS-Standarte »Kurt Eggers« gesandte Bericht des Untersturmführers Dr. Thoss endete mit den Worten: *»Soeben erhalte ich die Nachricht von dem Rücktritt Mussolinis.«*

Bereits der nächste Bericht, den der SS-Untersturmführer Dr. Thoss am 15. August 1943 nach Berlin an die dortige Dienststelle der Standarte sandte, spiegelte die Veränderungen wider, zu denen es inzwischen auf Korsika gekommen war.

Italien verlässt den Dreimächtepakt

Das Ausscheren der Italiener aus dem Bündnis mit Deutschland und ihre Waffenstillstandserklärung gegenüber den Alliierten hatten auf der Insel zu einer völlig verworrenen Situation geführt. Zeitweise ließ sich nicht mehr überblicken, wer auf wessen Seite stand. Während sich die einen ihrer zukünftigen Haltung noch nicht schlüssig waren, hatten andere bereits ihre Wahl getroffen und die Deutschen, die sie gestern noch um Waffen gegen die Engländer und Amerikaner ersuchten, nun zu ihren Feinden erkoren und erste Angriffe gegen sie unternommen.

Die Sturmbrigade hatte nach dem Abfall der Italiener sofort ihren bisherigen Standort geräumt und sich an die Südspitze Korsikas begeben, um bei Bonifazio einen Brückenkopf zu bilden, der eine Rückführung der 90. Panzerdivision aus Sardinien gewährleisten sollte.

»Unsere erste Maßnahme bestand darin«, so veranschaulichte einer der Kriegsberichter, *»eine hier von den Italienern besetzte Küstenbatteriestellung auszuschalten, um zu verhindern, dass sie etwa das Feuer auf eine der Fähren eröffneten, mit denen die Angehörigen der Panzerdivision nach Korsika übersetzten. Die dazu erforderliche Entwaffnung der italienischen Soldaten verlief reibungslos, niemand versuchte Widerstand zu leisten.«*

Überrascht wurden die Deutschen jedoch von der Reaktion der Korsen. Die gleiche Gruppierung, die ihnen noch vor kurzem ein Zusammengehen gegen die Italiener offeriert hatte, griff plötzlich an verschiedenen Punkten der Insel die Männer der Sturmbrigade aus dem Hinterhalt an und fügte ihnen Verluste bei.

Einige der auf Korsika weilenden SS-Kriegsberichter der Standarte »Kurt Eggers«, die sich ein gutes Verhältnis zur Bevölkerung erarbeitet hatten, erfuhren von ihnen, dass hier der amerikanische Geheimdienst OSS, aus dem nach dem Krieg die CIA hervorging, am Werke gewesen war. Viel Geld sei geflossen, um die Inselbewohner zu einem Aufruhr gegen die Deutschen zu veranlassen.

Diese Nachricht schien sich schon nach kurzer Zeit zu bestätigen, tauchte doch auf einmal in der Unterkunft der Standarte der örtliche Priester auf, eine US-Fahne schwenkend und mit einer amerikanischen MP ausgerüstet, dem eine große Zahl von ebenfalls bewaffneten Einwohnern folgten, die noch Tage zuvor den Deutschen Melonen gegen den Durst angeboten hatten. Jetzt gebärdeten sie sich als erbitterte Feinde, schossen wild um sich, so dass den Kriegsberichtern nichts anderes übrig blieb, als ihrerseits zur Waffe zu greifen, um die aufgehetzte Menschenmenge zu vertreiben.

Viele solcher Zwischenfälle wurden in der Nachkriegszeit von den kommunistischen Partisanen in der Öffentlichkeit so dargestellt, als hätte sich vielerorts die Waffen-SS an friedlichen Bürgern vergriffen und unschuldige Menschen umgebracht.

In den Bergen wurde ein Verpflegungslager der Brigade angegriffen, auf marschierende Kolonnen fanden während ihres Rückzuges zur Küste hinterrücks Überfälle statt. In der Küstenregion von Bonifazio tauchte ein italienischer Zerstörer auf, der die Stadt unter Feuer nahm, wobei es der Mannschaft völlig gleichgültig schien, dass ihre Granaten eher Zivilisten als deutsche Soldaten trafen. Schließlich gelang es einer 8,8 Flak der Brigade, den italienischen Zerstörer in Brand zu schießen.

Noch verwirrender wurde die Lage dadurch, dass aus Sardinien kommend drei faschistische Bataillone eintrafen, die sich der Rückverlegung der 90. deutschen Panzerdivision angeschlossen hatten. Sie zogen lärmend durch Bonifazio, ließen immer wieder ihren Ruf ertönen: »*Wer nicht mit uns ist, der ist gegen uns.*«

Nachdem sie in der Stadt eine Zeitlang ihre Macht demonstriert und die korsischen Bewohner entsprechend eingeschüchtert hatten, wandten sie sich der Innenstadt zu, wo sich einige Kasernen befanden, in welchen zahlreiche italienische Soldaten unschlüssig herumstanden, weil sie sich von der eingetretenen Situation überfordert fühlten. Eine dieser sich zum Faschismus bekennenden Einheiten ließ sich gar nicht erst auf Diskussionen ein, sondern nahm sogleich die Entwaffnung ihrer Landsleute vor.

Anderenorts auf Korsika gab es zwischen Deutschen und Italienern hartnäckige Verhandlungen, um Letztere davon zu überzeugen, dass es ihre Pflicht sei, ihr Land gegen die eindringenden britischen und amerikanischen Armeen zu verteidigen.

Dabei tat sich besonders der zwei Wochen zuvor als Inselkommandant nach Korsika gekommene Generalleutnant und Ritterkreuzträger von Sänner hervor, der am Sitze seines Stabes in Corte mit dem dortigen kommandierenden italienischen General eine lange Unterredung führte, um ihn davon abzubringen, seinen einstigen deutschen Kameraden jetzt in den Rücken zu fallen. Er kann damit allerdings auch nur bezweckt haben, Zeit zu gewinnen, um die Handlungsfähigkeit der deutschen

Seite aufrechtzuerhalten, waren doch die italienischen Truppen auf Korsika zahlenmäßig weit überlegen, so dass sie jederzeit in der Lage gewesen wären, jegliche Absichten der Deutschen zu durchkreuzen.

Dem Rückmarsch der Brigade hatten sich mehrere kleinere Einheiten der Marine sowie der 90. Panzer-Division angeschlossen, die es bereits geschafft hatten, mit einigen Teilen ihrer Truppenverbände von Sardinien nach Korsika zu gelangen. Wie sich aus dem von SS-Untersturmführer Dr. Alfred Thoss nach Berlin zur Kommando-Zentrale der Kriegsberichter gesandten Bericht entnehmen ließ, war die Absetzbewegung in Richtung des Flughafen Borgo bei Bastia nahezu reibungslos verlaufen.

Die Situation änderte sich plötzlich in einem Ort kurz vor Erreichen des Flugplatzes. Zunächst machte es den Anschein, als hätten sich die Italiener mit dem Vorbeizug der deutschen Truppen abgefunden. Etliche Einheiten ließen sie ohne Weiteres passieren. Doch in dem Augenblick, als eine Infanteriekompanie das Dorf durchquerte, eröffneten sie das Feuer auf die Deutschen, die sie vor kurzem noch als ihre Waffenbrüder angesehen hatten. Die Italiener sprengten eine größere Brücke in die Luft, was in der Kompanie zu Verlusten führte und wodurch zeitweilig das weitere Vorankommen ins Stocken geriet.

Am 13. September um die Mittagszeit hatte die deutsche Kolonne Bastia erreicht. Doch die hier erwarteten deutschen Bombenflugzeuge, mit deren Unterstützung die Stadt von den Badoglio-Einheiten gesäubert werden sollte, erschienen nicht. Auf die deutschen Truppen, die sich auf der einzigen Küstenstraße immer mehr zusammendrängten, prasselte schweres Feuer italienischer Batterien nieder, die in den umliegenden Bergen Stellung bezogen hatten.

Erst nach mehreren Stunden gelang es, den italienischen Widerstand zu brechen und die Stadt einzunehmen. Der italienische General, der hier das Kommando gehabt hatte, ließ sich nicht mehr auffinden. Zahlreiche Italiener wurden als Gefangene genommen.

Noch bevor nach der Entmachtung Mussolinis die Kriegserklärung der Italiener unter Badoglio an die Deutschen erfolgt war, traf am 19. August 1943 Generalfeldmarschall Kesselring, der inzwischen offiziell seine Ernennung zum Oberbefehlshaber Süd erhalten hatte, auf Korsika ein, um sich durch eigenen Augenschein ein Bild davon zu verschaffen, inwieweit sich die Insel nach der zu erwartenden baldigen Landung alliierter Truppen als Operationsfeld nutzen lasse.

Mehrmals waren anglo-amerikanische Flugzeuge über der Insel erschienen und hatten Waffen und Munition abgeworfen, die offensichtlich für italienische Partisanen bestimmt waren. All diese US-Waffen, darunter zahlreiche Maschinengewehre sowie Maschinenpistolen nebst 108 000 Schuss Munition, waren in die Hände der Deutschen gefallen.

Die SS-Kriegsberichter, die teilweise ihren Standort beim Brigadestab in Aullene gefunden hatten, nahmen die Gelegenheit wahr, Generalfeldmarschall Kesselring während seiner gesamten Fahrt über die Insel Korsika zu begleiten, und versäumten auch nicht, ihn beim Betrachten der Beutewaffen zu filmen.

Trotz der angespannten Situation hatte sich die Gruppe Film der Standarte »Kurt Eggers« vorgenommen, einen Film über Korsika zu drehen, zu dessen zerklüfteten Bergschluchten die von Blumen übersäten Täler einen reizvollen Kontrast bildeten. Die Männer mit den Fotokameras wollten dahinter nicht zurückstehen und begaben sich auf Motivsuche. Aus einer Vielzahl von Aufnahmen sollten die besten für einen Bildband über Land und Leute ausgewählt und zu einem geeigneten Zeitpunkt in einem deutschen Verlag herausgebracht werden.

Die Kommandostelle der Standarte in Berlin erteilte den auf Korsika eingesetzten Kriegsberichtern die ausdrückliche Anweisung, bei ihren Exkursionen durch das Land insbesondere auch kulturelle Relikte jeglicher Art auf ihren Filmen festzuhalten, weil damit gerechnet werden müsse, dass vieles davon bei einem anglo-amerikanischen Landungsunternehmen noch stärker in Mitleidenschaft gezogen werden könnte, als dies der bisher an ihnen nagende Zahn der Zeit bewirkt habe.

Darauf ist es auch zurückzuführen, dass sich unter dem Bestand von etwa 2 Millionen Aufnahmen, welche die Kriegsberichter der SS-Standarte bis zum Frühjahr 1945 anfertigten, in nicht geringer Zahl auch solche befinden, auf denen einmalige Stätten der europäischen Kulturgeschichte abgebildet wurden. Dazu gehört auch eine Aufnahme des einstmals weltberühmten, 1300 Jahre alten benediktinischen Klosters, welches sich auf dem Gipfel des Monte Cassino in 516 Meter Höhe erhob und am 15. Februar 1944 durch 229 US-Bomber der 12. und 15. amerikanischen Luftflotte im Verlauf von zwei Angriffswellen durch den Abwurf von 435 Tonnen Spreng-und Brandbomben der völligen Zerstörung anheim fiel.

Unternehmen »Südstern« an der Front von Monte Cassino

Dies stellte einen Frevel sondergleichen dar, was von dem an die Front von Monte Cassino beorderten Kommandeur der SS-Standarte »Kurt Eggers«, Gunter d'Alquen, nach Einleitung eines im März 1944 begonnenen weiteren Unternehmens der Kampfpropaganda, das die Bezeichnung »Südstern« trug, erstmals der Weltöffentlichkeit bekanntgegeben wurde. Im gewissen Sinne stellte es den Auftakt eines Propaganda-Duells dar, das sich beide Seiten fortan lieferten.

Gunter d'Alquen ließ sich von Generalfeldmarschall Kesselring bestätigen, dass es von Seiten der deutschen militärischen Führung keinerlei Befehl dazu gegeben habe, den wegen seiner fast einmalig zu nennenden historischen Bedeutung für das gesamte Abendland so bedeutsamen Klosterbau zu einem Teilstück einer sich quer durch Italien ziehenden Verteidigungslinie zu machen. Von dem deutschen Oberbefehlshaber war ausdrücklich untersagt worden, das Kloster selbst in das deutsche Verteidigungssystem einzubeziehen. Hiervon wurde sogleich der alliierten Seite Kenntnis gegeben.

Die deutschen Fallschirmjäger, die das Bergmassiv des Monte Cassino verteidigten, erhielten den Befehl, ihre Stellungen in 300 Meter Entfernung von den Klosteranlagen zu errichten. Keinem deutschen Soldaten war es gestattet, sich hinauf zu dem Kloster zu begeben. Wider besseres Wissen brachte der amerikanische

Geheimdienst OSS, der Allen Dulles unterstand, die Meldung in Umlauf, man habe deutsche Soldaten auf dem Klostergelände wahrgenommen. Es war eine von der amerikanischen Führung in Auftrag gegebene Zweckmeldung, um sich rechtzeitig ein Alibi zu verschaffen, durch welches die Zerstörung des Klosters durch einen Bombenangriff gerechtfertigt werden sollte.

Tatsächlich stellte das amerikanische Unterfangen den Versuch dar, von der Tatsache abzulenken, dass sich die alliierte Offensive bei Monte Cassino festgelaufen hatte. Es war der Kommandeur der 2. Neuseeländischen Division, General Bernhard Freyberg, der, nachdem man ihm den Befehl gegeben hatte, einen erneuten Angriff auf die deutschen Stellungen vorzunehmen, darauf bestand, zunächst das Kloster in Schutt und Asche zu legen, da sich seiner Meinung nach hier eine deutsche Funkstation befinden müsse.

Ohne dass sich die Alliierten noch einmal vergewisserten, ob diese Behauptung den Tatsachen entspräche, wurde dem US-Bomberkommando der Angriffsbefehl erteilt. Zum Zeitpunkt der Bombardierung befanden sich neben den Mönchen etwa 800 Zivilisten im Kloster, bei denen es sich zumeist um Frauen und Kinder handelte. Etwa 250 von ihnen fielen dem verbrecherischen Angriff zum Opfer. Erst jetzt nach der völligen Zerstörung des Klosters durch die Amerikaner wurde der deutsche Befehl des Verbotes jeglicher militärischer Aktivität in den Mauern dieses Gebäudes außer Kraft gesetzt.

Am 17. Februar 1944 besetzten deutsche Truppen die Klosterruinen, was jetzt unabdingbar geworden war, um hier den Alliierten keine offene Frontlücke zu überlassen. Im Hinblick auf dieses Geschehen sollte nicht unerwähnt bleiben, dass es einem deutschen Offizier zu verdanken ist, dass bereits zu einem früheren Zeitpunkt die wertvolle Bibliothek des Klosters, darunter etwa 1200 Dokumente des Mittelalters, die für die Entstehung des christlichen Glaubens in Europa eine unschätzbare Bedeutung besaßen, dem Vatikan in Rom zugeführt worden waren, wodurch sie ihrer Vernichtung entgingen.

In den folgenden Wochen und Monaten unternahmen die Alliierten fortgesetzte Angriffe auf das Bergmassiv, die für beide

Seiten zu ungewöhnlich hohen Verlusten führten. Ein besonderes Merkmal der Schlacht um den Monte Cassino bestand darin, dass auf Seiten der Alliierten neben den britischen und amerikanischen Truppen französische, indische, neuseeländische, algerische, marokkanische und in besonders großer Zahl polnische Soldaten der nach ihrem Anführer, General Wladyslaw Anders, benannten Armee fochten. Die Schlacht um Monte Cassino kostete über 54 000 alliierte Soldaten das Leben. Einen besonders hohen Blutzoll hatten die polnischen Streitkräfte zu entrichten.

Die eigentliche Aufgabe, die mit der Entsendung des SS-Standartenführers Gunter d'Alquen nach Italien verbunden worden war, sollte der Versuch sein, unter Anwendung der an der Ostfront erfolgreich verlaufenden Kampfpropaganda nunmehr auch die polnischen Soldaten zum Überlaufen zu veranlassen.

Doch der Standartenführer musste sehr schnell erkennen, dass die Bedingungen an der italienischen Front sich in keiner Weise mit denen in Russland vergleichen ließen. Hier musste er sich etwas gänzlich anderes einfallen lassen, um der Propagandawaffe eine Wirksamkeit zu verleihen.

Bevor sich der Standartenführer dieser Aufgabe zuwandte, beschloss er, sich eines Problems anzunehmen, welches er als ein schwerwiegendes Versäumnis empfand. Nach dem Übertritt eines bedeutenden Teils der italienischen Truppen zum Badoglio-Regime machte die Wehrmacht aus ihrer Abneigung auch gegen jene italienische Soldaten kein Hehl, die zu verstehen gegeben hatten, dass sie sich weiterhin als Bündnispartner der Deutschen betrachteten.

Keine pauschale Verurteilung aller italienischen Soldaten

Gunter d'Alquen erkannte die Gefahr, dass es hier Ansatzpunkte für die Propaganda der von Kommunisten geführten Partisanenverbände gab, wenn nicht sofort eine verbindliche Erklärung abgegeben werden würde, um die gespannten Beziehungen zu entschärfen. Er schlug Generalfeldmarschall Kesselring vor, ein entsprechendes Merkblatt auszuarbeiten, das dann in allen deutschen Heeresteilen auf italienischem Boden verbreitet werden sollte.

Nach der Zustimmung des Oberbefehlshabers verfasste der Standartenführer folgenden Text: »*Die Entrüstung der deutschen Soldaten über den zweimaligen Verrat der italienischen Regierung ist gerecht. Der italienische Soldat oder Offizier, der sich jetzt zum Kampf an deutscher Seite bereit erklärt hat, beweist jedoch durch die Tat, dass er mit dem Verrat der Regierung Badoglio nicht einverstanden ist.*

Es wäre falsch und für uns selbst nachteilig, ihn durch persönliche Beschimpfung oder allgemeine abfällige Urteile über die gesamte italienische Bevölkerung zu beleidigen und so den nutzbringenden Einsatz seines Kampfes oder seiner Arbeit zu gefährden. Durch den Einsatz dieser italienischen Soldaten im Rahmen und in enger Fühlung mit den deutschen Soldaten ist nunmehr die Gelegenheit gegeben, die anständigen Soldaten dieses Volkes unbeeinflusst von verräterischen Elementen für uns zu gewinnen.

Bei dem Kampf und dem Einsatz der Italiener sind folgende Gesichtspunkte zu berücksichtigen:

Der italienische Soldat ist gutmütig, einfach und deshalb von verständnisvollen Vorgesetzten leicht zu leiten. Er hängt betont an der Person des Vorgesetzten.

Befehle und Rügen im schreienden Ton widersprechen dem auf Verbindlichkeit eingestellten Volkscharakter und machen ihn störrisch. Durch persönliches Interesse für ihn und seine kleinen Nöte gewinnt man rasch sein Vertrauen. Eine Belohnung und Anerkennung für gute Leistungen spornen den italienischen Soldaten mehr an als Beschimpfungen und Strafen.

Der starke Familiensinn und die besondere Kinderliebe des italienischen Volkes macht die Verbindung zu der Familie durch gute Organisation – Postverbindungen und Geldüberweisungen – in die Heimat zur Voraussetzung des guten Willens des italienischen Soldaten.

Für die bei uns als Voraussetzung eines guten Soldaten geltende Strammheit wie auch die Grunddisziplin fehlt ihm wie

allen Südländern das Verständnis. Hier ist eine gewisse Nachsicht und Geduld notwendig. Am besten wirkt das Beispiel des deutschen Soldaten.
Die deutsche Verpflegung ist für italienische Soldaten ungewohnt. Wo sie nicht auf die Basis von Öl oder Gemüse gestellt werden kann, sollte die Zubereitung der deutschen Verpflegung den italienischen Abteilungen am besten selbst überlassen bleiben.
Der Italiener ist gegenüber kalter Witterung äußerst empfindlich. Bei Einsatz in den nördlichen Gegenden Frankreichs ist gemäß der Witterung Winterkleidung aus den italienischen Beutebeständen bereitzustellen.
Der Verkehr mit der besonders in Südfrankreich stark kommunistisch verseuchten italienischen Auswanderer-Bevölkerung ist zu unterbinden,
Jede Einmischung in religiöse Fragen sowie eine Verhöhnung der religiösen Gewohnheiten muss unter allen Umständen vermieden werden. Die Abhaltung von Gottesdiensten an Sonn- und Feiertagen ist, wo immer möglich, sicherzustellen.«

Danach konzentrierte sich der Kommandeur der SS-Kriegsberichter-Standarte voll auf seinen Auftrag, die Kampfpropaganda-Aktion »Südstern« in die Wege zu leiten. Von der deutschen Luftwaffe war ihm der Kriegsberichter Henri Nannen zur Seite gestellt worden, der hier übrigens den SS-Untersturmführer Johann Weidemann kennenlernte, dem später die weitere Durchführung dieses Propaganda-Unternehmens oblag. Als Henri Nannen nach Kriegsende den *Stern* gründete, gehörte Johann Weidemann sogleich dem Redaktionsstab an.

Der eigentliche Zweck von »Südstern« sollte darin bestehen, die polnischen Soldaten der Anders-Armee zum Überlaufen zu veranlassen. Mit den entsprechenden Stellen im Reich war vereinbart worden, allen Polen die Zusicherung zu geben, dass für sie keine Kriegsgefangenschaft in Frage käme, sondern sie sich sofort in ihre Heimat nach Polen begeben könnten.

Mochte auf den ersten Blick dieses Angebot verlockend klingen, so stand dem jedoch die bisherige deutsche Besatzungspolitik, speziell die Errichtung des sogenannten Generalgouvernements entgegen, das unter der Leitung von Hans Frank viele rigorose Maßnahmen vorgenommen hatte, die denen des Reichskommissars Ukraine, Erich Koch, glichen und auf das Verhältnis der polnischen Bevölkerung gegenüber der deutschen Besatzungsmacht mehrheitlich ihre negativen Auswirkungen zeitigten.

In der Standarte »Kurt Eggers«, die sich nicht die geringste Zurückhaltung auferlegt hatte, jedwede Missstände deutscher Besatzungspolitik dafür verantwortlich zu machen, dass sich die allgemeine Kriegslage Deutschlands ständig verschlechterte, war man sich bewusst, dass sich mit billigen Propagandamätzchen bei der polnischen Andersarmee in Italien kaum ein Erfolg erzielen lasse. Es bedurfte einer überzeugenden Argumentation, um die polnischen Soldaten zum Nachdenken zu bringen, ob sie ihrer Heimat dadurch nützten, dass sie ihr Leben auf dem italienischen Kriegschauplatz opferten. Genau dies sollte der Ansatzpunkt für »Südstern« sein.

»Südstern« zielt auf die polnische Armee des General Anders

Das Unternehmen der Kampfpropaganda in Italien nahm am 3. März 1944 seinen Beginn mit der Ausstrahlung einer ersten Sendung in polnischer Sprache, die sich ausschließlich an die Armee des Generals Wladislaw Anders richtete.

Obwohl Polen sich nach dem Ende des Zweiten Weltkrieges über lange Zeit rühmte, dass es zwar in all den anderen europäischen Staaten, die während des Krieges von den Deutschen besetzt worden seien, »Quislinge« gegeben habe, nur in ihrem Land nicht, trifft dies so verallgemeinernd nicht zu.

Der Standarte »Kurt Eggers«gelang es, für ihre Aktion in Italien eine Anzahl prominenter polnischer Rundfunksprecher der Vorkriegsjahre zur Mitarbeit zu gewinnen, was den jetzt aus der Taufe gehobenen Propaganda-Sender, der sich jeden Tag unter dem Namen »Wanda« meldete und über mehrere Stunden seine Botschaft in den Äther ausstrahlte, durchaus einen Anstrich von Seriosität verlieh. Ausführlich beschäftigte sich der Sender mit der Person des Generals Anders, der in gewisser Weise – *nomen est omen* – sich von vielen polnischen Militärs unterschied. Blutjung hatte er der Armee des russischen Zaren angehört, wurde im Jahre 1919 nach der Wiederentstehung des polnischen Staates, die übrigens mit Hilfe der deutschen Militärbesatzung in Warschau erfolgte, zum Stabschef einer Großpolnischen Armee ernannt. Als sich Polen im Jahre 1920 auf einen Krieg mit der Roten Armee einließ, um seine östliche Grenze weiter auszudehnen, stand der spätere General Anders an der Spitze des 15. Posener Ulanen-Regiments.

Beim Kriegsbeginn zwischen Polen und Deutschland befehligte Wladyslaw Anders eine Kavalleriebrigade im äußersten Osten des Landes, die am 17. September 1939 in Kämpfe mit der einrückenden Roten Armee verwickelt wurde, welche gemäß dem zwischen Hitler und Stalin abgeschlossenen Pakt den östlichen Teil Polens bis zu den Flüssen Bug und San besetzte.

Anders wurde während dieser Kämpfe verwundet und geriet in sowjetische Gefangenschaft. Einem Zufall hatte er es zu verdanken, dass er dem Schicksal seiner bei Katyn auf Veranlassung Stalins zu Tausenden umgebrachten polnischen Offizierskameraden entging. Nach dem Ausbruch des Krieges zwischen Deutschland und der Sowjetunion machte Stalin einer Anzahl höherer polnischer Offiziere, die sich noch immer in seinem Gewahrsam befanden, das Angebot zur Aufstellung von polnischen Streitkräften in der Sowjetunion.

General Anders, der sich als Anhänger der polnischen Exilregierung in London verstand, erklärte sich bereit, den Oberbefehl dieser Truppen zu übernehmen. Jetzt, da sich das Interesse der Weltöffentlichkeit auf ihn richtete, scheute er sich nicht davor, Stalin einen dicken Strich durch die Rechnung zu machen, indem er einen Einsatz dieser Truppen an der sowjetischen Front ablehnte. Die polnische Exilregierung traf mit der Sowjetunion eine Vereinbarung, dass die Anders-Armee das russische Staatsgebiet über die iranische Grenze verlassen durfte, von wo aus sie den gesamten Nahen Osten auf ihrem Wege nach Westeuropa durchquerte. Fortan stand das von ihm geführte 2. Polnische

Korps an der Italienfront, nachdem es zuvor das Afrikakorps des Generals Rommel bekämpft hatte.

Die Propagandaleute von »Südstern« bedienten sich geschickt dieses Lebenslaufes des polnischen Befehlshabers, um die Soldaten der Anders-Armee darauf hinzuweisen, dass nicht die Deutschen für die zukünftige Existenz Polens eine Bedrohung darstellten, sondern sich eine Gefährdung weitaus größerer Art durch das Vordringen der Roten Armee nach Westen für ihr Heimatland ergäbe.

Fortan wurde dann jede Durchsage des Senders »Wanda« mit der suggestiven Frage an die polnischen Soldaten eingeleitet: *»Was bedeutet euch mehr – Italien oder Polen? Warum kämpft ihr auf fremdem Boden und überlasst die Verteidigung eurer Heimat den Deutschen? Lautet das Gebot der Stunde nicht, dass alle, die Europa vor dem Ansturm des Bolschewismus bewahren wollen, sich jetzt zusammentun, anstatt in sinnloser Feindschaft ihre Kräfte zu verzehren?«*

Entsprechende Flugblätter gleichen oder ähnlichen Inhaltes wurden durch die deutsche Luftwaffe über den polnischen Stellungen bei Monte Cassino abgeworfen. Sie enthielten auch einen vom Chef des Oberkommandos der Wehrmacht, Keitel, abgezeichneten Befehl, der nochmals den polnischen Soldaten ehrenwörtlich versicherte, dass Deutschland ihre sofortige Rückführung nach Polen veranlassen würde.

Was der Wirksamkeit der deutschen Propaganda entgegenstand, war die Tatsache, dass die Schlacht bei Monte Cassino tagtäglich mit größerer Erbitterung ausgetragen wurde, die jeglicher Propaganda, und mochte sie noch so viel an Überzeugungskraft besitzen, nicht mehr zugänglich war. Dennoch ist von etwa 1900 polnischen Überläufern die Rede, wofür es jedoch im Kriegstagebuch des OKW keine Bestätigung gibt, so dass dies hier nur unter Vorbehalt wiedergegeben werden kann.

Bevor Gunter d'Alquen die weitere Durchführung von »Südstern« dem SS-Untersturmführer Johann Weidemann übertrug, da er die Vorbereitung und Führung eines neuen Unternehmens der Kampfpropaganda an der Ostfront mit der Bezeichnung Skorpion Ost in Angriff nehmen sollte, konzentrierte er weitere propagandistische Bemühungen in Italien auf die britischen und amerikanischen Soldaten, da es ihn einfach reizte, einmal herauszufinden, ob es nicht auch bei ihnen gewisse Schwachstellen zu entdecken gab, die man propagandistisch ins Visier nehmen konnte.

Diese von der SS-Standarte »Kurt Eggers« unter den Alliierten in Italien betriebene Zermürbungstaktik basierte auf einem völlig neuen Stil der Kriegspropaganda, indem er sich künstlerischer Motive bediente. Die besten Grafiker wurden hierzu herangezogen. Auch Leute, die Kenntnisse über das amerikanische Werbewesen besaßen, waren mit von der Partie.

Es dürfte in diesem Zusammenhang von Interesse sein, dass die Handschriftenabteilung der Berliner Staatsbibliothek vor einigen Jahren eine Anzahl dieser propagandistischen Machwerke erwarb, weil sie mittlerweile als beachtenswerte Unikate angesehen werden.

Deutsche Kriegspropaganda nimmt subtilere Züge an

Bereits die ersten Propaganda-Bildnisse, die von »Südstern« unter den anglo-amerikanischen Truppen verbreitet wurden, stellten sowohl vom Motiv als auch von ihrer künstlerischen Umsetzung her etwas völlig Neuartiges dar, was es in dieser Form im Verlauf des bisherigen Krieges nicht gegeben hatte. Anstelle der bislang von allen Kriegsparteien bevorzugten Standards – Verunglimpfung des Gegners – Betonung seiner Schwächen – Hervorhebung der eigenen militärischen Stärke – kamen erstmalig Elemente einer weitaus subtileren Propaganda zur Anwendung, mit denen auf unterschwellige Ängste des einzelnen Soldaten gezielt wurde.

Eine Reihe von talentierten Zeichnern, die bisher mit dem Kohlestift möglichst dramatische Kriegsszenen festgehalten hatten, durften jetzt bei dem Propaganda-Unternehmen »Südstern« einmal unter Beweis stellen, was an künstlerischen Fähigkeiten ansonsten noch in ihnen steckte. Im ganz besonderem Maße galt dies für den Illustrator Manfred Schmidt.

Von den Propaganda-Werfern, über welche die Standarte »Kurt Eggers« gebot, flatterten eines Tages zu den Stellungen der Briten und Amerikaner bei Monte Cassino zwei kolorierte Zeichnungen hinüber, auf denen Folgendes dargestellt war: Das eine Bild zeigte eine Blondine, die von ihrem Aussehen her der zur damaligen Zeit äußerst populären Hollywood-Diva Jean Harlow glich, wie sie sich gerade von einem sie anschmachtenden Typ die entblößte Schulter küssen ließ. Ein Schriftzug tat dem Betrachter kund: *»Gentlemen prefer Blondes«*, was auf gut Deutsch soviel heißt, als dass Männer von Lebensart Blondinen bevorzugen. Auf der zweiten Abbildung erblickte man einen einbeinigen Krüppel, der sich mühselig auf seinen Krücken vorwärts schleppte. Die Unterschrift dazu lautete: *»But Blondes don't like Cripples«*, also dass Blondinen keine Krüppel mögen.

Eines der nächsten von »Südstern« herausgebrachten Pamphlete, bestand wiederum aus zwei Teilen. Auf dem einen war zu sehen, wie sich ein amerikanischer Sanitäter über einen Schwerstverwundeten beugte. Der lapidare aus drei Worten bestehende Kommentar lautete: *»For men only«* – nur für Männer. Auf dem anderen verlustierte sich ein Amerikaner mit einer nackten Schönheit. Die Kommentierung dazu: *»For Officers only«* – nur für Offiziere.

Ein weiteres Bildnis aus dem Propaganda-Atelier von »Südstern« zeigte einen im Stacheldrahtverhau hängenden toten Amerikaner, während vom Horizont her das Antlitz einer Frau zu erblicken war, deren Augen sich auf eine imaginäre Welt zu richten schienen.

US-Nachrichtenoffiziere, die nach dem Krieg über ihre Meinung zu der deutschen Propaganda-Aktion in Italien befragt wurden, räumten ein, dass es dadurch zwar so gut wie keine Überläufer gegeben habe, dennoch eine psychologische Wirkung unverkennbar gewesen sei. Dies habe sich darin geäußert, dass viele der jungen Soldaten bei befohlenen Angriffen sich nicht mehr zu ungestümen Handlungen hinreißen ließen, sondern eher darauf bedacht waren, sich keiner direkten Gefahr auszusetzen.

Der stellvertretende Kommandeur der SS-Standarte »Kurt Eggers«, Obersturmbannführer Kriegsbaum, brachte es mit den Worten zum Ausdruck: *»Natürlich war uns klar, dass wir die An-*

glo-Amerikaner, die sich auf der Siegesstrecke wähnten, durch keinerlei Propaganda, und mochte sie noch so gut sein, etwa dazu bewegen konnten, die Waffen aus der Hand zu legen und auf unsere Seite der Front überzuwechseln. Aber angesichts unserer Belastungen auf den anderen Kriegsschauplätzen hofften wir, sie durch die Aktion Südstern in Italien wenigstens soweit beeinflussen zu können, dass sie hier keinerlei Husarenstücke mehr unternahmen, sondern sich eher eines Schneckenganges befleißigten, um möglichst nicht groß etwas zu riskieren.«

Den Akteuren von »Südstern« entging jedoch nicht, dass die auf der Seite der Briten kämpfenden indischen Einheiten für bestimmte Formen von Propaganda recht anfällig waren, welche die Gegensätze zwischen dem britischen Empire und dem seine Unabhängigkeit anstrebenden Indien herausstrichen.

Ein von »Südstern« für die indischen Soldaten an der italienischen Front herausgebrachtes Faltblatt konfrontierte sie mit einer Reihe von unangenehmen Fragen. Da hieß es beispielsweise: *»Schämt ihr euch nicht, dass ihr noch immer Sklaven der Briten seid? Wenn ihr schon nichts für die Freiheit Eures Landes unternehmt, dann weigert euch wenigstens, für die Engländer zu kämpfen und für deren Interessen euer Blut zu vergießen.«*

Eine für die indischen Truppen hergestellte deutsche Frontzeitung erschien auf der Titelseite mit der Abbildung eines Kriegsgefangenenlagers, in welchem 23 indische Kriegsgefangene dem Betrachter lächelnd entgegenblickten. Darunter fanden sich die Zeilen: *»Ihr Leben besteht aus Mahlzeiten, Sport, dem Lesen von Büchern, Tanz und Unterhaltung. Wollen Sie wissen, wer diesen Krieg jetzt schon gewonnen hat? Es sind jene, die Sie anlächeln, weil sie etwas getan haben, um ihr Leben zu bewahren.«*

Auf einem Flugblatt, dessen vordere Seite das Bild einer indischen Familie einnahm, die sich um das Schicksal des Hausherren grämte, stand Folgendes zu lesen: *»Indische Brüder! Täglich sterben Tausende von euch auf dem Schlachtfeld. Ist es notwendig, dass auch einer von euch darunter ist? Bestimmt nicht, es ist nur erforderlich, bei passender Gelegenheit die Frontlinie zur deutschen Seite hin zu überqueren. Am Ende des Krieges werden Sie wieder glücklich mit Ihren Verwandten vereint sein.*

Beeinflussung der Indischen Legion

In einer nach dem blutigen, aber vergeblichen Sturmangriff der 4. Indischen Division auf das Bergmassiv von Monte Cassino in Urdu-Sprache verbreiteten Propagandaschrift hieß es in eindringlichen Worten: *»Sie, die Überlebenden dieses Angriffes auf Monte Cassino, haben mit angesehen, wie viele indische Soldaten in einen Schlaf versunken sind, aus welchem es kein Erwachen mehr gibt. Sie haben die unmenschlichen Schreie der Todgeweihten vernommen. Woran bereits die amerikanischen und britischen Streitkräfte gescheitert sind, müssten die Inder nun als Kanonenfutter herhalten. Was haben die Inder eigentlich in Italien verloren? Kommen Sie auf die deutsche Seite, hier werden die Inder mit Respekt behandelt.«*

Viele der für die indischen Truppen bestimmten Propaganda-Schriften trugen auf ihrer Titelseite ein Bild des Nationalisten-Führers Subhas Chandra Bose, der Partei für die Achsenmächte ergriffen und eine sogenannte Indian National Army geschaffen hatte. Bose, der eigentlich von Beruf ein Rechtsanwalt war, attackierte immer wieder die englische Vorherrschaft in Indien, was ihn dauerhaft in Konflikt mit den Briten brachte.

1941 war es ihm gelungen, aus britischem Hausarrest in Indien zu fliehen und sich nach Deutschland durchzuschlagen. Hier unterbreitete er der deutschen Seite den Vorschlag, aus den zahlreichen indischen Kriegsgefangenen, die Rommel in Nordafrika gemacht hatte, eine Nationale Befreiungsarmee aufzustellen, ganz ähnlich übrigens, wie es später der russische General Wlassow auf deutschem Boden ebenfalls anstrebte.

Die Abteilung Wehrmachtspropaganda gestattete ihm, in dem Lager Annaberg, in welchem über zehntausend indische Kriegsgefangene festgehalten wurden, eine Anwerbung von Freiwilligen für seine Legion vorzunehmen. Tatsächlich bekundeten viele Inder ihre Bereitschaft, sich an dem Freiheitskampf um ihr Heimatland im Rahmen einer solchen Legion zu beteiligen. Nach einigen Zwischenstationen absolvierte diese »Azad Hind Legion«, wie sie sich nannte, eine militärische Ausbildung auf dem Truppenübungsplatz Königsbrück bei Dresden.

Für seinen großen Traum, den Subhas Chandra Bose die ganze Zeit über gehegt hatte, sich nämlich mit einer von ihm geführten Legion zunächst der Wehrmacht im Kaukasus-Gebiet anzuschließen und mit deren Hilfe dann nach einer Durchquerung des Iran nach Indien zu gelangen, kam in dem Moment das böse Erwachen, als sich die deutschen Verbände aus dem Kaukasus infolge der Ereignisse von Stalingrad zurückziehen mussten.

Die deutschen Dienststellen wussten nunmehr mit dieser indischen Legion nichts mehr anzufangen, wollten sie aber auch wegen des Propaganda-Effektes an der Front von Monte Cassino nicht auflösen. So schickte man sie zunächst nach Holland, von wo aus sie dann an den Atlantikwall verlegt wurde.

Als sich nach der Landung der Alliierten in der Normandie die Lage an der Kanalküste dramatisch zuspitzte, erhielt die SS-Standarte »Kurt Eggers« den Auftrag, die indische Legion von dort aus in das Innere Deutschlands zurückzuführen, wovon noch die Rede sein wird. Im Jahre 1944 wurde übrigens die Indische Legion der Waffen-SS angegliedert.

Um noch einmal auf das Unternehmen »Südstern« einzugehen, so gibt es da hinsichtlich des weiteren Verhaltens des polnischen Generals Wladyslaw Anders ein interessantes Detail, das merkwürdiger Weise kaum das Interesse zeitgeschichtlicher Forschung gefunden hat. Als sich die westlichen Alliierten mit Stalin im Verlauf der Konferenz von Jalta darauf verständigten, dass die zukünftige polnische Ostgrenze weit zurückverlegt werden sollte, was im Klartext bedeutete, dass die Russen große Teile des von ihnen im Zusammenwirken mit Hitler im September 1939 okkupierten polnischen Staatsgebietes sich für immer einzuverleiben gedachten, reagierte General Anders derart erzürnt, dass er den sofortigen Abzug seiner Soldaten aus Italien verlangte. Er wollte jetzt genau den Schritt tun, zu welchem die Polen die ganze Zeit über von den Kampfpropagandisten des Unternehmens »Südstern« aufgefordert worden waren.

General Anders beabsichtigte jetzt, im Einvernehmen mit der deutschen Seite seine Truppen nach Polen zurückzuführen, um dort so etwas wie eine Art Bastion gegen die Sowjetisierung des Landes zu errichten. Doch da hieran den Briten in keiner

Weise gelegen war, setzten sie ihn unter massiven Druck, dieses Vorhaben aufzugeben.

Der polnische Patriot kehrte nie wieder in seine Heimat zurück, sondern betätigte sich während der Nachkriegsjahre innerhalb der in London residierenden polnischen Exilregierung. Nach Gründung der Volksrepublik Polen entzog ihm der Kommunist Boleslaw Bierut die polnische Staatsangehörigkeit. Der am 12. Mai 1970 in London verstorbene Anders wurde auf seinen Wunsch hin nicht in Polen, sondern auf dem internationalen Soldatenfriedhof in Monte Cassino beigesetzt.

Die Beendigung des Unternehmens »Südstern« kündigte sich in einem Schreiben an, welches der stellv. Kommandeur SS-Sturmbannführer Kriegsbaum am 12. November 1944 an den Leiter des Kommandos »Adria«, Hauptsturmführer Hradetzky, richtete. Es hieß darin u. a.: *»Ich halte es für notwendig, Sie über die Absichten der Standarte für den Fall einer überraschenden Entwicklung in Italien zu informieren. Sollte im Verlaufe der kommenden Operationen auch das Adriatische Küstenland unmittelbares Operationsgebiet werden und damit die Zivilverwaltung gezwungen sein, es zu räumen, so besteht von Seiten der Standarte der Plan, das jetzige Kommando Adria, das in seiner personellen und materiellen Zusammensetzung für die Standarte ein wertvolles Kapital darstellt, unmittelbar anderweitig einzusetzen. Sie müssen verstehen, dass die Standarte laufend die im Westen und Osten eingesetzten Unternehmen zu verstärken hat.«*

Dies war im gewissen Sinne, wenn auch noch etwas verbrämt, der Schwanengesang für das Kampfpropaganda-Unternehmen »Südstern«. Die Kriegslage Deutschlands hatte bereits einen Punkt überschritten, wo viele der jetzt ergriffenen Maßnahmen eher der Verzweiflung entsprangen, als dem Gefühl, tatsächlich noch etwas von Bedeutung ausrichten zu können.

Bereits zu einem früheren Zeitpunkt hatte die Führung der Standarte »Kurt Eggers« sämtlichen SS-Kriegsberichtern die Übersetzung eines Artikels aus der Londoner *Times* übermittelt. Er stammte aus der Feder eines englischen Militärkorrespondenten und trug den Titel: *»Tanks in der Wüste«*. Geschildert wurde darin das Aufeinanderprallen von gepanzerten Fahrzeugen auf dem nordafrikanischem Kriegsschauplatz. Der britische Journalist hatte sich bei der Abfassung seines Berichtes auf die rein sachliche Wiedergabe der Geschehnisse beschränkt und selbst bei dramatischen Szenen, die sich abgespielt hatten, nicht zu irgendwelchem Pathos hinreißen lassen.

Erstaunlicherweise ging von der nüchternen Sprache, der er sich bedient hatte, eine Art Spannung aus, welcher man sich nicht zu entziehen vermochte. Gunter d'Alquen war fasziniert von diesem Bericht, den er als eine journalistische Meisterleistung empfand. Genau so sollte seinem Empfinden nach eine gute Kriegsberichterstattung aussehen. Nichts durfte dem Leser das Denken abnehmen, kein Versuch unternommen werden, ihm etwas einreden zu wollen, sondern es sollte ihm überlassen bleiben, sich anhand der Fakten ein eigenes Urteil bilden zu können. Dieser Bericht einer englischen Zeitung wurde den deutschen Kriegsberichtern der Waffen-SS als Vorbild hingestellt, dem es nachzueifern galt.

Doch um die Stimmungslage vieler an der Ostfront eingesetzter Kriegsberichter der Standarte »Kurt Eggers« war es um die Jahresmitte 1943 denkbar schlecht bestellt. Immer häufiger bekamen sie von den einfachen Landsern zu hören, dass ihre Berichte längst nicht mehr die Wirklichkeit des Krieges, die erbarmungslose Härte, die er angenommen hatte, widerspiegeln würden.

Unter so manchen der Kriegsberichter breitete sich das Gefühl aus, dass sie den Lesern in der Heimat etwas vorgaukelten, ihnen geradezu Sand darüber in die Augen streuten, in welchem Maße sich inzwischen die Lage besonders an der Ostfront zu Ungunsten der deutschen Seite entwickelt hatte. So war es dann gerade der Bericht dieses englischen Journalisten, den ihnen der Standartenführer gewissermaßen unter die Nase gerieben hatte, der das Fass zum Überlaufen brachte.

Gnadenlose Manöverkritik: Ein SS-Obersturmführer fährt schweres Geschütz auf

Der SS-Obersturmführer Karl Wicklmayr, Führer eines Kriegsberichterzuges, richtete ein Schreiben an die Kommando-Zentrale der Standarte »Kurt Eggers« in Berlin-Zehlendorf, in welchem er ungeschminkt all das zur Sprache brachte, was sich in letzter Zeit bei ihm und vielen anderen Kriegsberichtern der Waffen-SS angestaut hatte und sie buchstäblich daran verzweifeln ließ, ob ihre gesamte Tätigkeit überhaupt noch einen Sinn ergab.

Da der Kommandeur der Standarte, Gunter d'Alquen, bei ihrer Gründung von allen seinen Leuten ausdrücklich verlangt hatte, ihm gegenüber unbedingte Ehrlichkeit walten zu lassen, gleich um was es sich handeln würde, sah der Zugführer jetzt keinerlei Veranlassung gegeben, auch nur das Geringste zu bemänteln, was ihm und vielen seiner Kameraden das Herz beschwerte.

Hier der Wortlaut dieses aufrüttelnden Appells an die Vernunft der Standartenleitung:

»Die Berichterstattung an der Front steht meines Erachtens seit der Bekanntgabe der Ereignisse von Stalingrad und im Hinblick auf die dauernden recht unerfreulichen Ereignisse an der gesamten Ostfront an einem Wendepunkt. Da es den Anschein hat, als ob man der Heimat in der Zukunft etwas zumuten muss und ihr mehr mitteilen sollte, als dies bislang der Fall gewesen ist, müssen wir Kriegsberichter uns darauf einrichten.

Symbolisch für das, was in den meisten Fällen in den Zeitungen geschrieben oder im Rundfunk gesprochen wird, sind die leuchtenden Augen, die stählernen Herzen und der nie versiegende Soldatenhumor, mag die Lage an der Front auch noch so mies sein.

Unsere Berichte dürfen nicht länger im Geiste eines immer feste Druff, durch nichts zu erschüttern, stets zackig abgefasst sein. Diese abgewalzte Platte von Phrasen sollte wirklich in der Versenkung verschwinden. Kriegsberichter sind nicht bloß Propagan-

disten, die sich nach einer von der gegenwärtigen Zeit verlangten Tendenz zu richten haben, welche bis jetzt die Heimat im Unklaren über den tatsächlichen Ernst des Krieges im Osten lässt, sondern es gehört einfach zu ihrer Pflicht, schon aus moralischen und ethischen Gründen wahrheitsgetreu über alles zu informieren.

Was gegenwärtig in vielen Fällen geschrieben und gesprochen wird, entbehrt jedoch jeglicher Wahrheit, sondern entspricht einer Prostitution, zu der sich die meisten Kriegsberichter nicht mehr hingeben wollen.

Selbstverständlich können wir uns nicht ausschließlich mit den negativen Dingen des Krieges beschäftigen, mit dem grauenhaften Geschehen und den vielen Versagern auf diesem Gebiet. Selbstverständlich müssen wir die Heimat mit Mut erfüllen, angesichts der vielen Taten, welche die Männer an der Front erbringen. Aber wir müssen meines Erachtens nach auch der Heimat mit einer gewissen Schonungslosigkeit verdeutlichen, dass diese Taten viele Opfer erfordern, damit man die Größe dieser Taten zu beurteilen vermag.

Dieser Krieg an der Ostfront sieht heute wesentlich anders aus als im Jahre 1941. An allen Abschnitten der Ostfront wird mit größter Erbitterung gekämpft, es geht hart auf hart unter buchstäblicher Aufbietung der letzten Reserven zu. Nur durch die Inanspruchnahme der letzten Kräfte der Männer kann zur Zeit das Schlimmste verhütet werden.

Die Männer liegen oft des nachts in ihren Bunkern, wo sie eisiger Kälte oder Schneestürmen ausgesetzt sind. Tauen dann die Moore für einige Tage auf, so versinken die Männer fast im Schlamm und sehnen wieder den Frost herbei, der sie von diesem Elend erlöst. Der Russe führt aus seinen schier unerschöpflichen Reserven Panzer heran und überschüttet unsere vorderen Linien mit Orkanen von Geschossen.

Divisionsgeneräle operieren mit schnell herbeigeführten Kompanien oder maroden Resteinheiten. Es wird geflickt und gestopft, immer nach der Devise, das Schlimmste zu verhüten, um jeden Preis die Stellung halten. Ihr ›Held‹ ist der nackte harte Befehl und der ihnen innewohnende Selbsterhaltungstrieb. Zu anderen Überlegungen lässt ihnen der Russe keine Zeit.

Wenn ein Kriegsberichter ihnen etwas anderes andichtet, sie mit nationalsozialistischer Begeisterung vollpumpt, ist er entweder ein Lügner oder ein Phrasendrescher oder er ist nie dabeigewesen. Der nachgestellte Rundfunk- oder Wortbericht lässt sich natürlich nicht vermeiden, aber der einen Vorgang Nachgestaltende muss Ähnliches aus eigenem Erleben kennen; er muss ganz einfach selbst im Dreck gelegen haben, um zu wissen, dass ihm dann nur zweierlei Gefühle beherrschen, seine Pflicht zu tun und heil aus dem Schlamassel wieder herauszukommen.

Zum Beispiel kann niemals ein Nachwuchsberichterstatter mal eben seinen Kopf kurz in einen Graben hineinstecken und dabei einen Erlebnisbericht der Betroffenen aufgeschnappt haben und nun anhand dessen laufend gute Berichte liefern.

Entweder merkt die Stelle, die diese Berichte weiterleitet, druckt oder sendet, nicht die billigen Phrasen, dann sollte sie sich an der vordersten Front die entsprechenden Kenntnisse holen, oder sie verbreitet ungeachtet dieser Tatsache dennoch solche Berichte, was bedeutet, dass sie eine arglistige Täuschung vornimmt.

Wie oft hat zum Beispiel »Das Schwarze Korps« zur Freude aller Denkenden davor gewarnt, der Heimat eine Art Selbsttäuschungswahn vorzugaukeln. Jeder Kriegsberichter darf es meines Erachtens unter Einhaltung aller Vorschriften und bei Berücksichtigung der vorgeschriebenen Tendenzen nicht verabsäumen, das Volk über den Ernst der Lage zu unterrichten. Wenn er das nicht tut, setzt er sich dem Vorwurf aus, der Heimat einen Zustand vorzugaukeln, der nicht zutrifft.

Der Kriegsberichter soll tatsächlich vom heldenhaften Verhalten unserer Truppen berichten, aber er muss auch zu verstehen geben, dass diese Leistungen nur bei härtestem Willen und unter schmerzlichen Opfern möglich waren. Was im Augenblick an der Ostfront geschieht, verlangt jedem Mann das Äußerste ab. Den unbedingten Vernichtungswillen des Gegners setzt der deutsche Soldat ein bewundernswertes Ausharren und einen verbissenen Selbsterhaltungstrieb entgegen.

Dieser Wahrheitsgehalt muss ohne Phrasen, ohne Klischees oder irgendwelche Verbrämung geschrieben werden. Wenn dies aber nirgendwo verlangt wird, könnten meiner Ansicht nach die

Wort- und Rundfunkberichter in aller Gemütsruhe im Reich verbleiben und dort ihre Storys verfassen, wobei der Staat viel Geld einsparen würde.

Es muss meines Erachtens unsere Standarte von ihren Berichterstattern mehr an soldatischer Haltung und an Leistung verlangen, denn nur das unmittelbare Erleben an der Ostfront versetzt den Berichter in die Lage, den oben beschriebenen Forderungen gerecht zu werden.«

Offene Worte während einer Lagebesprechung in Kärnten

Die Standarte »Kurt Eggers« reagierte auf diese so kritischen Anmerkungen eines ihrer Zugführer, indem sie sämtliche Kriegsberichter der Waffen-SS aufforderte, sich zu einem Gedankenaustausch über ihre weitere Tätigkeit angesichts der veränderten Kriegsbedingungen in Drobollach in Kärnten einzufinden.

Für den 17. Juli 1943 war hier eine Konferenz angesetzt worden, zu der auch zahlreiche Hauptschriftleiter deutscher Zeitungen sowie Verleger eine Einladung erhalten hatten. Eine solche war auch an den Journalisten Martin Schwaebe ergangen, der die im Rheinland stark verbreitete Zeitung *Westdeutscher Beobachter* seit einer Reihe von Jahren redaktionell leitete. Nach dem Entstehen der Kriegsberichter-Standarte war er ihr beigetreten, doch nicht an der Front selbst aktiv geworden.

Gunter d'Alquen hatte Schwaebe gebeten, einmal darzulegen, wie aus der Sicht deutscher Zeitungen die Arbeit der Kriegsberichter bewertet werde. Der Mann vom *Westdeutschen Beobachter* redete sofort Tacheles. *»Im fünften Kriegsjahr ist mit den üblichen Frontberichten keine Maus mehr hinter dem Ofen hervorzulocken«*, begann er seine Ausführungen und fuhr fort. *»Es verursacht dem Leser großes Unbehagen, sobald er feststellt, wie schematisch die meisten dieser Berichte abgefasst sind. Die in den Berichten wiedergegebene Wirklichkeit kommt bei den Lesern nicht mehr an, sondern befremdet sie eher. All das hat man in der Heimat zur Genüge gelesen, so erwecken dann heute viele* *dieser Frontberichte eher den Eindruck, dass damit etwas kaschiert werden soll.*

Die Menschen in der Heimat wollen wissen, was wirklich an der Front geschieht, wie die Lage tatsächlich ist, worin die Sorgen und Nöte bestehen. Vor allem vermisst der Leser solche Berichte, worin die Verfasser einmal klar und deutlich zu erkennen geben, was ihre eigene Meinung zu einem bestimmten Geschehnis an der Front ist. Die Diskrepanz besteht doch darin, dass Kriegsberichter sich des Langen und Breiten über kleinere Erfolge in einem Frontabschnitt ergehen, von dem es dann kurz darauf im Wehrmachtsbericht heißt, dass dort eine Absetzbewegung der deutschen Truppen nach hartem Ringen mit den Bolschewisten vorgenommen wurde. Gerade dies aber hat dazu geführt, dass das Interesse an den PK-Berichten in einer erheblichen Weise nachgelassen hat. Der Leser erwünscht sich Artikel, in denen keinerlei Klischees enthalten sind. Wir müssen ganz einfach den Mut aufbringen, stärker eigene Auffassungen und Überzeugungen sichtbar zu machen, um das Vertrauen der Leserschaft zurückzuerlangen.«

Eine Anzahl weiterer Schriftleiter deutscher Tages-, Wochen- und Monatsblätter nutzte diese Tagung, die nicht unter Aufsicht des Reichspropaganda-Ministeriums stand, um dort Meinungen kundzutun, die sie so niemals in Berlin geäußert hätten. Sämtliche Berichte vom Geschehen an der Front müssten sich durch ein hohes Maß an Sachlichkeit auszeichnen, so lautete eine der Forderungen. Andere Stimmen in diesem Chorus wiesen darauf hin, dass mittlerweile eine Verlagerung vom rein Militärischen zum Menschlichen eingetreten sei.

Eine längere Debatte entspann sich darüber, wie zukünftig Porträts über Ritterkreuzträger abgefasst werden sollten. Die bisherigen Nullachtfünfzehn-Berichte seien nicht mehr vertretbar. Es käme nicht darauf an, einen ganzen Lebensabriss dieser Männer der Öffentlichkeit zu unterbreiten, sondern einmal zu schildern, was sie für Menschen sind, welche Empfindungen sie hegen, worin ihre Freude besteht, aber auch was ihnen Ängste verursacht. Man sollte alles vermeiden, was einen Heldenkult um sie entstehen lasse, sondern stattdessen verdeutlichen, dass es sich auch bei ihnen um Menschen handelt, die nicht frei von Schwächen sind.

Als ausgesprochen taktlos wurden eine Reihe stereotyper Formulierungen in Kriegsberichten gegeißelt, die etwa lauteten: »Wer nicht selbst an der Front steht, der sollte sich überhaupt nicht anmaßen, ein eigenes Urteil über die dortigen Vorgänge abgeben zu wollen«, oder eine solche saloppe Belehrung wie »Was wisst Ihr schon über die Front, das werdet Ihr Zuhause nie begreifen.« Daraus spreche Arroganz und Großmäuligkeit, die dem Leser solcher Berichte vor den Kopf stoßen.

Eine heiße Diskussion entbrannte auf dieser Tagung auch über die Frage, ob es noch länger gerechtfertigt sei, Angehörige der Roten Armee als minderwertig zu bezeichnen, zu behaupten, dass sie den deutschen Soldaten weit unterlegen seien, von ihren Kommissaren nur mit vorgehaltener Waffe zu einen Angriff getrieben werden könnten.

Gunter d'Alquen, der schon wiederholt die vom Führungshauptamt der SS herausgegebene Broschüre über die sowjetischen »Untermenschen« als völlig verfehlt kritisiert und sich hierüber mit höheren Chargen angelegt hatte, trat dafür ein, Gespräche mit sowjetischen Kriegsgefangenen zu führen und sie nach ihren Motiven zu befragen, von denen sie sich im Kampf mit den Deutschen leiten lassen. *»Es ergibt einen Widersinn, den Begriff des sowjetischen Untermenschen in der Propaganda beizubehalten und dann nach einer Erklärung zu suchen, wie es dazu kommt, dass der deutsche Soldat vor diesen Untermenschen an der Ostfront schon seit geraumer Zeit zum Zurückweichen gezwungen wird. Auch hier sollten wir uns von propagandistischen Phrasen verabschieden und mehr der Wirklichkeit ins Antlitz blicken.«*

Für den Zeitgeschichtler interessant ist auch eine auf dieser Tagung gegebene Einschätzung, wie die zukünftige Berichterstattung über Frankreich gestaltet werden sollte. Der Tenor lautete: Bei Frankreich betreffenden Berichten hat jegliche überschwängliche Verbeugung zu unterbleiben. Es sollte aber stets der Tatsache Rechnung getragen werden, dass sich ein gutes Verhältnis zwischen Deutschland und Frankreich anbahnt, so dass die Hoffnung besteht, dass sich dieses Land durchaus in eine

Neuordnung Europas einfügen wird, was allerdings noch eines längeren Entwicklungsprozesses bedarf.

Ein weiteres Thema bildete die Waffenbrüderschaft mit Finnland, die auf der deutschen Seite zu diesem Zeitpunkt für eine gewisse Beunruhigung sorgte, da die Finnen an der karelischen Front so gut wie jegliche Kampftätigkeit eingestellt hatten.

Ein anderer Aspekt dieser Konferenz bestand darin, einmal gedanklich durchzuspielen, welche Art von Berichten gegenwärtig auf ein Interesse der Leser stoßen könnten. Eines der Blätter, das während dieser Jahre in vielen Familien großen Anklang fand, die wöchentlich erscheinende *Grüne Post,* meldete ihren Bedarf an Berichten an, in welchen stärker die menschlichen Seiten von bestimmten Geschehnissen Berücksichtigung finden sollten. Die Zeitschrift wünschte sich Berichte zu folgender Thematik: »Frau und Krieg« – »Soldat und Mädchen« – »Wie setzen sich Soldaten mit den Widrigkeiten des Frontlebens auseinander?« – »Worin bestehen Charakter und Wesensart Volksdeutscher, die als Freiwillige in die Waffen-SS eingetreten sind?«

Nach einer längeren Erörterung, ob es tatsächlich im fünften Kriegsjahr so etwas wie ein verändertes Leseverhalten in breiten Schichten der Bevölkerung gab, wurden schließlich einige Beispiele gegeben, die als Anregung für Artikel dienen könnten.

1. »Was geht in einem Landser vor, der nach Rückkehr von einem Fronturlaub wieder seinen Kameraden gegenübersteht?«
2. »Schon vier Wochen keine Feldpost aus der Heimat erhalten.«
3. »Unter Frontrückkehrern im Wehrmachtszug.«
4. »Mit welchen Augen sieht ein Landser die Heimat – was für Gedanken gehen ihm durch den Kopf?«
5. »Was benötigen Soldaten an persönlichen Gegenständen an der Front?«
6. »Was ist unter dem Begriff einer ruhigen Front zu verstehen?«
7. »Wie erfolgt die Behandlung von Kranken an der Front? Werden sie genauso umsorgt wie verwundete Soldaten?«
8. »Kamerad Tier.«

Eine veränderte Sichtweise des Krieges wird angestrebt

Manchen der Kriegsberichter, die der Standarte »Kurt Eggers« schon über längere Zeit angehörten, gingen derartige Versuche, eine veränderte Sichtweise des Krieges anzustreben, um ein stärkeres Interesse der Öffentlichkeit zurückzuerlangen, jedoch nicht weit genug. Sie plädierten dafür, auch solche Fragen in der Kriegsberichterstattung aufzugreifen, die noch immer als sogenannte »heiße Eisen« galten. Vor allem der SS-Untersturmführer Erich Kernmayr, der im Rahmen der Standarte das Kommando Kroatien leitete und dessen Dienststelle sich in Agram befand, gehörte zu jenen, die sich hier am meisten exponierten.

Seiner Meinung nach sei es jetzt an der Zeit, innerhalb der Kriegsberichterstattung auch solche Fragen in der Presse aufzuwerfen wie beispielsweise: Wie lange hält der deutsche Soldat noch die Ostfront? Sind Zweifel am Sieg zulässig?

In seinen Worten schwang unüberhörbar die Enttäuschung mit über sein persönliches Erleben an der Ostfront, wo er als Angehöriger der Division »Das Reich« mehr als einmal Gelegenheit gehabt hatte, mit der von Deutschland in der Ukraine sowie in Weißrussland betriebenen Besatzungspolitik konfrontiert zu werden, die jegliches Einfühlungsvermögen vermissen ließ.

Statt den Hoffnungen jener Bevölkerungsschichten Rechnung zu tragen, denen die langjährige kommunistische Drangsal wie eine schwere Last von den Schultern geglitten war, mussten sie erleben, dass die Deutschen nicht im Entferntesten daran dachten, ihr Versprechen einzulösen und die Kollektivierung der Landwirtschaft rückgängig zu machen. Durch eine von Härte und Überheblichkeit strotzende Besatzungspolitik wurde letztlich bewirkt, dass Stalins Partisaneneinheiten im Hinterland der deutschen Front immer mehr Zulauf erhielten.

Es lohnt sich an dieser Stelle, ein paar Worte mehr über Erich Kernmayr zu verlieren, der aus dem österreichischen Graz stammte und von seinem Wesen und seiner Entwicklung her auf eine geradezu verblüffende Weise dem Standartenführer Gunter d'Alquen glich. Beide fühlten sich zunächst von den Ideen des

Nationalsozialismus angezogen, bis das Kriegserleben bei ihnen einen Prozess des Umdenkens hervorrief.

Erich Kern, so pflegte er sich mit Beginn seiner publizistischen Tätigkeit zu nennen, erwarb sich seine ersten journalistischen Meriten in der Wiener Außenstelle der Essener *Nationalzeitung*, wo er 1936 im Alter von 30 Jahren schnell zum stellvertretenden Schriftleiter aufstieg. Zwei Jahre darauf gehörte er zum Redaktionsstab des Blattes *Deutscher Telegraf*. Zu Beginn des Krieges leitete er die Pressestelle der Wiener Gauleitung der NSDAP, von wo ihn der saarländische Gauleiter Josef Bürckel abwarb. Im Jahre 1941 kam er als Angehöriger der Waffen-SS an die Ostfront.

Hier benutzte er sein publizistisches Talent bereits dazu, Berichte für die deutsche Tagespresse zu schreiben, ohne dass er direkt als Kriegsberichter fungierte. Auffällig an seinen Berichten war, dass er darin immer wieder Schilderungen von Land und Leuten einflocht, häufig auf das Thema einging, wie der von Lenin geprägte Bolschewismus unter der Herrschaft Stalins immer brutalere Züge angenommen hatte, welche zu einer geistigen Verkrüppelung vieler der in der Sowjetunion lebenden Völker geführt habe. Gerade in der Beschäftigung mit solchen Fakten scheinen ihm erste Zweifel aufgekommen zu sein, ob nicht auch im Gebaren des NS-Regimes Strukturen sichtbar wurden, die sich mit seinem Bild, das er sich bislang vom Nationalsozialismus gemacht hatte, nicht vereinbaren ließen.

So stellte es dann wohl auch keinen Zufall dar, dass Erich Kern 1943 die Nähe von Gunter d'Alquen suchte, den er nicht nur von früher her gut kannte, sondern in ihm einen Gleichgesinnten sah, dem man jederzeit seine innersten Bedrängnisse anvertrauen konnte.

Während seiner Zugehörigkeit zur SS-Standarte »Kurt Eggers« wurde er Augenzeuge des Zusammenbruchs Kroatiens, das trotz deutscher Hilfe und der Unterstützung der Kosakendivisionen, die unter dem Befehl des Generalleutnants Helmuth von Pannwitz die Freiheit des Landes bewahren wollten, nicht imstande war zu verhindern, dass Titos Partisanen immer mehr die Oberhand gewannen.

Erich Kern erlebte auch den Untergang von Budapest mit, nachdem er hier zuvor noch persönlich eine aktive Rolle gespielt hatte, Ungarns Absicht entgegenzuwirken, sich von dem Bündnis mit Deutschland auf die gleiche Weise loszusagen, wie dies zuvor schon die Rumänen und die Bulgaren getan hatten.

Als am 15. Oktober 1944 Radio Budapest eine Deklamation verkündete, worin es hieß, dass Ungarn mit der Sowjetunion einen Waffenstillstand abgeschlossen habe, verschaffte sich Erich Kern mit einer Anzahl seiner Leute Zutritt zu dem Sender und bestand darauf, dass eine Gegenerklärung der neuen ungarischen Regierung, die inzwischen unter Führung der Pfeilkreuzler die Macht ergriffen hatte, sofort über Radio Budapest ausgestrahlt wurde.

Nach Ende des Zweiten Weltkrieges wuchs Erich Kern durch seine zahlreichen Veröffentlichungen, die sich mit der Ära des Nationalsozialismus sowie dem Kriegsgeschehen befassten, immer stärker in die Rolle hinein, zu einer Stimme der Frontgeneration zu werden.

Die wohl größte Aufmerksamkeit erregte die in Form einer Reportage verfasste Abhandlung über den Russlandfeldzug. Er hatte diesem Buch, das zunächst im Züricher Thomas-Verlag erschien, den Titel: *Der große Rausch* (Die jüngste Auflage dieses Werkes erschien 2008 im Druffel- & Vowinckel-Verlag) gegeben. Dieses Buch, das sofort gewisse Antagonisten zu ihrer Zielscheibe erkoren, indem sie dem Verfasser vorwarfen, einem Siegestaumel von Wehrmacht und SS gehuldigt zu haben, nachdem diese in die Sowjetunion eingefallen waren, verstellte ihnen völlig den Blick dafür, dass hier in der Person des Autors ein Mann eine ihn quälende Abrechnung mit den Irrungen seines Lebens vornahm, wie sie in seiner Generation viele teilten.

Während des Treffens der SS-Kriegsberichter warfen Verleger deutscher Zeitungen auch die Frage auf, ob es irgendwelche Veränderungen hinsichtlich der Honorierung von PK-Berichten gäbe. Gunter d'Alquen hielt es hier für angebracht, ein klares Wort zu äußern. *»Jegliche Honorierung eines Kriegsberichters der Waffen-SS ist völlig abwegig. Mir ist bekannt geworden, dass ein Presseverantwortlicher in München auf die Idee gekommen ist, 74*

Berichte, die er unentgeltlich erhalten hat, einem Verleger als Sammelband anzubieten und dann ein Honorar von 10 000 Reichsmark einzustreichen. Dies ist Betrug und verlangt bestraft zu werden. Niemand von uns schreibt Kriegsberichte des Geldes wegen, niemand von uns schielt nach irgendwelchen Honoraren. Wir erfüllen mit unseren Kriegsberichten eine soldatische Pflicht und möchten nicht für gastierende Globetrotter angesehen werden.«

Beunruhigende Anzeichen

Zurückgekehrt nach Berlin, wo sich die SS-Standarte mit den Vorbereitungen eines neuen Unternehmens der Kampfpropaganda an der Ostfront befassen sollte, dessen Absicht darin bestand, dem immer stärkeren Druck der Sowjets durch eine Aktion zu begegnen, wie sie in dieser Größenordnung noch nie erfolgt war, fiel dem Standartenführer der Durchschlag eines Schreibens in die Hand, dem er angesichts seiner Arbeitsüberlastung bislang versäumt hatte, irgendwelche Aufmerksamkeit zu schenken.

Mit wachsender Besorgnis las er jetzt in einem Informationsbericht des SS-Brigadeführers Freitag, der eine Inspektion der galizischen SS-Freiwilligen Division im Raum von Brody unweit von Lemberg vorgenommen hatte und hier eine Reihe von beunruhigenden Anzeichen vorgefunden haben wollte, die, sofern sie sich bewahrheiten sollten, eine unmittelbare Gefahr für den gesamten Frontabschnitt signalisierten.

Mit jedem Satz, den der Standartenführer in sich aufnahm, ergriff ihn die Ahnung, dass sich hier offenbar eine ähnliche Situation anzubahnen schien, wie sie seinerzeit bei der Heeresgruppe Mitte beim Auseinanderbrechen der rumänischen Truppen eingetreten war.

Das Schreiben hatte folgenden Wortlaut: *»Unsere Division hat im Rahmen des Korps einen überaus bedeutsamen Auftrag erhalten, nämlich den uns zugewiesenen Teil des Stellungssystems auszubauen, zu besetzen und zu halten. Vor uns verläuft die HKL, welche die Aufgabe hat, die Kräfte des erwarteten bolschewistischen Großangriffs aufzuhalten und zu zersplittern. An unserer*

Linie muss der feindliche Angriff jedoch endgültig zerschellen, hier muss er sich endgültig verbluten, wenn es ihm gelingen sollte, die vordere Linie zu durchstoßen. Wir wissen, dass der Feind überaus starke Kräfte (Panzer und Luftwaffe) zusammengezogen hat, mit dem Ziel, Lemberg zu gewinnen.

Nun musste ich jedoch bei meiner Inspektionsfahrt feststellen, dass weder freiwillige SS-Führer noch ihre Männer sich des Ernstes der Lage bewusst waren und dass ihr Verhalten nicht dem Einsatz, ja nicht einmal der Ausbildung im tiefsten Frieden entspricht. Ich hafte mit meiner Person für die Ausführung des Auftrages. Deshalb richte ich diesen Brief an Sie, um Ihnen die Gefahr aufzuzeigen, die sich aufgrund dieses leichtfertigen Verhaltens ergibt, welches ich leider bei manchen Kompanie- und Batterieführern feststellen musste.

Einen so schweren Kampf durchzuhalten, wie er uns bevorsteht, vermag nur eine Truppe mit bester Disziplin. Wenn sie nicht in der Lage ist, die Disziplin bei ihren Männern aufrecht zu erhalten, wird sie es erst recht im Kampf nicht können. Dies ist ein altes Soldatengesetz, welches auch für Sie, Herr Kommandeur, und Ihre Einheit gilt.

Ich musste bei meiner Inspektionsfahrt feststellen, dass die Männer keinerlei Ehrenbezeugungen erstatten, ebenso wenig irgendwelche Meldungen; sie sind außerdem unordentlich gekleidet und geben sich nicht die geringste Mühe, soldatische Haltung zu zeigen. Für einen alten Soldaten sind dies Zeichen einer Zersetzung, die ich in keinem Fall dulden werde.

Ebenso musste ich feststellen, dass sich in den Dörfern außerhalb viele Angehörige der Division herumtreiben. Ein Zeichen, dass die Führer die Männer nicht in der Hand haben, und dass sich die Männer noch immer nicht im Klaren sind, was im Einsatz eine unerlaubte Entfernung bedeutet. Ich habe deshalb der Feldgendarmerie den Befehl gegeben, die sich herumtreibenden Freiwilligen festzunehmen und sie rücksichtslos gemäß der im Feld geltenden Bestimmungen ihrer Strafe zuzuführen. In einem Fall habe ich Männer angetroffen, die in einem Dorf bei der Bevölkerung um Lebensmittel bettelten. Sie gaben an, von ihrer Kompanie schon zwei Tage keine Verpflegung erhalten zu haben.

Die Fürsorge für seine Männer muss für jeden Führer an erster Stelle stehen. Fürsorge für die Männer ist es jedoch in dieser Stunde auch, ihren Schweiß zu verlangen. Es geht nicht länger an, dass der Ausbau der Stellungen einfach nicht angepackt wird. Der bolschewistische Angriff kann in jedem Moment losbrechen. Wo bleibt bei den Führern das Verantwortungsgefühl? Geben sie sich keine Rechenschaft darüber, dass solche Pflichtvergessenheit ihre Männer das Leben kosten kann?

Ein weiteres großes Übel ist die Behandlung der Pferde. Das Pferd, der treueste Kamerad des Soldaten, wird geschlagen, erhält weder Futter noch Wasser, so dass es Hunger und Durst leidet. Dies ist eine Rohheit und ein Verbrechen gegenüber den besten Kameraden der Soldaten. Erziehen Sie endlich ihre Männer dazu, dass sie erst das Pferd zu versorgen haben, bevor sie an sich selbst denken. Ich werde nicht zulassen, dass in den Reihen der Division, die mit so viel Mühe und so großen Opfern aufgestellt worden ist, Unordnung und Disziplinlosigkeit einreißen. Seien Sie sich immer bewusst, dass mit einem Versagen der Division auch Ihre Heimat fallen würde.«

Doch als der Standartenführer, aufgeschreckt durch das Gelesene, sich zum sofortigen Eingreifen entschloss und eine Benachrichtigung des SS-Hauptamtes veranlasste, war es bereits zu spät. Ihn erreichte die bittere Nachricht, dass die gesamte Galizische Freiwilligen-Division von der Roten Armee zunächst eingekesselt und dann aufgerieben worden sei. Nirgendwo habe es noch einen Versuch gegeben, die Angriffe der Russen abzuwehren, alles sei in einer heillosen Flucht ausgeartet. Viele Waffen seien einfach zurückgelassen worden. Einzig die Angehörigen des SS-Kriegsberichterzuges hätten bis zuletzt in ihren Stellungen ausgeharrt. Von 20 Männern, die der Einheit angehört hatten, kamen 17 bei dem verzweifelten Versuch um, aus dem Kessel auszubrechen.

Dies war für Gunter d'Alquen eine der erschütterndsten Nachrichten. Zeit seines Lebens litt er unter der Vorstellung, es könnte sein Verschulden gewesen sein, dass diese Männer den Tod gefunden hatten.

Unternehmen »Skorpion Ost« und General Wlassow

Von Mai 1944 an begannen in Berlin am Sitz des Führungsstabes der Standarte »Kurt Eggers« die intensiven Vorbereitungen auf ein neues Unternehmen der Kampfpropaganda, das den Decknamen »Skorpion Ost« erhalten hatte. Es sollte wiederum an der Ostfront durchgeführt werden, mit der Absicht, größere Teile der Roten Armee zu verunsichern, ihnen ein Bild der Frontlage zu vermitteln, wonach für die sowjetische Seite eine baldige Katastrophe hereinbrechen würde.

Gunter d'Alquen, bei dem die gesamte Vorbereitung von »Skorpion Ost« lag, war sich durchaus der Tatsache bewusst, dass die inzwischen an der Ostfront entstandene Situation sich gänzlich von der unterschied, die während des Unternehmens »Wintermärchen« bestanden hatte.

Inzwischen stießen an allen Abschnitten der Ostfront die sowjetischen Truppen vor, erfolgten nahezu pausenlos schwere Angriffe auf die deutschen Stellungen, wurden immer größere sowjetische Gebiete, die sich über einen längeren Zeitraum in deutscher Hand befunden hatten, wieder aufgegeben, kehrte das Kriegsgeschehen allmählich dorthin zurück, wo es seinen Ausgang genommen hatte.

Den Russen angesichts solcher Tatsachen noch mit irgendwelchen strategischen Argumenten kommen zu wollen, ihnen etwas von deutscher Überlegenheit vorzufaseln, die sich bald wieder ergeben würde, erschien dem Standartenführer sinnlos.

Als sich erstmals sämtliche Beteiligte des Unternehmens trafen, um die ersten Details des Vorhabens zu besprechen, herrschte eine gewisse Ratlosigkeit, wie man vorgehen sollte. Selbst die Handhabung der technischen Mittel dieses propagandistischen Großeinsatzes warf mehr Fragen auf, als Antworten gegeben werden konnten.

Wie sollte man Lautsprecherfahrzeuge an der vordersten Frontlinie aufstellen, wenn ständig die Kämpfe hin und her wogten, nirgendwo noch von einem starren Verlauf der Stellungen die Rede sein konnte?

Wo gab es noch sichere Punkte, von denen aus Flugblätter hinüber zum Gegner abgeschossen werden konnten, wenn sich dessen Sturmbataillone gerade zu einem neuen Angriff formierten? Wie sah es mit der Unterstützung durch deutsche Schlachtflieger aus, die nicht einmal mehr den Anforderungen aller Divisionen nachkommen konnten, ihnen bei der Abwehr der unaufhörlich anrollenden sowjetischen Panzerrudel Hilfe zu leisten?

Doch die entscheidende Frage blieb, wie man es überhaupt anstellen wollte, die Rotarmisten in irgendeiner Weise noch zu beeinflussen, wenn man sich selbst nicht mehr auf der Siegerstraße befand?

Mochte man sich vielleicht anderswo noch etwas vormachen, in der Standarte der SS-Kriegsberichter tat man dies längst nicht mehr. Auch in der Amtsgruppe für Wehrmachtspropaganda, die erstmals mit 60 Offizieren und etwa 800 Mann zur Unterstützung des Unternehmens »Skorpion Ost« der Befehlsgewalt des Standartenführers Gunter d'Alquen unterstellt worden war, herrschte eine ähnliche Auffassung vor. So richteten sich dann in einer Lagebesprechung alle Augen auf d'Alquen, ob der vielleicht noch ein Kaninchen aus dem Zylinder hervorzaubern konnte.

»Jetzt müssen Russen zu Russen sprechen«

Er ließ die Anwesenden nicht lange darüber im Unklaren, wie er das gesamte Unterfangen trotz miserabelster Umstände noch einmal so richtig in Schwung bringen wollte. Im Grunde genommen beschränkte er sich auf einen einzigen Satz. *»Wo wir den Sowjets nichts Glaubhaftes mehr anzubieten haben, müssen Russen zu Russen sprechen. Wlassow und seine Leute müssen die Hauptlast von Skorpion Ost bestreiten, ich habe mir dazu bereits das Einverständnis des Reichsführers SS geholt.«*

Was der Standartenführer tatsächlich mit Himmler ausgehandelt hatte, war weit mehr als nur die Zusicherung, dass sich General Wlassow, der in deutscher Gefangenschaft die Seiten gewechselt hatte, an dem Propagandaunternehmen »Skorpion Ost« aktiv beteiligen dürfe.

Wlassow, der einmal die Titelseite der *Prawda* geschmückt und dem Stalin persönlich seinen Dank dafür ausgesprochen hatte, dass er mit der von ihm geführten 20. Armee entscheidend dazu beigetragen habe, den Angriff der deutschen Wehrmacht auf Moskau zum Stehen zu bringen, war bisher von der deutschen Seite an eine Leine gelegt worden, die ihm so gut wie keinen Handlungsspielraum ließ.

Erst jetzt, da sich die Kriegslage mit jedem Tag für Deutschland immer ungünstiger gestaltete, änderte sich das Verhalten ihm gegenüber. Es war d'Alquens unermüdliches Einwirken auf die höchsten Führungskreise der Waffen-SS, das endlich den Anstoß dazu gab, die bisherige Isolierung Wlassows aufzugeben. Dass es für die ihm zugedachte Rolle, die er in der Auseinandersetzung mit dem kommunistischen System Stalins spielen sollte, längst zu spät war, wagte sich niemand einzugestehen, und selbst Wlassow übte sich eher in Zweckoptimismus, als dass ihn die Tatsachen veranlasst hätten, von seinen eigenen Plänen eines Bündnisses mit Deutschland Abstand zu nehmen, da die Instrumente bereits für den letzten Akkord eingestimmt wurden.

Doch da dieses Geschehnis mit der SS-Standarte »Kurt Eggers« aufs engste verbunden ist, wird an anderer Stelle noch ausführlicher von all den Vorgängen die Rede sein, in welchen Gunter d'Alquen der Part zufiel, zu einem der entscheidendsten Wegbereiter des Generals Wlassow und seiner fast vor Kriegsende noch aus dem Boden gestampften Russischen Nationalen Befreiungsarmee, kurz als ROA bezeichnet, zu werden, ehe sich der Vorhang der Weltgeschichte darüber senkte.

Zu einem wesentlichen Teil erfolgten die Vorbereitungen für das Unternehmen der Kampfpropaganda »Skorpion Ost« in Dabendorf, einem Ortsteil von Zossen, wo sich gewissermaßen vor den Toren Berlins während des Zweiten Weltkrieges der Sitz des Oberkommandos des Heeres befand. Dabendorf stellte zugleich so etwas wie die Zentrale jener russischen Offiziere dar, die sich nach und nach Wlassow angeschlossen hatten und sich hier zunächst mit Propagandaaufrufen an ihre ehemaligen Kameraden in der Roten Armee befassten, im Übrigen jedoch bereit standen und der Dinge harrten, die da kommen sollten.

Einer der führenden Köpfe in Dabendorf war der russische General Schilenko, der gleichfalls mit Stalin gebrochen hatte und als der Stratege einer zukünftigen Wlassow-Armee galt. Schilenko arbeitete verschiedene Flugblätter für »Skorpion Ost« aus, kam hierbei auf die Idee, ein tägliches Programm für die Angehörigen der sowjetischen Truppen zusammenzustellen, dem er die unverfängliche Bezeichnung gab: »Spezielle Nachrichten für Angehörige der Roten Armee«.

Dieses Programm, das über einen mobilen Kurzwellensender der SS-Standarte ausgestrahlt wurde, hatte als Sprecher ausschließlich ehemalige Offiziere der Roten Armee, die entweder in deutsche Gefangenschaft geraten oder übergelaufen waren. Schilenko wählte sie obendrein danach aus, ob sie über einen guten Bekanntheitsgrad in ihren früheren sowjetischen Einheiten verfügten. Das Besondere an dieser Sendung aber war, dass sie auch durchaus Nachrichten enthielt, in denen wie selbstverständlich bestimmte Erfolge der Roten Armee im völlig sachlichen Ton wiedergegeben wurden.

Die Raffinesse dieser Propagandaform bestand jedoch darin, dass sich jeweils drei Nachrichten objektiver Art plötzlich Meldungen anschlossen, in welchen von Entbehrungen in der Heimat berichtet wurde, von aufgetretenen Hungersnöten in einem bestimmten Rayon, von Maßnahmen eines Sonderurlaubs für Offiziere, die Gelegenheit erhalten sollten, sich für eine bestimmte Zeit ihrer Familien anzunehmen, und von einer gerade beschlossenen Maßnahme des Obersten Sowjets, die Rationen für Offiziersfamilien vom Major an im kommenden Monat beträchtlich zu erhöhen.

Hatten eine solche Propagandataktik die Wlassow-Leute ersonnen, so glänzten die Rundfunksprecher aus den Reihen der SS-Kriegsberichter ebenfalls mit einer Idee, die sich als äußerst erfolgreich erweisen sollte. Sowjetische Überläufer gaben an, dass sie sich zu diesem Schritt entschlossen hätten, nachdem sie durch mehrere Sendungen von BBC London darüber informiert worden seien, dass Stalin gegenüber Churchill das Versprechen abgegeben habe, die Rote Armee werde jederzeit ihr Blut auch für Britannien geben und kein Opfer scheuen, um den Engländern hohe Verluste zu ersparen.

Die Überläufer besaßen nicht den geringsten Schimmer, dass sie auf einen Propagandatrick der Deutschen hereingefallen waren. Durch die genaue Nachahmung eines täglich mehrmals vom BBC ausgestrahlten speziellen Programms, welches nach dem Ertönen des Glockenschlages von Big Ben mit dem Abspielen der britischen Nationalhymne und der dreimalig wiederholten Ansage: *»Hier spricht England, es folgt eine Sendung für die Völker der UdSSR«* eingeleitet wurde, erlagen zahlreiche Sowjetbürger, insbesondere aber Angehörige der Roten Armee der Meinung, sie hätten tatsächlich die Stimme Londons vernommen.

Was schließlich eine dritte Propagandasendung anbelangte, der sich die Standarte »Kurt Eggers« während des Unternehmens von »Skorpion Ost« bediente, um einen Einfluss auf die sowjetischen Fronttruppen auszuüben, bestand in einer Nachrichtensendung, die den Titel trug: »Deutsche Nachrichten für die Rote Armee«. Auch sie hielt sich völlig sachlich an tatsächliche Geschehnisse, leugnete keinen sowjetischen Erfolg, verband ihn jedoch mit Kommentaren, in welchen den Rotarmisten zu verstehen gegeben wurde, dass sie selbst davon überhaupt nichts hätten, denn selbst nach einem gewonnenen Krieg würden sie wieder in ihr altes armseliges Leben zurückkehren, während es sich die Nomenklatura auf ihre Kosten gut ergehen lasse.

Smolensker Aufruf kommt erneut ins Spiel

Von den Mitarbeitern des Generals Wlassow, die in das Unternehmen »Skorpion Ost« einbezogen worden waren, kam der Vorschlag, noch einmal eine größere Anzahl von Flugblättern mit dem Smolensker Aufruf des Russischen Komitees vom 27. Dezember 1942 zu verbreiten. Ihr Argument dafür lautete, dass der Mannschaftsbestand der Roten Armee inzwischen viele neue Jahrgänge umfasse, die vermutlich von diesem aufrüttelnden Dokument nie etwas erfahren hätten. Den SS- wie auch den Wehrmachtspropagandisten leuchtete sofort ein, dass dieser Gedanke nicht von der Hand zu weisen war, und so erteilten sie eine entsprechende Anweisung.

Hierzu bedarf es eines kurzen Rückblicks, auf welche Weise der Smolensker Aufruf zustande gekommen war. Mehrere Ereignisse, die einander bedingten, führten letztendlich zu dem sogenannten Smolensker Appell. Zum einen lag dem die Erkenntnis zugrunde, dass mit der bisher vor allem gegenüber den Ukrainern sowie den Ruthenen praktizierten Ostpolitik, die anfänglich von der heimischen Bevölkerung gegenüber den Deutschen bekundete große Sympathie restlos zunichte gemacht worden war.

Anstatt sich in den besetzten Gebieten um die Freundschaft dieser Bevölkerungsgruppen zu bemühen, hatte man mehr als einmal den Sieger hervorgekehrt, der für den Unterlegenen nur Verachtung empfand. Desweiteren gab es zahlreiche autoritäre Eingriffe in das Dasein der Bevölkerung, so dass sich vielen Menschen die Schlussfolgerung aufdrängte, gewissermaßen vom Regen in die Traufe gekommen zu sein.

Im OKH wie auch im OKW gab es eine Reihe jüngerer Generalstabsoffiziere, die unter dem Eindruck der sich ständig vergrößernden Kampfkraft der Roten Armee zu der Meinung gelangt waren, dass man mit eigenen Kräften niemals dazu in der Lage sein würde, mit dem gewaltigen militärischen Potential der Sowjetunion, was obendrein auch noch die Rüstungsproduktion hinter dem Ural einschloss, fertig zu werden.

Umso aufmerksamer wurden alle Anzeichen registriert, die auf eine gewisse Bereitschaft mancher sowjetischer Offizierskader hindeuteten, den Bruch mit Stalin zu vollziehen, sofern endlich von deutscher Seite eine verbindliche Erklärung erfolgen würde, worin deren endgültige Absichten gegenüber Russland beständen.

Ein Anerbieten, sich mit den Deutschen gegen das verabscheuenswürdige System Stalins zu verbünden, kam nicht nur von General Wlassow, sondern auch von anderen sowjetischen Militärführern wie beispielsweise dem Oberst Michail Schapowalow, der Kommandeur eines sowjetischen Schützenkorps gewesen war.

Am 13. August 1942 nahm er bei Maikop einen Frontwechsel vor. Während eines Verhörs durch deutsche Vernehmungsoffiziere verhielt er sich nicht nur in dem Sinne kooperativ, dass er von sich aus mit keinen Angaben über die militärische Stärke der sich in diesem Frontabschnitt befindlichen sowjetischen Truppen hinter dem Berg hielt, sondern ihnen ein fix und fertiges Konzept unterbreitete, wie man sich ein Zusammengehen mit den Deutschen vorstelle.

Es beinhaltete die Errichtung einer provisorischen russischen Regierung, deren erste Maßnahme in einer Proklamation bestehen sollte, in welchem der Bruch mit dem bisherigen sowjetischen System verkündet wurde. Als weitere Ziele sollte auf die Rückgängigmachung der landwirtschaftlichen Kollektivierung wie überhaupt auf die Wiederherstellung allen Privateigentums verwiesen werden. Schließlich sollte die Aufstellung einer antibolschewistischen Armee in Angriff genommen werden.

Stauffenberg sucht Zusammenarbeit mit Gegnern Stalins

Die Ic Offiziere der Wehrmacht waren darüber derart verblüfft, dass sie davon sofort den Major Claus Schenk Graf von Stauffenberg unterrichteten, der in seiner Eigenschaft als Gruppenleiter II der Organisationsabteilung des Generalstabes dabei war, in einem Sonderlager des OKH all jene ranghohen ehemaligen Offiziere der Roten Armee zu sammeln, die gewillt waren, mit den Deutschen zu kollaborieren.

Als sich das Desaster von Stalingrad immer deutlicher abzuzeichnen begann, setzte an so mancher Stelle im Reich ein Umdenken hinsichtlich der bisher betriebenen Ostpolitik ein. Am 18. Dezember 1942 lud der Reichsminister für die besetzten Ostgebiete, Alfred Rosenberg, sämtliche Befehlshaber der rückwärtigen Gebiete der Ostfront sowie die Verantwortlichen der zentralen militärischen Verwaltungen in den besetzten Ostgebieten zu einer Konferenz ein, deren Ziel es sein sollte, eine neue Weichenstellung im Ostraum vorzunehmen.

Es lag eine gewisse Ironie der Ereignisse darin, dass diese Konferenz ausgerechnet in den Räumen der ehemaligen Botschaft der UdSSR in der Straße Unter den Linden in Berlin stattfand, wo Rosenbergs Ostministerium eingezogen war. Mehrere hoch angesehene militärische Führer, wie beispielsweise Oberst Karl von Tippelskirch, der dem Stab der Wehrmacht-Operationsabteilung angehörte, wie auch Oberst Schmidt von Altenstadt, der zu den engen Mitarbeitern Stauffenbergs zählte, nahmen auf dieser Konferenz kein Blatt vor den Mund.

Sie zeichneten ein ungeschminktes Bild von der Lage im Osten, verwiesen darauf, dass die Wehrmacht allein schon aufgrund ihrer hohen Verluste, die mit Ersatz aus der Heimat nicht mehr auszugleichen seien, in jeder Weise auf Russen angewiesen wären, die man sowohl in die Fronttruppe eingliedern als auch zur Bekämpfung der Partisanen heranziehen sollte.

Die Vertreter der Wehrmacht nannten jedoch als Voraussetzung eine totale Veränderung des deutschen Verhaltens gegenüber der örtlichen Bevölkerung. Es müsse sofort mit allen Zwangsdeportationen Schluss gemacht werden, es sei ohne Abstriche die Rückgabe des Privateigentums ebenso erforderlich wie die Verbesserung der Verpflegung. Man müsse endlich mit der Verwirklichung dessen beginnen, was man zunächst beim deutschen Einmarsch der Bevölkerung versprochen, aber niemals eingehalten habe. Vielleicht, so einer der Konferenzteilnehmer, sei es für alles schon zu spät, dennoch sei es einen Versuch wert, alles zu tun, um das Vertrauen der ukrainischen und ruthenischen Bevölkerung zurückzugewinnen. Dazu gehöre eine Reihe sofort vorzunehmender Veränderungen als Beweis, dass sich die deutsche Politik von der Stalins grundsätzlich unterscheide.

Wenn auch vieles, was auf dieser Konferenz erörtert wurde, nie zur Ausführung kam, sondern an dem Gerangel scheiterte, das längst zu einer Dauererscheinung zwischen vielen Reichsstellen geworden war, so kam jedoch der Beschluss zustande, nunmehr General Wlassow propagandistisch ins Spiel zu bringen.

Eine Dienststelle des Ministeriums für Volksaufklärung und Propaganda, welche die geheimnisvolle Bezeichnung »Vineta« trug, ihren Sitz in der Viktoriastraße 10 in Berlin hatte und sich mit der Herstellung des unterschiedlichsten Propagandamaterials für den Ostraum befasste, erhielt einen im Oberkommando der Wehrmacht vorbereiteten Text zur Begutachtung übermittelt.

Er war in Übereinstimmung mit General Wlassow entworfen worden und sollte auch seine Unterschrift tragen. Die Männer von »Vineta« verfielen außerdem auf die Idee, ein so genanntes Smolensker Komitee zu erfinden, in dessen Namen Wlassow seine Proklamation vornehmen sollte. Wlassow zögerte anfänglich, sich unter Vorspiegelung einer solchen Unwahrheit an das russische Volk zu wenden, stimmte aber schließlich dann doch zu, weil man ihm versicherte, dass jede Propaganda auf der Welt den Grundsatz beherzige, dass der Zweck die Mittel heilige.

So wurde dann am 27. Dezember 1942 durch den Massenabwurf von mehreren hunderttausend Flugblättern sowie die gleichzeitige Verlautbarung dieser Proklamation durch eine Reihe von Propagandasendern dieses Manifest verbreitet, welches sich an die Soldaten und Offiziere der Roten Armee, an das russische Volk und die anderen Völker der Sowjetunion richtete.

Dieses Aufrufes, der nichts von seiner Bedeutung verloren hatte, obwohl die Lage im Osten zum Zeitpunkt seiner Entstehung noch nicht eine so dramatische Form angenommen hatte, wie dies jetzt der Fall war, bediente sich die Standarte »Kurt Eggers« bei der Durchführung des Unternehmens der Kampfpropaganda »Skorpion Ost«.

Nachfolgend der Wortlaut des Smolensker Aufrufes:

»Freunde und Brüder! Der Bolschewismus ist der Feind des russischen Volkes. Unübersehbares Elend hat er über unsere Heimat gebracht und das russische Volk schließlich in einen blutigen Krieg für fremde Interessen verwickelt. Durch diesen Krieg ist ein noch nie dagewesenes Leid über unser Vaterland gekommen. Für das verbrecherische Streben Stalins nach der Weltherrschaft, für die Riesengewinne der anglo-amerikanischen Kapitalisten haben Millionen russischer Menschen mit ihrem Leben bezahlen müssen. Millionen sind zu Krüppeln geworden und haben für immer ihre Arbeitsfähigkeit eingebüßt. Frauen, Greise und Kinder starben infolge von Hunger, Kälte oder untragbar gewordener Arbeitsüberlastung.

Hunderte russischer Städte, tausende von russischen Dörfern sind auf Befehl Stalins zerstört, gesprengt oder niedergebrannt worden.

Die Rote Armee hat in diesem Kriege Niederlagen erlitten, wie sie unsere Geschichte vorher nicht kannte. Trotz der Selbstaufopferung unserer Soldaten und Offiziere, trotz der Tapferkeit und Opferbereitschaft des russischen Volkes wurde eine Schlacht nach der anderen verloren. Die Schuld trifft allein das verfaulte bolschewistische System, sie trifft Stalin und seinen Stab.

Stalin und seine Clique haben es nicht verstanden, die Verteidigung des Landes zu organisieren. Sie versuchen jetzt die Dauer ihrer Herrschaft im Blutbad des russischen Volkes zu verlängern. Durch Terror und Lügenpropaganda werden die Menschen ins Unglück hineingetrieben.

Das russische Volk ist von den Verbündeten Stalins, den anglo-amerikanischen Kapitalisten, verraten worden. Diese Plutokraten retten nicht nur ihre eigene Haut, indem sie Millionen russischer Menschen opfern, nein, sie strecken mit Unterstützung des Bolschewismus auch ihre Hände nach den Reichtümern unserer Heimat aus und haben mit Stalin Geheimverträge abgeschlossen.

Deutschland dagegen kämpft nicht gegen das russische Volk und unsere Heimat, sondern nur gegen den Bolschewismus. Deutschland erhebt keinen Anspruch auf den Lebensraum des russischen Volkes oder seine nationale und politische Freiheit. Das nationale Deutschland Adolf Hitlers hat sich die Neuordnung Europas ohne Bolschewisten und Kapitalisten zur Aufhabe gestellt, und in diesem neuen Europa wird jedem Volk sein ihm zukommender Platz angewiesen.

Die Stellung des russischen Volkes in der europäischen Völkergemeinschaft wird von dem Maß seiner Mitarbeit im Kampf gegen den Bolschewismus abhängen, denn die Vernichtung Stalins und seiner Verbrecherclique ist vor allen Dingen eine Sache des russischen Volkes. Um das russische Volk im Kampf gegen das verhasste Regime zu einen und zu führen, haben wir – Söhne dieses Volkes und Patrioten – ein Russisches Comité zur Zusammenarbeit mit Deutschland zwecks Bekämpfung des Bolschewismus und Aufbau des neuen Europas gebildet. Das Russische Comité legt dem Neuaufbau Russlands folgende Richtlinien zugrunde:

Die Vernichtung des Bolschewismus Stalins und seiner Clique.
Die Herbeiführung eines ehrenvollen Friedens mit Deutschland.
In Zusammenarbeit mit Deutschland und den Völkern der europäischen Neuordnung ein neues Russland ohne Bolschewismus und Kapitalisten zu schaffen. Das Russische Comité legt dem Neuaufbau Russlands folgende Richtlinien zugrunde:
Abschaffung der Zwangsarbeit – freies Recht auf Arbeit – die Sicherstellung des materiellen Wohlergehens aller Werktätigen.
Aufhebung der Kolchos-Wirtschaft und planmäßige Übergabe des Landes in den Besitz der Bauern.
Wiederaufrichtung von Handel, Handwerk und Heimindustrie. Das Wirtschaftsleben des Landes soll durch private Initiative wieder belebt werden.
Die Intelligenz soll die Möglichkeit erhalten, sich freischöpferisch für das Volkswohl zu betätigen.
Soziale Gerechtigkeit und Schutz aller Werktätigen gegen Ausbeutung.
Allen Werktätigen ihr gutes Recht zur Weiterbildung; Sicherung von Urlaub und Altersversorgung.
Beseitigung des Terrors und der Vergewaltigung, Religionsfreiheit, Gewissensfreiheit, Freiheit des Wortes, der Versammlung, der Presse, Unantastbarkeit der Person und des Heimes.
Garantierung der völkischen Freiheit.
Amnestie für durch den Bolschewismus verurteilte politische Gefangene, Rückkehr in die Heimat aller im Kampf gegen den Bolschewismus Verurteilten aus den Gefängnissen und Konzentrationslagern.
Wiederherstellung der während des Krieges zerstörten Städte und Dörfer auf Staatskosten.
Wiederherstellung der dem Staat gehörenden und während des Krieges zerstörten Fabriken und Werke.
Keine Schuldenzahlung laut Geheimverträgen, die Stalin mit den anglo-amerikanischen Kapitalisten abgeschlossen hat.
Sicherstellung eines Existenzminimums für alle Kriegsinvaliden und deren Angehörige.

In der heiligen, festen Überzeugung, dass auf der Grundlage dieser Richtlinien eine glückliche Zukunft für das russische Volk aufgerichtet werden kann, fordert das Russische Comité alle russischen Menschen sowohl in den befreiten als auch in den noch von den Bolschewisten besetzten Gebieten, alle Arbeiter und Bauern, die Intelligenz, Soldaten, Offiziere und Politruks auf, sich im Kampf für das Vaterland und gegen dessen ärgsten Feind, den Bolschewismus, zu vereinen. Das Russische Comité erklärt Stalin und seine Clique zu Volksfeinden.

Das Russische Comité erklärt zu Volksfeinden diejenigen, welche sich freiwillig in die Straf- und Vollzugsorgane des Bolschewismus, die besonderen Abteilungen, das NKWD und in die Sperrverbände einreihen.

Das Russische Comité erklärt zu Volksfeinden diejenigen, welche Volkswerte vernichten. Pflicht jedes aufrechten Sohnes seines Volkes ist es, diese Volksfeinde zu vernichten, die unser Vaterland immer wieder in neues Unglück stürzen.

Das Russische Comité fordert alle Russen auf, dieser Pflicht nachzukommen. Das Russische Comité fordert alle Soldaten und Offiziere der Roten Armee auf, zur russischen Befreiungsarmee überzutreten, die an der deutschen Seite kämpft.

Allen, die sich auf die Seite des antibolschewistischen Kampfes stellen, wird das Leben garantiert, unabhängig von ihrer früheren Tätigkeit und der von ihnen innegehabten Stellung. Das Russische Comité ruft alle Russen auf, den Kampf gegen den verhassten Bolschewismus aufzunehmen, antibolschewistische Partisanenabteilungen zu gründen und die Waffen gegen Stalin und seine Anhänger zu wenden.

Russen, Freunde und Brüder!

Genug des Blutvergießens! Genug der Witwen und Waisen! Genug des Hungers, der Zwangsarbeit und der Qualen in den bolschewistischen Gefängnissen! Erhebt euch zum Kampfe für die Freiheit! Auf in den Kampf für die heilige Sache unserer Heimat und unseres Volkes! Es lebe ein ehrenvoller Friede mit Deutschland für alle Zeiten! Es lebe das russische Volk als gleichberechtigtes Mitglied der Völkerfamilie des neuen Europa!«

Vorsitzender des Russischen Comités, gez. Generalleutnant A. A. Wlassow sowie als Sekretär des Russischen Comités gez. Generalmajor W. Malyschkin.

Obwohl der Krieg längst seinen Zenit überschritten hatte und die deutschen Armeen sich überall, speziell aber an der Ostfront, auf dem Rückzug befanden, zeitigte ungeachtet dieser Tatsache das Propagandaunternehmen »Skorpion Ost« eine erstaunliche Tatsache. Nach dem Anlaufen der Aktion, die ausschließlich im Frontbereich der Heeresgruppe A/Nordukraine erfolgte, fanden sich sogleich erste Überläufer der Roten Armee in den deutschen Stellungen ein. Noch glich ihre Zahl einem unbedeutenden Rinnsal, doch dies änderte sich von Monat zu Monat.

Die Führung der SS-Standarte »Kurt Eggers« veränderte den Schwerpunkt ihrer Propaganda, indem sie fast gänzlich darauf verzichtete, auf die gegenwärtige Frontlage einzugehen. Stattdessen konzentrierte sie sich auf die Situation im sowjetischen Hinterland, wo sie durch die Abteilung Fremde Heere Ost die Information bekam, dass die Sondertruppen des NKWD die Anweisung zu verwirklichen gedachten, nach einer weiteren Frontverschiebung nach Westen mit der Deportation großer Teile der ukrainischen Bevölkerung in die asiatischen Gebiete der UdSSR zu beginnen.

Stalin hatte nicht vergessen, wie sich führende Persönlichkeiten der ukrainischen Intelligenz in der Zeit der deutschen Besatzung verhalten hatten, wo sie ganz offen Forderungen nach einer nationalen Selbständigkeit vorbrachten. Auch die Tatsache, dass zahlreiche Ukrainer in den Reihen der Waffen-SS gegen die Sowjetunion kämpften, hatte bei ihm bestimmte Befürchtungen ausgelöst, dass sich daraus eine Gefahr für den Fortbestand der UdSSR ergeben könnte.

Überläuferzahlen steigen mit jedem Tag

Genau dies aber war die Wunde, in die die Kampfpropagandisten von »Skorpion Ost« ihre Finger legen wollten, um in den ukrainischen Einheiten der Roten Armee Unruhe zu erzeugen, dass nach einem Sieg der Sowjetunion über die Deutschen es zu einer Abrechnung Stalins mit dem ukrainischen Volk kommen würde.

Obwohl »Skorpion Ost« nur noch über beschränkte Einsatzmöglichkeiten verfügte, da eine Anzahl der Lautsprecher-Übertragungswagen durch feindlichen Beschuss zerstört worden war, es an Propaganda-Granatwerfern mangelte, die deutsche Luftwaffe durch anderweitige Verwendung sich kaum noch dazu imstande sah, Flugblätter über den sowjetischen Frontlinien abzuwerfen, schnellten die Überläuferzahlen noch einmal in die Höhe.

Waren es im Juli 1944 lediglich 95 sowjetische Soldaten gewesen, welche einen »Frontwechsel« vollzogen, so erreichte ihre Zahl im Oktober des gleichen Jahres einen absoluten Höhepunkt, indem 1698 Rotarmisten ihre Kampfstellungen verließen und hinüber zur deutschen Seite flohen.

Vergegenwärtigt man sich die Tatsache, dass im gesamten Verlaufe des Jahres 1944 an der Ostfront über 147 000 sowjetische Soldaten trotz des siegreichen Vormarsches ihrer Truppen sich dafür entschieden, mit der Roten Armee zu brechen und zu den Deutschen überzutreten, so drängt sich daraus bei einer nüchternen Betrachtung die Erkenntnis auf, wie es tatsächlich um die Lobhudeleien bestellt war, mit denen später die Sowjetunion den »Großen Vaterländischen Krieg« verklärte.

Das Propagandaunternehmen »Skorpion Ost« lief übrigens bis zum Kriegsende weiter, vermochte jedoch niemals wieder an dem Erfolg im Herbst 1944 anzuknüpfen. Standartenführer Gunter d'Alquen schätzte ein, dass ohne die aktive Mithilfe der von General Wlassow für dieses Unternehmen abgestellten russischen Offiziere es nahezu unmöglich gewesen wäre, in der Roten Armee noch einmal eine solche zersetzende Wirkung hervorzurufen. Es waren Russen, die am besten die Mentalität ihrer Landsleute einzuschätzen vermochten und deshalb genau wussten, wo die Schwachstellen lagen, die die deutsche Propaganda ins Visier nehmen musste.

Gunter d'Alquen war schon frühzeitig zu der Meinung gelangt, dass der Krieg im Osten eine derart gewaltige Dimension angenommen hatte, dass er die militärischen Möglichkeiten von Wehrmacht und Waffen-SS bei weitem überforderte. Eine sich immer mehr ausdehnende Frontlinie mit einem Hinterland, das von seiner Größe her sich jeglicher Kontrolle entzog, machte den gesamten Ostfeldzug, insbesondere was seinen siegreichen Verlauf anging, immer fragwürdiger.

NICHT UNTERMENSCHEN SONDERN BÜNDNISPARTNER

Gunter d'Alquen verlangt völlige Umkehr bisheriger Ostpolitik

Für den SS-Standartenführer, der sich von vielen seinesgleichen darin unterschied, dass er weder ein blindwütiger Fanatiker war, noch dazu neigte, einem Rassenwahn zu frönen, der andere Völker für minderwertig ansah, stand fest, dass Deutschlands einzige Chance nur darin bestehen konnte, sich in Russland selbst Verbündete zu suchen. Nur mit deren Hilfe, so stellte sich ihm als Pragmatiker die Sicht der Dinge dar, konnte Stalins nicht nur für Deutschland, sondern für Ost- wie auch Westeuropa ausgehende Bedrohung ausgeschaltet werden.

So setzte er sein Bemühen darauf, Himmler davon zu überzeugen, dass man die vielen Völkerschaften, denen Stalin unter Anwendung eines unvorstellbaren Massenterrors das kommunistische System aufgezwungen habe, auf die Seite Deutschlands bringen müsse. Eine Kollaboration größten Stils sei erforderlich, um die Sowjetunion in die Knie zu zwingen. Nur wenn man sie dazu veranlassen könne, sich mit eigenen nationalen Streitkräften auch militärisch an der Niederringung des Kreml-Despoten zu beteiligen, ließe sich die derzeitige Situation im Osten noch meistern.

Was der Kommandeur der SS-Standarte »Kurt Eggers« im Einzelnen unternahm, um seine Gedankengänge, die von etlichen hohen Offizieren der Waffen-SS, wie beispielsweise dem SS-Obergruppenführer Felix Steiner, unterstützt wurden, über Himmler an andere Entscheidungsträger des Reiches heranzuführen, verdient zweifellos besonderes Interesse, da im Abstand von Jahrzehnten solche Vorgänge einer ausschließlich historischen Betrachtung unterliegen.

Gunter d'Alquen war Übrigen nicht der Erste aus den Reihen der Waffen-SS gewesen, der gegen die deutsche Ostpolitik opponierte, die er für total verfehlt ansah. Es mag sich vielleicht heute für manchen merkwürdig ausnehmen, dass es Kommandeure von Waffen-SS-Einheiten waren, die angesichts der Erfahrungen, die sie an der Ostfront gesammelt hatten, sich dagegen wandten, auch nicht einen Tag länger mehr die dümmliche NS-Propaganda vom sowjetischen Untermenschentum beizubehalten. Angehörige der Waffen-SS, die sich sowjetischer Panzerungetüme zu erwehren hatten, stellten mit zunehmender Erbitterung ihren Kommandeuren die Frage, wie es möglich sei, dass »Untermenschen« über eine solch hochentwickelte Kampftechnik verfügten.

SS-Obergruppenführer Steiner, dessen Division »Wiking« aus vielen Freiwilligen nordeuropäischer Länder bestand, scheute nicht davor zurück, als Erster dem Reichsführer SS Heinrich Himmler ins Gesicht zu sagen, dass der Krieg im Osten nur dann mit einer Aussicht auf Erfolg geführt werden könne, wenn man sich endlich dazu durchringe, Völkerschaften, welche in das sowjetische Staatsgefüge niemals auf freiwilliger Basis eingereiht worden seien, ihre Freiheit zurückzugeben und es ihnen zu gestatten, wieder ihren eigenen nationalen Weg zu beschreiten. Sie werden sich von dem Augenblick an auf unsere Seite stellen, so die Überzeugung dieses Offiziers der Waffen-SS, wenn wir ihnen bei der Zurückerlangung ihrer staatlichen Eigenständigkeit behilflich sind.

Himmler, der die Auffassungen Hitlers kannte, alles zu unterlassen, was dazu führen würde, erneut eine russische Großmacht hervorzurufen, wie immer sie politisch beschaffen sei, ermangelte es an Mut, solchen kritischen Stimmen aus den Reihen der Waffen-SS Gehör zu verschaffen.

Während er sich einerseits krampfhaft darum bemühte, die sogenannte nationalsozialistische Weltanschauung von niemandem demontieren zu lassen, sah er sich andererseits durch die hohen Verluste, die die Divisionen der Waffen-SS an der Ostfront erlitten hatten und die mit Reservisten aus der Heimat nicht mehr auszufüllen waren, gezwungen, sich Stück für Stück von seiner Ideologie zu verabschieden.

Anfänglich beschränkte er sich darauf, in den drei baltischen Staaten, Estland, Lettland und Litauen, denen auch Deutschland übel mitgespielt hatte, als es sie durch den zwischen Hitler und

Stalin abgeschlossenen Pakt im Jahre 1939 der Sowjetunion auslieferte, Rekruten für die Waffen-SS anzuwerben.

Himmler rechtfertigte sein Tun vor sich selbst damit, dass dies keine slawischen Völker seien. Er verfiel auf die Idee, diesen Ländern eine Art von begrenzter Souveränität zuzubilligen, während die Außen- und Verteidigungspolitik in der Kompetenz Deutschlands verbleiben sollte. Als er am 8. Februar 1943 mit diesem Vorschlag im Führerhauptquartier aufkreuzte, holte er sich bei Hitler eine heftige Abfuhr.

Doch als sich die Lage an der Ostfront weiter zuspitzte, geriet Himmler gewissermaßen zwischen Baum und Borke. Als er ein halbes Jahr darauf zu einem Frontbesuch der 5. SS-Gebirgsdivision aufbrach, die sich an der Eismeerfront bei Kiestinki im Einsatz befand, lud er Gunter d'Alquen ein, ihn zu begleiten. Der Kommandeur der SS-Kriegsberichter begriff sofort, dass Himmler jemanden suchte, mit dem er auch so manches besprechen konnte, was seine eigene Unsicherheit angesichts so vieler Unwägbarkeiten betraf.

Hierzu sind ein paar Worte erforderlich über das Verhältnis, das zwischen Himmler und d'Alquen bestand. Es entspricht nicht der Wahrheit, wie dies von einigen Historikern, besonders aus den USA, behauptet wird, dass der Kommandeur der SS-Standarte »Kurt Eggers« Himmlers engster Vertrauter gewesen sei. Davon kann keine Rede sein. Was Himmler an d'Alquen mochte, war dessen Art, sich stets ein wenig kumpelhaft zu gebärden, den guten Jungen zu spielen, der bisweilen über die Stränge schlug, manchmal auch eine zu dreiste Lippe riskierte, so dass man ihm den Mund verbieten musste, von dem man jedoch immer etwas erfuhr, was andere aus Furcht anzuecken eben nicht auszusprechen wagten und es deshalb lieber für sich behielten.

Himmler aber wollte wissen, was tatsächlich um ihn herum vorging, und d'Alquen sagte es ihm unverblümt ins Gesicht. Dass ihn der Reichsführer des Öfteren im scharfen Ton zur Ordnung rief, nahm er wie ein gescholtener Schüler hin, der im nächsten Moment schon wieder eine neue Unart ausheckte.

»Warum haben denn die Untermenschen bessere Panzer als wir«

Die Unterhaltung zwischen ihnen im Flugzeug begann auf die Weise, dass Himmler aus seiner Aktentasche eine Broschüre vorzog und darin blätterte. Nach einiger Zeit reichte er sie d'Alquen, der zunächst annahm, dass sie Aufnahmen von SS-Kriegsberichtern enthielt. Doch dann erkannte er seinen Irrtum. Es handelte sich um das Traktat über sowjetische Untermenschen, das soeben in einer ergänzten Auflage in Form einer bebilderten Broschüre erschienen war. Erstmals war diese Schrift zwei Jahre zuvor an der Ostfront unter den deutschen Soldaten verbreitet worden. Nun gab es sie erneut, obwohl sie durch das Geschehen an der Front längst *ad absurdum* geführt worden war.

Als Gunter d'Alquen für Himmlers Begriffe sich zu keiner Meinungsäußerung aufraffte, stellte er ihm die Frage, was er von dieser Broschüre halte. *»Reichsführer, ist Ihnen an meiner absolut offenen Meinung gelegen?«*, stellte ihm d'Alquen die Gegenfrage. Als Himmler bejahte, schlug der Standartenführer einen bewusst abfälligen Ton an und meinte dann: *»Ich muss Ihnen sagen, dass diese Schrift für alle Einheiten der Waffen-SS, die ich kenne, eine Pleite ist.«*

Himmler, der zunächst noch glaubte, dies ins Lächerliche ziehen zu können, tat diese Worte mit einer Handbewegung ab. *»Geben Sie doch zu, dass es Ihnen nur deshalb gegen den Strich geht, weil Sie das Ding nicht gemacht haben.«* Gunter d'Alquen schüttelte nur den Kopf und setzte dann zu folgenden Worten an: *»So ist das nicht. Aber wenn ich ganz offen reden soll, unsere Männer draußen wissen nicht, wo sie ihren Arsch lassen sollen. Und Sie können mir glauben, wenn unsere Männer die Broschüre hier zu Gesicht bekommen, dann werden sie sehr laut und einfach fragen: Die uns da so zusetzen und bessere Panzer haben als wir und auch sonst ganz gut in Taktik und Strategie auf der Höhe sind, das sollen lauter Untermenschen sein? Was sind wir dann für schlechte Obermenschen! Was leisten diese Untermenschen für ihr Land, was bringen die für Opfer! Wie lassen die sich zusammenschlagen.«*

An dem Gesicht Himmlers bemerkte der Standartenführer, dass er wieder einmal zu weit gegangen war. Der Reichsführer fuhr ihn barsch an: *»Was schlagen sie hier für einen Ton an?«* Ein anderer hätte sich vielleicht einschüchtern lassen, doch nicht Gunter d'Alquen, der für seine Aufmüpfigkeit bereits bekannt war, so dass manche höheren Chargen ihm nur noch mit verbiestertem Gesicht begegneten. So fuhr dann d'Alquen unberührt durch den Anraunzer fort. *»Das ist der Ton, den ich jetzt überall bei unseren Männern gehört habe. Wir können nicht nach zwei Jahren Krieg gegen den Gegner, der uns da gegenübersteht, noch länger mit solchen Theorien operieren. Diese zwei Jahre haben unsere Männer draußen gelehrt, was wir zu Anfang nicht gewusst haben. So billig ist das mit diesem Gegner nicht.«*

Himmlers Reaktion bestand in einer eisigen Miene. Er gab damit zu erkennen, dass er das Gespräch nicht fortzusetzen gedenke. Zwei Tage begleitete er den Reichsführer an der Eismeerfront von einem Truppenteil zum anderen, ohne dass Himmler ein einziges Mal das Wort an ihn richtete. Dann bestellte er den Standartenführer erneut zu sich, forderte ihn jetzt auf, etwas mehr über seine Andeutungen zu sagen, die er sich hinsichtlich der Gedanken gemacht habe, die derzeit einige Kommandeure der Waffen-SS hegen.

Der Standartenführer spürte deutlich, dass seine kritischen Worte offenbar bei Himmler so etwas wie eine Nachwirkung hervorgerufen hatten. Himmler vermochte eine gewisse Unsicherheit, die ihm überkommen war, nur mühselig zu verbergen. Also entschloss sich Gunter d'Alquen an der Stelle fortzufahren, wo es vor zwei Tagen zum Abbruch des Gespräches gekommen war. Er beschloss jetzt all das auszusprechen, was ihm seit Monaten durch den Kopf ging und mitunter sogar den Schlaf raubte. So direkt, wie er jetzt all das aussprach, was er seit langem mit sich herumtrug, hatte er sich zuvor noch nie gegenüber Himmler geäußert.

»Reichsführer, wir haben auf dem Gebiet der politischen Kriegsführung restlos versagt«

Ohne den Ton seiner Stimme besonders zu erheben, wandte er sich Himmler zu: *»Reichsführer, wir haben auf dem Gebiet der politischen Kriegsführung restlos versagt. Die tapfersten Leute haben die klare Überzeugung, dass wir den Krieg im Osten militärisch nicht gewinnen können. Ich will Ihnen ganz offen sagen, welchen Auftrag ich immer wieder bekommen habe. Er lautet: Sag mal dem Reichsführer, diese ganzen Theorien von der Germanisierung Russlands sind Kohl. Was sollen wir mit den Russen? Wir können sie nicht alle totschlagen. Wir haben sie mit diesen Theorien in einen Kampf um ihr nacktes Leben getrieben. Wir haben sie wild gemacht wie Tiere, die nur den sicheren Tod vor Augen sehen«.*

Wiederum bemerkte der Standartenführer, dass er zwar einen Nerv Himmlers getroffen hatte, doch ihn letztlich nicht zu einer veränderten Sicht veranlassen konnte. Das Spiel hatte er in dem Moment überreizt, da er sich zu den Worten hinreißen ließ: *»Ihre Kommandeure sind Ihnen so treu ergeben wie zuvor, aber sie sehen täglich die Wirklichkeit, die Sie, Reichsführer, nicht sehen können.«*

Dass sich Himmler schwer gekränkt fühlte, ließ d'Alquen unberührt. Er selbst war längst an einem Punkt angelangt, wo ihn pure Verzweiflung überkam, sobald er wieder einmal mit der Borniertheit vieler deutscher Dienststellen in den besetzten Gebieten Weißrusslands oder der Ukraine in Berührung kam. Immer häufiger drängte sich ihm der Gedanke auf, dass all das vergossene Blut an der Front zu Lasten jener Leute ging, die einfach nicht zu begreifen vermochten, dass es ihrer Unfähigkeit und Arroganz zu verdanken war, wenn sich das bereits am Rande des Untergangs stehende Sowjetsystem wieder aufzuraffen vermochte und eine Art neuer Bluttransfusion erhielt.

Wiederum beendete Himmler durch eine unwirsche Handbewegung das Gespräch, das ihm in keiner Weise behagte. Erst als sie wieder in der Maschine saßen, die sie nach Ostpreußen zurückbrachte, schnitt er von sich aus das Thema noch einmal an. Er gestand ein, dass vielleicht doch etwas daran wäre, was d'Alquen ihm gegenüber zum Ausdruck gebracht hatte.

»Sie wollten mir zu verstehen geben«, so setzte er den Dialog an der abgebrochenen Stelle fort, *»dass unsere Kriegsführung im Osten in mehr als einer Hinsicht versagt habe. Ich möchte einmal annehmen, dass es so ist. Dann stellt sich mir aber die Frage, warum Sie nicht selbst mit Ihrer Standarte durch entsprechende Beispiele den Weg aufzeichnen, der Ihrer Meinung nach beschritten werden sollte.«* Gunter d'Alquen verschlug es für einen Moment die Sprache. Wollte ihn Himmler auf einmal dazu bringen, den Part zu spielen, vor dem er selbst angesichts des Risikos zurückschreckte, sich mit Hitler zu überwerfen?

Doch schon die nächsten Worte des Reichsführers machten ihm deutlich, dass dieser partout nicht die Absicht hegte, die bisherige deutsche Ostpolitik in ihren Grundzügen aufzugeben. Er war lediglich aus Gründen einer besseren Optik gewillt, einige kosmetische Korrekturen vorzunehmen, die an der Sache selbst nicht das Geringste verändern würden. *»Meinetwegen können Sie doch den Russen sonst was versprechen, was sie dazu bringt, mit Stalin Schluss zu machen. Sie haben doch genug Phantasie, ihnen wird schon was einfallen. Wer zwingt uns schon das zu halten, was wir versprechen?«*

Nur noch zu einer Entgegnung raffte sich der Standartenführer auf. *»Die Front im Osten schließt nicht die eine Seite von der anderen ab. Ein Betrug von unserer Seite ist in wenigen Tagen auf der anderen Seite bekannt und macht alles zunichte.«* Himmlers Gesicht lief rot an. *»Ich wünsche solche Bemerkungen aus ihrem Munde nicht mehr zu hören«*, kehrte er den Vorgesetzten heraus, der keinen Widerspruch duldet.

So blieb auch diese Unterredung letztlich ohne Resultat, da Himmler entweder immer noch nicht glauben mochte, dass es um die Lage an der Ostfront tatsächlich so schlimm bestellt war, wie es d'Alquen dargestellt hatte oder er es gemäß seinem Naturell vorzog, Angelegenheiten, die ihm zu heikel dünkten, grundsätzlich aus dem Weg zu gehen.

Doch da sich die Lage an der Ostfront permanent verschlechterte, suchte Himmler immer häufiger von sich aus den

Kontakt zu Gunter d'Alquen, dessen Ratschläge er von einem bestimmten Zeitpunkt an nicht mehr so brüsk zurückwies, wie dies über längere Zeit der Fall gewesen war. Hinzu kam der Druck, den immer mehr Kommandeure der Waffen-SS auf ihn ausübten, endlich die Aufstellung einer Nationalen Russischen Befreiungsarmee unter General Wlassow voranzutreiben, da die Erfolgsaussichten hierfür ansonsten immer mehr schwinden würden.

Nachdem sich das Kampfpropaganda-Unternehmen »Skorpion Ost« wider aller Erwartungen zunächst recht gut angelassen hatte, setzte die sowjetische Sommeroffensive ein, mit der man zwar gerechnet hatte, doch von deren Wucht sich wiederum viele deutsche Führungsstellen überrascht zeigten. Die wenigen Flugzeuge, welche die 6. Luftflotte für die Durchführung von »Skorpion Ost« noch zur Verfügung stellen konnte, gingen wenige Stunden nach Beginn des sowjetischen Ansturms verloren.

Der Versuch, beim Oberbefehlshaber der 6. Luftflotte, Generaloberst von Greim, wenigstens einige Ersatzmaschinen loszueisen, schlug fehl. Gunter d'Alquen, der sich direkt zu dem Hauptquartier des Generalobersten begeben hatte, nutzte die Gelegenheit, mit ihm kurz über Wlassow zu sprechen, da ihm sehr an der Meinung gelegen war, die dieser unkonventionelle Offizier gegenüber dem Einsatz einer Russischen Armee auf Seiten der Deutschen an den Tag legte. Die kurze Antwort des Generalobersten lautete: *»Hören Sie, ich glaube nicht an Wunder, aber in dieser Sache steckt etwas«,* bestärkte ihn darin, jetzt alles auf eine Karte zu setzen, unverzüglich bei Himmler vorstellig zu werden und ihm eine Entscheidung zu Gunsten Wlassows abzuringen.

Obwohl kein Termin mit Himmler zustande gekommen war, der sich gerade in der Nähe von Salzburg aufhielt, beschloss der Standartenführer ihn dort aufzusuchen, selbst auf die Gefahr hin, dass eine derart eigenmächtige Handlungsweise dazu führen konnte, sein Eintreten für Wlassow schon von vornherein zum Scheitern zu verurteilen.

Himmler, der gerade eine Unterredung mit einigen hohen Offizieren beendet hatte und seine Gäste zur Torausfahrt begleitete, wurde fuchsteufelswild, als ihm dort plötzlich Gunter d'Alquen entgegenkam. Er fuhr ihn sogleich zornig an: »*Was machen Sie hier in Salzburg? Die Sowjets haben eine neue Großoffensive eingeleitet, und Sie verschwinden so einfach von der Front. Wenn Sie mir nicht wirklich etwas von Bedeutung mitzuteilen haben, wird die Sache für Sie ein Nachspiel haben.*«

Gunter d'Alquen beschloss, alles auf eine Karte zu setzen: »*Reichsführer, glauben Sie, dass ich es wagen würde, einfach unangemeldet zu Ihnen zu kommen, wenn sich die Situation im Osten nicht so zugespitzt hätte, dass es einer dringenden Entscheidung Ihrerseits bedarf, um noch Schlimmeres zu verhüten?*«

»Ohne Wlassow geht nichts mehr«

Himmler warf ihm einen kurzen Blick zu, stellte dann eine einzige Frage: »*Hat es etwas mit Skorpion Ost zu tun?*« Der Standartenführer nickte und erwiderte kurz: »*Es geht um Wlassow oder besser gesagt, ohne ihn geht nichts mehr.*« Himmler schaute ihn einen Moment argwöhnisch an, stellte aber keine weitere Frage. »*Ich breche heute Nachmittag mit dem Zug nach Ostpreußen auf, lassen Sie sich durch meinen Adjutanten ein Abteil zuweisen.*«

Nachdem der Sonderzug des Reichsführers den größten Teil Schlesiens hinter sich gelassen hatte, wurde d'Alquen durch eine Ordonnanz aufgefordert, in den Salonwagen zu Himmler zu kommen. Auf dem Weg dorthin rekapitulierte er noch einmal alle Argumente, die er sich zurechtgelegt hatte, um Himmler endlich zu überzeugen, dass Wlassow nicht länger mit leeren Worten abgespeist werden dürfe.

Hierbei wäre zu erwähnen, dass der Kommandeur der SS-Standarte »Kurt Eggers« bislang nicht ein einziges Mal Wlassow selbst begegnet war. Alles, was er über ihn wusste, hatte er von anderen gehört. Vielleicht hätte er manches davon in Zweifel gezogen oder für übertrieben gehalten, wenn ihm nicht auch von dem SS-Unterscharführer Erich Kernmayr, der für die Standarte das Kommando in Agram leitete, mit allem Nachdruck versichert worden war, dass dieser General eine der kraftvollsten und zugleich ungewöhnlichsten Persönlichkeiten sei, auf welche viele Russen all ihre Hoffnung setzen würden, während man auf deutscher Seite einfach nicht zu begreifen scheine, dass man alles nur Erdenkliche tun sollte, diesen Mann als Verbündeten zu gewinnen.

Da auch einige Offiziere der Operationsabteilung des OKH, vor allem Stauffenberg, die gleiche Ansicht vertraten, wurde Gunter d'Alquen in seiner Überzeugung bestärkt, dass vermutlich Wlassow seine Absicht, eine Nationale Russische Befreiungsarmee auf deutschem Boden aufzustellen, am ehesten verwirklichen könne, wenn sich die Waffen-SS dieses Planes annehme. Bisher waren mehrere Versuche der Wehrmacht, so auch ein Vorstoß des damaligen Oberst v. Tresckow, der zu Beginn des Krieges gegen die Sowjetunion als Ia der Heeresgruppe des Generalfeldmarschalls v. Kluge angehörte, Wlassow mit eigenen russischen Verbänden gegen Stalin in Stellung zu bringen, an der uneinsichtigen Haltung Hitlers gescheitert.

Es war sicherlich kein Zufall, dass SS-Standartenführer Gunter d'Alquen aufgrund der Erfahrungen, die die von ihm geleiteten Kriegsberichter über das Geschehen an der Ostfront gesammelt hatten und mit dem sie ihn unaufhörlich konfrontierten, allmählich immer stärker in die Rolle eines Fürsprechers von Wlassow hineinwuchs.

Besonders das unter seinem Kommando stehende Unternehmen »Skorpion Ost« öffnete ihm die Augen dafür, dass der entscheidende Nachteil jeglicher Propaganda unter den Rotarmisten darin bestand, dass man zwar im Namen Wlassows sprach, ihn jedoch nicht selbst an der Spitze einer russischen Armee präsentieren konnte, welche ihre Waffen gegen Stalin richtete. Vielleicht mochte es hierfür bereits zu spät sein, so gestand sich d'Alquen bisweilen ein, doch wollte er nichts unversucht lassen, was möglicherweise noch zu einer Wende an der Ostfront führen könnte.

Als Himmler ihn in dem Salonwagen durch eine kurze Handbewegung zum Sprechen aufforderte, verzichtete der Standartenführer auf jegliche Höflichkeitsfloskel, sondern kam sofort zur Sache. Das Gespräch verlief folgendermaßen: *»Reichsführer, wir haben mit Skorpion Ost viel Erfolg gehabt, aber jetzt sind* *unsere Argumente erschöpft. Wir stehen nunmehr unausweichlich vor der Frage, wie wir am schnellsten und besten Wlassow ins Spiel bringen. Es reicht nicht länger aus, gegenüber den Rotarmisten von einer Befreiungsarmee zu reden, von der niemand etwas zu sehen bekommt, die also als eine Art Phantom herumgeistert. Wir brauchen jetzt den Mann selber, sonst glaubt uns niemand mehr.«*

War der Standartenführer darauf gefasst gewesen, dass ihm Himmler unter Umständen das Wort abschneiden oder ihn gar anblaffen würde, so blieb beides aus. Ein nachdenklich wirkender Mann, dessen Blicke der Landschaft galten, die an den Zugfenstern vorbeihuschte, tat auf einmal so, als müsse er erst selbst mit seinen Gedanken ins Reine kommen: *»Das ist doch zum Verrücktwerden. Sie kenne ich nun zu lange, als dass ich Sie verdächtigen könnte, russophil oder russoman zu sein, wie diese Politiker und Heeresfritzen. Aber das muss ich bei Ihnen ausschließen. Ich weiß, dass Sie Praktiker sind, weshalb also dann solche Ansichten?«*

Gunter d'Alquen, dem die zögerliche Wortwahl Himmlers nicht entgangen war, beschloss die Sache jetzt auf den Punkt zu bringen, dem anderen keine Zeit zu langatmigen Erörterungen zu lassen, sondern ihn im gewissen Sinne zu überfahren und ihm endlich ein Bekenntnis abzuringen, mit dem sich etwas anfangen ließ. So fuhr er schnell fort: *»Reichsführer, glauben Sie mir, ich sage nichts Unüberlegtes. Wlassow ist ein Mann mit bona fide. Ich habe ihn bis heute nicht gesehen, aber überall seine Autorität gespürt. Diese Leute sind natürlich anders als wir. Meines Erachtens sind sie überzeugte Gegner des Bolschewismus. Sie sind gute Russen. Auf der anderen Seite sind sie sicherlich bereit, einen Preis für unsere Hilfe zu bezahlen.«*

Nach kurzer Pause, die Himmler ohne eine Antwort hatte verstreichen lassen, ergriff der Standartenführer erneut das Wort: *»Wenn wir uns dazu entschließen und uns mit Wlassow zusammentun, ließe sich daraus weit mehr machen, als den augenblicklichen begrenzten Erfolg mit den Überläufern.Es steckt darin die Möglichkeit zu einem großen politischen und militärischen Erfolg, sobald Sie, Reichsführer, diese Sache in die Hand nehmen und mit den bisherigen Halbheiten ein Ende machen. Unsere Erfolge haben mir gezeigt, welche Wirkungen wir ausüben könnten,* *wenn wir Wlassow wirklich als Gegner Stalins und als Führer einer russischen Befreiungsbewegung vorstellen können, und wenn wir ihm wirklich die Truppen geben, von denen wir bisher nur in der Propaganda haben sprechen können. All jene, die bisher zu uns übergelaufen sind, warten jetzt vergebens darauf, dass sie zu einer solchen aus Russen bestehenden und von Russen geführten Armee stoßen können. Es ist meine feste Überzeugung, dass bei dem Bestehen einer solchen Armee die Zahl derjenigen, welche die Seiten wechseln, ins Unermessliche steigen würde.«*

Nach längerem Schweigen brachte Himmler den Einwand hervor: »*Haben Sie bei allem, was Sie mir eben sagten, auch bedacht, welche Konsequenzen dies für unsere Weltanschauung haben könnte?*« Wie aus der Pistole geschossen, kam aus dem Mund Gunter d'Alquens die trutzige Antwort: »*Reichsführer, wir befinden uns in einer Situation, in der es um Sieg oder Niederlage geht. Die Konsequenzen sollten uns erst später interessieren.*«

Himmler, dem anzumerken war, dass er sich zu einem Entschluss durchzuringen versuchte, stellte nach längerem Schweigen die Frage. »*Und was glauben Sie, wie die Sache nun weiter gehen soll?*« Der Standartenführer zögerte nicht eine Sekunde, seine Antwort bestand in dem Satz »*Reichsführer, Sie selbst sollten mit Wlassow sprechen*«. Himmler zuckte zusammen. »*Wie stellen Sie sich das vor? Wlassow ist und bleibt ein Russe. Mag ja sein, dass er ein tüchtiger Soldat gewesen ist, aber ein Slawe bleibt er dennoch, und die sind unberechenbar.*«

Himmler willigt in ein Zusammentreffen mit Wlassow ein

Doch Gunter d'Alquen hörte aus den Worten Himmlers etwas ganz anderes heraus, dass sich bei ihm erstmals der Gedanke festgesetzt hatte, es könnte ein schweres Versäumnis sein, einem solchen Mann, der sich gegen Stalin aufzubäumen gedachte, weiterhin Zügel anzulegen. So erteilte dann Himmler dem Kommandeur der Standarte »Kurt Eggers« den Auftrag, mit Wlassow namens der SS sofortigen Kontakt aufzunehmen, um die

Einzelheiten einer militärischen und politischen Zusammenarbeit mit Deutschland zu klären. Wlassow sollte bei einem solchen Gespräch eine Andeutung darüber gemacht werden, dass der Reichsführer SS gewillt sei, über die Details eines eventuellen Bündnisvertrages mit ihm selbst zu verhandeln, sofern sich aus den vorangeführten Gesprächen abzeichne, dass die deutsche Seite einem solchen Abkommen nur unter der Voraussetzung zustimmen könne, dass auch die Russen zu gewissen Zugeständnissen bereit seien.

Gunter d'Alquen, der sich sogleich nach der Zusammenkunft mit Himmler zurück an die Ostfront begeben hatte, wo trotz der sowjetischen Offensive »Skorpion Ost« seinen Fortgang nahm, traf sich hier mit Wlassows engstem Vertrauten, General Shilenkow, der als Berater der dem Unternehmen Skorpion Ost zugeteilten russischen Lautsprecherbesatzungen fungierte. Schilenko ließ sich seine Überraschung nicht anmerken, als ihn d'Alquen darum bat, eine Zusammenkunft mit General Wlassow in Berlin zu arrangieren, der in Dahlem eine kleine Villa bewohnte, von der es übrigens nicht sehr weit zu dem Sitz der Kriegsberichter-Standarte in Zehlendorf war.

Wlassow stimmte zwar zögerlich der Zusammenkunft mit einem Vertreter der Waffen-SS zu, sah jedoch der Unterredung mit gemischten Gefühlen entgegen. Er hatte eine Reihe von Vorbehalten gegen die SS, deren nationalsozialistische Ausrichtung ihm ebenso Unbehagen einflößte wie die kommunistische Ideologie, die Stalin mit Hilfe seiner Roten Kommissare sowie den Sondertruppen des NKWD zum Maßstab aller Dinge erhob. Doch nachdem alle Hilfe der Wehrmacht nichts gefruchtet hatte, war Wlassow mittlerweile gewillt, jede Hand zu ergreifen, die sich ihm entgegenstreckte. Ob er hierdurch seine Seele verkaufen würde, dies musste dem Urteil einer späteren Zeit überlassen bleiben.

Wlassow zeigte sich von der so völlig unkomplizierten Art des jungen Standartenführers überrascht, dem jegliche Arroganz abging und der mit ihm sprach, als habe er jemanden seinesgleichen vor sich. Als Gunter d'Alquen sich nicht einmal scheute, Wlassow zu verstehen zu geben, dass die deutsche Seite erst viel zu spät begriffen habe, dass ihre eigenen Kräfte nicht ausreichen, um die Sowjetunion zu besiegen, und dies vielleicht nur noch mit seiner Hilfe möglich sei, war das Eis gebrochen.

Wlassow war von der Ehrlichkeit dieses deutschen Offiziers beeindruckt, während sich Gunter d'Alquen von der Ausstrahlungskraft des Russen in einer Weise beeindruckt zeigte, der er sich selbst nach dem Kriegsende und dem bitteren Schicksal, dem dieser russische Patriot entgegensah, nicht einen Moment zu entziehen vermochte. Gunter d'Alquen litt unter dem Gefühl, Schuld daran zu tragen, Wlassow zu etwas überredet zu haben, wofür es längst zu spät war.

Im Verlaufe des Gesprächs, das Wlassow mit d'Alquen führte, erklärte der Russe unumwunden, dass er kaum noch zu glauben vermöge, einen einzigen vernünftigen Deutschen in führender Position zu finden, der bereit sei, ihm die Möglichkeit zu geben, endlich eine russische Gegenregierung ins Leben zu rufen, mit dem Ziel, Stalin zu entmachten. Obwohl man viel zu viel Zeit habe verstreichen lassen, sei noch ein Erfolg gegen Stalin zu erringen, wenn jetzt endlich ohne weiteren Verzug gehandelt werde. Man dürfe dabei nicht übersehen, dass der größte Teil der von den Deutschen zu Beginn des Krieges besetzten Ostgebiete wieder verlorengegangen sei, hiermit zugleich auch die Masse der Bevölkerung, auf die man sich bei rechtzeitigem Handeln hätte stützen können. Noch aber gäbe es einige Millionen russischer Kriegsgefangener sowie mehrere Millionen Ostarbeiter, die man für die Idee eines von Stalin und dem Kommunismus befreiten Russland gewinnen könne.

Wlassow schlug bereits bei diesem Gespräch einige praktische Schritte vor, die es sofort in Angriff zu nehmen gelte. Die aus verschiedenen Völkerschaften Sowjetrusslands zumeist im Jahre 1942 aufgestellten Freiwilligenverbände, die später auf Geheiß Hitlers von der Ostfront abgezogen und nach Westeuropa verlegt wurden, müssten von dort zurückgeholt und seinem Befehl unterstellt werden. Sie gegen die westlichen Alliierten an der Invasionsfront einzusetzen mache keinen Sinn, da dieser Kampf nicht ihrem Anliegen entspräche. Schluss gemacht werden müsse auch mit den ständigen Streitigkeiten der auf dem Boden des deutschen Reiches existierenden Nationalkomitees östlicher Völker, die alle an ihrem eigenen Süppchen kochten. Wlassow erinnerte dann an die seinerzeitige Smolensker Erklärung, die mit neuem Leben erfüllt werden müsse. Da sie die Grundlage für ein Programm eines freien Russlands darstelle. Gunter d'Alquen sicherte zu, dass er Himmler sofort die Vorstellungen Wlassows unterbreiten würde.

Hochzufrieden mit dem Ergebnis des Gesprächs begab sich Gunter d'Alquen am 17. Juli 1944 nach Rastenburg in Ostpreußen, wo er Himmler ausführlich darüber informierte, welchen Standpunkt Wlassow zu einem Zusammenwirken mit der SS eingenommen hatte. Er ließ Himmler auch wissen, dass Wlassow trotz der sich rapide verschlechternden Situation an der Ostfront noch immer die Zuversicht hege, mit nationalen russischen Streitkräften eine Wende im Osten herbeiführen zu können. Es müsse jetzt allerdings schnell gehandelt werden, da es buchstäblich auf jeden Tag ankomme, fügte der Standartenführer in der Absicht hinzu, Himmler zu einer sofortigen Entscheidung zu veranlassen.

Himmler deutete ihm in wenigen Worten an, dass Hitler sein Einverständnis dazu gegeben habe, dass Wlassow sofort mit der Aufstellung einer russischen Streitmacht auf deutschem Boden beginnen dürfe, die nach einer relativ kurzen Ausbildungszeit an der Ostfront zum Einsatz kommen solle.

Gunter d'Alquen, der gern Einzelheiten darüber erfahren hätte, wie es dem Reichsführer gelungen sei, Hitler umzustimmen, nachdem dieser bislang einer solchen Idee stets eine Absage erteilt hatte, wartete auf eine weitere Erklärung von Himmler. Doch der ließ sich nicht einen einzigen Satz hierzu entlocken. Dennoch war die Mission des Standartenführers erfolgreich, verabschiedete ihn doch Himmler mit den Worten: *»Ich erwarte Wlassow am 21. Juli. Sie sind verantwortlich dafür, dass er hier pünktlich eintrifft«.*

Zurück in Berlin, ließ der Kommandeur der SS-Standarte »Kurt Eggers« sämtliche übrigen Dienstangelegenheiten ruhen und begab sich direkten Weges zum Wohnsitz General Wlassows, dem Kiebitzweg im Stadtteil Dahlem. Als er die gute Nachricht überbrachte, dass endlich die Entscheidung gefallen sei und Himmler alles weitere persönlich mit Wlassow regeln wolle, fühlte er sich plötzlich von diesem in die Arme genommen. *»Sie sind ein guter Freund, Sie gehören jetzt zu uns«*, stieß der Russe hervor. Beide Männer versuchten ihre Rührung zu verbergen.

An seinem Zehlendorfer Standort fand Gunter d'Alquen eine Reihe weiterer beunruhigender Nachrichten von der Lage der Heeresgruppe Süd/Südukraine vor, welche ihn zur sofortigen Rückkehr an den Frontabschnitt von Lemberg veranlassten, wo sich der Stab des Unternehmens »Skorpion Ost« im Einsatz befand. Mit welcher Schnelligkeit sich die militärische Lage in diesen Sommertagen des Jahres 1944 in der Ukraine veränderte, wurde ihm vor Augen geführt, als sein Eintreffen an der Front geradewegs mit einem neuen Rückzugsbefehl zusammenfiel. Die Heeresgruppe traf ihre Vorbereitungen, sich von Lemberg nach Krakau abzusetzen, weil sie dem starken russischen Druck, der durch die sowjetische Sommeroffensive hervorgerufen wurde, nicht länger standzuhalten vermochte.

Während sich d'Alquen darum kümmerte, dass sämtliche an dem Unternehmen »Skorpion Ost« beteiligten Propagandisten der Waffen-SS unverzüglich an der neuen Frontlinie wieder in Stellung gingen, erreichte die Angehörigen der Standarte »Kurt Eggers« die Nachricht von dem Attentat auf Hitler. Wenig später wurde dem Standartenführer ein Funkspruch Himmlers ausgehändigt, der die lapidare Mitteilung enthielt: *»Die für den 21.7. festgelegte Besprechung muss ausfallen, sie wird auf einen späteren Termin verlegt. Sie erhalten Funkspruch.«*

Als Gunter d'Alquen noch rätselte, ob der Anschlag auf Hitler den Reichsführer SS veranlassen könnte, von seiner Absicht eines Zusammentreffens mit Wlassow wieder Abstand zu nehmen, tat sich unterdessen in Berlin vor dem Wohnsitz Wlassows am Kiebitzweg etwas äußerst Merkwürdiges, das zunächst bei den russischen Posten, welche über die Sicherheit des Generals wachten, große Besorgnis hervorrief.

In der abgelegenen Seitenstraße tauchte plötzlich eine dunkle Limousine auf, deren Stander sie als ein Fahrzeug des Reichssicherheitshauptamtes auswies. Aus dem Wagen stieg ein SS-Offizier, der die Wachen wissen ließ, dass er eine persönliche Botschaft des Reichsführers an General Wlassow zu übergeben habe.

Das Schreiben enthielt die Mitteilung, dass der Reichsführer bedauere, durch die Ereignisse des 20. Juli den vorgesehenen Termin leider nicht einhalten zu können. Er werde ihm jedoch in Kürze einen neuen Termin benennen. Himmler unterbreitete in diesem Zusammenhang Wlassow den Vorschlag, sich für einige Zeit nach Süddeutschland zur Erholung zu begeben, wo er gern mit allen seinen Mitarbeitern in dem SS-Heim in Ruhpolding Aufnahme finden werde. In der geruhsamen Umgebung dieses Ortes könne er die Zeit dazu nutzen, um Kräfte für seine neue bevorstehende Aufgabe zu sammeln. Er, Himmler, hoffe, in etwa drei Wochen sich dann mit ihm zu einem umfassenden Gespräch treffen zu können.

Am 27. Juli 1944 folgte Wlassow dieser Einladung. In seiner Begleitung befanden sich nur zwei seiner engsten Vertrauten. Als ein Tag nach dem anderen verging und sich bereits der Herbst ankündigte, packten Wlassow Zweifel, ob nicht wiederum mit ihm nur ein Spiel getrieben worden sei, Himmler in Wirklichkeit überhaupt nicht die Absicht hatte, sich jemals mit ihm zu treffen.

Als am frühen Morgen des 9. September das Telefon schrillte und ein persönlicher Anruf für General Wlassow durchgestellt wurde, enthielt er die Nachricht, dass dieser sofort nach Berlin zurückkehren sollte, da für den 16. September 1944 ein Gespräch mit dem Reichsführer in dessen Rastenburger Hauptquartier angesetzt worden sei. Zum gleichen Zeitpunkt war auch Gunter d'Alquen informiert worden, dass er sich in den Abendstunden des 15. September zusammen mit Wlassow sowie einigen seiner Begleiter auf dem Anhalter Bahnhof einfinden sollte, wo der Kurierzug nach Rastenburg bereitstand. Gegen 20 Uhr rollte der Zug aus der Bahnhofshalle.

Während der ganzen Fahrt über war dem Gesicht Wlassows die große Anspannung anzumerken, mit welcher er diesem Gespräch förmlich entgegenfieberte. Aber auch eine gewisse Unsicherheit vermochte er nicht zu verbergen, wie er sich gegenüber Himmler verhalten sollte. So suchte er bewusst die Nähe des

Standartenführers, der diese Zusammenkunft mit Himmler ja schließlich zuwege gebracht hatte.

Mehrmals deutete Wlassow an, wie sehr er hoffe, dass ihm d'Alquen bei der bevorstehenden Unterredung weiterhin eine Art von Hilfestellung leisten werde. Gunter d'Alquen erwiderte darauf: *»Ich werde Ihnen helfen. Aber ich muss Sie auch bitten, diplomatisch zu sein, Vergangenes zu vergessen und nichts Unmögliches bei dieser ersten Zusammenkunft zu verlangen. Sie können dabei ruhig berücksichtigen, dass Himmler inzwischen großen Machtzuwachs erhalten hat. Er ist jetzt auch Befehlshaber des Ersatzheeres und kann über alles verfügen, was Sie zur Aufstellung ihrer Befreiungsarmee benötigen.«*

Wenn auch der Standartenführer im Allgemeinen über vieles gut informiert war, was auch interne Angelegenheiten in den Kreisen der SS nicht ausschloss, so gab es doch auch für ihn bestimmte Dinge, in welche er nicht eingeweiht war. So besaß er beispielsweise keinerlei Kenntnis davon, dass inzwischen ein weiteres Gespräch des Reichsführers mit Hitler über die Vorgehensweise gegenüber Wlassow stattgefunden hatte. Er wußte ebensowenig davon, dass Himmler zwar die Aufstellung russischer Divisionen befürwortet hatte, diesen Vorschlag jedoch zugleich relativierte, indem er sie als ein notwendiges Übel bezeichnete, mit dem man sich einfach im Interesse einer besseren propagandistischen Einwirkung auf die Sowjettruppen abfinden müsse. Es brauche doch deshalb keineswegs zu einer eigenständigen nationalen russischen Armee zu kommen, und man müsse sich ja auch nicht an die Forderung Wlassows gebunden fühlen, eine russische Gegenregierung auf deutschem Boden zu bilden.

Hitler hatte dann seine Zustimmung gegenüber Himmler davon abhängig gemacht, dass sämtliche zu treffenden Maßnahmen den rein propagandistischen Zwecken unterzuordnen seien. Im Grunde genommen sollte General Wlassow, wie es schon vordem der Fall gewesen war, von der deutschen Seite nur als ein Objekt der Propaganda benutzt werden, während es ihm darum ging, dem russischen Volk eine neue Zukunft frei von jeglicher Form einer Unterdrückung zu geben.

Wie gesagt, von all dem hatte d'Alquen keine Ahnung. Als er später von diesen Hintergründen erfuhr, neigte er zu der Ansicht, dass es sich bei diesen Einschränkungen um nichts anderes als eine Taktik Himmlers gehandelt habe, um überhaupt erst einmal Wlassow aus seiner bisherigen »Verbannung« zu holen, ihm dadurch überhaupt so etwas wie ein Stück Handlungsfreiheit zu verschaffen.

Die späteren Ereignisse mit Gründung der Russischen Nationalen Befreiungsarmee (ROA) sowie der in Prag auf dem Hradschin verkündeten Deklaration des Komitees zur Befreiung der Völker Russlands, zu dessen Vorsitzenden General Wlassow ernannt wurde, sind dazu angetan, die von d'Alquen geäußerte Meinung zu bestätigen. Es verbleibt die rein hypothetische Frage, wie sich das nationalsozialistische Deutschland gegenüber einem General Wlassow in dem Falle verhalten hätte, wenn diesem Erfolg beschieden gewesen wäre.

Eine denkwürdige Begegnung

Das Gespräch zwischen Wlassow und Himmler fand am 16. September gegen 10 Uhr in einem Bunkerkomplex statt, der etwa 40 Kilometer von Hitlers Hauptquartier »Wolfsschanze« entfernt lag. Gunter d'Alquen, der in seiner Eigenschaft als Kommandeur der SS-Standarte »Kurt Eggers« an diesem Gespräch von Beginn an bis zu seinem Abschluss teilnahm, hat sich in einem Interview in der Nachkriegszeit ausführlich darüber geäußert, was während dieser Zusammenkunft im Einzelnen erörtert wurde und wie der Dialog zwischen Himmler und Wlassow verlief.

Nachdem d'Alquen Wlassow dem Reichsführer SS vorgestellt hatte, eröffnete Himmler das Gespräch mit den Worten: *»Herr General, es ist doch wohl so, dass Entscheidungen wie die, um derentwillen wir zusammengekommen sind, immer eine längere Zeit der Reifung benötigen. Ich bin kein Mann überstürzter Entschlüsse. Aber wenn ich einen Entschluss gefasst habe, steht er auch fest. Ich kenne alle Fehler, die Ihnen gegenüber begangen worden sind. Ich möchte in schonungsloser Offenheit mit Ihnen sprechen.«*

Schon in der ersten Erwiderung Wlassows auf diese Einleitung des Gesprächs kam seine fast angeboren zu nennende Fähigkeit zum Ausdruck, solche Worte zu finden, die keine Spur von Unterwürfigkeit aufwiesen, sondern dem anderen von vornherein signalisierten, dass hier zwei Männer gewillt waren, ihr Gespräch auf gleicher Augenhöhe zu bestreiten.

Wlassow betonte als Erstes gegenüber Himmler: »*Ich bin glücklich, endlich einem der wirklichen Führer Deutschlands gegenüber zu sitzen. Sie sind heute der stärkste Mann in der Führung Deutschlands. Ich, General Wlassow, bin der erste General, der in diesem Krieg vor Moskau eine deutsche Armee zurückgeschlagen hat. Ist es nicht bereits ein Programm, dass sich diese beiden Männer heute treffen?*« Nachdem er eine kleine Pause hatte verstreichen lassen, fuhr Wlassow wie folgt fort: »*Wenn ich Ihnen mein Programm darlegen soll, dann muss ich Ihnen zunächst Folgendes sagen: Ich hasse heute das System, das mich großgemacht hat. Aber ich lege den größten Wert darauf, klarzumachen, dass ich trotzdem Russe bin. Ich bin der Sohn eines einfachen Bauern. Deshalb liebe ich meine Heimaterde ebenso, wie sie der Sohn eines deutschen Bauern liebt.*

Ich bin davon überzeugt, dass es noch nicht zu spät ist, wenn Sie die Bereitschaft aufbringen können, uns wirklich auf dem schnellsten Wege zu unterstützen. Das System Stalins ist auch jetzt noch zum Tode verurteilt, wenn man es an seiner empfindlichsten Stelle treffen kann. Aber ich muss es als Voraussetzung für den Erfolg betrachten, dass Sie uns wirklich eine Zusammenarbeit auf dem Boden der Gleichberechtigung ermöglichen. Deshalb darf auch ich so offen sprechen, wie Sie es getan haben.«

Als Wlassow fortfuhr und auf die von der SS herausgegebene Propagandabroschüre *Der Untermensch* zu sprechen kam, befürchtete Gunter d'Alquen schon für einen Moment, dass dies das Ende des Gesprächs sein könnte. Fast gebannt hielt er den Atem an, ob es der Reichsführer überhaupt wagen würde, auf dieses Thema einzugehen, oder es als eine glatte Provokation empfand.

Doch Himmlers Reaktion kam selbst für d'Alquen überraschend. Unterstrichen von einer Handbewegung, die anzudeuten schien, dass es ihm nichts ausmache, auch darauf einzugehen, meinte Himmler: »*Sie haben recht, wenn Sie dieses Thema hier anschneiden. Es gehört wohl zu der langen Zeit der Reifung, dass wir gelernt haben, alle Verallgemeinerungen abzulegen und vorurteilsfrei zu werden. Die Broschüre, an die Sie mich erinnern, hat einen Menschentyp des bolschewistischen Systems zeigen sollen, der Deutschland als Typ ebenso bedroht wie Ihre Heimat. Der Unterschied zwischen uns und Ihrer Heimat ist nur der, dass dort die Untermenschen die Macht besitzen.*«

Nachdem Wlassow hierauf nicht eingegangen war, steuerte Himmler das Gespräch in jene Richtung, die beider Hauptanliegen war. Himmler stellte Wlassow jetzt die Frage: »*Ich möchte gern von Ihnen eine Antwort auf die Frage, ob das russische Volk Sie bei diesem Versuch der Umkehrung der Machtverhältnisse auch heute noch unterstützen und als Befreier ansehen wird?*«

Wlassow wollte wissen, ob die Zeit vorhanden sei, in einer etwas längeren Ausführung darauf einzugehen. Himmler nickte kurz, worauf der Russe erneut das Wort ergriff: »*Über die Vergangenheit will ich nicht mehr sprechen, aber ich darf Ihnen erklären, weshalb ich schon 1941 zu der Überzeugung gekommen bin, dass Deutschland den Krieg so, wie es ihn geführt hat, nicht gewinnen konnte. Wenn überhaupt große militärische Erfolge von vielleicht entscheidender Bedeutung hätten errungen werden können, dann hätte dies nur durch den Ansatz aller deutschen Kräfte auf Moskau und Leningrad geschehen können. Den Süden hätten wir dann von selbst aufgeben müssen.*

Aber ich bezweifle auch, dass diese Operationen eine endgültige Entscheidung gebracht hätten. Stalin selbst hat nicht geglaubt, dass die deutsche Führung sich einen Sieg allein mit Hilfe ihrer Truppen versprochen hat. Er hat mit einem politischen Krieg gerechnet. Im Frühherbst 1941 äußerte er gegenüber Armeeführern, seine größte Sorge bestehe nicht in der Tatsache des augenblicklichen militärischen Vordringens der Deutschen, sondern in der Möglichkeit, dass sie sich immer stärker einer für die Sowjetunion gefährlichen Propaganda bedienen könnten, sofern sie auf die Karte setzen würden, den einzelnen Völkerschaften der UdSSR die Zurückerlangung ihrer Nationalität zu versprechen. Damals hat Deutschland die Zeit seiner größten politischen Chancen in meiner Heimat verspielt. Und trotzdem ist es noch nicht zu spät.«

Himmlers Gesicht ließ keinerlei Reaktion erkennen, ob bei ihm diese Feststellungen irgendein Unbehagen ausgelöst hatten. Ebenso wenig war ihm anzumerken, ob die darin enthaltene Belehrung sein Missfallen erregt hatte.

Unberührt von solchen Überlegungen, setzte Wlassow noch eins drauf: »*Ich weiß*«, so fuhr er fort: »*dass ich heute noch den Krieg gegen Stalin beenden könnte. Wenn ich über eine Stoßarmee aus Menschen meiner Heimat verfügte und mit ihr bis Moskau vordränge, könnte ich diesen Krieg telefonisch beenden, indem ich mit meinen Kameraden spräche, die auf der anderen Seite kämpfen. Glauben Sie nicht, dass selbst ein Mann wie Rokossowski die Zähne vergessen hat, die ihm im Gefängnis ausgeschlagen wurden! Diese Kameraden und die Masse der Menschen meiner Heimat können nach allem, was geschehen ist, nicht mehr an die Ehrlichkeit deutscher Versprechungen glauben.*

Wenn aber eine Befreiungsarmee aus Russen, als Träger einer nationalen und freiheitlichen Idee käme, so würde es mit Sicherheit die Masse des russischen Volkes, das mit Ausnahme der Nutznießer immer noch im Grunde seines Herzens antibolschewistisch ist, gewinnen. Sie würde diese Masse davon überzeugen können, dass eine nationale Befreiung wirklich möglich ist, und Stalin sowie das von ihm geschaffene bolschewistische System keine Mächte seien, denen man sich einfach fügen muss wie dem Schicksal.«

Nachdem Wlassow eine weitere kurze Pause dazu genutzt hatte, seine Gedanken zu sammeln, erklärte er in einem Tonfall, der von seiner inneren Kraft getragen wurde: »*Sie dürfen mir glauben, dass ich die Autorität besitze, diese Armee zu führen und mit dieser Armee das Volk meiner Heimat zu gewinnen. Ich bin nicht irgendein unbekannter Emigrant. Ich bin nicht zu Ihnen übergelaufen, wie so viele andere, die niemand in meiner Heimat kennt und die sich trotzdem durch ihren Ehrgeiz dazu verführen lassen, Befreier sein zu wollen.*

Ich bin in einer aussichtslosen Lage Ihr Gefangener geworden. In der Einsamkeit des Wolchow-Kessels habe ich damit begonnen, die wirkliche Lage meiner Heimat zu erkennen. Und deshalb allein habe ich die damaligen deutschen Angebote zur Zusammenarbeit angenommen, auch auf die Gefahr hin, als Verräter zu gelten.

Ich habe nicht ahnen können, dass ich so lange würde warten müssen bis zur Begegnung des heutigen Tages. Ich habe aber trotz aller Enttäuschungen daran festgehalten, dass die Zusammenarbeit mit Deutschland der einzige Weg zur Rettung sein kann. Vielleicht hat das Schicksal die Erfolge Stalins herbeigeführt, um die Voraussetzungen für diese Begegnung zu schaffen. Ich komme nicht mit leeren Händen: In der Rettung meiner Heimat von Stalin liegt auch die Rettung Deutschlands.«

Himmler hatte sich die Ausführungen Wlassows mit nahezu unbewegtem Gesicht angehört, nichts deutete darauf hin, ob er dessen Worten zustimmte oder ihm daran manches missfiel. Schließlich räusperte er sich, forderte dann Wlassow auf, ihm zu erläutern, wie er sich die Aufstellung einer Russischen Befreiungsarmee im Detail vorstelle.

Wlassow kam sofort darauf zu sprechen, dass er es für einen der schwerwiegendsten Fehler der deutschen Seite angesehen habe, wie sie mit den zahlreichen Ostfreiwilligen umgegangen sei, die zu Beginn des Russlandfeldzuges der Wehrmacht zugeströmt waren und kein Hehl aus ihrer Bereitschaft gemacht hatten, sich am Kampf gegen Stalin zu beteiligen.

Mit einer Stimme, die jetzt einen rauhen Tonfall angenommen hatte, brachte Wlassow vor, wie bedrückend er seinerzeit das Vorgehen der deutschen Führung empfunden habe, alle bereits entstandenen Bataillone auf einen Schlag aus der Ostfront herauszulösen und sie an die Kanalfront zu verlegen. *»Jetzt«*, so sagte Wlassow, *»stecken sie dort inmitten des Strudels der angloamerikanischen Invasion. Man verlangt von ihnen, dass sie einen Gegner bekämpfen, den sie nicht als ihren Feind betrachten. Ihre Unlust, dort ihr Leben für eine Sache zu geben, die sie nicht als die ihre ansehen, sollte durchaus verständlich sein. Einige der Bataillone sind bereits zerschlagen, andere irren in Frankreich umher. Vor einigen Monaten hätte man mir all diese Kräfte nur zu unterstellen brauchen. Mit ihnen hätte sich der Ausgangspunkt für die Aufstellung einer großen Armee schaffen lassen.«*

Seine Erregung dämpfend, die von ihm Besitz ergriffen hatte, fuhr Wlassow jetzt wieder im ruhigen Tonfall fort. »*Es ist aber noch nicht zu spät. Es gibt Millionen von russischen Kriegsgefangenen, außerdem befinden sich in Deutschland etwa sechs Millionen Ostarbeiter. Aus all diesen Kräften lässt sich noch immer der Grundstock einer Armee schaffen, die dem Krieg im Osten die entscheidende Wende geben könnte. Es ist mir nicht bange, die Soldaten zusammenzubekommen, sofern mir nur freie Hand gegeben wird, sie aufzurufen. Aber nur ich, ein Russe, kann sie aufrufen, kein Deutscher, dem sie ihre Leiden zuzuschreiben haben. Das umfangreiche Kriegsmaterial, über das die schon vorhandenen, aber so unglücklich zersplitterten Einheiten verfügten, ist leider zum großen Teil in Frankreich verloren gegangen. Das habe ich kommen sehen. Deshalb muss ich Sie jetzt um neue Waffen bitten.*«

Wlassow brach ab, es war alles gesagt; jetzt lag es an Himmler, entweder in der einen oder anderen Weise darauf zu reagieren. Himmlers Antwort erging selbst für Wlassow überraschend schnell. Noch unerwarteter kam sein erster Satz: »*Herr General, Sie können sich schon heute als Oberbefehlshaber einer Armee im Range eines Generalobersten betrachten. Sie werden die Befugnis erhalten, Offiziere bis zum Oberst nach eigenem Ermessen zu ernennen. Was Ihre Generäle anbelangt, müsste ich Sie bitten, Ihre Vorschläge mit dem Personalamt des deutschen Heeres abzustimmen.*«

Nachdem eine kleine Pause verstrichen war, ergriff Himmler erneut das Wort; den Blick fest auf Wlassow gerichtet, erklärte er: »*Ich halte es nach Ihren Ausführungen für erstrebenswert, Ihnen die Möglichkeit zur Aufstellung einer großen Befreiungsarmee zu geben. Als Befehlshaber des Ersatzheeres habe ich jetzt dazu auch die Mittel in der Hand. Aber ich möchte Ihnen nicht verhehlen, dass diese Mittel heute begrenzt sind.*

Da Ihre Überlegungen die Ostarbeiter im Reich einschließen, möchte ich zu bedenken geben, dass all die Menschen, die zu Ihrer Armee stoßen würden, eine Lücke in unseren Fabriken entstehen lassen. Eine Gefährdung unserer Produktion könnten wir uns nicht leisten. Als den entscheidenden Punkt sehe ich jedoch die Frage der Bewaffnung an. Ich rate deshalb, zunächst nur mit der Aufstellung von zwei Divisionen zu beginnen. Ich bin aber damit einverstanden, dass danach weitere Divisionen folgen. Es wäre Ihnen gegenüber unfair, wenn ich Ihnen heute größere Zusagen machen würde, die dann infolge der Begrenzung der vorhandenen Ausrüstung nicht eingehalten werden können.«

Wenn Wlassow über diese Worte enttäuscht war, so ließ er sich dies jedoch nicht allzusehr anmerken. So erwiderte er dann, dass er sich der augenblicklichen Schwierigkeiten Deutschlands bewusst sei. *»Aber ich hoffe, dass die Aufstellung der beiden ersten Divisionen nur ein Anfang ist, denn mit ihnen allein lässt sich an der Ostfront keine Wende herbeiführen, die doch in unserem beiderseitigen Interesse liegt.«*

Himmler, der das Gespräch damit bereits als beendet ansah, wurde noch einmal von Wlassow daran erinnert, dass noch eine Entscheidung hinsichtlich der Ostbataillone zu treffen sei, die noch immer auf französischem Boden ständen und dort nichts auszurichten vermochten, wovon die deutsche Seite einen Nutzen hätte. Nach ihrer sofortigen Rückführung ins Reich und einer hier vorzunehmenden Neuaufstellung könnten sie den Grundstock der ersten beiden russischen Divisionen abgeben.

Nach einem Moment des Überlegens sicherte Himmler Wlassow zu, dass die erforderlichen Befehle erteilt werden würden. Doch Wlassow lag noch eine andere Sache am Herzen, die er für besonders wichtig erachtete. Es ging ihm um die zahlreichen Nationalkomitees der verschiedensten Volksgruppen Russlands, die inzwischen im Reich entstanden waren.

Sie setzten sich entweder aus Emigranten zusammen, die Russland nach dem Machtantritt der Bolschewiki den Rücken gekehrt hatten, oder bestanden aus hochrangigen Überläufern, die inzwischen mit Unterstützung des von Rosenberg geleiteten sogenannten Ostministeriums ihr eigenes nationales Süppchen kochten.

Auf jeden Fall korrespondierten ihre Zielstellungen nicht mit Wlassows Absichten, nach Überwindung des kommunistischen Systems einen nationalen russischen Staat an dessen Stelle zu setzen. *»Die auf deutschem Boden ausgetragenen Streitigkeiten* *dieser Komitees nutzen derzeit niemandem, sondern stiften eher Schaden. Es macht keinen Sinn, jetzt über solche Fragen zu debattieren, wo im Vordergrund die Vereinigung aller Kräfte stehen sollte, die dazu benötigt werden, Stalin zu besiegen.«*

Mit eindringlicher Stimme fuhr Wlassow fort: »*Wenn wir zu einem Erfolg kommen wollen, dann muss für mich das Verbot aufgehoben werden, mit irgendeinem der Repräsentanten der sogenannten Nationalitäten meiner Heimat zu verhandeln. Sie haben die Macht, dieses Verbot aufzuheben. Sie haben die Möglichkeit, alle Kräfte, die sich absondern, dazu zu veranlassen, eine politische Konvention auf einer föderalistischen Basis abzuschließen, die für die Dauer des Kampfes gegen den Bolschewismus gelten soll. Ich habe so viel Verwirrung erlebt, so viel nutzlosen Kampf des einen gegen den anderen. Deshalb ist es mein Wunsch, dass ich nur noch mit einer wirklichen deutschen Autorität verhandeln muss.«*

Himmler gab Wlassow sofort zu verstehen, dass er ebenfalls die Schaffung klarer Autoritäten befürworte. Im weiteren Verlauf dieses bereits über sechs Sunden währenden Gesprächs wurde auch Einvernehmen darüber erzielt, dass gleichzeitig mit der Schaffung einer russischen Befreiungsarmee die Errichtung eines politischen Zentrums in Angriff genommen werden müsse, um vor der Weltöffentlichkeit ein Programm über die Neuordnung Russlands zu verkünden. Wlassow schreckte auch nicht davor zurück, Himmler zum Abschluss dieser Unterredung direkt ins Gesicht zu sagen, dass viele der im Reich eingesetzten sogenannten Ostarbeiter durch die Art und Weise ihrer Behandlung zu der Auffassung gelangt seien, dass es Deutschland nicht um die Befreiung ihrer Heimat gehe, sondern vielmehr um deren Unterdrückung. Wenn sich dies nicht ändere, würde auch eine entstehende russische Befreiungsarmee in ihren Herzen keinen Widerhall finden.

Himmler spricht von Bündnispartnerschaft

Ohne auf diese harschen Worte einzugehen, beendete Himmler das Gespräch mit einer Mitteilung, die selbst Gunter d'Alquen in Erstaunen versetzte. »*Wenn erst einmal alles verwirklicht ist, worüber wir uns verständigt haben, steht nichts im Wege, um die von Ihnen geführte Russische Nationale Befreiungsarmee als einen Bündnispartner Deutschlands zu deklarieren.*«

Aus heutiger Sicht stellt sich die Frage, ob Himmlers Einlenken auf Wlassows Pläne aufrichtig gemeint war. Der Kommandeur der SS-Standarte »Kurt Eggers«, Gunter d'Alquen, der alles darangesetzt hatte, Wlassow mit Himmler zusammenzubringen, gab sich auch nach dem Krieg davon überzeugt, obwohl der Reichsführer SS unmittelbar nach dem Gespräch ihm gegenüber Folgendes geäußert hatte. »*Sie haben recht, dass dieser Mann eine Persönlichkeit ist. Jedoch sollten Sie dennoch nicht außer Acht lassen, dass er trotzdem ein Slawe ist und ein Slawe bleiben wird. Deshalb befehle ich Ihnen, die Augen offenzuhalten und mir sofort über alles zu berichten, was über den besprochenen Rahmen hinaus geschieht.*« Gunter d'Alquen schätzte dies so ein, dass auf beiden Seiten weiterhin ein Misstrauen bestand, was in gewisser Weise durchaus verständlich war.

DIE EUROPÄISCHE OPTION

»Skorpion West« für die Invasionsfront

Auf ihn und die Standarte »Kurt Eggers« warteten inzwischen neue Aufgaben. Der Blick richtete sich auf die anglo-amerikanische Invasionsfront, an die jetzt viele der namhaftesten SS-Kriegsberichter entsandt worden waren. Letztmalig wurde die Standarte mit der Durchführung eines Unternehmens der Kampfpropaganda betraut, das die Bezeichnung »Skorpion West« erhielt. Es unterschied sich insofern von den früheren Einsätzen, dass es sich fast ausschließlich an die eigenen Truppen wandte, um deren Kampfmoral aufrecht zu erhalten. Auch wenn in der SS-Standarte immer mehr das Gefühl um sich griff, auf verlorenem Posten zu stehen, wurden selbst noch in diesem Augenblick gänzlich neue Formen einer Propaganda ersonnen, um überhaupt noch auf die sich verzweifelt gegen das ständige Vordringen der Alliierten zur Wehr setzenden deutschen Verbände einen Einfluss auszuüben.

Im letzten Vierteljahr vor der Invasion der Alliierten in der Normandie waren die SS-Kriegsberichter der Standarte »Kurt Eggers« dazu übergegangen, in ihren Beiträgen hervorzuheben, dass der Ansturm der Roten Armee sich längst nicht mehr allein auf Deutschland richtete, sondern eine Gefahr für ganz Europa bedeutete. Es sei diese Tatsache, die Freiwillige aus den Niederlanden, Belgien, Frankreich, Schweiz, Dänemark, Norwegen, Schweden, Island und aus vielen anderen Teilen Europas dazu bewogen habe, sich in den Verbänden der Waffen-SS dem Vordringen des Bolschewismus entgegenzustellen.

Doch nicht nur in Zeitungsbeiträgen oder Rundfunksendungen bemühten sich die Angehörigen der Standarte »Kurt Eggers«, diesen Gedanken zu vertiefen, sondern nutzten in dieser letzten Phase des Krieges auch Beziehungen zu hochgestellten Persönlichkeiten, um sie als Fürsprecher eines europäischen Weges zu gewinnen, der den Einsatz aller Kräfte erforderte, wenn dieser Kontinent nicht eine Beute Stalins werden sollte.

Audienz beim Mailänder Kardinal Schuster

Eines der bemerkenswertesten Dokumente aus diesem Zeitabschnitt stammt von dem SS-Kriegsberichter Cornelius van der Horst, der den Rang eines Untersturmführers bekleidete. Horst war in Mailand eingesetzt, wo es ihm aufgrund seiner eigenen gesellschaftlichen Position nicht schwer fiel, sich eine Reihe von Kontakten zu den italienischen Kreisen der Hochfinanz zu verschaffen, die wiederum eng mit der katholischen Kirche verbunden waren.

Nach der Entmachtung Mussolinis durch den Großen Faschistischen Rat versuchte sich eine größere Zahl von italienischen Persönlichkeiten nunmehr an der katholischen Kirche zu orientieren, welche sich die übliche Zurückhaltung auferlegte, die seit eh und je im Vatikan praktiziert wurde.

Cornelius van der Horst beschloss herauszufinden, welche die Position der Papstes, des früheren Nuntius Pacelli, war, dem man über lange Zeit eine gewisse Deutschlandfreundlichkeit nachgesagt hatte. Da ihm natürlich klar war, dass der Papst in der jetzigen Situation Italiens für ihn nicht erreichbar sein würde, wollte er um ein Gespräch bei dem in der katholischen Hierarchie ganz oben stehenden Mailänder Kardinal Schuster nachsuchen.

Nachdem er die Führungsspitze der SS-Standarte »Kurt Eggers« in Berlin-Zehlendorf von seiner Absicht unterrichtet hatte und ihm hierfür »grünes Licht« erteilt worden war, begann er in Mailand seine Fäden zu ziehen. Sobald er einige einflussreiche Angehörige der aristokratischen Schicht in Mailand in seinen Plan eingeweiht hatte, vermittelten die ihm die Bekanntschaft mit einem engen Vertrauten des Kardinals. Diesem gegenüber begründete er sein Anliegen, dass er angesichts amerikanischer Bombenangriffe auf Einrichtungen des Vatikans sowie der zunehmenden bolschewistischen Gefahr für Westeuropa das Bedürfnis nach einem Gedankenaustausch mit dem Kardinal verspüre.

Hatte anfänglich der SS-Kriegsberichter noch Zweifel gehegt, ob Kardinal Schuster sich zu einem Gespräch mit jemandem bereitfinden würde, wenn es sich bei diesem um einen Vertreter der SS handele, so war er umso überraschter, dass ihn bereits nach wenigen Tagen die Einladung zu einer Audienz im Palais des Kardinals erreichte.

Über den Verlauf dieser Unterredung, die etwa eine Dreiviertelstunde währte, wurde von dem SS-Kriegsberichter ein Protokoll angefertigt, welches von der SS-Standarte in Berlin-Zehlendorf mit dem Vermerk versehen wurde: »Nach Kenntnisnahme umgehend zu vernichten.« Es wurde als geheim eingestuft und durfte nur von einem kleinen Personenkreis im SS-Hauptamt eingesehen werden.

Van der Horst gab zunächst den Eindruck wieder, den die Persönlichkeit dieses exponierten Vertreters des Katholizismus auf ihn machte: *»Ein kluges weltmännisches Gesicht, mit lebhaften durchdringenden blauen Augen, die eine rasche Musterung abhalten, ohne jeden bigotten Zug, schlank, mittelgroß, mit sehr verhaltenen Bewegungen, etwa 60 Jahre alt.«* Bereits der einleitende Satz, den der Kardinal in die Begrüßung seines Besuchers einflocht, war, betrachtet aus der damaligen Zeit, wo sich Deutschland auf den Abgrund des Krieges zubewegte, äußerst ungewöhnlich. Der Kardinal betonte, dass er sich freue, in der Person seines Besuchers einen Deutschen begrüßen zu können, der in einer schweren und traurigen Zeit nach den Grundkräften der Erneuerung frage.

Cornelius van der Horst eröffnete das Gespräch mit den Worten, dass er auf dem Wege zum Palais des Kardinals die Zeichen der Zerstörung am Mailänder Dom und an anderen historischen Gebäuden durch die englischen und amerikanischen Terrorangriffe wahrgenommen habe und hierüber seine tiefe innere Bewegung und Anteilnahme zum Ausdruck bringen möchte.

In seiner Erwiderung erklärte der Kardinal, dass er sich eingehend mit der Geschichte der europäischen Kriege befasst und hierbei herausgefunden habe, dass noch niemals in einem Krieg es zu einer solchen Zerstörung unter den Gütern aller europäischen Völker gekommen sei. Van der Horst ging auf diesen Gedankengang ein und versicherte dem Kardinal, dass bei allen europäischen Völkern eine tiefe Niedergeschlagenheit darüber herrsche, dass durch den von England und Amerika geführten

Luftkrieg gegen Wehrlose eine barbarische Kriegsführung eingeleitet worden sei, und dies im Namen der christlichen Kultur und Humanität.

Direkt an den Kardinal gewandt, richtete Cornelius van der Horst dann an ihn die Frage, was man sich von Systemen und Weltanschauungen versprechen könne, die unter christlichen Tarnungen gegen die alte, mächtige Kultur Europas anrennen? Was sei von einem Geiste zu halten, der die Ordnungen Europas aufheben möchte, um an deren Stelle die zivilisatorische Lebensform des Amerikanismus oder des Bolschewismus zu setzen?

Ohne das geringste Zögern kam die Antwort des Kardinals, dass ein System der Vereinigten Staaten in Europa niemals möglich sein werde, da die Kraft des geschichtlichen Lebens in Europa größer sei als in den Vereinigten Staaten, die niemals die geistigen Kämpfe und daraus folgenden Erschütterungen gekannt hätten, aus denen schließlich alle hohe Kultur des menschlichen Lebens sich forme.

Cornelius van der Horst griff diesen Gedanken auf und versicherte Kardinal Schuster, dass die höchste politische Autorität des Deutschen Reiches häufig darauf verweise, dass alle Anstrengungen und Opfer des deutschen Volkes von dem gleichen Geiste der Verteidigung Europas beseelt seien. Die Antwort des Kardinals darauf lautete, dass der Stolz und die Würde der einzelnen Kulturen Europas, sollten sie wirksam gegen Angriffe von außen her verteidigt werden, auch in Europa selbst keine Überlagerung erfahren dürften, sie deshalb nebeneinander bestehen und entwickelt werden müssten, sollten sie zwanglos und in gemeinsamer Erkenntnis der hohen menschlichen Würde zu einer Vereinigung kommen. Der Kardinal fügte dann noch nach kurzem Nachdenken hinzu, dass seiner Überzeugung nach nur die Mächte des Religiösen in der Lage seien, die Ebene zu schaffen, auf der eine Vereinigung möglich wäre.

Der Vertreter der SS-Standarte »Kurt Eggers« lenkte dann bewusst das Gespräch in eine Richtung, die ihm besonders am Herzen lag. *»Eminenz, ich möchte Sie bitten, Ihren Blick auf die Leiden und Opfer zu richten, denen sich die deutschen Männer aller Schichten und Altersstufen unterziehen, um den Bolschewis-*

mus von den Grenzen Europas zurückzuwerfen. In den Armeen im Osten gibt es unzählige Angehörige der katholischen Kirche, die sich oft die Frage stellten, warum die Kirche nicht nachdrücklicher ihre Stimme erhebe, um den Kampf gegen die gottesleugnerische Macht des Bolschewismus gutzuheißen.«

Es war zu erkennen, so später der Kriegsberichter, dass diese Frage den Kardinal in gewisser Weise betroffen machte. Er ließ einige Augenblicke vergehen, bevor er dann wie folgt antwortete: *»Der Kampf der deutschen Jugend gegen den Bolschewismus ist gut.«* Er fuhr dann fort: Wenn die Kirche dazu schweige, so tue sie dies aus der Ungewissheit heraus, dass nach der Niederringung des Bolschewismus das Reich die Verpflichtung der Verteidigung Europas nicht erweitern werde in eine Verpflichtung zur Herrschaft über Europa. Es würde wesentlich sein für die Zukunft, wenn die europäischen Völker Klarheit darüber gewinnen könnten, dass der Eigenwuchs ihres kulturellen, ihres geistigen Lebens nicht geschmälert würde. Dies würde auch den Kampf des deutschen Volkes in seiner geschichtlichen Wahrheit rein hervortreten lassen.

In der Absicht, eine Stellungnahme des Kardinals zu der gegenwärtigen Krise zu erhalten, in welcher Italien sich befände, fragte ihn van der Horst, ob er glaube, dass die Geschichte, welche Deutschland und Italien in ein so schicksalhaftes Verhältnis gebracht habe, auch für die Zukunft den Beweis für die Notwendigkeit des Zusammengehens erbringen würde.

In seiner Entgegnung brachte Kardinal Schuster zum Ausdruck, dass er viele Freunde im deutschen Volk habe, und so wie ihm erginge es dem italienischen Volk. Es habe in der Vergangenheit manche Auseinandersetzungen zwischen Deutschland und Italien gegeben, und es sei bei der Schwierigkeit der Verständigung zwischen den Menschen ganz allgemein nicht ausgeschlossen, dass auch in der Zukunft Auseinandersetzungen zu erwarten seien. Doch ändere dies nichts an der Tatsache einer schicksalhaften Bezogenheit zwischen den beiden Völkern, die, für sich frei und selbständig in der Entwicklung ihrer Lebensformen, in der Zusammenarbeit ihre Zukunft sähen.

Obwohl dieses Gespräch zwischen einem Angehörigen der Waffen-SS und einem der höchsten Vertreter des Katholizismus nicht publiziert werden durfte, erregte es bereits nach wenigen Stunden in der Mailänder Öffentlichkeit ein derartiges Interesse, dass Cornelius van der Horst von einer Gruppe hochgestellter Persönlichkeiten der Stadt zur Teilnahme an einem Treffen eingeladen wurde, in welchem in gewisser Weise ein nachträgliches Fazit dieser Begegnung gezogen wurde.

Ein Teilnehmer dieser Runde war auch der bereits erwähnte Vertraute des Kardinals, der sich um das Zustandekommen dieses Gespräches verdient gemacht hatte. Van der Horst vergewisserte sich hierbei noch einmal, ob die Bemerkung des Kardinals, dass der Kampf der deutschen Jugend gegen den Bolschewismus eine gute Sache sei, als eine verbindliche Aussage betrachtet werden könne.

Der Vertraute des Kardinals, Corridori, ließ keinen Zweifel daran, dass dies im Sinne eines politischen Bekenntnisses zu verstehen gewesen sei. Der Kardinal habe entgegen seiner sonstigen Angewohnheit, auf direkte Fragen nur zurückhaltend zu reagieren, diesmal mit einer solchen Entschiedenheit und Lebhaftigkeit seine Aussage gemacht, dass es daran nichts zu deuteln gäbe. Die Teilnehmer dieser Gesprächsrunde erklärten, über das aufgeworfene Thema einer gemeinsamen amerikanischen sowie bolschewistischen Bedrohung Europas einen Artikel verfassen zu wollen, der in einem liberalen Blatt eines neutralen Staates publiziert werden sollte. Damit solle ganz bewusst aufgezeigt werden, dass in der katholischen Welt einer der bedeutendsten Würdenträger des Vatikans eine klare Stellungnahme gegen das unheilvolle System des Bolschewismus abgegeben habe.

Treffen der Ostfreiwilligen am Atlantikwall

Die zunehmende Betonung, dass es bei diesem Krieg nicht nur um die Existenz Deutschlands ginge, sondern ganz Europa davon betroffen sei, kam insbesondere in den Veröffentlichungen des SS-Kriegsberichters Dr. Rupert Rupp zum Ausdruck. Von ihm stammte auch die Idee, direkt am Atlantikwall erstmalig ein Treffen der freiwilligen Ostfrontkämpfer abzuhalten. Es sollte, so ließ er die Führung der Standarte »Kurt Eggers« wissen, unter Schirmherrschaft der Division »Wiking« stehen, in deren Reihen besonders viele Freiwillige aus Norwegen, Island, Dänemark, den Niederlanden, Schweden, Schweiz, Frankreich und Belgien ständen. Der SS-Kriegsberichter erhoffte sich, dass von einer solchen Zusammenkunft von Ostfrontkämpfern entlang der Befestigungsbauten an der Atlantikküste eine äußerst beeindruckende propagandistische Wirkung ausgehen würde.

Der Standartenführer stimmte diesem Vorschlag sofort zu und beauftragte den Kriegsberichter Dr. Rupert Rupp, in Vorbereitung eines solchen Treffens eine Beitragsfolge zu verfassen, in deren Mittelpunkt die europäische Völkerkameradschaft stehen sollte.

Gleichzeitig bildete dies für die Standarte den Anstoß zur Einrichtung eines SS-Europarundfunkstudios, das seinen Standort in Brüssel erhielt.

Gegen Ende Februar 1944 erreichte Gunter d'Alquen ein mehrere Seiten umfassender Beitrag aus der Feder von Dr. Rupert Rupp, in welchem dieser die Anregung aufgegriffen hatte, den europäischen Akzent dieses Krieges zum Ausdruck zu bringen. Das Überraschende daran war zunächst einmal die Tatsache, dass es Rupp innerhalb der Division »Das Reich« gelungen war, eine Einheit aufzuspüren, welche die Bezeichnung »Kompanie Europa« trug.

Bislang war es der Kriegsberichter-Standarte entgangen, dass es zur Bildung einer solchen Einheit im Rahmen dieser Division gekommen war. Sie bestand ausschließlich aus Freiwilligen, bei denen es sich um Franzosen, aus Flandern und Wallonien stammende Belgier, Rumänen, Kroaten, Ungarn, Griechen sowie Schweizer handelte.

In einem Schützenloch, das nur etwa 300 Meter vom Feind trennte, war der Kriegsberichter auf einen Griechen gestoßen, der ihn wissen ließ, dass er in seiner frühesten Jugend ein überzeugter Kommunist gewesen sei, bis er während eines Arbeitsaufenthaltes in Russland seine persönlichen Erfahrungen gemacht habe, dass

Kommunismus mit Unfreiheit gleichzusetzen sei. Später habe ihn dann das Schicksal in die Schweiz verschlagen.

Nachdem es dann zum Ausbruch des Kriegs zwischen Deutschland und der Sowjetunion gekommen sei, hätte dies bei ihm zu dem Entschluss geführt, dass es jetzt für die europäische Jugend gelte, Partei zu ergreifen. So sei seine Entscheidung zustande gekommen, sich als Freiwilliger zur Waffen-SS zu melden.

Während seines bereits zwei Jahre währenden Einsatzes an der Ostfront habe er ständig in der vordersten Linie gelegen. Morast, Staub, Sonnenglut, aber auch meterhoher Schnee und unbarmherziger Frost hätten ihm das Letzte abverlangt. Trotz viermaliger Verwundung habe er sich immer wieder zum Einsatz zurückgemeldet, weil er einfach nicht seine Kameraden in Stich lassen wollte.

Der schlimmsten Situation habe er sich nach dem Einschlag einer Granate gegenüber gesehen. Nachdem es ihm gelungen war, sich aus den Sandmassen des eingestürzten Schützenloches mühselig zu befreien, habe er mit Schrecken gesehen, dass er sich inmitten der angreifenden Bolschewisten befand, welche die erste deutsche Frontlinie gerade überwunden hatten.

Da es nun für ihn kein Zurück gab, habe er sich zwei Tage und eine Nacht unter den Körpern gefallener Sowjetsoldaten verborgen, um der Gefangennahme zu entgehen. Als es schließlich seinen Kameraden gelang, die Russen wieder zurückzuwerfen, erfuhr er von ihnen, dass sie ihn bereits aufgegeben hatten.

In der Niederschrift des SS-Kriegsberichters Rupp über seine Begegnung mit diesem jungen griechischen Freiwilligen an der Ostfront gab es eine Passage, die Gunter d'Alquen stark berührte, da sie ihm vom journalistischen Standpunkt her besonders gelungen schien. Sie lautete: »*Heute hat ihm der Wintersturm eine Eishaube über Kopf und Schultern gestülpt, die so verkrustet ist, dass sie sich weder abschütteln noch abkratzen lässt. So erscheint er wie ein Geist aus der Eisriesenwelt. Die Ablösung erfolgt erst in einer Stunde, während der sich die Kälte nur verschärfen kann – aber all das ficht ihn nicht mehr an. In seinem frostklirrenden Schützenloch schüttelt er den Schnee von seinem Strohbund, breitet das Stroh auseinander und richtet eine zweite Sitzgelegenheit her. Diese kleine Geste der Gastfreundschaft wiegt unendlich viel. Es ist das Einzige, was er bieten kann. Das Einzige? Er hat unendlich viel mehr zu bieten, er vergibt, ohne einen Dank zu erwarten, ein königliches Geschenk. Denn er bestätigt mit ein paar Worten alles, was je eine Jugend an Haltung und Hoheit bewies.«*

In einer bestimmten Zeitspanne nach dem Krieg wurde viel darüber herumgerätselt, was junge Europäer dazu veranlasst haben könnte, sich als Freiwillige auf die Seite Deutschlands zu stellen. Es gab Historiker, die glaubten herausgefunden zu haben, dass hier vielfach reine Abenteuerlust ausschlaggebend gewesen sei. Manche wiederum verstiegen sich zu der Behauptung, dass viele dieser jungen Leute nichts anderes trieb, als einmal unter Beweis zu stellen, was sie doch für Kerle seien.

Einige wenige, die sich tiefgründiger mit jener Epoche befassten, gelangten zu der Erkenntnis, dass von der Ideologie des NS-Staates durchaus auch eine gewisse Anziehungskraft ausgegangen sei, welche junge Menschen, die in einem bestimmten Abschnitt ihres Lebens sich auf der Suche nach Idolen befanden, in dem Entschluss bestärkt hätte, sich für eine Sache aufopfern zu wollen.

Während dieser Zeit, da das Kriegsgeschehen noch nicht länger als ein Dezennium zurücklag, war es geradezu verpönt, sich gewisser Quellen zu bedienen, die im Geruch standen, ideologisch eingefärbt zu sein.

Nachdem inzwischen über sechs Jahrzehnte verflossen sind, sollte man davon ausgehen können, dass solche Trennscheiden nicht mehr existieren und der Forschung alle Quellen ohne Einschränkung zur Verfügung stehen. Diese Einlassung sei vorausgeschickt, um weitere Stellen aus dem Beitrag eines Kriegsberichters jener Tage zu zitieren, da sie dazu angetan sind, Stimmungen zu verdeutlichen, die den Zeitgeist des damaligen Europa widerspiegeln.

»Die größere Heimat ist Europa«

Der Kriegsberichter Dr. Rupert Rupp begegnete während des bereits geschilderten Besuches bei der Kompanie, die sich den Namen Europa gegeben hatte, einer großen Anzahl weiterer Freiwilliger, die ihm bereitwillig Rede und Antwort standen. Ein französischer Grenadier ließ ihn wissen, dass er sich von vielen Dingen im alten Europa angewidert gefühlt habe. Dazu gehörten die europäischen Bruderkriege, die stetig wachsenden Arbeitslosenarmeen, die vielen diplomatischen Zirkel, deren Tätigkeit sich zumeist unter dem Ausschluss der Öffentlichkeit vollziehe, das Treiben an der Börse mit ihren Stürzen und Inflationen, die Vernichtung von hochwertigen Lebensmitteln, nur um das Sinken von Preisen zu verhindern, oder die Rekordzahlen von Menschen, die Selbstmord verübten, da sie nichts Lebenswertes mehr darin sahen, sich ständig gegen die Kälte ihrer Umwelt zur Wehr setzen zu müssen.

Nachdem dieser Wortschwall wie ein Sturzbach aus dem Munde des französischen Grenadiers gekommen war, schloss er nun wie beiläufig: *»Wenn Sie so wollen, dann können Sie daraus die Motivation meines Handelns entnehmen.«*

Einen jungen Kroaten, der bis dahin stillschweigend daneben gestanden hatte, drängte es jetzt danach, noch einen anderen Gedanken hinzuzufügen *»Es erscheint uns Freiwilligen einfach unfassbar, dass ein einziger denkender Mensch die Situation Europas und damit jedes einzelnen Volkes in diesem entscheidenden Augenblick zu verkennen vermag. Die Front weiß, dass die Sowjetisierung Europas die Lebensvernichtung schlechthin bedeutet, die Front hat es erfahren, die Front hat es erlebt, täglich, stündlich, die Front ist unterrichtet.«*

Dr. Rupert Rupp, Mitglied der Kriegsberichter-Standarte »Kurt Eggers« vom ersten Tag ihres Bestehens an, beschränkte sich in seinem Kommentar, den er diesen Stimmen von europäischen Ostfreiwilligen hintenanstellte, auf folgende wenige Sätze: *»Welche neue Kraft aber erwächst in jedem Mann an diesen Frontabschnitt, den die ‚Kompanie Europa' besetzt hält, durch das Bewusstsein, dass er ein Sendbote seiner Heimat ist. Die Sprache der* *größeren Heimat aller Kameraden aber ist Europa. Diese Sprache wird von allen gesprochen, die das europäische Gewissen in sich tragen. In ihnen wächst eine Idee empor als Impuls zu einer großen Zukunft, die unfehlbar ist, wenn ihre Träger unfehlbar sind, und die vollendet werden kann, wenn sich ihrer Träger als Vollender erweisen.*

Dafür aber, dass sich diese Verheißung erfüllen wird, bürgen die Männer Europas, auch wenn sie hier noch als Minderheit gegen die Granaten der Robotermenschen anstürmen. Sie tragen ihre Überzeugungen als ewige Fahnen voran, als Triumph über ihr eigenes Leben.«

ANERKENNUNG UND KRITIK

Die harte Schule

Auf welche Weise spielte sich die tägliche Arbeit in der Zentrale der Standarte »Kurt Eggers« ab, die – wie bereits erwähnt – ihren Standort in Berlin- Zehlendorf hatte? Täglich trafen hier auf verschiedenem Wege die Artikel ein, die von den SS-Kriegsberichtern stammten, die sowohl an allen Frontabschnitten wie auch in den Hauptstädten der von Deutschland besetzten Länder ihrer Tätigkeit nachgingen. Beiträge, welche von besonderer Aktualität waren, wurden von den Kriegsberichtern den Kuriermaschinen mitgegeben, welche ständig die Verbindung zwischen den einzelnen Frontabschnitten und den Führungsstäben von OKW und OKH aufrechterhielten. Von dort gab es wiederum einen direkten Flugdienst in die Reichshauptstadt.

Als Erste bekamen die Frontkommandeure die Berichte zu Gesicht, wobei allerdings ihre Aufgabe nur darin bestand, sie auf ihre Richtigkeit hin zu überprüfen. In Berlin erfolgte dann ihre zweifache Zensierung. Der Dienststelle für Wehrmachtspropaganda oblag die Überprüfung, ob durch den Bericht in irgendeiner Weise eine Gefährdung der militärischen Sicherheit bestand. Parallel dazu bewertete das Propagandaministerium den politischen Gehalt der Berichte, was sich jedoch nur darauf bezog, ob hier irgendwelche Tendenzen sichtbar gemacht wurden, deren Publizierung in diesem Moment nicht erwünscht war.

Was die Verbreitung der Beiträge in der Presse anging oder, sofern es sich um Tonkonserven handelte, welcher Sender sie erhalten sollte, blieb diese Entscheidung allein der Standarte »Kurt Eggers« überlassen.

Um einen Eindruck von der damaligen Zeitungslandschaft in Deutschland zu erhalten, sollte sich der Leser vergegenwärtigen, dass es annähernd 7000 Blätter gab, von denen allerdings die Mehrheit nur regionale Bedeutung besaß. Für das Ansehen der Kriegsberichter, unter denen sich viele Berufsjournalisten befanden, war es deshalb nicht unwichtig, an welche Zeitungen ihre Berichte weitergereicht wurden.

Besonders geschätzt wurden Veröffentlichungen in der *Deutschen Allgemeinen Zeitung (DAZ)*, den *Münchener Neuesten Nachrichten*, der *Frankfurter Zeitung*, der *Königsberger Zeitung*, dem *Prager Tageblatt*, dem *Pester Lloyd* oder auch in der im besetzten Frankreich in deutscher Sprache erscheinenden *Pariser Zeitung*, einem Blatt, in dem einem bisweilen die Ehre widerfuhr, sich Seite an Seite mit dem großen Ernst Jünger wiederzufinden.

Doch auch ein Abdruck in der von Goebbels herausgegebenen Wochenzeitung *Das Reich* galt unter vielen Kriegsberichtern als eine Art Auszeichnung. Doch einfach war es nicht, in diese Blätter zu gelangen, da so etwas wie eine Abdruckspflicht nicht bestand. Es war den Redaktionen vollkommen überlassen, ob und welchen Bericht sie aus der ihnen angebotenen Fülle zur Veröffentlichung auswählten.

Waren die beiden ersten Hürden der Zensur noch einigermaßen einfach zu nehmen, so gestaltete es sich weit schwieriger, den Ansprüchen der Standarte zu genügen. Sie hatte sich ein System der Bewertung aller Berichte und Sendungen geschaffen, das nur jene der Kriegsberichter unbeschadet zu überwinden vermochten, die tatsächliche Qualität lieferten.

Jede Form irgendwelcher Phrasendrescherei in den Berichten war verpönt. Unerbittlich waltete der Rotstift seines Amtes, der alles ausmerzte, was als zu seicht empfunden wurde. Da für ein Umschreiben niemand Zeit hatte, füllten sich schneller die Papierkörbe als die Mappen mit der Aufschrift: »Zu verwenden«.

Jeweils für einen bestimmten Zeitraum erfolgte eine Einschätzung aller eingereichten Arbeiten, wobei nicht mit Kritik gespart wurde. So mancher der Kriegsberichter kam sich wie ein Volontär vor, der sich eine saftige Standpauke anhören musste. Als besonders peinlich empfanden es die so gescholtenen Berichter, dass alle in der Standarte »Mitleser« waren. Doch jeder Einzelne begriff, dass der damit verbundene Zweck darin bestand, den Ehrgeiz der Kriegsberichter anzustacheln, ihr Bestes zu geben.

Als Beispiel mag eine der Auswertungen dienen, welche in der Standarte »Kurt Eggers« im Frühjahr 1944 vorgenommen wurde und sowohl Lob wie Tadel enthielt. Der Kriegsberichter Klose, der mit seinem Aufnahmegerät ein Interview mit dem Ritterkreuzträger Nikolusilek geführt hatte, bekam zu hören, dass diese wie eine weitere Sendung von ihm lediglich Archivwert besäßen. *»Dinge, die so weit zurückliegen, verlieren an Interesse. Sie sollten endlich begreifen, dass der Rundfunk ein aktuelles Organ ist und von den Ereignissen lebt, die sich gerade abgespielt haben. Was Ihr aufgezeichnetes Gespräch mit dem Ritterkreuzträger SS-Unterscharführer Fischer betrifft, so weist es nicht mal eine brauchbare funkische Form auf. Im Übrigen können wir den Hörern keinen Saufabend wie im Falle des Unterscharführers Fischer vorsetzen, so angenehm das an und für sich auch für die Beteiligten sein mag. Ein wenig mehr Überlegung, gemischt mit etwas mehr Aktivität, wäre besser angebracht!«*

Ein Originalbericht über die Einweihung eines dänischen Ehrenmals durch den Kriegsberichter Kempnich fand aufgrund seiner guten funkischen Aufbereitung besondere Anerkennung.

Dem im karelischen Raum eingesetzten Kriegsberichter Lehmann wurde zu verstehen gegeben, dass seine Berichte unter einer gewissen Weitschweifigkeit leiden. Er möge beherzigen, dass manchmal weniger mehr sein könnte. In seinem Sendebericht *»Gast einer finnischen Familie«* habe er einen so scharfen Tonfall angeschlagen, der völlig unangebracht gewesen sei und so geklungen habe, als ob ihm gerade alles zuwider wäre.

Dem Kriegsberichter Piechocki, dessen Einsatzgebiet die Narwafront war, wurde bescheinigt, dass er seine Sache sehr gut mache. Anzuerkennen sei weiter, dass er auf die Idee gekommen sei, durch seinen Bericht *»Die Glocken von Narwa«* der Heimat spezielle Pfingstgrüße zu übermitteln. Allerdings sollte er sich in der Zukunft hüten, sich einer solcher Ausdrucksweise zu bedienen wie *»Rotzt den Sowjets die Nase mal wieder voll.«* Dies klinge einfach scheußlich. Wohltuend sei indes seine knappe Berichtsform, die sich von dem langatmigen Gedöse anderer unterscheide.

Der Kriegsberichter Lorenz musste hinnehmen, dass sein Bericht *»Die große Stunde«* nur so von Phrasen gestrotzt habe, so dass er nicht zu verwenden gewesen sei. Geradezu blasphemisch sei es gewesen, als er glaubte, das Niederländische Gedankgebet zitieren zu müssen, was zu dem davor Gesagten überhaupt keinen Bezugspunkt hatte. Seine Sendung des Gesprächs mit einem Franzosen krankte am gleichen Übel, insbesondere wenn er darin selbst das Wort ergriff.

Mochte der gemaßregelte Kriegsberichter aufgrund einer solchen harschen Kritik für einige Zeit am Boden zerstört sein, der Kriegsberichter Punger konnte dagegen mit sich und seinen Leistungen voll zufrieden sein. Er habe trotz des augenblicklichen Stillstandes im Süden der Ostfront die Interessen seiner Division gewahrt, gute Gespräche mit Truppenführern gemacht und vor allem von einer Feuertaufe seiner Division einen derart guten Beitrag geliefert, dass damit eine Vormittagssendung auf die Beine gestellt werden konnte. *»Wir erwarten von Punger noch mehr!«*

Bei einer Anzahl von Beiträgen, die ausschließlich von dem SS-Kriegsberichter Dr. Rosen stammten, wurde die Tatsache gerügt, dass sowohl der Berichterstatter als auch seine Gesprächspartner geradezu leichtsinnig Fragen der taktischen Führung preisgegeben hätten, wie sie der Feind sich nicht besser hätte wünschen können.

In einem Beitrag, der überschrieben war: *»Die Schlacht um die Rückzugsstraße«*, bei dem es um die Absetzbewegung im italienischen Appenin ging, seien direkte militärische Geheimnisse ausgeplaudert worden. Völlig unverständlich sei für die Führung der Standarte, dass sogar ein derart erfahrener Offizier wie der Ritterkreuzträger Oberst Behr sich habe dazu hinreißen lassen, genaue Angaben darüber zu machen, wie die einzelnen Aktionen des Rückzuges angelegt seien.

Immer wieder wurden die Berichterstatter, die für die Sendestationen des Reichsdeutschen Rundfunks arbeiteten, ermahnt, nicht in den Tonfall eines preußischen Gardeleutnants zu verfallen. Es komme nicht auf eine besonders schneidige Stimme an, sondern auf den Inhalt des Gesagten. Dem Kriegsberichter

Smith wurde vorgehalten, dass seine Schilderungen bestimmter Frontsituationen oftmals zu oberflächlich seien, als dass sie dem Hörer eine Vorstellung davon vermitteln können, was sich nun wirklich davon abgespielt habe.

Die Standartenführung in Berlin ermahnte ihre Kriegsberichter immer wieder, dass es nicht mehr im Sinne der Berichterstattung sein könne, bestimmte Sachverhalte durch Worthülsen zu bemänteln, als da wären: Dem Gegner gelang es nach schweren Kämpfen, in unsere Stellungen einzubrechen – unter dem Druck des Feindes sahen wir uns gezwungen, im größeren Maße Boden preiszugeben – die Kämpfe brachten auch unserer Seite hohe Verluste.

Immer wieder verwies Standartenführer Gunter d'Alquen darauf, dass jegliche Berichterstattung in dieser Phase des Krieges nur dann glaubhaft sein werde, wenn die Dinge ehrlich so genannt würden, wie sie sich in Wirklichkeit abgespielt hätten.

Als beispielhaft wurde in diesem Zusammenhang der schwedische Kriegsberichter Karl Svensson gelobt, der in einer seiner Sendungen die provokative Frage aufwarf: *»Ist Europa kriegsmüde?«* In seinen Text blendete er im Originalton die Durchsage eines sowjetischen Lautsprecherwagens ein, in welcher die deutschen Soldaten aufgefordert wurden, ihre Waffen niederzulegen, da sie den Krieg nicht mehr gewinnen können.

Mit diesem Satz aus russischem Munde ließ Svensson seine Sendung ausklingen, ohne den Versuch zu unternehmen, diese Äußerung sowjetischer Propaganda zu widerlegen. Die Beurteilung der SS-Standarte »Kurt Eggers« hierzu lautete: *»Dies ist eine geschickte funkische Nuance. Derartige Einfälle brauchen wir mehr.«*

Viele der im zweiten Halbjahr 1944 in der Berliner Zentrale eingehenden Beiträge, die von der Führung der Standarte als herausragend beurteilt wurden, stammten von europäischen Berichterstattern. Es erweckte den Anschein, als ob sie angesichts der sich dramatisch verschlechternden Kriegslage jede Möglichkeit nutzen wollten, noch einmal ihre persönlichen Beweggründe zum Ausdruck zu bringen, warum sie in dieser weltumspannenden Auseinandersetzung sich nicht mit der Rolle eines neutralen

Beobachters bequemt, sondern bewusst Partei ergriffen hatten. Festzustellen war auch, dass viele Kriegsberichter aus Nord- sowie Mitteleuropa, die ihre Tätigkeit im Rahmen der Standarte »Kurt Eggers« versahen und bislang all ihre Sendungen in ihrer Heimatsprache ausgestrahlt hatten, auf einmal darum baten, sich über die Sendestationen des Reiches in deutscher Sprache äußern zu dürfen.

Samwel, von Sassen, van Heusden, Dorph, Hekkems, Graf Keyserling – um nur einige zu erwähnen – brachten einen neuen Ton in die damalige deutsche Rundfunklandschaft. Während vordem in den Sendeanstalten auf Kriegsberichte kaum noch eine Resonanz erfolgte, nahm auf einmal die Hörerpost in einer Weise zu, welche für die Sendeverantwortlichen völlig unerwartet kam.

SS-Obersturmführer Buchholz, dem im Mai und Juni 1944 die Bewertung aller Beiträge oblag, zeigte sich selbst von der Tatsache überrascht, dass auf einmal derart viele Sendungen eingingen, wie dies schon lange nicht mehr der Fall gewesen war. Nicht nur, dass die Berichte von Angehörigen der Standarte allein von ihrer Zahl her jene der verschiedenen Wehrmachtsteile bei weitem übertrafen, klangen gleichzeitig viele von ihnen gänzlich anders als früher.

Der SS-Offizier erkannte vor allem die Tatsache an, dass die Fremdsprachenberichter am deutschen Rundfunk durch ihre Art und Weise, mit der sie auch brisante Themen aufgriffen, die gesamte Kriegsberichterstattung auf ein höheres Niveau gebracht hätten.

In einer an die SS-Kriegsberichter weitergegebenen Empfehlung hieß es: »Was wir brauchen, sind neben den Kampfberichten noch in viel stärkerem Maße gute Gespräche mit Truppenführern. Es ist heute für den deutschen Hörer von größtem Interesse, was ein Truppenführer über den Kampfverlauf an seinem mehr oder weniger großen Kampfabschnitt sagt. Es interessiert hierbei natürlich im ganz besonderen Maße, was Truppenführer von Einheiten mit europäischen Freiwilligen zur Lage an der Front äußern.

Wir können sogar so weit gehen, dass wir sie in ihrer Muttersprache reden lassen. Eine solche Aussage wäre, wenn sie recht kurz, aber treffend gehalten ist, in allen Sendungen in ganz Europa zu verwerten. Es genügt, wenn eine solche Äußerung zwischen 10 – 20 Sätzen liegt. So lange kann man nämlich gut eine Sprache hören, die man nicht versteht. Daran anschließend kann nun der jeweilige Rundfunkberichter oder Fremdsprachenberichter oder Kommentator diese Übersetzung vornehmen und in seine Ausarbeitung einfügen. Meine Bitte ist es, dass Sie sich dieser Aufgabe schnellstens annehmen, da bereits verschiedene Sender dringend danach verlangt haben.«

Des Weiteren erhielt diese aus der Zentrale allen Angehörigen der Standarte zugehende Mitteilung folgende Aufforderung: »Für die deutsche Berichterstattung brauchen wir auch Gefangenenaussagen. Sie können diese sofort in Form von Kurzmeldungen abfassen. Dabei ist zu beachten, dass natürlich Namen und Vornamen, Dienstgrad und möglichst auch die Heimatanschrift des betreffenden Gefangenen korrekt genannt werden. Es spricht nichts dagegen, dass Äußerungen der Gefangenen in ihrer Muttersprache wiedergegeben werden, von denen wir dann hier eine Übersetzung anfertigen.«

VON DER INVASION ZUM ENDE

Ringsendung aus dem Brüsseler Europastudio

Unmittelbar nach der Landung der angloamerikanischen Truppen am 6. Juni 1944 reagierte das in Brüssel eingerichtete Europastudio, welches direkt der Standarte unterstand, mit einer Ringsendung, die sich betitelte: *»Europa an der Front der Normandie«*. Im Verlauf dieser Sendung kamen sämtliche europäischen SS-Kriegsberichter zu Wort, die sich damit befassten, was dieser Angriff speziell für jenes Frankreich bedeuten könne, das sich in den vergangenen Jahren an Deutschland angenähert habe.

Dabei wurde auch ein Bericht ausgestrahlt, den am 12. Mai 1944 der SS-Kriegsberichter Dr. Rupert Rupp in der *Pariser Zeitung* unter der Überschrift *»Träumt man noch an französischen Kaminen«* veröffentlicht hatte. Rupp war vor Ausbruch des Kriegs in der deutschen Studentenschaft aktiv gewesen, entdeckte frühzeitig sein Interesse für europäische Fragen, denen er sich später zeitweilig auch als Hauptschriftleiter des Blattes *Junges Europa* widmete.

Etwa drei Wochen vor Beginn der Invasion lernte Rupp in Herrn Beranger einen typischen Franzosen kennen, der sich der gebildeten Schicht seines Volkes zugehörig fühlte, gegenüber den deutschen Besatzern eine äußerst reservierte Haltung hegte und bis dahin in der kleinen südfranzösischen Stadt, in welcher er lebte, mit Angehörigen der deutschen Wehrmacht nie etwas zu tun bekommen hatte, weil es die hier in der unbesetzten freien Zone, in welcher die Vichy-Regierung das Sagen hatte, nicht gab.

So stellte es für ihn eine Überraschung dar, als er den Besuch eines deutschen Kriegsberichters erhielt, der obendrein noch der Waffen-SS angehörte. Der für ihn Fremde hatte ihn um Quartier ersucht, da er beabsichtigte, sich ein paar Tage in dieser Gegend aufzuhalten.

Es war dem Gesicht des Franzosen anzusehen, wie wenig er von dieser Bitte angetan war. Lediglich die Tatsache, dass der Bittsteller sein Anliegen im besten Französisch vorgetragen hatte, verwirrte ihn ein wenig. Als der deutsche Offizier noch hinzufügte, dass er gerade aus Sowjetrussland gekommen sei, war es dieser Umstand, der die Neugier des Franzosen weckte. So bat er ihn herein, besann sich der Tatsache, dass französische Gastfreundschaft in aller Welt hochgerühmt ist, und lud seinen so unverhofften Gast zu einer Flasche funkelnden Rotweines ein.

Schnell wandte sich das Gespräch dem Thema zu, welches den Franzosen besonders interessiert. Erstmalig war in seinen Lebenskreis ein Mann getreten, der die Sowjetunion mit eigenen Augen gesehen hatte. Er eröffnete das Gespräch mit einer Bemerkung, die sich im ersten Moment recht eigenartig ausnahm. Fast mit einer gewissen Gelassenheit ließ er seinen Gesprächspartner wissen, dass ihm zwar das Sowjetsystem äußerst verhasst sei, er sich aber damit abfinden könne, denn er habe es ja bereits einmal erlebt.

Auf die verblüffte Frage, wie denn dies zu verstehen sei, hatte ihm doch Herr Beranger zuvor erzählt, dass er sein ganzes Leben über noch nie aus seinem Heimatdepartement hinausgekommen sei, lautete die schlichte Antwort: *»Sie scheinen die Tatsache außer Acht zu lassen, dass wir Franzosen die Zeit der Volksfront durchgemacht haben, die ähnelte doch in ihren Ansätzen durchaus dem System, mit welchem Stalin jetzt ganz Europa beglücken will.«* Dann fügte er ironisch hinzu: *»Im Übrigen hat diese Ideologie doch schon von den Briten Besitz ergriffen, oder wie erklären Sie sich die Tatsache, dass englische Sender dieses System in einer Weise preisen, als würde uns da etwas ganz besonders Schönes erwarten? Mich mutet dies an, als habe jemand ein Rudel Wölfe auf der Wildbahn eingefangen, mit Maulkörben versehen und dann als Schäferhunde in den Handel gebracht.«*

Eine solche Darstellungsweise, so registrierte der Kriegsberichter bei sich, schien typisch für die Denkweise der Franzosen zu sein, alles auf der Welt ein wenig spaßig zu betrachten, eine Vorliebe dafür zu besitzen, sich in den Wellen des Lebens einfach treiben zu lassen, wobei man es dem Strom überließ, welche Richtung dieser einschlug.

Als kurze Zeit darauf die Invasion der Alliierten erfolgte und den deutschen Kriegsberichter der Befehl erreichte, sich in die Normandie zu begeben, gingen beide wie Freunde auseinander. Zu gemeinsamen Ansichten über die Geschehnisse der Zeit waren sie nicht gelangt. »*Einen Franzosen, der mit einem Deutschen völlig übereinstimmt, kann es nicht geben. Selbst Marschall Pétain hütet sich davor*«, rief Herr Beranger seinem davonstapfenden Deutschen nach.

Obwohl diese deutsch-französische Träumerei unter Kaminen eigentlich nichts mit der Invasion zu tun hatte, nahm sie Gunter d'Alquen in die europäische Ringsendung der SS-Standarte »Kurt Eggers« auf. Vielleicht auch aus dem Grund, weil er durch und durch ein Journalist war und deshalb auch dem Feuilleton seine Wertschätzung gehörte.

Im Angesicht der Kriegsentscheidung

Wie die SS-Standarte »Kurt Eggers«auf den Beginn der Invasion in der Normandie reagierte, veranschaulichen mehrere Beiträge ihrer Kriegsberichter, die noch am gleichen Tag der Presse zugeleitet wurden. Diese Berichte sind aus zeitgeschichtlicher Sicht insofern interessant, als sie sich nicht mit den eigentlichen Fakten des Kampfgeschehens befassten, sondern allgemein den Gedanken aufgriffen, dass der Krieg nunmehr seinem Höhepunkt entgegen gehe und zwischen zwei artverschiedenen Welten die Entscheidung anstehe.

Die Arbeit des SS-Kriegsberichters Sepp Strohbach trug den Titel: »*Frankreich am 6. Juni 1944 – Rückblick und Ausschau*«. Dieser Bericht, der durch den Großdeutschen Pressedienst in Berlin verbreitet wurde, ist insofern bemerkenswert, als er einen Einblick in den damaligen Zeitgeist gibt, der das Denken in der deutschen Führungsriege um die Jahresmitte 1944 beherrschte.

Hier also die Wiedergabe dieses P.K.-Berichtes:

»*Die Invasion, der Einbruchsversuch der vereinigten angloamerikanischen Truppen, hat vor wenigen Stunden begonnen. Die Luftlandetruppen des Gegners, seine Panzer und Infanterie, unterstützt von schwerer Schiffsartillerie, den übrigen Einheiten der Marine unter einen Masseneinsatz von Bombenflugzeugen und Jägern, mit Booten, Schnellbooten, Landefähren und Transportern, die Brückenköpfe für den Stoß nach Europa zu schaffen. Dieser gewaltige Einsatz von Truppen, Material und Kampfmitteln soll den geplanten Einbruch und die Vernichtung unserer Abwehr- und Kampfkraft sicherstellen.*

Ein Nervenkrieg ging durch Monate diesem Angriff voraus. Mit allen Mitteln der Presse, der Propaganda, einer Politik der Repressalien, der Sabotage, der Lüge, des Bandenkrieges, des Bombenterrors, der Drohungen und Versprechungen wurde er geführt. Er sollte unsere Truppen und ihre Verbündeten, die Zivilbevölkerung, vor allem aber die neutralen und unentschlossenen Abseitsstehenden zermürben oder zur Entscheidung auf die Seite unserer Gegner zwingen. Alle erdenklichen und unbedenklichen Schlagworte und Phrasen, statistische Zahlen und Weltbeglückungsparolen sollten Stimmung und Partei für unsere Gegner machen, ihre Siegeschancen unter Beweis stellen und unseren Kampfgeist und Abwehrwillen untergraben.

In den Ausbildungslagern der Invasionstruppen aber herrschte Unsicherheit, Nervosität und Angst. Der für diesen Kampf bestimmte und geschulte Soldat, seine Führer und Ausbilder wussten aus den Erfahrungen der vergangenen Jahre, was sie zu erwarten hatten. Darüber konnten die Phrasen, statistischen Zahlen, Unwahrheiten und Vorschusslorbeeren keine Unklarheit aufkommen lassen. Der Bombenterror gegen die Zivilbevölkerung des Reiches und seiner Verbündeten wurde ohne Rücksicht auf die sich ständig steigernden Erfolge unserer Abwehr mit einem nie dagewesenen Aufwand und einer unsoldatischen Brutalität geführt.

Im Osten tobten die Materialschlachten und Masseneinsätze der Sowjets gegen unsere Kampflinien, in Italien zahlten die anglo-amerikanischen Truppen jeden Preis für den errungenen Kilometer ihrer Schneckenoffensive. Mit der Erreichung Roms hielten unsere Gegner den Augenblick für gekommen, nun endlich im Westen loszuschlagen. Damit ist der Krieg in seine entscheidende Phase getreten.

Mit unserer wirtschaftlichen und politischen Erstarkung unter dem Hakenkreuz setzte der Kampf unserer Gegner auf allen Gebieten gegen uns ein. Mit ‚Ratschlägen', diplomatischen Noten, Drohungen, Repressalien, mit den Mitteln einer wenig wäh-

lerischen Propaganda wurde dieser stille Krieg geführt. Das Wunder des deutschen Wiederaufbaus aber vollzog sich organisch und unaufhaltsam. Alle Versuche einer Unterbrechung dieses Vorganges, einer politischen und wirtschaftlichen Bevormundung und Unterordnung des Reiches konnten darum nur scheitern. Dieser mehr oder minder getarnte Kampf gegen das Reich, gegen ‚Nazi'-Deutschland hatte in Spanien sein Vorspiel, in Polen seinen Auftakt und geht in diesen Tagen im Westen Europas seinem entscheidenden Höhepunkt entgegen.

Die Kriege Europas waren immer ein Kampf des Geistigen gegen die Materie gewesen. Ganz gleich ob Stadt gegen Stadt, Länder und Reiche den Kampfplatz betraten, Völker gegen Artfremdes, Glaube gegen Religionen, Freiheits- und Rechtsfragen gegen Verknechtung und Entrechtung. Aus diesen Kämpfen, im Auf und Ab der geschichtlichen Entwicklung unseres Kontinents, in der durch die Kriege immer wieder beschleunigten kulturellen Entwicklung, entstanden die Kulturwerte unserer Welt, prägte sich die schöpferische Handschrift seiner Völker, wuchs das Gemeinsame Europas, sein abendländischer Geist.

In diesem Kriege steht das Gemeinsame Europas gegen das Gemeinsame in der Welt unserer Gegner. Eine welteinbeziehende Auseinandersetzung einer alten organisch gewachsenen Kultur gegen zivilisationsgetünchte Lehns- und Unkultur. Die tiefe grundsätzliche Verwandtschaft und Wesensgleichheit der demokratisch verhängten, kapitalistisch bestimmten Länder wie England und Amerika, ihrer Trabanten mit dem proletarisch-sozialistisch getarnten Bolschewismus, das Gemeinsame ihrer sprungartigen Entwicklung, ihre Leih- bzw. Unkultur, ihre gemeinsamen Absichten der Völkertrustung unter einem Weltherrschaftsgedanken, ihr gemeinsamer Drang zum Überkommerzialismus und zur Überindustrialisierung, machen sie, trotz aller früher gerne betonten scheinbaren Gegensätze, zu natürlichen Verbündeten.

Ob Taylor oder Stachanow, ob amerikanisches Jahrhundert oder bolschewistische Internationale, ob Trust oder Kollektiv, es handelte sich nicht um soziale Fragen, nicht um Fragen des Glaubens, sondern einfach um rein materielle Dinge, um ein ungeheures und ungeheuerliches Geschäft mit der Arbeitskraft von

Völkern und ihrer systematischen Ausplünderung und Entrechtung. Das große Geschäft, bei dem die Völker lediglich Mittel zum Zweck sind und mit klingenden Parolen, Akkordlöhnen, mit Gummiknüppeln oder Genickschuss, je nach Zweckmäßigkeit in die Sielen ihrer Ausbeuter gezwungen werden. Die rasche künstliche Entwicklung Amerikas und Sowjetrusslands konnte keine eigenen gewachsenen Kulturen schaffen, keine eigenen Volkswerte. Wo diese aus der Vergangenheit vorhanden waren, wurden sie durch die unnatürlich rasche Entwicklung wie Fremdkörper zerstört.

So wurde dieser Krieg die geschichtsbedingte, notwendige Auseinandersetzung zweier grundverschiedener Welten. Organisch bedingte gegen Leihkultur, Volksbegriff gegen internationale oder nationslosen Amerikanismus, natürliche Staatenentwicklung gegen Weltherrschaftspläne, Glauben gegen Unglauben, Doktrin oder Schauglauben, natürlich Gefestigtes gegen Maßloses, Staatsbürger gegen Staatshörige, Verwurzelte gegen Entwurzelte, Geschlossenheit gegen Masse, Persönlichkeit gegen Standard, Geist gegen Ungeist.

Aus dem Niedergang von Versailles wuchs uns der Glaube an die Wiedererstehung des Reiches aus eigener Kraft, wurden die ungeheuren Leistungen des Wiederaufbaues möglich. Nicht durch hohle Parolen, Akkordlöhne oder Genickschüsse, sondern durch den Geist, den Glauben eines ganzen Volkes. Der Krieg gegen eine Unzahl von Gegnern, gegen eine erdrückende Zahl von Menschen und Material wurde mit unserem Geist, nicht mit Zahlen geführt. Und dieser Geist war unser Rückgrat in den Materialschlachten des Ostens und Südens, war unsere Härte in den Bombennächten der Heimat. Nicht Locklöhne, Weltbeglückungsideen, Versprechungen, Drohungen, Knüttel oder Pistole.

Gegen uns kämpft eine wesensfremde Welt. An den Fronten und als Parteigänger, Saboteure, Partisanen, Terroristen der Unterwelt Europas und ihre blind gewordenen Mitläufer. Von Moskau, von London geworben oder gepresst, werden sie als ein Teil des Krieges gegen uns angesetzt. Sie sind Artverwandte unserer Gegner, sind ihres Geistes, so wie die Mittel und die Art ihres feigen unsoldatischen Kampfes.

Der Geist schuf uns den Glauben. Die Jahre dieses Krieges haben uns nicht vernichtet, sondern nur härter gemacht. Wir tragen diesen Geist wie eine Fahne in die kommenden Entscheidungsstunden. Wir wissen von der Überlegenheit der Zahl und des Materials beim Gegner. Wir wissen auch von seinem über Europa gesprochenen Todesurteil. Wir wissen, dass eine Welt, wie sie unsere Gegner planen und schaffen wollen, nicht lebenswert ist. Wir kämpfen nicht um das Messbare, Wägbare einer Krämerexistenz oder um die Herrlichkeit unserer Sklavenhalter. Wir gehen nicht blind oder von Prämien und Phrasen betäubt, wie der Soldat der anderen Seite, in die Entscheidung.

Die Schlacht um Europa hat begonnen. Wir kämpfen um das Gemeinsame unseres Kontinents, um den Geist, der an die freie Entwicklung und Existenz seiner Völker gebunden ist, um seine gewachsenen Kulturen, seine Freiheit von Krämerbevormundung und Zuchthausdisziplinen. Um die Wiegen Europas. Wir glauben darum an den Sinn dieses Krieges, den Sieg des Geistes über die Materie.«

Bleibt anzumerken, dass in dieser Veröffentlichung eines SS-Kriegsberichters der Standarte »Kurt Eggers« nicht ein einziges Mal der Name Adolf Hitlers beschworen wurde, es in keinem Satz hieß, dass Deutschland aus diesem Krieg siegreich hervorgehen werde.

»Skorpion West« wird zum Misserfolg«

Das unaufhaltsame Vordringen der Angloamerikaner veranlasste die Führung der Standarte nochmals, durch eine Aktion der Kampfpropaganda, die diesmal die Bezeichnung »Skorpion West« trug, die alliierten Streitkräfte zu verunsichern. In Flugblättern und Rundfunksendungen wurde ihnen zu verstehen gegeben, dass für sie der Krieg mit der Vernichtung Deutschlands keineswegs sein Ende finden würde

»Ihr werdet euch schon demnächst im dritten Weltkrieg befinden, den ihr dann gegen Russland auszutragen habt. Glaubt ihr

wirklich, dass Stalin sich mit dem Teil Europas zufrieden geben wird, welchen die Rote Armee in ihre Hände bekommen hat? Bald wird er gegen Euch marschieren, und dann steht ihr ihm allein gegenüber.«

Doch sehr schnell mussten die »Macher« von Skorpion West erkennen, dass diese auf eine Schockwirkung abzielende Propaganda bei den alliierten Verbänden keinerlei Wirkung hervorrief. Die Methoden, der man sich noch bei dem Unternehmen »Südstern« in Italien mit beträchtlichem Erfolg bedient hatte, fruchteten jetzt nichts mehr.

Die Tatsache, dass sich die Deutschen an allen Fronten im Rückwärtsgang befanden, nahm ihrer Propaganda jegliche Überzeugungskraft. Es kam hinzu, dass Standartenführer Gunter d'Alquen aufgrund einer Erkrankung sich um die Dinge nicht mehr so kümmern konnte, wie dies früher stets der Fall gewesen war. Immerhin plädierte er dafür, das Propagandaunternehmen nicht abzubrechen, sondern es dafür zu benutzen, gegen jede Form von Wankelmut, der sich in vielen Einheiten der Wehrmacht an der Westfront ausbreitete, anzugehen.

Mit dieser Aufgabe wurde der SS-Obersturmbannführer Hans Damrau beauftragt, der sich mit seinem Stab in Kempen am Niederrhein einrichtete. Gunter d'Alquen trat zu diesem Zeitpunkt auch die Leitung der SS-Standarte »Kurt Eggers« an seinen bisherigen Stellvertreter, den Hauptsturmführer Anton Kriegbaum, ab, der dann gegen Ende 1944 auch die Befehlsgewalt über die Abteilung für Wehrmachtspropaganda beim OKW erhielt, die zu diesem Zeitpunkt ihre Selbständigkeit verlor und in den Bereich der Kampfpropaganda eingegliedert wurde, welcher der Waffen-SS unterstand.

Gunter d'Alquen war in das SS-eigene Lazarett nach Hohenlychen in der Uckermark eingeliefert worden, aus welchem er erst im Januar 1945 entlassen wurde und dann seine Führungspositionen wieder übernahm.

Sefton Delmer schaltet sich ein

Was den Leiter von »Skorpion West«, Obersturmbannführer Hans Damrau, anbelangte, so war der innerhalb der Waffen-SS alles andere als ein unbeschriebenes Blatt. In die Waffen-SS war er nicht aus freien Stücken eingetreten, sondern hatte sich zu seinem freiwilligen Eintritt in dem Moment entschlossen, als ihn in seiner Funktion als Oberbürgermeister von Görlitz nicht nur die Amtsenthebung, sondern gleichzeitig auch ein parteigerichtliches Verfahren der NSDAP aufgrund verschiedener Affären bedrohte, die sein Ansehen in der Öffentlichkeit in einer Weise herabgesetzt hatten, dass er auf seinem Posten nicht mehr zu halten war.

Von Bildung und Intelligenz her gab es bei ihm nichts auszusetzen, auch gebrach es ihm keineswegs an Mut. Dass das von ihm geführte Propagandaunternehmen »Skorpion West« letztlich Schiffbruch erlitt, war, wenn man so will, auf seinen Gegenspieler, den brillanten britischen Journalisten Sefton Delmer, zurückzuführen, der sich während des Krieges der englischen Propaganda zur Verfügung gestellt hatte und sich nach der Eroberung von Paris von dort aus damit befasste, dem deutschen »Skorpion« am Niederrhein den Stachel zu ziehen.

Damrau hatte einen Einfall gehabt, der zunächst große Furore machte. Inspiriert durch den »Soldatensender Calais«, der sich in seinen Sendungen eines unverblümten Landserjargons befleißigte, in Wirklichkeit jedoch der englischen Propaganda diente, hatten die Akteure von »Skorpion West« beschlossen, hier ein paar Anleihen zu nehmen. Man ersann die Skorpion-Flugblätter, über welche mit den Angehörigen der einzelnen Wehrmachtsverbände eine Art von Dialog geführt wurde, bei dem es keinerlei Tabu-Thema gab, auch Fragen hinsichtlich der deutschen Kriegslage gestellt werden konnten.

Die Landser wurden durch die auf jedem Flugblatt wiederkehrende eindringliche Schlagzeile: *»Willst Du die Wahrheit wissen, Kamerad, frage den Skorpion«* geradezu ermuntert, ihren Frust abzureagieren, auch nicht mehr länger mit ihren Zweifeln an dem deutschen Endsieg hinter dem Berg zu halten.

Indem die Antworten von »Skorpion« so abgefasst waren, dass sie nichts beschönigten, erweckte diese Form von Propaganda den Eindruck, als wenn man eben mehr wisse, als in den Zeitungen stehe oder im Rundfunk zu hören sei. Da hieß es beispielsweise in einer der Antworten an einen Landser, der sich besorgt über die Überlegenheit der Angloamerikaner geäußert hatte, im saloppen Ton: »*Wie steht der Krieg? Wir liegen in einem sehr schweren Abwehrkampf gegen die Engländer und Amerikaner. Der Feind hat heute noch die absolute Luftüberlegenheit. Er hat mehr Panzer und Artillerie wie wir.*« Punktum, Schluss!

Ein andermal hieß es in einem Skorpion-Flugblatt, das sich mit der Frage beschäftigte, ob denn an der Sache mit den Wunderwaffen etwas sei: »*Es liegt in der Natur der Sache, dass man über diese Dinge nicht eher etwas Genaues aussagen darf, bis der tatsächliche Masseneinsatz erfolgen kann. So sicher, wie entgegen allem Zweifel, an den sich jeder erinnern wird, eines Tages die V-1-Waffe gekommen und seither pausenlos eingesetzt ist, so sicher werden auch die Waffen kommen, für deren Entwicklung und Produktion wir über zwei Jahre härtester Defensive auf uns genommen haben.*«

Jedes von dem Propaganda-Unternehmen »Skorpion West« herausgebrachte Flugblatt trug als Abschluss den Hinweis: »*Richte deine Anfragen an Skorpion Feldpostnummer 00 220. Wenn es Fragen von besonderer Bedeutung sind, die den Landser ernstlich beschäftigen, wird der Skorpion antworten. Er wird stets die ungeschminkte Wahrheit sagen.*«

Als einige dieser Flugblätter auf den Tisch des Meisters der psychologischen Propaganda, Sefton Delmer, in Paris gelangten, stand es für den sofort fest, dass dies eine einmalige Gelegenheit war, den Teutonen ein Bein zu stellen. Delmer ließ auf dem gleichen Papier und in der gleichen Typographie eine Anzahl von Skorpion-Flugblättern drucken, versah sie mit den bisher von der SS-Standarte verwendeten Nummernbezeichnungen und veranlasste durch seine Agenten im Hinterland die Verteilung dieser Fälschungen an der deutschen Front.

Zunächst stiftete dies nicht viel Schaden, bis er dann den tollsten Coup startete und ein Flugblatt der Skorpion-Mannschaft, das sich mit der Frage befasste, ob der Führer kapitulieren darf, haargenau kopierte, lediglich den letzten Satz diese Traktates veränderte, indem es nunmehr hieß, dass der Führer natürlich zu jeder Zeit die Waffen strecken könne, eine Kapitulation seinerseits alles andere als abwegig sei, und mit Gewissheit der Zeitpunkt kommen werde, wo er dies auch tun würde.

»Darf der Führer kapitulieren?«

Das deutsche Flugblatt, das heute in der Militaria-Branche eine Rarität darstellt, enthielt folgenden Wortlaut: *»Darf der Führer kapitulieren? Kameraden, die den ‚Skorpion' Nr. 11 gelesen haben, schreiben uns: ‚Ihr sagt: Niemand darf kapitulieren. Auch der verantwortliche Führer nicht. Das verstehen wir. Aber – darf der Führer selbst kapitulieren? Was uns freudig auch die schwerste Lage ertragen lässt, ist die Gewissheit, dass, wenn unsere Opfer wirklich sinnlos würden, wenn die Last zu schwer werden würde, dass sich dann der Führer selbst schützend vor sein Volk stellen und den Befehl zur Einstellung des Kampfes geben würde. Aber manche Kameraden hier sagen jetzt: Auch der Führer darf nicht aufgeben …'*

Unsere Antwort auf die Frage, ob der Führer kapitulieren darf, ist: Nein! Der Führer wie jeder andere Volksgenosse steht unter dem ehernen Gesetz, das er der Nation gegeben hat. Selbst er darf nicht kapitulieren.

Die Antwort mag hart, ja revolutionär erscheinen. Viele werden sagen: Der Wille des Führers ist oberstes Gesetz – gibt es denn irgend etwas, was er nicht tun oder lassen darf, wenn es sein Wille ist? Wer so spricht, zählt zu den Spießern, die den Buchstaben des Nationalsozialismus anhängen und seinen Geist nicht verspürt haben. Wir sind keine buchstabengläubigen, ängstlichen Spießer, und wir wollen daher der Frage ins Auge sehen: Gesetzt den Fall, der Führer habe beschlossen, den Kampf aufzugeben – was würde dann zu geschehen haben?

Man sage nicht: Die Annahme ist zu unwahrscheinlich: Der Mann, der uns wieder und wieder versichert hat, dass er nie an Ka-

pitulation denken werde, kann nicht auf einmal kapitulieren wollen. Wir können davon überzeugt sein, dass der Führer in seinem Herzen oft mit der Frage gerungen haben muss. Wir kennen seine Güte, seine unermesslich tiefe Liebe zu seinem Volk, die es nie zulassen würde, dass uns größere Lasten auferlegt werden, als wir zu tragen vermögen.

Ist es nicht denkbar, dass diese Liebe und dieses Mitgefühl eines Tages im Herzen des Führers die Oberhand gewinnen könnten über das unerbittliche Gesetz des Kampfes? Man muss nur einmal versuchen, sich vorzustellen, was alles auf den Schultern des Mannes lastet, den die Vorsehung dazu bestimmt hat, Deutschland in seinem Schicksalskampf zu führen:

Er sieht die Leiden des Volkes besser als jeder andere. Er hört die Meldungen seiner militärischen Berater, die in letzter Zeit nichts als Rückschläge zu berichten haben. Während noch immer viele Volksgenossen sich kriegsentscheidende Wunder von den Vergeltungswaffen versprechen, sieht er die harten Tatsachen. Und schließlich: Kann dieser Mann unberührt geblieben sein von der Tatsache, dass alte, vertraute Mitkämpfer unter seinen Marschällen und Generälen schon im Sommer die Lage für so aussichtslos hielten, dass sie sich zu den abscheulichen Verbrechen hinreißen ließen, die Hand gegen ihren Führer zu erheben?

Wenn man sich einmal mit dem ganzen Ernst, den diese Frage verlangt, in die Lage des Führers versetzt, dann kann man wohl zu dem Schluss kommen: Auch dieser gewaltige Mann könnte eines Tages unter der Felsenlast zusammenbrechen und den Glauben verlieren. Und wenn er nur für einen Augenblick straucheln würde, gerade lange genug, um den Befehl zu geben, der unsere Opfer, unser Sterben sinnlos macht – den Befehl: Es ist genug – stellt den Kampf ein. Was müsste dann geschehen? Wer könnte dann dieses geschichtliche Unglück verhindern?

Der Reichsführer SS hat uns bereits klar und deutlich die Antwort gegeben. In dem Aufruf an den Volkssturm vom 18. Oktober 1944 finden wir den Satz: ‚Sollte aber an irgendeiner Stelle ein verantwortlicher Führer in aussichtsloser Lage glauben, den Kampf aufgeben zu müssen – so gilt die in unserer tapferen Marine übliche Sitte, dass er dann das Kommando an denjenigen seiner Unterge-

benen mit allen Rechten abzugeben hat – und wenn es der Jüngste wäre – der den Willen hat, den Kampf fortzusetzen ...‘

Man kann sich darauf verlassen, dass der Reichsführer SS gewusst hat, warum er am 18. Oktober diesen geschichtlichen Satz ausgesprochen hat. Der Führer selbst hat seiner SS die Aufgabe anvertraut, den Geist des Nationalsozialismus lebendig zu erhalten und ihn gegen jede Verletzung und Verfälschung zu verteidigen, komme sie von außen oder von innen.

Deshalb sagen wir: Es gibt etwas Höheres als selbst die Freiheit des Führerwillens. Das ist die Aufgabe. Der Führer des Deutschen Reiches und Volkes untersteht demselben Gesetz wie jeder Truppenführer. Sollte er, aus welchem Grund auch immer, glauben, den Kampf in aussichtsloser Lage aufgeben zu müssen, dann springt ein anderer in die Bresche, und wenn es der Jüngste ist, um den Kampf fortzusetzen. Das ist lebendiger Nationalsozialismus. Das ist der Geist, der die Führung Heinrich Himmlers, die SS und das ganze deutsche Volk beseelt: Komme was mag: Der Kampf geht weiter.«

Just dieses Flugblatt geriet in die Hände des Oberbefehlshabers der Heeresgruppe B, Generalfeldmarschall Walter Model, der sich über die Art der Abfassung dieses Flugblattes so erregte, dass er den SS-Obersturmführer Hans Damrau in sein Hauptquartier bestellte, um von ihm Aufklärung über die darin enthaltenen Aussagen zu verlangen, die ihm mehr als merkwürdig erschienen. Damrau warf ein Blick auf das Flugblatt und versicherte dann dem Feldmarschall, dass es sich um eine von den Amerikanern verbreitete Fälschung handele.

Walter Model nahm dies zur Kenntnis, blieb aber misstrauisch, da ihm schien, dass sich hinter der so offensichtlichen Betonung eines Führungsanspruches der SS auch etwas anderes verbergen könnte. Ihm wollte partout nicht in den Sinn, dass sich die Amerikaner in ihrer Propaganda einer Argumentation bedienen sollten, an der ihnen selbst doch überhaupt nicht gelegen sein konnte. Da er jedoch dem SS-Obersturmführer nicht ins Gesicht sagen konnte, dass er etwas ganz anderes hinsichtlich der Urheber dieses Flugblattes vermute, ordnete er die sofortige

Einstellung der Skorpion-Propaganda an, womit das gesamte Unternehmen von »Skorpion West« sein Ende fand.

Dies bedeutete jedoch nicht, dass die SS-Standarte »Kurt Eggers« ihre Tätigkeit in Frankreich gänzlich aufgab. Ihr stellten sich jetzt eine Reihe anderer Aufgaben, die unmittelbar mit dem Vorrücken der Angloamerikaner zu tun hatten.

So erreichte sie als Erstes der Befehl, bei der Herauslösung der Indischen Legion aus der Front in der Normandie behilflich zu sein und ihre Rückführung nach Deutschland in die Wege zu leiten. Da Teile des Hinterlandes bereits von der französischen Résistance kontrolliert wurden, mussten die mit diesem Auftrag betrauten Kriegsberichter ständig nach Ausweichmöglichkeiten Ausschau halten. Dennoch kam es zu vereinzelten Gefechten, hatte die Indische Legion Tote zu verzeichnen.

Die mühselige Odyssee endete schließlich am Bodensee, wo die Absicht bestand, die Grenze zur Schweiz zu überschreiten und sich hier internieren zu lassen, wozu es freilich nicht mehr kam, weil die alliierten Verbände ihr den Weg verlegten und die Inder gefangen nahmen.

Angehörige der europäischen Kriegsberichter werden evakuiert

Mit der Besetzung immer größerer Teile von Frankreich durch die alliierten Truppen erreichten die Führung der SS-Standarte »Kurt Eggers« an ihrem Berliner Standort zunehmend besorgte Briefe von Seiten jener europäischen Freiwilligen, deren Familien ihren Wohnsitz in Frankreich, Belgien oder den Niederlanden hatten. In ihnen allen kam die Befürchtung zum Ausdruck, dass ihre Angehörigen, sobald sie in die Hände der Alliierten geraten würden, mit Sicherheit Repressionen ausgesetzt seien.

Der zu diesem Zeitpunkt anstelle des erkrankten Gunter d'Alquen die Standarte leitende Hauptsturmführer Kriegbaum veranlasste daraufhin die sofortige Einleitung von Evakuierungsmaßnahmen für die gefährdeten Angehörigen von SS-Freiwilligen.

Es wurde ein sogenanntes Auffangsprogramm ausgearbeitet, das eine sofortige Unterbringung all dieser Familien in den verschiedensten deutschen Gauen vorsah. Neben der Bereitstellung von Unterkünften sowie einer finanziellen Unterstützung wurden mehrere Betreuungsstellen eingerichtet.

Die in Berlin schon seit Friedenszeiten bestehende Deutsch-Französische Gesellschaft erhielt den Auftrag, sich der nach Deutschland gebrachten Familien von französischen Freiwilligen der Waffen-SS anzunehmen und ihnen jegliche Fürsorge zuteil werden zu lassen. Die gleiche Bitte erging an die Deutsch-Wallonische Arbeitsgemeinschaft, die ihren Sitz in Berlin-Grunewald, Winklerstraße 15a, hatte; für die niederländischen Staatsangehörigen fühlte sich eine entsprechende Einrichtung in Berlin SW 68, Hedemannstraße 24, zuständig, während sich der Flamen die deutsch-flämische Gemeinschaft in Hildesheim, Bankplatz 1, annahm.

Die NSV (Nationalsozialistische Volkswohlfahrt) mit Sitz in Berlin-Wilmersdorf, Sächsische Straße 21, erhielt die Anweisung, an all diese Familien eine monatliche Unterstützung in Höhe von 200 Reichsmark auszuzahlen. Im Falle besonderer Bedürftigkeit steuerte die Standarte weitere finanzielle Mittel bei. Eine weitere Form der Betreuung galt allen Jugendlichen, für welche das Jugendamt der Deutschen Arbeitsfront in Berlin 16, Am Köllnischen Park 2, zuständig war. Ein ähnliches System bestand auch für die Angehörigen von Freiwilligen aus dem osteuropäischen Gebieten. Es funktionierte bis zum Ende des Krieges, dann waren all diese Menschen auf sich selbst angewiesen. Ein Teil von ihnen tauchte in den sogenannten DP-Lagern (*Displaced Persons*) unter, wurde später in ihre Heimat repatriiert. Für viele Angehörige von Freiwilligen der Waffen-SS stellte die Rückkehr in die Heimat ein Martyrium dar, da sie sich vielfach den Hassausbrüchen ihrer Landsleute ausgesetzt sahen, für die sie als Verräter galten.

Eine Vielzahl von Anweisungen und Befehlen, die vom Herbst 1944 an tagtäglich die Dienstelle der Standarte »Kurt Eggers« in Berlin-Zehlendorf erreichten, spiegelten auf die eine oder andere Weise wider, dass die Endphase dieses Krieges ihre Schatten vorauswarf.

Am 1. September 1944 traf eine Anweisung des Oberkommandos der Wehrmacht ein, dass aus Gründen der Einsparung von militärischem Personal eine Neuregelung der Kriegsberichterstattung zu erfolgen habe. Von sofort an, so hieß es darin, werde es für jede Armee nur noch einen Zug der Kampfpropaganda geben, der unter dem Befehl eines Einsatzführers steht. Alle durch diese einschränkende Maßnahme freiwerdenden Kräfte seien sofort der Front zuzuführen.

Als Reaktion darauf, dass inzwischen mehrere bislang verbündete Mächte den Bruch mit Deutschland vollzogen hatten, verfügte die Waffen-SS in ihrem Verordnungsblatt Nr. 22 vom 15. November 1944 ein – wie es hieß – sofortiges Trageverbot von rumänischen, finnischen sowie bulgarischen Auszeichnungen für Angehörige der Waffen-SS.

Seit Bildung der SS-Standarte »Kurt Eggers« gehörte ihr auch der SS-Obersturmführer Rolf d'Alquen, ein Bruder Gunter d'Alquens an. Er war ein ruhiger, zurückhaltender Mensch, der nie das große Wort führte, sich nirgendwo hervordrängte, aber treu zu seinen Überzeugungen stand. Am 21.6.1944 wurde er zum SS-Hauptsturmführer befördert, gehörte mit zu der Einsatzgruppe von »Skorpion West«. Nachdem deren Tätigkeit zum Erliegen gekommen war, betätigte er sich im Rahmen eines neuen deutschen Frontsenders, dessen Errichtung am Oberrhein erfolgte.

Ein verzweifelter Brief von Rolf d'Alquen

Ende Januar 1945 überkam Rolf d'Alquen in einem solchen Maße die Verzweiflung, dass er einen Brief an das SS-Führungshauptamt folgenden Inhaltes schrieb: »*Alle Gedanken kreisen, wie wir bei der Truppe und auch bei der Bevölkerung festgestellt haben, immer wieder darum, dass die entscheidende Wendung niemals mehr durch die bisherigen Mittel erfolgen kann, sondern dass die Antwort auf die entscheidende Frage nur lauten könne: Wir werden und müssen die Front noch für eine kurze Zeit mit allen Mitteln halten, dann aber kommt eine Waffe zum Einsatz, die alles entscheidet und alle Rückschläge ungeschehen macht und an der Front selbst die entscheidende Wendung bringt. Anderenfalls erachte ich es als meine Pflicht, darum zu bitten, dass diese Stimmung dem Führer bekanntgemacht wird.«*

Am 30. Januar 1945 geschahen zwei Dinge, die trotz ihrer Unterschiedlichkeit doch zueinander in Bezug standen. Hauptsturmführer Kriegbaum, der zu diesem Zeitpunkt noch immer d'Alquen vertrat, bekam von dem persönlichen Sekretär Himmlers, Rudolf Brandt, folgendes Schreiben übermittelt: *»Lieber Kamerad Kriegsbaum, ich bitte Sie, nachstehendes Fernschreiben an SS-Hauptsturmführer Rolf d'Alquen weiterzuleiten.*

‚Habe Kenntnis von Ihrem Fernschreiben vom 26.1.45. Ich weiß, dass die Truppe von schweren Sorgen geplagt ist. Habe aber den Eindruck, dass Sie selbst die meiste Bedrückung haben. Ihren Vorschlag finde ich absolut unmöglich. Der Truppe muss gesagt werden, dass sie, so bitter es ist, gerade jetzt weiter ihre Pflicht tun muss und dass nur dann, wenn jetzt im Westen abgeschirmt wird, die deutsche Wehrmacht im Osten in der Lage ist, zunächst die Stöße aufzufangen und dann wieder aktiv zu werden. Von Ihnen selbst erwarte ich auch innerlich die Haltung eines SS-Mannes. Ich hoffe, Sie wissen, dass man nur dann am Ende ist, wenn man im Herzen geschlagen ist. Gez.Himmler.'«

Die Lage spitzt sich zu

Am gleichen Tag erging an alle Führer des Standartenstabes folgender Befehl: *»In Anbetracht der äußerst gespannten Lage ist es erforderlich, kurzfristig alle Führer auch außerhalb der Dienstzeit zu erreichen. Aus diesem Grunde wird befohlen, wer sich abends nicht in seinem dem Standort bekannten Quartier aufhält, dies vorher beim Führer vom Dienst schriftlich oder fernmündlich meldet.«*

Auch eine solche Meldung, die Ende Januar der Standarte zur Kenntnis gegeben wurde, war nicht gerade dazu angetan, die allgemeine Stimmung zu heben. Vom SS-Führungshauptamt unterrichtete Sturmbannführer Holzhausen, dass grundsätzlich jede Anforderung von Munition, Waffen, Gerät für den Volkssturm abzulehnen sei. Solche Anforderungen seien Sache der Ortsgruppenleiter bzw. der Kreise oder Gaue. Ein Ersatz bisher verwendeter Munition findet nicht statt.

Ein anderes Schreiben, das in diesen Tagen die Führung der Standarte erreichte und von Himmler persönlich stammte, macht deutlich, wie auf die brenzlige Situation an der Front in einer Art beschwörender Diktion reagiert wurde:

»Ich stelle immer wieder fest, dass zahlreiche Führer, Unterführer und Männer, nicht nur im Bereich der Heimat-Dienststellen und Einheiten, sondern auch im Bereich des Feldheeres im vollen Umfang ihren Dienst versehen, obwohl sie unter diesen oder jenen Beschwerden, leichten Krankheiten oder Folgezuständen von Verwundungen oder Krankheiten leiden; sie alle fühlen sich durch das Gebot der Pflicht als politische Soldaten Adolf Hitlers und fanatische Kämpfer für die Zukunft unseres Volkes an ihren Platz gebunden.

Die gleiche Einstellung erwarte ich in Zukunft von allen, die durch Verwundung oder Erkrankung aus ihrem Wirkungskreis herausgerissen wurden und sich in ärztlicher Behandlung befinden. Ich gebe der Erwartung Ausdruck, dass jeder Angehörige der SS und Polizei im Falle der Verwundung oder Erkrankung nur von einem einzigen Wunsch beseelt ist, sobald wie möglich sich wieder zu seiner Einheit zurückzumelden. Den Kommandeuren lege ich nahe, dem obigen Gedankengang Rechnung zu tragen.«

Obwohl sich im Januar 1945 niemand mehr in der SS-Standarte »Kurt Eggers« irgendwelchen Illusionen hingab, dass dieser Krieg vielleicht noch in einer Art von Pattsituation ein Ende finden könnte, lief die Kriegsberichter-Einheit nach der Rückkehr Gunter d'Alquens auf seinen Posten noch einmal zu einer Höchstform auf, was vor allem auf dem Gebiet der Kampfpropaganda zum Ausdruck kam. Vieles davon spielte sich im Bereich der Heeresgruppe Süd ab. Manches mutete an, als ob man sich selbst noch einmal beweisen wollte, wenigstens in dieser Hinsicht ungeschlagen abzutreten.

Am 8. Januar 1945 richtete der Auslands-SD an die Standarte die Anfrage, ob sie davon informiert sei, dass in Kreisen der polnischen Widerstandsbewegung in Warschau ein Flugblatt zirkuliere, wonach die USA den Plan einer Einigung mit dem deutschen Reich verfolge, gemeinsam gegen den Bolschewismus vorzugehen. Den Polen wurde in diesem Zusammenhang angeraten, sich mit den Deutschen über einen gemeinsamen Kampf gegen den Bolschewismus zu verständigen, wenn sie ihr Land davor bewahren wollten, Stalin anheimzufallen. Als der Fragesteller, SS-Sturmbannführer Hirsche, die lakonische Antwort erhielt: »*Uns gebührt das Copyright*«, war er sichtlich enttäuscht, wo doch alles so schön überzeugend geklungen hatte.

In Südosteuropa aktiv bis zum letzten Augenblick

Obwohl es eigentlich keinen Sinn mehr machte, die Rumänen nach ihrem Seitenwechsel noch propagandistisch zu bearbeiten, verfasste die Standarte ein Flugblatt, in dem die Fliegereinheiten der königlichen rumänischen Armee daran erinnert wurden, welchen Schneid sie einst an den Tag legten und wie heute den »Adlern der Lüfte« von ihren neuen Herren die Flügel gestutzt worden waren.

Dieses Flugblatt trug folgenden Wortlaut: »*Helden der Luft! Ihr habt in den Weiten der Lüfte den Stolz des rumänischen Landes weit hingetragen! Ihr habt den Glorienkranz auf die Stirne des rumänisches Volkes gedrückt! Euer Kommandeur, Popisteanu, der beste rumänische Flieger, hat in dem Kampfe gegen den Bolschewismus das schönste Ruhmesblatt geschrieben! Die ‚Weiße Staffel' hat bei Stalingrad und an anderen Fronten mit einem legendären Heroismus gekämpft. Sie hat blitzschnell gegen unsere größten Feinde, die Bolschewisten, zugeschlagen.*

Hört Ihr nicht die Stimme, die heute aus den Weiten der Lüfte Euch zuruft? Hört Ihr nicht den Rufe des berühmten Fliegers Stefanescu Parzeval? Hört Ihr nicht das geheimnisvolle Flüstern so vieler Fliegerhelden, die Euch von der Höhe ihres Opfers zurufen? Die leuchtendsten Sterne am rumänischen Firmament sind doch die rumänischen Flieger. All diese Sterne weinen heute wegen des schrecklichen Unglücks, das über das rumänische Land her-

eingebrochen ist. Sie erbeben, weil sie den Zerfall der rumänischen Luftwaffe sehen!

Helden der Lüfte! Ihr seid heute gedemütigt und verlacht und werdet täglich in die schwersten Missionen geschickt, auf den unsichersten Apparaten, um einen sicheren Tod zu erleiden. Die Bolschewisten kennen nur ein Ziel: Euch zu töten! Sie beschuldigen Euch der Sabotage, weil Ihr die Bomben nicht präzise aufs Ziel werft, weil Ihr nicht eher Selbstmord verübt! Das ist das Schicksal, welches Euch die Bolschewisten bereiten wollen. Nachdem man Euch enterbt hat, wurdet Ihr ausgelacht, und Euer Land ist in den Abgrund gestürzt. Man will Euch töten! Ihr, die Ihr Euch bis in die Höhen der Lüfte emporgeschwungen habt, wurdet in die tiefste Demut gestürzt. Ihr, die Ihr gestern noch als der Stolz Rumäniens galtet und von ganz Europa geehrt wurdet, erfreut Euch heute nicht einmal des Vertrauens der Verräter. Ihr, die ihr die Elitewaffe des rumänischen Heeres seid, steht heute am Pranger; diesen Pranger haben Euch die bolschewistischen Bestien errichtet. Die Erfolge der rumänischen Luftwaffe wurden aus der Geschichte Rumäniens ausgelöscht.

Helden der Luft! Ihr müsst heute dem ganzen rumänischen Lande sagen, dass dies unmöglich ist! Eure Flügel konnten von den Verrätern eingebogen werden, aber nicht zerbrochen! Sie konnten verwundet, aber nicht zertrümmert werden! Deshalb, Helden der Luft, ruft Euch heute wieder der blaue Himmel und die rumänische Trikolore! Euch ruft das Licht von oben! Euch rufen die Sterne und Euch befehlen Eure verstorbenen Fliegerkameraden, dass Ihr Ihren Ehrenweg einschlaget. Führt den Kampf des rumänischen Volkes gegen den Bolschewismus weiter! Vorwärts, Helden der Luft!«

Der in Wien stationierte sogenannte Kampfsender »Prinz Eugen«, der ein Bestandteil der SS-Standarte »Kurt Eggers« war, erweiterte noch im Januar 1945 sowohl seine Sendezeiten wie auch das ausgestrahlte Programm. Obwohl Rumänien wie auch Bulgarien inzwischen einen Seitenwechsel vorgenommen hatten und ihre Truppen sich an dem Kampf gegen Deutschland beteiligten, gab es täglich mehrfach Sendungen, die sich speziell an die ehemaligen Verbündeten der Achsenmächte wandten. Ihr Tenor lautete, dass es in beiden Ländern inzwischen Befürchtungen gäbe, sich mit Haut und Haaren dem kommunistischen System Stalins ausgeliefert zu haben.

Das Hauptaugenmerk der gesamten Sendetätigkeit konzentrierte sich allerdings auf Ungarn, wo es ebenfalls Bestrebungen gab, einen Bruch mit Deutschland zu vollziehen, nachdem die sowjetischen Truppen des Generals Tolbuchin zu einer immer stärkeren Bedrohung des Landes wurden.

Über den Langwellensender in Sauerbrunn sowie den Mittelwellensender Preßburg II wurden zweistündlich aktuelle Meldungen gebracht, die ausschließlich für Ungarn bestimmt waren. Andere Sendungen richteten sich an die deutsche Volksgruppe in Ungarn. Direkt in Budapest hatte die Standarte einen sogenannten Senderbetreuungstrupp Magyarovar ins Leben gerufen, der vor allem in der Sendung »Deutsch-Ungarische Soldatenstunde« die Waffenbrüderschaft zwischen beiden Ländern beschwor.

Von Preßburg aus gab es auch Sendungen für Serbien, während aus dem slowakischen Banska Bistrica Berichte in russischer und ukrainischer Sprache ausgestrahlt wurden, die noch immer das Ziel einer Zersetzung der Roten Armee verfolgten.

Die für den Zeitraum Januar 1945 ausgewiesene Propagandatätigkeit der Standarte im Bereich der Heeresgruppe Süd lief auf Hochtouren, erweckte mitunter den Eindruck, als wolle man all das wettmachen, wozu die Kraft des Heeres an der Front nicht mehr ausreichte. Obwohl die nur noch in geringer Zahl einsatzbereiten Maschinen der deutschen Luftwaffe ihre Hauptanstrengungen auf die Bekämpfung der sowjetischen Panzerrudel richteten, gelang es außerdem noch, mehr als 21 Millionen Flugblätter über den feindlichen Linien abzuwerfen. Weitere 610 000 Flugblätter wurden durch Granatwerfer, die mit sogenannter Propaganda-Munition bestückt waren, in Richtung der gegnerischen Stellungen abgeschossen. Die im Kampf stehenden deutschen Verbände verteilten im Frontbereich nochmals drei Millionen Flugblätter.

Selbst jetzt kamen noch Überläufer

Erstaunlicherweise führte dieser massive Propagandaeinsatz dazu, dass 210 sowjetische sowie 113 rumänische Soldaten zur deutschen Seite überliefen. Noch größere Auswirkungen zeitigte jenes Flugblatt, das an die Helden der Luft in Rumänien appelliert hatte, sich auf ihren früheren Stolz zu besinnen, den sie als Bündnispartner der Deutschen beim gemeinsamen Kampf gegen das bolschewistische System Stalins an den Tag gelegt hatten, dem sie jetzt auf Gedeih und Verderb ausgeliefert seien.

Sechs rumänische Maschinen griffen entgegengesetzt eines sowjetischen Befehls die deutschen Stellungen nicht an, sondern überflogen sie und landeten hinter der Frontlinie. Auch ein bulgarischer Kampfflieger folgte diesem Beispiel.

Um Ungarn war zu diesem Zeitpunkt so etwas wie eine Propagandaschlacht entbrannt, die unter Anwendung aller psychologischen Mittel ausgetragen wurde. In einer hierzu von der SS-Standarte »Kurt Eggers« erlassenen Anweisung wurde unterstrichen, dass besonders Wert darauf zu legen sei, Wesen und Eigenart der Bevölkerung Ungarns bis zur letzten, oftmals nebensächlich erscheinenden, in Wirklichkeit aber durchaus eigenwilligen Regung auszuschöpfen, um eine erwünschte Wirkung erzielen zu können.

Den Propagandisten wurde zu verstehen gegeben, dass sie sich einer großen Zurückhaltung befleißigen sollten, um nicht den Verdacht aufkommen zu lassen, dass die deutsche Seite etwa die Absicht hege, die ungarische Meinungsfreiheit beschneiden zu wollen. Insbesondere sollte vermieden werden, sich über den deutschen Propaganda-Kanal in die ungarische Parteienpolitik einzumischen oder den Versuch zu unternehmen, die innerpolitische Entwicklung des Landes beeinflussen zu wollen.

Die Standarte sei gut beraten, wenn sie sich an den Grundsatz halte, all solche Propagandamaßnahmen, deren Zweck es ist, direkt auf die ungarische Bevölkerung einzuwirken, durch Ungarn selbst vornehmen zu lassen.

Nach Einschätzung der Standartenführung galt es an speziellen Gegebenheiten in Ungarn zu berücksichtigen, dass Nationalhelden dieses Landes aus früheren Jahrhunderten bis in die Gegenwart hinein die Rolle eines Vorbildes spielten. Das Geheimnis einer erfolgreichen Propaganda in diesem Land sei es, sich auf die patriotischen Traditionen zu berufen, einer Tatsache, der sich sogar die Sowjets bewusst geworden waren, indem sie sich bei ihren Proklamationen an Ungarn auf die Nationalhelden Kossuth und Rákoczy bezogen.

Bei einer Analyse der sowjetischen Propagandatätigkeit in Ungarn war dem Führungsstab der Standarte aufgefallen, dass im Gegensatz zur bisher praktizierten Art und Weise, die sich oftmals auf reine Demagogie beschränkte und mit primitiven Schlagwörtern operierte, die Russen im Verlaufe der Kriegsjahre offenbar dazugelernt hatten und jetzt wesentlich geschickter agitierten, als dies früher der Fall gewesen war. Wollte man dieser Propaganda etwas entgegensetzen, musste man gleichfalls tiefer loten, möglichst solche Ereignisse aus der ungarischen Geschichte heranziehen, aus denen sich ein Bezug auf die Gegenwart ableiten ließ.

So erging der Auftrag an die Kriegsberichter-Gruppe in Ungarn, jede freie Minute dafür zu benutzen, sich in die Geschichte des Landes zu vertiefen, sie nach Geschehnissen zu durchforsten, die geeignet erschienen, daraus Parallelen für die augenblickliche Situation der Magyaren ziehen zu können.

Beim Studium der Heiligen, die wiederholt in der ungarischen Geschichte eine Rolle gespielt haben, wurde man fündig. Einem Zufall war es zu verdanken, dass einer der Kriegsberichter, der gerade in Stuhlweißenburg an einer Reportage für die *Weltillustrierte* arbeitete, dort Zeuge einer Wallfahrt zu dem Grabe des Priesters Stephan Kaszap wurde, dem viele Wunder zugeschrieben wurden.

Ein Text, den die katholische Kirche Ungarns gegen Ende 1944 herausgebracht hatte, enthielt u. a. folgende Sätze: »*In der letzten Gefahr der Vernichtung und des Elends hat der Herrgott das Flehen des Stephan Kaszap erhört und hat gegen die wilden Horden Asiens den Sieg für unsere Fahne und den an unseren Seiten mutig kämpfenden Deutschen gegeben. Katholiken, danket Stephan Kaszap, dass er die mutigsten deutschen Soldaten zur Be-*

freiung der Krönungsstadt Stuhlweißenburg und Transdanubiens geschickt hat. Danket Stephan Kaszap! Flehet für den Sieg unserer ungarischen und deutschen Waffen, pflegt die Gräber derer, die ihr Leben für eure Befreiung opferten.«

Da die katholische Kirche von diesem Text mehrere hunderttausend Exemplare hatte anfertigen lassen, konnten sich die deutschen Propagandisten auf die Aufgabe beschränken, für eine Verteilung dieses Pamphletes im ganzen Land zu sorgen. Auch der politische Führer der ungarischen Freiheitsbestrebungen des Jahres 1848, Lajos Kossuth, bot gewisse Ansätze, um sie propagandistisch für die Gegenwart umzusetzen. Ein ihm gewidmetes Lied mit dem Titel: *»Kossuth Lajos hat befohlen«*, enthielt u. a. die Zeilen: *»Nach hundert Jahren flammt aufs Neue der Freiheitskrieg auf! Ungarn zu den Waffen! Es geht um unsere Freiheit!«*

Verwirrspiel durch Täuschungssender

An solchen im Volke der Madjaren vorhandenen nationalen Bekenntnissen orientierte sich die Standarte »Kurt Eggers« bei ihrer Propaganda auf ungarischem Boden. Angesichts der Einschließung von Budapest – in der Stadt weilte eine größere Zahl von Kriegsberichtern der Standarte – wurden jetzt Überlegungen angestellt, nunmehr sich im breiteren Umfange auch bestimmter Täuschungsmanöver als einen legitimem Mittel der Kriegspropaganda zu bedienen. Hierbei ging es vor allem darum, der inzwischen von den Russen mit Hilfe ungarischer Kommunisten in der von ihnen eroberten Stadt Debrecen geschaffenen Gegenregierung ein Instrument gegenüberzustellen, das für entsprechende Verwirrung in den Reihen der Moskauer Parteigänger sorgen sollte.

Auf diese Weise entstand die Idee, mit der Ausstrahlung eines Kurzwellensenders zu beginnen, der sich den Anstrich geben sollte, als sei er ebenfalls von einer kommunistischen Gruppierung inspiriert, die allerdings mit der Gegenregierung in Debrecen nichts zu tun haben wolle, da deren Mitglieder sich nur zum Schein kommunistisch gebärden, in Wirklichkeit jedoch das Ziel verfolgen würden, sich für die Wiedererrichtung des Horthy-Regimes in Ungarn stark zu machen, unter dem seit jeher die ungarischen Proletarier besonders gelitten hätten.

Die neue Sendestation, die sich unter dem Namen »Bajossy-Zsilinsky-Radio« vorstellte, gab als ihren Standort die Stadt Szeged an, wo sie als Wortführer einer gerade neu gebildeten demokratisch-kommunistischen Regierung fungiere, welche sich die Aufgabe gestellt habe, dem ungarischen Volk die Augen darüber zu öffnen, wer sich in Wirklichkeit hinter der sogenannten Gegenregierung in Debrecen verberge und worin die tatsächlichen Absichten dieser abenteuerlichen Clique beständen, bei deren Mitgliedern es sich ausschließlich um Pseudokommunisten handele.

In einer seiner ersten Ausstrahlungen verkündete der neue Sender, dass sich in dem von den Russen befreiten Teil Ungarns die wahren Kommunisten noch immer verbergen müssten, weil die Bolschewisten etwas ganz anderes mit dem Land im Schilde führen würden, als hier etwa eine proletarische Revolution durchzuführen. Die von ihnen eingesetzte Regierung stehe im Solde des Großkapitals und habe genauso wie die in Griechenland operierenden Elas-Truppen sich von England kaufen lassen.

Um dem Sender das höchstmögliche Maß an Überzeugungskraft zu verleihen, durfte er gegen die von dem russischen General Wlassow auf deutschem Boden aufgestellte Nationale Russische Befreiungsarmee eine Hetzpropaganda betreiben, welche nur so von unflätigen Ausdrücken strotzte. Doch dahinter verbarg sich gleichzeitig die Absicht, dieser Armee eine militärische Bedeutung zu verleihen, die in dem Moment voll zum Vorschein kommen würde, da ihr Einsatz auch in Ungarn erfolge.

Zum Verwirrspiel dieser von deutscher Seite geschaffenen Rundfunkstation, die sich immer in den Abendstunden auf der Kurzwelle des Moskauer Petőfi-Senders in dessen Programm einklinkte und es durch seine größere Lautstärke übertönte, gehörte auch die Tatsache, dass die Sendepausen mit Schlagern ausgefüllt wurden, deren einzelne Titel von einem Ansager stets mit den Worten angekündigt wurden, dass hiermit erstmals wieder ein beliebter jüdischer Interpret zu vernehmen sei.

Mit voller Absicht wurden derartige Songs gebracht, um damit den latenten ungarischen Antisemitismus zu bedienen. Dem schlossen sich dann wieder Meldungen an, dass die sowjetischen Truppen in einem der befreiten ungarischen Komitate sich gezwungen gesehen hätten, auf Lebensmittel und Bekleidung aus Beständen der Bevölkerung zurückzugreifen.

Die Ungarn würden sicherlich Verständnis dafür aufbringen, dass dies sich nach Angaben eines roten Kommandeurs in nächster Zeit noch mehrmals wiederholen könnte. Gewiss würden die Ungarn genügend Dankbarkeit darüber empfinden, dass schließlich die Rote Armee sich für ihre Freiheit aufopfere, so dass ihnen ein solcher Verzicht bestimmt leichtfalle. Ferner gehörten auch Sendungen zu dem Programm, in denen nachgewiesen wurde, dass durchaus zwischen dem Marxismus-Leninismus Stalins und dem Nationalsozialismus Hitlers eine der wesentlichsten Gemeinsamkeiten nicht übersehen werden dürfte, nämlich die Ablehnung des plutokratischen Systems westlicher Prägung, wie es von Churchill und Roosevelt gehandhabt werde.

Eine breite Propaganda entfaltete die Standarte »Kurt Eggers« in den letzten Kriegsmonaten sowohl in den Reihen der ungarischen Zivilbevölkerung als auch unter den Honvedtruppen. Aus einem entsprechenden Berichtsbogen geht hervor, dass es allein im Monat Januar 1945 unter der ungarischen Bevölkerung sowie den Heeresverbänden zur Verteilung von 2 629 400 Flugblättern und Broschüren kam.

In großer Zahl wurden auch Frontzeitungen in ungarischer Sprache gedruckt, ferner erstreckte sich über das ganze Land eine Plakataktion, die zum Durchhalten auch in scheinbar aussichtsloser Lage ermutigte. In vielen ungarischen Dörfern wurden die Bewohner zu Vorträgen eingeladen, wo Wehrmachts- und Honvedoffiziere gemeinsam auftraten und ihre Überzeugung kundtaten, dass sich die militärische Situation in Ungarn bald entspannen würde. Einbezogen in die Propaganda der Standarte waren aber auch die eigenen Truppen sowie die Angehörigen der Ost-Freiwilligen-Verbände.

Eine enge Zusammenarbeit bestand mit der Deutschen Gesandtschaft, dem ungarischen Propaganda-Ministerium, dem

Generalstab der Honvedtruppen sowie der Pfeilkreuzler-Partei. Obwohl die Herstellung von Zeitungen für die einzelnen Frontabschnitte sich äußerst schwierig gestaltete und die Anfertigung jeder einzelnen Nummer ständig neue Probleme aufwarf, erschienen jedoch im Bereich der Heeresgruppe Süd regelmäßig drei verschiedene Frontblätter, und dies über einen sehr langen Zeitabschnitt hinweg.

Die größte Zeitung, welche den Titel trug: *Kamerad am Feind*, fand in einer Auflage von 18 000 Stück Verbreitung. Das Blatt *Die Ostfront* brachte es auf eine Auflage von 10 000 Exemplaren, von der Zeitung *Die Lage* wurden 6 100 Stück gedruckt. Eine aus ungarischen Kriegsberichtern bestehende Abteilung, die ebenfalls in die Standarte integriert war, befasste sich mit der Herausgabe eines ungarischen Nachrichtenblattes.

Daneben erschienen als Kopfblätter noch drei große Wochenzeitungen, darunter *Der Kampf* und *Flieger, Funker, Flak*, die nicht direkt an der Front, sondern in einer Wiener Großdruckerei hergestellt wurden. Ferner existierten mehrere Zeitungen für die Angehörigen der Verbände, die aus Ostfreiwilligen verschiedener Nationen bestanden.

Da es weder der Führung der Honved noch dem ungarischen Propaganda-Ministerium gelungen war, Zeitungen herauszubringen, die sich mit der Spezifik des Krieges und dem Frontgeschehen befassten, wurde von der ungarischen Seite der Wunsch an die Standarte »Kurt Eggers« herangetragen, doch diese Aufgabe ebenfalls zu übernehmen.

Auf diese Weise entstand die von deutscher Seite redigierte Zeitung *A Harcos* mit Berichten und Meldungen aus dem Frontgeschehen der Honvedkämpfer (Auflage 32 000 Exemplare) sowie die für die Zivilbevölkerung bestimmte Zeitung *Magyar Hirado*, deren Auflage 35 000 Stück betrug. Ferner erschien eine äußerst beliebte deutsch-ungarische Soldaten-Illustrierte, die zweimal im Monat jeweils in einer Auflage von 50 000 Exemplaren herauskam. Sie gefiel den deutschen wie auch den ungarischen Soldaten vor allem wegen der Tatsache, dass sie keinerlei politische Belehrungen enthielt, auf jeden Versuch einer weltanschaulichen Schulung verzichtete.

Februar 1945 wurde die erwähnte Honved-Zeitung *A Harcos* durch eine neue deutsch-ungarische Soldatenzeitung namens *Waffenbrüder* ersetzt. Jede Ausgabe dieses Blattes enthielt eine zweiseitige Bildbeilage, die von ungarischen wie deutschen Bildberichtern gestaltet wurde.

Bleibt zu erwähnen, dass für die in Budapest eingeschlossenen ungarischen und deutschen Truppenverbände täglich die Zeitung *Budapester Neueste Nachrichten* herauskam, die anfänglich noch in Budapest selbst hergestellt wurde, doch von dem Augenblick an, da der Einschließungsring sich immer enger um die Belagerten legte, außerhalb der ungarischen Hauptstadt auch redaktionell gestaltet wurde.

Eine ganz besondere Bedeutung wurde in der Heeresgruppe Süd dem Kampfsendertrupp »Prinz Eugen« beigemessen. In der letzten Phase des Krieges hatten sich in Ungarn wie auch in anderen osteuropäischen Staaten, die nach ihrem Frontwechsel von Verbündeten Deutschlands zu dessen Kriegsgegnern geworden waren, von kommunistischer Seite ernannte provisorische Regierungen etabliert. Zu den Merkwürdigkeiten des damaligen Kriegsgeschehens gehörte es jedoch, dass zwischen diesen Regierungen und dem Kampfsendertrupp »Prinz Eugen«, bei dem es sich um eine Gliederung der Kriegsberichter-Standarte handelte, weiterhin ein enger Nachrichtenaustausch stattfand.

Rumänische Überflieger, wie sie zu jener Zeit genannt wurden, brachten viele wertvolle Hinweise darüber mit, dass die deutsche Kampfpropaganda auf immer stärkere Resonanz in den Kreisen bestimmter rumänischer Schichten stieß, welche nach wie vor eine Abneigung gegen das sowjetische System empfanden.

Die wertvollste Nachricht der Rumänen aber lautete, dass man sich doch um eine Kontaktaufnahme mit den rumänischen Flugplätzen bemühen sollte, da deren Funkstellen nach wie vor mit Armeeangehörigen besetzt seien, die weiterhin für die deutsche Seite Sympathie bekunden. Tatsächlich gelangte der Kampfsendertrupp auf diese Weise an eine Anzahl äußerst brisanter Informationen.

Unter den Gestaltern der bulgarischen Sendungen befanden sich viele Offiziere des ehemaligen bulgarischen Geheimdienstes, welche die Kehrtwendung ihres Landes nicht mitgemacht hatten. Sie verfügten über Informationen, an deren geheimen Charakter sie sich nicht gebunden fühlten und von denen sie jetzt ungehemmt Gebrauch machten, wovon die deutsche Kampfpropaganda in vielfacher Hinsicht profitierte.

Besonders erfolgreich verlief auch die Tätigkeit eines deutsch-ungarischen Gemeinschaftssenders, der die Bezeichnung »Hunyadi frontradio« trug.

Obwohl die sowjetischen Streitkräfte zu diesem Zeitpunkt an den meisten Frontabschnitten das Geschehen diktierten, das auf dem massiven Einsatz von Menschen und Material beruhte, gelangten die Kampfpropagandisten von »Skorpion Ost«, die nach wie vor ihre Tätigkeit selbst unter den inzwischen äußerst erschwerten Bedingungen verrichteten, in den Besitz geradezu erstaunlicher Informationen über den gegenwärtigen Zustand der Roten Armee.

Trotz Siegen sinkende Kampfmoral der Rotarmisten

Es gab eine ganze Reihe von Anzeichen dafür, dass die Kriegsmüdigkeit ihrer Soldaten einen Punkt erreicht hatte, wo keinerlei Disziplinierungsmaßnahmen mehr fruchteten. Zahlreiche sowjetische Kommandeure wiesen die Stawka, die oberste russische Heeresleitung, darauf hin, dass die Truppenverbände ein weiteres Jahr des Kampfes nicht mehr durchhalten würden. Ihre Kampfmoral sinke mit jedem weiteren Kriegsmonat, Meldungen von errungenen Erfolgen würden mit einer erschreckenden Gleichgültigkeit aufgenommen. Die Unlust zu kämpfen habe zu Erscheinungen von regelrechten Massendesertationen geführt.

Obgleich entlang der Eisenbahnlinien, über welche Truppentransporte ins Frontgebiet geleitet wurden, beiderseits des Bahnkörpers Formationen der Sondereinheiten des NKWD patrouillieren, würden stets Soldaten in Kompaniestärke aus den

Waggons springen und in nahe gelegene Wälder flüchten. Aber auch Schusswechsel mit Angehörigen des NKWD gehörten inzwischen zur Tagesordnung.

Allein auf rumänischem Gebiet gäbe es nach Feststellungen von SMERSCH (Ebenfalls eine Sondertruppe zur Überwachung der Roten Armee) derzeit etwa 50 000 fahnenflüchtige sowjetische Soldaten. Eine gleiche Entwicklung bahne sich im ungarischen Raum an, ohne dass man über geeignete Möglichkeiten verfüge, dagegen anzugehen.

Aus Aufzeichnungen, die aus dem aufgefundenen Tagebuch eines sowjetischen Leutnants stammten, kam dessen Erstaunen zum Ausdruck über die Lebensweise der Menschen in den Dörfern, die sich entlang der Donau erstrecken. Sie strahlten förmlich vor Sauberkeit, große Viehherden bevölkerten die Weiden, nicht ein Feld sei unbestellt. Verglichen mit unseren Dörfern herrsche hier überall Reichtum, während bei uns die Armut zuhause ist, konsternierte dieser Offizier voller Verbitterung.

Aus den Aussagen von sowjetischen Gefangenen, die von Angehörigen der Standarte »Kurt Eggers« nach den Ursachen befragt wurden, warum sich so viele Rotarmisten zu so schrecklichen Gräueltaten an der Zivilbevölkerung hinreißen ließen, kam erstmals auch eine Komponente zum Ausdruck, die einen gänzlich neuen Aspekt enthielt.

Demnach spielte nicht die von den Roten Kommissaren entfachte Hasspropaganda gegen Deutschland, wie bisher angenommen, eine entscheidende Rolle, sondern ein sich unter den Rotarmisten ausbreitendes Gefühl der eigenen Minderwertigkeit sowie der Erbärmlichkeit ihres Daseins in der Sowjetunion.

Während der Feind offensichtlich in allem schwelgte, schien der einfache Sowjetbürger für alle Zeiten dazu verurteilt, sich mit dem Wenigen zu begnügen, was ihm Partei und Regierung zustanden und es obendrein noch jeweils als eine der sozialistischen Errungenschaften priesen. Von solchen Gefühlen überwältigt, ergriff viele Rotarmisten der Wunsch, alles um sich herum zu zerstören, dem Feind alles zu nehmen, was dessen Statussymbol ausmachte, das ihnen jedoch wie ein Zeichen ihrer eigenen Erniedrigung vorkam.

Recht aufschlussreich waren auch verschiedene Aussagen sowjetischer Kriegsgefangener hinsichtlich ihres Wissens über die Kriegslage im Westen. Ganz offensichtlich wurden deutsche Kommandounternehmen, selbst wenn sie nur auf recht begrenztem Gebiet erfolgreich verlaufen waren, von den sowjetischen Politoffizieren gewaltig aufgebauscht und daran gleichzeitig die Schlussfolgerung geknüpft, dass weder die Amerikaner noch die Engländer über besonders gute Soldaten verfügten.

Als geradezu sensationell wurde die Aussage eines in deutsche Hände gefallenen sowjetischen Unterleutnants empfunden, der berichtete, dass in letzter Zeit im Schulungsunterricht mehrfach von einer russischen Befreiungsarmee die Rede gewesen sei, die in Frankreich gegen die dortigen alliierten Truppen kämpfe und hierbei schon wiederholt siegreich gewesen sei.

Der Name General Wlassows fiel dabei nicht, auch wurde kein Wort darüber verloren, wie es denn zum Entstehen einer solchen Armee gekommen sei und woher sie ihre Soldaten erhalten hätte. Die deutschen Propagandisten zogen daraus die Schlussfolgerung, dass die Sowjetpropaganda offensichtlich die Existenz einer solchen Armee nicht länger in Abrede zu stellen vermochte, jedoch bemüht war, die Sache in der Weise herunterzuspielen, als würde es sich hierbei um eine Angelegenheit handeln, die ausschließlich den westlichen Kriegsschauplatz betreffe. Vermutlich war dies zum Zwecke der Verwirrung für die eigenen Leute gedacht.

Auch über die Situation in Rumänien nach dessen Ausscheren aus den Reihen der Achsenmächte sammelte »Skorpion Ost« einige für die eigene Propagandatätigkeit recht nützliche Informationen. Bei den auf sowjetischer Seite kämpfenden rumänischen Verbänden hatte es bereits mehrfach Zeichen offenen Aufruhrs gegeben. Vielfach seien sowjetische Befehle nicht befolgt worden.

Nachdem das Überlaufen größerer rumänischer Heeresteile zu den Deutschen durch Sondereinheiten des sowjetischen NKWD vereitelt werden konnte, indem an vielen Frontabschnitten Sperr-Riegel geschaffen wurden, hätten sich die Flüchtenden zumeist ins Hinterland abgesetzt.

Manche dieser Soldaten hätten sich inzwischen zu marodierenden Banden zusammengeschlossen. In vielen Dörfern herrsche unter der bäuerischen Bevölkerung tiefe Verzweiflung, weil aufgrund einer sowjetischen Anweisung das gesamte Vieh requiriert worden sei. Da die Sowjets Gewaltausbrüche im Hinterland ihrer Truppen befürchteten, hätten sie einen Teil der beschlagnahmten Bestände den Besitzern zurückgegeben. Dennoch komme es fast jeden Tag zu feindseligen Akten gegen Einheiten der Roten Armee, die von der rumänischen Bevölkerung als eine Besatzungsmacht empfunden werde.

Allgemein werde die von deutschen Radiostationen verbreitete Propaganda über die Situation der Rumänen unter sowjetischer Herrschaft als völlig wahrheitsgemäß bezeichnet. Viele Rumänen würden inzwischen der Führung ihres Staates den Vorwurf machen, mit dem Waffenstillstand gegenüber der Sowjetunion einen Schritt getan zu haben, der für das Land ein großes Unglück bedeute.

Was die Situation in Ungarn anging, so konnten hier die Kriegsberichter der SS-Standarte »Kurt Eggers« auf viele überzeugende Fakten zurückgreifen. Nachdem es der Roten Armee zunächst gelungen war, einen Teil des ungarischen Staatsgebietes zu besetzen, hatte ein deutscher Gegenstoß in Richtung auf Budapest dazu geführt, dass sie aus den meisten Gebieten sich wieder zurückziehen mussten.

Als Honvedtruppen gemeinsam mit deutschen Einheiten wieder in diese Landstriche einrückten, bot sich ihnen ein Bild des Entsetzens. Überall, selbst in den kleinsten Gemeinden, war es zu Folterungen, Vergewaltigungen, Plünderungen, Kirchen- und Grabschändungen gekommen.

Viele Frauen und Kinder sowie ältere Menschen hatten infolge der an ihnen begangenen Grausamkeiten den Tod gefunden. Auf Veranlassung des ungarischen Reichstages unternahmen in- und ausländische Korrespondenten eine Fahrt durch verwüstete Städte und Dörfer, wo sich ihnen eine Schreckensszene nach der anderen bot. Bewohner, die dieses Grauen überlebt hatten, konnten nur stammelnd berichten, was ihnen an Leid zugefügt worden war. Die Rote Armee hatte eine blutige Visitenkarte hinterlassen.

Eine aus drei ungarischen Reichstagsabgeordneten bestehende Kommission sammelte dieses gesamte Material, das in Form eines Rotbuches zusammengefasst der Weltöffentlichkeit unterbreitet wurde. In einem von der Standarte nach Berlin weitergeleiteten Bericht über die allgemeine Stimmungslage der ungarischen Bevölkerung ließ sich der damit beauftragte Hauptsturmführer Anton Wickl nicht einen Moment dazu hinreißen, von der gebotenen nüchternen Beurteilung der Situation abzugehen.

Die entscheidenden Passagen seiner Einschätzung lauteten: *»Die von Natur aus labile öffentliche Meinung schwankt hin und her. Sie findet weder einen Halt in der Szalaszi-Regierung und in deren Versuchen zur Neuordnung des Staates, noch in den Kreisen der alten konservativen Gesellschaftsordnung. Im Querschnitt ist festzustellen, dass man den gegenwärtigen Zustand als einen Übergang ansieht, ohne die Kraft und den Mut zu einer Entscheidung in der einen oder anderen Richtung zu finden.*

Dieses zeigt sich zum Beispiel in der Einstellung der Kirche und der Aristokratie, die in Ungarn stets wichtige staatstragende Elemente waren und heute nach Möglichkeit in einer bequemen Zuschauerrolle die Entwicklung abwarten wollen. Es gibt kaum jemanden, der den Kampf um Budapest unter dem Gesichtswinkel einer Entlastung der gesamten Ostfront oder gar als Problem von gesamteuropäischer Bedeutung ansieht; vielmehr glaubt der Ungar in dem ihm eigenen Chauvinismus, dass sein Schicksal nur im Karpathenraum entschieden werden kann.«

In einem Stimmungsbild über die Situation in der Slowakei kam die Standarte zu folgender Erkenntnis: *»Die hiesige Bevölkerung beurteilt den sowjetischen Soldaten meist nach den Erfahrungen des ersten Weltkrieges. Sie bezeichnet die von den Bolschewisten in Rumänien, Bulgarien, Ungarn usw. verübten Gräuel als Übertreibungen der deutschen Propaganda und glaubt, dass das russische Brudervolk in die Slowakei als Befreier und nicht als Eroberer kommen werde.*

Überall im Land nimmt die Banditentätigkeit zu; die Banditen besitzen sogar in Fachschaftsgruppen (Lehrer, Eisenbahner, Postangestellte, Arbeiter, Gewerbetreibende) Vertrauensleute, die

Propaganda für Russland und Spionage gegen Deutschland betreiben. Sowjetische Banden arbeiten geschickt mit nationaler Tarnung. Die Maßnahmen der Regierung verraten Unsicherheit, die deutsche Propaganda-Arbeit wird von Seiten der Behörden mangelhaft unterstützt.«

Die sowjetische Frontpropaganda, die sich verschiedentlich mit Lautsprechereinsätzen an die deutsche Seite wandte, versuchte die Wehrmacht vor allem mit der Behauptung zu schockieren, dass Generalfeldmarschall Paulus eine führende Aufgabe in der Roten Armee übernommen habe. Des Weiteren hieß es, dass die Zerstörung der deutschen Industrie durch die angloamerikanische Luftwaffe unaufhaltsam voranschreite.

Jede dieser sowjetischen Propaganda-Durchsagen im Januar 1945 endete mit der Ankündigung, dass schon in den nächsten Tagen die gegenüberliegenden deutschen Truppen die geballte Macht der Roten Armee zu spüren bekämen und ihrer Vernichtung entgegengingen. Statt eines Angriffs aber verstummten erst einmal die sowjetischen Lautsprecher, deren Übertragungen aufgrund eingetretener Mängel nur noch aus Zischlauten bestanden.

Dieser als geheim eingestufte Bericht, der vom 1. Februar 1945 datiert, enthielt folgende Schlussbemerkungen: *»Die Beurteilung und Bewertung der Propaganda sowohl durch die Kommandobehörden und Truppendienststellen, wie auch durch die Soldaten selbst, hat im Bereich der Heeresgruppe Süd einen erfreulich hohen Grad der Zustimmung und Anerkennung erreicht.*

Die Front gewinnt im steigenden Maße die Erkenntnis, dass die Propaganda, deren Kampfmittel sich die ihrer Art gemäße Gleichberechtigung neben den anderen Waffen erworben haben, Blut sparen hilft. Der persönliche Einsatz der Angehörigen der Propaganda-Truppen bis in die vordersten Stellungen hinein erfreut sich aufmerksamer und kameradschaftlicher Würdigung durch die fechtende Truppe. Zurückhaltung oder gar Ablehnung haben einem vermehrten Interesse Platz gemacht; an die Stelle häufig nur bemängelnder Kritik ist in beachtlichem Umfang die tätige Mitarbeit aller Waffengattungen getreten, die sich nicht nur auf Anregungen beschränkt, sondern auch zu aktiver Beteiligung schreitet.«

Von Mitte Januar 1945 an erreichten die Führung der Standarte »Kurt Eggers« eine Reihe von Meldungen, in denen über eine Zunahme der feindlichen Agitation an verschiedenen Frontabschnitten informiert wurde.

So teilte die Armeegruppe Heinrici u. a. mit, dass eine massive sowjetische Propaganda eingesetzt habe, deren Ziel es sei, Einheiten des V. Ungarischen Armeeoberkommandos zum Überlaufen zu veranlassen. Am Frontabschnitt Brabant, der im Bereich des 17. Armeeoberkommandos liege, seien Flugblätter mit einer Rede Stalins abgeworfen worden, die sich gezielt an die ungarischen Soldaten richte. Verbreitet wurden auch Briefe ungarischer Kriegsgefangener, in denen es hieß, die Angehörigen der Honved-Armee sollten nicht länger den deutschen Lügen Glauben schenken. Niemand, der sich freiwillig in Gefangenschaft begebe, komme nach Sibirien oder habe einen Genickschuss zu erwarten. Solche Ammenmärchen würden die Deutschen in der Absicht verbreiten, um die Ungarn weiterhin für ihren längst verlorenen Krieg bis zum bitteren Ende einspannen zu können.

Im Frontabschnitt des Panzer-Armeeoberkommandos 4 hätten sowjetische Propagandatrupps die Ungarn dazu aufgefordert, den sinnlosen Kampf aufzugeben. Die deutsche Abwehr breche überall zusammen. Jeder Kampf gegen die Rote Armee bedeute den sicheren Tod. Allen Überläufern wurde dagegen versprochen, dass sie nach dem Sieg der ruhmreichen sowjetischen Armeen die Ersten sein würden, die wieder gesund in ihre Heimat gelangen würden. Im Anschluss daran sei ein Aufruf des sogenannten Nationalkomitees Freies Deutschland verbreitet worden, in welchem die Angehörigen der Wehrmacht gleichfalls aufgefordert wurden, die Waffen zu strecken.

Noch während diese sowjetische Propaganda-Attacke im vollen Gange war, ereignete sich etwas völlig Unerwartetes: Auf der gesamten Breite des Frontabschnittes tauchten Gestalten in zerschlissenen sowjetischen Uniformen auf, die heftig mit den Armen winkend auf die deutsch-ungarischen Stellungen zuliefen. Es handelte sich um Überläufer der 6. Gardeschützendivision, der 58. sowie der 329. Schützendivision. Als Gründe für ihr Überlaufen gaben sie übereinstimmend an, sie hätten davon erfahren, dass in den nächsten Tagen ihre Einheiten dazu vorgesehen seien, sich als erste Linie an einem Sturmangriff auf die deutschen Stellungen zu beteiligen.

Gesprächen der Offiziere hätten sie entnommen, dass dabei von einer sehr hohen Verlustquote ausgegangen werde. Es könnte rund Dreiviertel der Mannschaften das Leben kosten, war zu hören gewesen. Den eigentlichen Anstoß zur Flucht aber habe der Ausspruch eines der Kommissare ausgelöst, der in allen Einheiten dasselbe verkündet habe, dass nämlich dieser Angriff der reinste Spaziergang sein würde. Diese Worte hätten viele von ihnen erst so richtig aufgebracht, da deren Niedertracht und Verlogenheit für jedermann ganz offensichtlich waren.

Außerdem habe ihnen der Kommissar den Angriff mit den Worten schmackhaft zu machen versucht, dass sie sich in Deutschland alles holen könnten, was immer sie nur wollten, Weiber und Schnaps in jeder Menge.

Innerhalb einer Stunde fanden sich am 11. Januar 1945 in diesem Frontabschnitt 48 Überläufer auf der deutschen Seite ein, während die sowjetischen Propagandisten vergebens nach irgendwelchen Ankömmlingen Ausschau hielten.

Anweisung des OKW zur Erfassung feindlicher Kriegsverbrecher

Am 21. Januar 1945 ging in der Berliner Dienststelle der SS-Standarte »Kurt Eggers« ein als geheim deklariertes Schreiben des Chefs des Oberkommandos der Wehrmacht ein. Es enthielt eine Anordnung zur sofortigen Erfassung feindlicher Kriegsverbrechen. In eine Liste, so lautete die Forderung von Keitel, sollten rückwirkend seit Kriegsbeginn und laufend weiter alle vom Feind begangenen Kriegsverbrechen aufgeführt werden. Es ginge dabei sowohl um Verbrechen, die an Angehörigen der Wehrmacht sowie ihren Verbündeten verübt worden seien, als auch um sämtliche Vergehen, welche sich gegen die Zivilbevölkerung gerichtet hätten. Wichtig sei es nicht nur, alle Beteiligten von Kriegsverbrechen ausfindig zu machen, sondern auch jene feindlichen Truppenführer, die den Befehl zu solchen Handlungen erteilt hätten.

Die einzelnen Heeresteile wurden angewiesen, solche Vorgänge in allen Details unter Angabe von Ort und Zeitpunkt genauestens darzulegen. Insofern es nicht möglich gewesen sei, die Namen derartiger Kriegsverbrecher festzustellen, sollten alle entsprechenden Orts- und Zeitangaben an die Abteilungen Fremde Heere, Fremde Luftwaffe sowie Fremde Kriegsmarinen weitergeleitet werden, welche die erforderlichen Nachforschungen aufzunehmen hätten. Ab sofort seien sämtliche Heeresteile bis hinunter zu den Kompanien über die Bedeutung der Erfassung feindlicher Kriegsverbrecher zu belehren.

An die Kampfpropagandisten der Standarte »Kurt Eggers« erging die Aufforderung, sofort sämtliche bekannt gewordenen feindlichen Kriegsverbrechen in der Öffentlichkeit publik zu machen.

Hintergrund dieser Maßnahme, die nach Auffassung von Gunter d'Alquen, um Jahre zu spät kam, waren die seit Monaten über BBC London zu vernehmenden Berichte, dass die Alliierten für die Zeit ihres Sieges über Deutschland Kriegsverbrecherprozesse gegen die gesamte Staatsführung und Generalität planten.

Der Standartenführer war nach einer längeren Genesung Anfang Februar 1945 auf seinen alten Posten zurückgekehrt. Obwohl auch er den Krieg inzwischen als verloren ansah, verrichtete er seine Tätigkeit weiterhin mit der gleichen Hingabe, welche er die ganze Zeit über an den Tag gelegt hatte. Dass sich inzwischen vieles verändert hatte und es selbst an der Spitze des Staates mancherlei Bestrebungen gab, um noch einigermaßen heil aus dem Krieg hinauszugelangen, war ihm nicht entgangen. Auch wenn er in Einzelheiten nicht direkt eingeweiht worden war, so wusste er aber darüber Bescheid, dass selbst der Reichsführer SS Heinrich Himmler gewisse Pläne schmiedete, von denen er sich ein Weiterbestehen der SS erhoffte, sofern Hitler nicht mehr seine derzeitige Stellung bekleidete.

Pläne einer Annäherung an England

Gunter d'Alquen war bekannt, dass etliche höhere SS-Führer die Absicht verfolgten, sich über solche Vorstellungen vor allem mit England zu verständigen, aber auch schon Fäden zu den Amerikanern, speziell zu Allan Dulles in der Schweiz, gezogen hatten.

Dass auch ihm eine Rolle in diesem Spiel zugedacht war, entnahm er einem Schreiben, das ihn am 2. Februar erreichte. Es stammte von dem Standartenführer Paul Minke, der dem SS-Hauptamt angehörte und in der letzten Phase des Krieges sich besonders für eine »Umorientierung« der SS aussprach. Da sich schon früher manche seiner Ansichten mit der pragmatischen Haltung d'Alquens gedeckt hatten, setzte er jetzt bestimmte Hoffnungen darauf, ihn für das Vorhaben zu gewinnen, durch eine veränderte Politik gegenüber England vielleicht doch noch einen Weg zu finden, sich aus dem Krieg hinauszumogeln, ohne dass es zu einer totalen Kapitulation kam.

Aus diesem Schreiben ging derart eindeutig eine neue Zielstellung der SS hervor, dass dies, wenn es in die Hände der Gestapo gefallen wäre, sowohl für den Absender als auch dem Empfänger schwerwiegende Folgen gehabt hätte. Hier der Wortlaut dieses Briefes:

»Lieber Kamerad d'Alquen! Ich bin heillos froh, dass Sie einigermaßen wieder auf den Beinen sind. Nun werde ich mich bemühen, etwas mit Ihnen in Tuchfühlung bleiben zu können und Ihnen für Ihre Arbeit Bälle zuzuschlagen.

Als erstes Schriftstück empfehle ich ihrer Überprüfung beiliegendes Konzept zur Beeinflussung Englands. Ich weiß selbst, dass bei der derzeitigen Struktur unseres Volkes und der allzu komplexen Zuständigkeit in der politischen Führung dieser kühne Vorschlag utopisch erscheinen muss. Doch wäre ich Ihnen dankbar, wenn Sie als alter Praktiker mir einmal Rede und Antwort stünden, was von der beiliegenden Anregung vor Ihnen bestehen bleiben kann. Sollten es darüber hinaus ihr Gesundheitszustand und ihre Arbeitsüberlastung zulassen, so wäre ich Ihnen sehr dankbar, wenn Sie mir in absehbarer Zeit eine kurze Zusammenkunft mit Ihnen ermöglichen könnten.

Am schönsten wäre es natürlich, wenn wir uns außerhalb der Telefonbuden und Terminkalender in Wannsee oder Potsdam treffen könnten. Bei dieser Gelegenheit würden wir vielleicht auch das hiermit begonnene Gespräch über die Notwendigkeit einer deutschen Englandpolitik auf einen Nenner bringen können.«

Es existieren zahlreiche Veröffentlichungen, wo geradezu akribisch aufgelistet wird, wie Himmler im Verlaufe der letzten beiden Kriegsjahre sich darum bemühte, Gespräche mit den Alliierten anzubahnen. Er bediente sich hierfür einer Reihe von Vermittlern, wie beispielsweise des schwedischen Grafen Bernadotte.

Doch letztlich blieben all diese Versuche, die Alliierten zu einem Sonderfrieden mit Deutschland zu bewegen, bereits in der Anfangsphase stecken, da Himmler nie seiner Unschlüssigkeit Herr zu werden vermochte.

Viele bedrängten ihn, endlich zu handeln, insbesondere der Leiter des SD, Walter Schellenberg. *»Sie verlangen also von mir, dass ich den Führer beseitige?«*, stellte ihm Himmler die Frage. Schellenbergs Antwort lautete: *»Ja.«* Doch zu einem solchen Schritt, mit all der Konsequenz, die sich daraus ergeben würde, gebrach es ihm an Mut, so dass es zu dem zweifellos vorhandenen Aufbegehren in den sich gedemütigt fühlenden Waffen-SS-Divisionen, denen Hitler nach ihrer misslungenen Offensive in Ungarn die Ärmelstreifen aberkannt hatte, letztlich nicht kam.

Himmler war bis zum Ende des Krieges sorgfältig darauf bedacht, sich von niemandem das Eingeständnis entlocken zu lassen, dass er bereits konspirative Fäden zu den Westmächten geknüpft hatte. Stets ließ er sich eine Tür offen, durch die er notfalls wieder verschwinden konnte, wenn die Dinge anders als vorgesehen verliefen.

Ein einziges Mal wurde er seiner Taktik untreu, sich keinen Außenstehenden anzuvertrauen, dass er im Begriff stand, mit Hitler zu brechen. Dies geschah am 20. März 1945, dem Tag, an dem ihm Generaloberst Heinrici die Mitteilung machte, dass er mit sofortiger Wirkung die Führung der Heeresgruppe Weichsel ihm zu übergeben habe, da er, Himmler, von dem Führer davon entbunden worden sei. Himmler schaute ihm mit einem erloschenen Blick an, wusste zunächst nicht, wie er auf diese Nachricht reagieren sollte. Ihm war anzumerken, dass er sichtlich um seine Fassung rang.

Schließlich raffte er sich auf, ergriff den Generaloberst beim Arm, zog ihn dicht an sich heran und raunte ihm auf einmal zu: *»Es ist jetzt der Zeitpunkt gekommen, an dem wir mit unseren westlichen Gegnern in Verhandlungen eintreten werden. Ich habe Schritte dazu eingeleitet, meine Unterhändler haben Verbindungen aufgenommen.«*

Der völlig verblüffte Generaloberst Heinrici wusste nicht, was er davon halten sollte. Später vertrat er die Meinung, dass es Himmler in diesem Augenblick offenbar darum gegangen sei, seine soeben erfolgte Ablösung damit kaschieren zu wollen, dass ihm weitaus wichtigere Aufgaben übertragen worden seien.

Als die Rote Armee am 12. Januar 1945 mit ihrer Großoffensive am Brückenkopf von Baranow begann, geriet auch die Standarte »Kurt Eggers« in heftige Turbulenzen. Viele ihrer Kriegsberichter-Züge an der Ostfront büßten bei dem ausgebrochenen Chaos ihre gesamte Ausrüstung ein. Schlagartig endete damit die deutsche Lautsprecherpropaganda.

Viele der SS-Kriegsberichter, die sich unter den zurückflutenden Heeresverbänden befanden, vermochten ihre Tätigkeit nicht fortzusetzen. Jeglicher Kontakt zur Führung der Standarte war abgebrochen. Selbst wer es noch geschafft hatte, Fotos von dem Frontgeschehen anzufertigen, konnte sie nicht nach Berlin befördern, da die bisherige Verbindung mittels Kuriermaschinen gleichfalls zusammengebrochen war. Von zahlreichen Angehörigen der Standarte gab es kein Lebenszeichen mehr, es musste davon ausgegangen werden, dass sie entweder gefallen oder in sowjetische Kriegsgefangenschaft geraten waren.

Kampfsender Oberrhein schickt Bel Ami an die Front

Die damals in der Kommandostelle in Berlin-Zehlendorf vorherrschende Situation lässt sich nicht anders als gespenstisch bezeichnen. Während sich einerseits die Hiobsbotschaften häuften, wurde andererseits so getan, als ob noch alles weiterhin seinen geregelten Gang nahm. Dazu gehörte beispielsweise die Vorbereitung eines neuen Unternehmens der Kampfpropaganda.

SS-Hauptsturmführer Walter Best unterrichtete die Standartenführung darüber, dass am Montag, den 19. Februar, beginnend mit den Abendstunden, der neue Kampfsender Oberrhein seine Tätigkeit aufnehmen würde. Zunächst sei an drei Probesendungen von jeweils einer Viertelstunde gedacht. Während dieser Zeit sollten lediglich Schallplatten abgespielt werden, darunter die Titel *»Komm zurück«* sowie *»Du hast Glück bei den Frauen, Bel Ami«*.

Am darauffolgenden Tag solle dann der eigentliche Sendebetrieb mit Ausstrahlung auf der Welle 240,3 beginnen. Das erste Programm sei für die Zeit von 18 bis 18:30 Uhr vorgesehen und werde sich ausschließlich an die GI richten. Das Programm solle die Bezeichnung *»Neues aus Krautland«* tragen. Im Anschluss daran folgte eine Sendung für die französisch-marokkanischen Truppen.

Der kleine Zusatz, dass allerdings dringend Ersatzstreifen für Hellsender benötigt würden, veranlasste selbst den SS-Oberscharführer Grossegger nur zu einem resignierten Kopfschütteln. Auf seinem Schreibtisch häuften sich ganze Stöße von Anforderungen nach Papier für den Druck von Frontzeitungen, Ersatzteilen für die schweren LKWs, Filmrollen, Objektiven für Kameras und dergleichen mehr.

Aus vielen Nachrichten, die in diesen Tagen die Führung der Standarte erreichten, zeichnete sich gleich einem Puzzlespiel ein düsteres Bild ab, wie es allgemein um die Frontlage beschaffen war. Da hieß es beispielsweise in einer Aktennotiz, die von dem in Ungarn eingesetzten Kriegsberichter-Zug stammte, lapidar: *»Die von SS-Hauptsturmführer Dißmann vorbereitete Berichterstattung zur Entsetzung von Budapest ist vorläufig hin-*

fällig, nachdem sich der Widerstand unmittelbar vor Budapest so verstärkt hat und im Gegenteil heftige, zum Teil durchschlagende Gegenangriffe eingesetzt haben, so dass mit einer Befreiung der Budapester Besatzung nicht zu rechnen ist.

Die deutschen Angriffstruppen, unter ihnen das XV. SS-Panzerkorps haben sich zur Verteidigung eingerichtet. Hauptsturmführer Dißmann schlägt für die bisher in diesem Frontabschnitt geleistete Arbeit vor, folgende Formulierung zu wählen: ‚Festigung des südlichen Eckpfeilers der Ostfront durch erfolgreichen deutschen Gegenstoß. Der Kriegsberichter-Trupp hat sich nach Stuhlweißenburg zurückgezogen.'«

Genau 14 Tage darauf hieß es dann in dem Funkspruch 673, den SS-Hauptsturmführer Wickl aufgegeben hatte, nachdem es gelungen war, einen Teil der Verteidiger von Budapest aus dem Einschließungsring freizukämpfen: *»Weder SS-Hauptsturmführer Dwinger noch sämtliche sonstigen Angehörigen des Kriegsberichter-Zuges, der sich im Zentrum der Stadt aufgehalten hatte, befinden sich unter den Teilen der freigekämpften Besatzung von Budapest. Für die Angehörigen ist die Vermisstenmeldung vorzubereiten.«*

Manche der in diesen Tagen bei der Standartenführung eingehenden Meldungen entsprachen geradezu der Widersinnigkeit, von dem das Kriegsgeschehen in dieser letzten Phase geprägt war. So forderte ein Kriegsberichter-Zug, der sich im Raum von Mährisch-Ostrau im Bereich der Truppenverbände des Generalfeldmarschalls Schörner aufhielt, dringend den baldigen Einsatz eines weiteren Wort- wie auch Bildberichters, da hier in Kürze mit dem Beginn von Kampfhandlungen zu rechnen sei.

Vom SS-Hauptamt erging ebenfalls die Anweisung, sofort Kriegsberichter nach Stettin zu entsenden, wo sie sich dem hier zum Einsatz kommenden ersten Regiment des rumänischen Waffen-SS-Verbandes anschließen sollten. Etwa zur gleichen Zeit wurde die Einsatzkompanie, welche noch immer dem Unternehmen von »Skorpion Ost« zur Durchführung von Propagandaeinsätzen zur Verfügung stand, an einen neuen Standort beordert, der sich in Pommritz, 12 Kilometer ostwärts von Bautzen, befand.

Erste Auflösungserscheinungen

Auch die Nachrichten, welche die Standarte in der nächsten Zeit erreichten, spiegelten die ganze Widersprüchlichkeit der Endzeit des Krieges wider. Am 24. Februar 1945 erfolgte aufgrund einer Anweisung des Oberkommandos der Wehrmacht die Auflösung der Kurierstaffel der Standarte, die Männer wurden zu verschiedenen Feldeinheiten versetzt.

Auch die Gegensätze, welche zum Ende des Krieges zwischen den einzelnen Dienststellen des Reiches offen zutage traten, schlugen bis zur untersten Ebene durch. Ein bezeichnendes Dokument aus der Abteilung 11 des SS-Führungshauptamtes in Berlin-Wilmersdorf, Kaiserallee 188, dessen Verfasser Sturmbannführer Holzhauer war, enthielt die unmissverständliche Anweisung, jegliche Anforderungen von Waffen, Munition oder Gerät seitens des Volkssturmes abzulehnen.

Am 19. Februar 1945 bat die Gruppe Bild der Standarte Standartenführer d'Alquen darum, den SS-Sturmmann Müller, welcher in der Festung Graudenz eingeschlossen war, unbedingt dort zu belassen, weil man sich dadurch hautnahe Kriegsberichte verspreche, wie sie bisher nicht denkbar gewesen seien. Hier könnte erstmals aufgezeigt werden, wie Bevölkerung und Verteidiger eine fest verschworene Gemeinschaft bilden. Wörtlich hieß es: *»Es muss der Geschicklichkeit Müllers überlassen bleiben, einen Kurierweg aus Graudenz für sein hier dringend benötigtes Bildmaterial zu finden. Notfalls ist der NS-Führungsoffizier Oberleutnant Marzian einzuschalten.«*

Am 4. März 1945 erreichte über die Nachrichtenstelle des SS-Führungsamtes die Standarte »Kurt Eggers« folgende Information: Auf beiden Seiten bei Lauban erfolgte die Zuführung neuer Kräfte. Es gelang unseren Truppen, den letzten feindlichen Brückenkopf über die Lausitzer Neiße zu beseitigen.

Unter den Gefangenen befanden sich überwiegend Ostarbeiter, die nach dem Vordringen der Roten Armee in deren Hände gefallen waren. Die Sowjets haben sie ohne jegliche Ausbildung sofort in Uniformen gesteckt und an die Front geworfen. Verschiedene der jetzt gefangenen ehemaligen Ostarbeiter beklagten sich darüber, dass die deutsche Seite trotz ihrer Bitten das Ostarbeiterlager Klausberg nicht evakuiert habe.

Ostarbeiter, welche sich plötzlich durch die Umstände auf der anderen Seite befunden hätten, würden von der Roten Armee grundsätzlich als Verräter behandelt. Einige habe man sofort erschossen, andere zur Strafe in die vorderste Linie geschickt.

In einer weiteren Meldung wurde darauf verwiesen, wie im Kreis Grünberg beobachtet wurde, dass deutsche Zivilisten in großer Zahl ins Hinterland der Sowjettruppen verschleppt worden seien.

Von nun an steigerte sich die sowjetische Lautsprecherpropaganda von Tag zu Tag. Südlich Schleiden forderten die sowjetischen Agitatoren die Angehörigen der Wehrmacht auf: *»Verlasst eure Bunkerstellung. Der Krieg ist verloren. Wenn ihr nicht innerhalb einer Stunde aus euren Bunkern hervorkommt, werdet ihr mit Flammenwerfern ausgeräuchert.«*

In einem über den deutschen Frontlinien abgeworfenen sowjetischen Flugblatt hieß es: *»Es ist aus mit allen Illusionen über angebliche Unstimmigkeiten unter den Alliierten. Auch könnt ihr Hitlers Geschwätz von einer Festung Europa vergessen. Deutschland ist keine Festung mehr, sondern ein Kessel, der bereits überkocht. Statt Wunderwaffen erblickt ihr sowjetische Geschütze und Panzer in riesiger Zahl.«*

Paulus' Offiziere an der Spitze sowjetischer Vorausabteilungen

Von zahlreichen Frontabschnitten trafen Beobachtungen ein, dass Offiziere des Nationalkomitees »Freies Deutschland« in ihren alten Wehrmachtsuniformen als Führer von sowjetischen Vorausabteilungen in Erscheinung traten. Sie hätten inzwischen auch die Vernehmung deutscher Kriegsgefangener übernommen, wobei sie sich noch gewalttätiger als die Roten Kommissare gebärdeten. Gleichzeitig häuften sich die Berichte von Gräueltaten, welche Angehörige der Roten Armee an der deutschen Zivilbevölkerung begangen hatten.

Aus Gleiwitz traf die Nachricht ein, dass die Russen zu Massendeportationen deutscher Zivilisten übergegangen seien. Auch französische Kriegsgefangene, die seit Jahren auf den Höfen deutscher Bauern arbeiteten, habe das gleiche Schicksal getroffen.

Eine Bilanz der eigenen Propagandatätigkeit, welche zu diesem Zeitpunkt die Standarte »Kurt Eggers« aufmachte, fiel mehr als kläglich aus. Es fehlte buchstäblich an allem, es gab keine mit Flugblättern bestückte Propagandagranaten mehr, es existierten keine Werfer zum Abschuss, es fehlte an Ballons sowie allen anderen Hilfsmitteln.

Genauso trübe aber sah es bei den Propagandastaffeln aus. Die meisten von ihnen waren versprengt, andere irrten irgendwo umher und versuchten Anschluss an die deutschen Linien zu finden, ein Unterfangen, das angesichts der ständigen Zurücknahme der Front geradezu hoffnungslos anmutete.

Über den gegenwärtigen Aufenthaltsort zahlreicher Kriegsberichter besaß die Standarte keinerlei Anhaltspunkte. Geblieben war ihr ein kleiner müder Haufen, der dennoch alles tat, um den Anschein einer gewissen Normalität aufrechtzuerhalten.

Dennoch ließ sich nicht verbergen, dass vieles im Argen lag. Immer häufiger kam es vor, dass bestimmte Propaganda-Meldungen ihre Adressaten nicht oder viel zu spät erreichten. Das Absetzen von Funksprüchen mit eigener Station klappte nur »jubiläumsmäßig«, wie es jemand ironisch charakterisierte.

Selbst Gunter d'Alquen ließ sich nicht anmerken, dass seine Welt längst aus den Fugen geraten war. Er befasste sich mit der Ausarbeitung eines Propagandamaterials, mit welchem der Beweis angetreten werden sollte, dass Briten und Amerikaner bereits vor dem nächsten Krieg ständen, dem sie unentrinnbar entgegensteuerten. Der Gegner würde die Sowjetunion sein, die nicht so leicht zu besiegen sei, wie gerade Deutschland die Erfahrung gemacht habe. Die westlichen Alliierten täten klüger daran, sich der Unterstützung durch die Deutschen zu versichern, wofür es noch immer nicht zu spät sei, da die Zahl derjenigen, die selbst noch zu diesem Zeitpunkt unter Waffen ständen, noch immer ziemlich groß sei. Es gibt keine Belege darüber, ob es noch dazu gekommen ist, diese Propagandaschrift fertigzustellen.

Wie von einer Woge davongespült

Die SS-Kriegsberichter-Standarte »Kurt Eggers« verschwand in den letzten Kriegswochen, als sei sie von einer Woge hinweggerissen worden. Etliche der Kriegsberichter waren an den verschiedenen Frontabschnitten in die kämpfenden Verbände eingereiht worden.

Wer in dem sich anbahnenden Inferno nicht verschlungen wurde, fand sich zumeist in einem Kriegsgefangenenlager wieder. Als Angehörige der Waffen-SS wurden viele von ihnen langwierigen Verhören unterzogen. Was den einstigen Standartenführer Gunter d'Alquen anging, so geriet er in britische Gefangenschaft. Die Engländer beschuldigten ihn anfänglich der Teilnahme an einem Kriegsverbrechen, rückten dann aber davon ab, als er den Nachweis erbringen konnte, die ganze Zeit des Kriegs über niemals einer kämpfenden Einheit angehört zu haben.

Dann stempelten sie ihn über lange Zeit zu einem der engsten Vertrauten des Reichsführers SS, Heinrich Himmler, was d'Alquen als reinste Übertreibung von sich wies. Er habe ein einziges Mal auf Himmler Einfluss genommen, wo er sich aus voller Überzeugung für General Wlassow eingesetzt habe. Leider musste er sich dann jedoch das Eingeständnis machen, dass die Zeit zum Handeln längst zu spät gewesen war, aus der Sache nichts mehr werden konnte.

Verurteilung Gunter d'Alquens wegen »Kriegspropaganda«

In der ersten Zeit nach dem Ende des Krieges war Gunter d'Alquen zusammen mit weiteren hohen SS-Offizieren nach Oberursel gebracht worden, wo amerikanische Verhörspezialisten sich mit ihnen befassten. Keiner der dort Verhörten wurde mit Samthandschuhen angefasst.

d'Alquen wurde vor allem nach dem Verbleib der US-Bürger befragt, die sich freiwillig der Standarte »Kurt Eggers« als Kriegsberichter angeschlossen hatten. Als er ihnen klarzumachen versuchte, dass er sie ebenso wie die meisten deutschen Kriegsberichter in den Wirren der letzten Wochen vor dem Zusammenbruch ganz einfach aus den Augen verloren habe, wollten sie ihm dies nicht glauben.

Zu einem späteren Zeitpunkt übten sie Druck auf ihn aus, dass er sich von den ausländischen Mitarbeitern der Standarte nachträglich distanzieren sollte. Sie legten ihm nahe, eine Stellungnahme abzugeben, in der es heißen sollte, dass er sich schäme, mit solchen Kreaturen, die sich von ihrem eigenen Land abgewendet hatten, gemeinsame Sache gemacht zu haben. Der ehemalige Standartenführer wies eine solche Forderung von sich, die er nicht mit seinem Gewissen hätte vereinbaren können.

Verärgert über seine Standfestigkeit, übergaben die Amerikaner ihn dann den Engländern, die ihn als Kronzeugen für einen Prozess präparieren wollten. d'Alquen sollte die Angehörigen einer Division der Waffen-SS beschuldigen, dass sie eine Gruppe britischer Soldaten erschossen hätten, obwohl diese bereits durch das Schwenken weißer Fahnen zu erkennen gegeben hatten, dass sie sich ergeben wollten. Die Angehörigen der SS gaben dagegen an, dass die britischen Soldaten ganz plötzlich zu ihren Waffen gegriffen und erneut das Feuer eröffnet hätten.

Über diesen Teil seiner in England durchgeführten Vernehmung äußerte sich Gunter d'Alquen nach seiner Rückführung in Deutschland gegenüber einem Sachverständigen, dessen Bemühen es wiederum war, den ehemaligen Standartenführer als Zeugen zu gewinnen, der in dem in Vorbereitung befindlichen Prozess gegen Angehörige des Auswärtigen Amtes eine Aussage machen sollte.

Während eines sogenannten Sondierungsgespräches, das ein Bevollmächtigter der Staatsanwaltschaft mit ihm durchführte, gab Gunter d'Alquen mehrfach Einblick in sein damaliges Denken. Auf die Frage des Prozessvertreters, wie er sich seine Zukunft vorstelle, äußerte er sich wie folgt: *»Ich bin mit 37 Jahren zu jung, um mein Leben bereits als zu Ende gegangen anzusehen. Ich bin sicherlich im Sinn einer Überzeugung, was man einen Überzeugten nennt.*

Ich würde mich mit Händen und Füßen gegen das wehren, was man einen Nutznießer nennt. Ich habe eine sehr schwere Zeit in England hinter mir. Es war eine bittere Zeit, deswegen bitter, weil die Angaben, die ich machte, absolut freiwillig waren; auf Deutsch zu sagen, wäre es mir leicht gewesen, mich rumzudrücken und einfach in Abrede zu stellen, dass ich damals 1940 an diesem Tatort war.

Wie gesagt, am Ende dieser Dinge, die für mich außerordentlich bitter waren, auch die Art, wie es gemacht wurde, und als sich dann im Laufe der Zeit herausstellte, dass ich alles das, was ich wusste, angegeben hatte, und aus vielen anderen Aussagen sich das bestätigt hat, was ich gesagt habe, wurden die Formen, mit denen man mit mir umging, etwas freundlicher.«

Als ihm die Zusatzfrage gestellt wurde, wie er denn diese Verhörmethoden bezeichnen würde, lautete d'Alquens Antwort: »*Das möchte ich nicht sagen.*« Zu seiner Haltung, die er als Hauptschriftleiter des SS-Blattes im Dritten Reich eingenommen habe, erklärte er: »*Ich habe mich gegen viele Dinge gewandt, die ich in der Partei nicht für richtig hielt. Das hat auch zu schweren Auseinandersetzungen geführt.*«

Auf die Frage, wie er sich seine Zukunft im Nachkriegsdeutschland vorstelle, reagierte er folgendermaßen: »*Die Frage des Begriffs von Schuld und Mitschuld liegt nicht auf juristischem Gebiet, das ist meine Auffassung, sondern in einem mehr mentalen Bereich. Ich bin der Auffassung, entweder man will mich aufhängen oder umlegen, wenn man es für nötig hält, ich kann mich nicht wehren.*

Wenn ich in irgendeiner Form in das normale Leben zurückkomme, werde ich mich bemühen, von jemand, der den Rest des Volkes zu verwalten hat, eine Chance zu bekommen. Man kann mich in jeder Form auf meine Zuverlässigkeit untersuchen, wenn man das getan hat, soll man mir meine Menschenwürde zurückgeben, um anständig arbeiten zu können, um ein normales Mitglied der Gesellschaft zu werden. Ich hoffe sehr, dass das eines Tages möglich ist.«

Hatten die Engländer längere Zeit die Absicht gehegt, den früheren SS-Standartenführer Gunter d'Alquen als Kriegsverbrecher vor Gericht zu stellen, so gaben sie das schließlich auf. Es bleibt zu sagen, dass inzwischen eine ganze Anzahl von ehemaligen SS-Kriegsberichtern in den verschieden Redaktionsstuben der deutschen Nachkriegspresse Eingang gefunden hatten.

Wesentlich schwieriger gestaltete sich das Dasein der zahlreichen ausländischen Berichterstatter, welche sich vielfach aus Gründen ihrer Überzeugung, dass Stalin daran gehindert werden müsse, sich Europa seinen Zwecken gefügig zu machen, und die sich deshalb freiwillig der Standarte »Kurt Eggers« zur Verfügung gestellt hatten, jetzt in ihren Heimatländer mit dem Makel von Verrätern behaftet waren. Es bedurfte vieler Jahre, bis sich die Einstellung ihnen gegenüber allmählich wandelte.

Gunter d'Alquen wurde im Juli 1955 von einer Berliner Entnazifizierungskammer für schuldig befunden, im Dritten Reich eine bedeutende Rolle bei der Kriegspropaganda gespielt zu haben. Gleichzeitig wurde ihm untersagt, sich jemals wieder publizistisch zu betätigen. Er verstarb am 15. Mai 1998 in Mönchengladbach-Rheydt, nachdem er gegen Ende der 50er Jahre als Gesellschafter in eine Weberei eingetreten war.

5

SS-Kriegsberichterabteilung.

~~Noack~~	Hans	SS-Hstuf.d.R.
~~Walli~~	Eldon	SS-Ostuf.d.R.
~~Böttcher~~	Alfred	SS-Ostuf.d.R.
Ziegler	Matthes	SS-Ostuf.d.R.
~~Rühle v.Lilienstern~~	Hans	SS-Ostuf.d.R.
~~Wicklmayr~~	Karl	SS-Ostuf.
~~Gösling~~	Jobst	SS-Ostuf.d.R.
Stenzel	Günter	SS-Ustuf.d.R.
~~NachrodtDr.~~	Hans-W.	SS-Ustuf.d.R.
v.Helmersen	Erwin	SS-Ustuf.d.R.
~~Boehnert~~	Günter	SS-Ustuf.d.R.
~~Zschäckel~~	Friedr.	SS-Ustuf.d.R.
~~Gasser~~	Herbert	SS-Ustuf.d.R.
~~Bonda~~	Herbert	SS-Ustuf.d.R.
~~Landgraf~~	Hugo	SS-Ustuf.
~~Petersen~~	Wilhelm	SS-Ostuf.d.R.
~~Skalka~~	Robert	SS-Ustuf.
~~Ramberg~~	Hans	SS-Oscha.RFA. versetzt
~~Lützkendorf~~	Felix	SS-Ustuf.d.R. versetzt
~~Dr.Thoss~~	Alfred	SS-Ustuf.d.R.
~~Albert~~	Emmerich	SS-Ustuf.d.R. versetzt
Akemann	Klaus	SS-Ustuf.d.R.
~~d'Alquen~~	Rolf	~~Ktsf~~SS-Ustuf.
Beisel	Ernst	SS-Ustuf.d.R.
~~Schwarz v.Berk~~	Hans	SS-Ustuf.d.R.
Berndt	Kurt	SS-Ustuf.d.R.
~~Klehn~~	Werner	SS-Ustuf.d.R.
~~Dr.Wickl~~	Anton	SS-Ustuf.d.R.
~~Witt~~	Richard	SS-Oscha.RFA.
~~Glass~~	Fridolin	SS-Ustuf.d.R.

Waffen-SS
SS-Standarte "Kurt Eggers"

21

Berlin-Zehlendorf, 2. Mai 1944

8

Dienstrangliste

Nr.	Dienstgrad	Tag der Ernennung	Name	Vorname	geb.
1.	~~Ostubaf.~~ Staf.	~~1. 8.43~~ 21. 6.44	d' Alquen	Gunter	24.10.10
22.	Stubaf.	9.11.43	Noak	Hans	26. 8.95
3.	Stubaf.	22. 4.44	Damrau	Hans	19. 2.02
4.	Hstuf.	20. 4.43	Ohlemacher	Otto	28. 2.09
5.	Hstuf.	9.11.43	Wicklmayr	Karl	12.10.09
6.	Hstuf.	1.12.43	Kriegbaum	Anton	20.11.12
7.	Ostuf.	21. 6.41	Boettcher	Alfred	12.10.13
8.	Ostuf.	30. 1.42	Ziegler	Mathes	11. 6.11
9.	~~Ostuf.~~ Hstuf.	~~20. 4.42~~ 21. 6.44	Gösling	Jobst	26. 8.02
10.	Ostuf.	9.11.42	Boehnert	Günther	23.10.03
11.	Ostuf.	9.11.42	Lenhardt	Rudolf	17. 4.04
12.	Ostuf.	9.11.42	Nachrodt	Hans-Werner	12. 6.09
13.	Ostuf.	30. 1.43	Bonda	Herbert	23.11.95
14.	Ostuf.	20. 4.42	Zschäckel	Friedrich	3. 2.10
15.	~~Ostuf.~~ Hstuf.	~~20. 4.43~~ 21. 6.44	Akemann	Klaus	13. 3.10
16.	~~Ostuf.~~ Hstuf.	~~20. 4.43~~ 21. 6.44	Wickl	Anton	7.12.10
17.	Ostuf.	20. 4.43	Berndt	Kurt	26. 5.12
18.	Ostuf.	20. 4.43	Brüggemann	Alfons	7. 7.12
19.	~~Ostuf.~~ Hstuf.	~~20. 4.43~~ 21. 6.44	d' Alquen	Rolf	4. 8.12
20.	Ostuf.	20. 4.43	Best	Walther	27. 3.14
21.	Ostuf.	9.11.43	Paesler v. Luschkowko	Kurt	3.11.[illegible]
22.	Ostuf.	9.11.43	Hradetzky	Franz	19. 5.06
23.	Ostuf.	9.11.43	Klähn	Werner	30. 6.09
24.	Ostuf.	9.11.43	Malo	Gerhard	24. 3.08
25.	Ostuf.	9.11.43	Buchholz	Konrad	17.11.12
26.	Ostuf.	30. 1.44	Best	Walter	20. 5.05
27.	Ostuf.	20. 4.44	Schwarz van Berk	Hans	7. 8.02
28.	Ostuf.	20. 4.44	Thoss	Alfred	13. 3.08
29.	Ostuf.	20. 4.44	Fernau	Joachim	11. 9.09
30.	Ustuf.	~~20. 4.42~~ 21. 6.44	Pirich	Hermann	26. 4.06

9

Nr.	Dienstgrad	Tag der Ernennung	Name	Vorname	geb.
31.	[illegible] ~~Ustuf.~~	21. 6.44 ~~20. 4.42~~	Beisel	Ernst	2.11.15
32.	Ustuf.	1. 9.42	Bielstein	Hermann	8. 5.09
33.	Ustuf.	9.11.42	Alber	Kurt	28. 5.08
34.	Ostuf.	21. 6.44 ~~21.12.42~~	Slapak	Walter	14. 8.20
35.	Ostuf.	21. 6.44 ~~21.12.42~~	Dwinger	Hans-Heinrich	12. 4.13
36.	Ostuf.	21. 6.44 ~~30. 1.43~~	Vitt	Richard	2.12.14
37.	Ustuf.	10. 3.43	Svensson	Karl	27.11.15
38.	Ustuf.	20. 4.43	Lange	Werner	14. 4.04
39.	Ustuf.	20. 4.43	v.Wangenheim	Ulrich	5.11.01
40.	Ostuf.	21. 6.44 ~~20. 4.43~~	Weidemann	Johann	22. 5.04
41.	Ustuf.	20. 4.43	Möller	Eberhard-Wolfgang	6. 1.06
42.	Ustuf.	20. 4.43	van der Horst	Cornelius	1. 5.06
43.	Ustuf.	20. 4.43	Pfeiffer	Hans	8. 8.0[illegible]
44.	Ustuf.	20. 4.43	Venn	Artur	4.10.09
45.	Ustuf.	20. 4.43	Altstadt	Willi	31. 5.11
46.	Ustuf.	20. 4.43	Spahn	Karl	2. 8.12
47.	Ustuf.	20. 4.43	Kurbjuhn	Paul	15.12.12
48.	Ustuf.	21. 6.43	Jörgens	Kurt	27.12.07
49.	Ustuf.	21. 6.43	Ahrens	August	18. 2.93
50.	Ustuf.	übernommen 1. 9.43	Henke	Wilhelm	3. 1.09
51.	Ustuf.	1. 9.43	Enderle	Erwin	21. 8.11
52.	Ustuf.	1. 9.43	Pleyer	Josef	16. 8.17
53.	Ustuf.	6. 9.43	Ege	Hermann	20. 4.05
54.	Ustuf.	1. 8.43	Ebel	Willy	19. 5.17
55.	Ustuf.	9.11.43	Leh	Charly	11. 5.[illegible]
56.	Ustuf.	9.11.43	Hofmann	Walter	13. 5.05
57.	Ustuf.	9.11.43	Kolbe	Johann	5. 7.07
58.	Ustuf.	9.11.43	Neumann	Paul	28. 3.08
59.	Ustuf.	9.11.43	Minzloff	Hans	4. 4.08
60.	Ustuf.	9.11.43	Schelling	Ernst	8.10.09
61.	Ustuf.	9.11.43	Röthig	Carlo	17. 7.11
62.	Ustuf.	9.11.43	Palmowski	Erich	21. 1.12
63.	Ustuf.	9.11.43	Krötz	Robert	23. 8.13
64.	Ustuf.	9.11.43	Reidl	Friedrich	23. 8.13
65.	Ustuf.	30.1. 44	Schleip	Konstantin	2. 6.06
66.	Ustuf.	30. 1.44	Parbs	Hermann	1.12.11
67.	Ustuf.	30. 1.44	Rockmann	Erwin	25. 2.13
68.	Ustuf.	4. 4.44	Schuster	Valentin	9. 1.00

Brief nach Erledigung zurück — Anlage

SS-Kriegsberichter-Abteilung
- V. Z u g -

O.-U., den 11.Mai 1942.
D.

Betr.: Allgem. Bericht.
Bezug: ohne.
Anl.: - 2 -

Gruppe Rundfunk
II b
zur Erledigung.
11.5.42

An die
SS-Kriegsberichter-Abteilung,
Bln.- Z e h l e n d o r f .
Heimat 27

Am 11.5.42 traf der Rottenführer A n g e l i k e (Urlauber) wieder beim Zuge ein.

Heute wird der mit Fernspruch angeforderte Rundfunkberichter B j ö r n s o n nach Berlin in Marsch gesetzt und hat sich - wie fernschriftlich befohlen - nach Ablieferung des Kuriermaterials bei Ustuf. S t e n z e l zu melden.

Da aus dem Fernschreiben nicht ersichtlich ist, ob Björnson vom V. Zug versetzt ist, wird vorläufig eine Beurteilung dieses Berichters nicht mitgegeben. Ich bitte diesbezüglich um Nachricht. B. hat sich sowohl im Zuge als auch im Einsatz bei der Truppe ausgezeichnet verhalten. Anläßlich einer Aussprache mit Gruppenführer Steiner, welche gestern stattfand, erkundigte sich der Div.-Kdr. auch über Björnson und gab seiner Hoffnung Ausdruck, daß B. wieder zum Zuge zurückkehre.

Gestern und heute weilte der norwegische Ministerpräsident, Vidkun Q u i s l i n g , bei unserer Division zu Besuch und sprach bei einem Rgt.-Gefechtsstand zu den norwegischen Freiwilligen. In seiner Begleitung befanden sich u.a. Minister R i s n e s und der Höhere SS- und Polizeiführer R e d i s . Die Abfahrt fand heute statt; die Reise geht nach dem Leningrader Abschnitt zum Besuch der dort eingesetzten norwegischen Freiwilligenlegion.

Es wurden folgende Berichter eingesetzt: Oscha. Jonak (Film), Uscha. Fritsch (Bild), Uscha. Allesch (Wort), Olsen (norweg. Wort), Björnson (norweg. Funk). Die Berichte über diesen Besuch gehen ebenfalls mit Björnson nach Berlin ab.

Minister R i s n e s ,welcher ein langjähriger Bekannter des Wortberichters O l s e n ist, teilte mit, daß unser Abteilungskdr., Sturmbannführer d ' A l q u e n , sich mit der Versetzung Olsens zur SS-KBA., V. Zug, einverstanden erklärt habe, und daß demnächst die schriftliche Versetzungsverfügung hier zu erwarten sei.

II b

Versetzung Olsen zur KBA wird von II b durchgeführt.

142

Bln.-Zehldf., 17.2.44
10.30 Uhr

Telefonische Durchgabe von
Ostuf. Paesler v.Luschkowko

- - - - - - - - - - - - - - - -

Da sich Lage konsolidiert und erfreulicher Erfolg durch Wintermärchen-Überläufer sich abzuzeichnen beginnt, erbitten wir dringend, auf Abstellung einer neuen Maschine zu drücken, möglichst He 111, da Material für eine Reihe von Einsätzen (historische Ratschläge) bereits in Stangen gepackt fertig liegt.

Seit dem 11.2. wurde die angelaufene Aktion unterbrochen, da eingesetzte He 111 vom Feindflug nicht zurückgekehrt ist.

Die Gesamtzahl der hier in Druck gegebenen Flugblätter 329 bis 345 beträgt 3.500.000. Neue Flugblattentwürfe 346 bis 351 wurden in einer Auflagenhöhe von 880.000 von Ostuf. Paesler v.Luschkowko in Druck gegeben. Dieser neue Druckauftrag wurde, wie befohlen und gemeldet, am Sonnabend ausgeführt. Insgesamt beträgt also die Menge der ~~hier~~ hergestellten Flugblätter 4.380.000 Stück. In zwei Einsätzen von Flugplatz Reval aus wurden insgesamt abgeworfen 1 070 000 (inkl. Pleskau mit 700 000). Der Gesamtbestand an hier lagernden Flugblättern beträgt 3.310.000. Durch Prop-Abschn.-Offizier Nord wurden noch erneut zugestellt 1.200 000, die in Riga hergestellt worden sind nach Entwürfen von Prop-Abschnitt Nord. Lagern bei Kommando-Sonderführer Schenk. Insgesamt stehen also zum Abwurf (höchst eilig) bereits zur Verfügung 4.510 000 Flugblätter. In Abwurfstangen hergerichtet ist sämtliches lagerndes Material Nr. 329 - 345 in 45 Stangen für Bombenschächte. Sowohl neue Flugblätter 346 bis 351 als auch die Bestände in Lager Schenk sind nicht in Stangen gepackt. Jedoch geplanter Einsatz von Wesenberg mit dortiger Gruppe stößt auf Schwierigkeiten, da Flugblattmaterial aus Paketen sich im Leitwerk verfängt und die Maschinen außerdem noch Kameras eingebaut haben.

Paesler v.Luschkowko

139

Berlin-Zehlndorf, 17.2.44

Aktennotiz
für den Kommandeur

Am 13.2., 19 Uhr, wird Sonderführer O t t o zum Chef der Propagandatruppen, Generalmajor v. Wedel, nach Rastenburg zum Vortrag befohlen. Weisungsgemäß legt Sonderführer Otto dem General eine Aufzeichnungs des Kommandeurs über vier Beanstandungen, die der Reichsführer-SS zur Formulierung des Wehrmachtsberichts machte, vor. General v. Wedel nahm die Beanstandungen sichtbar betroffen zur Kenntnis und erklärte, daß er persönlich die Angelegenheit außerordentlich bedauere, aber sich nicht getroffen fühle, da er selbst in der Zeit, in der die beanstandeten Wehrmachtberichte abgefaßt wurden, nicht bei seiner Dienststelle war, aber auch sein Stab könne nicht verantwortlich gemacht werden, da von den Heeresgruppen die Unterlagen für den Wehrmachtbericht zu seiner Dienststelle kämen und er selbst ebenso wenig wie sein Stab die Möglichkeit habe, die Vollständigkeit der Berichtsunterlagen in Bezug auf die Erwähnung hervorragender Taten von SS-Verbänden zu prüfen. General v. Wedel bittet, in Zukunft um unmittelbare Unterrichtung in Fällen, in denen SS-Verbände hervorragende Leistungen vollbracht haben, die im Wehrmachtbericht genannt werden sollen. General v. Wedel erklärt weiterhin, daß er die Herren seines Stabes anweisen werde, in Zukunft mit besonderer Sorgfalt darauf zu achten, daß derartige Pannen nicht wieder geschehen.

Sonderführer Otto hält dann dem General v. Wedel Vortrag über den bisherigen Verlauf von 'Wintermärchen', über die angewandten Methoden und die bisher vorliegenden Ergebnisse.
Bei dem Vortrag sind eine Reihe von Herren des Stabes desChefs der Propagandatruppen zugegen, die mit großem Interesse den Vortrag zur Kenntnis nehmen. General v. Wedel fragt, ob die Aktion weiterliefe und gibt seiner Befriedigung Ausdruck, daß durch Befehl des Reichsführers die Aktion 'Wintermärchen' trotz der Schwierigkeiten im Raum der Aktion weitergeführt werden wird.

b.w.

Er sagt weiterhin jede mögliche Unterstützung zu.

Am 16.2. hält Sonderführer Otto dem Kommandeur der Prop.Ers.u.Ausb.-Abt., Oberst Blume, Vortrag über das Unternehmen 'Wintermärchen'. Insbesondere interessierten den Obersten die Methode des Einsatzes, die Tendenz der Flugblätter. Oberst Blume zeigt sich äußerst interessiert für auch kleinste Einzelheiten der Technik. Er hat die Absicht, den Begriff 'Kampfpropaganda' anstelle von 'Aktivpropaganda' zu übernehmen. Er gab der Hoffnung Ausdruck, daß die Aktion 'Wintermärchen' nicht nur ein unmittelbarer Erfolg im Einsatzraum würde, sondern darüber hinaus sich fruchtbar für die Prop-Arbeit auch der Heeres-Prop-Truppen auswirken möge.

Otto

Sonderführer (Z)

Ablg.

G E H E I M

Nach Kenntnisnahme v e r n i c h t e n !

Zur Information erhalten die Einheitsführer der Standarte nachstehenden Bericht von Untersturmführer v.d. H o r s t über seine Unterredung mit dem Kardinal Schuster in Mailand.

Bei der Aufgabe, die Grundkräfte aufzuspüren, die die gegenwärtige Krise des italienischen Lebens zu verschärfen oder zu überwinden in der Lage sind, habe ich versucht, die Haltung der katholischen Kirche zu ergründen. Es schien mir dabei ratsam, die Prinzipien der Gegnerschaft oder Anteilnahme bei einem ihrer repräsentativsten Vertreter festzustellen. Ich bemühte mich daher um eine Unterredung mit dem Kardinal Schuster.

Der Kardinal gilt als einer der klügsten und belesensten Männer in der Hierarchie der katholischen Kirche, von außerordentlicher Willenskraft, bei der letzten Papstwahl gleichrangig in die engere Wahl mit dem damaligen Nuntius Pacelli, dem jetzigen Papst, gestellt. Sein politisches Gewicht in Italien und darüber hinaus in der gesamten europäischen katholischen Welt wird als besonders hoch eingeschätzt und dementsprechend sein Einfluß bewertet. Der Kardinal gilt als deutschfreundlich.

Bei der Vorbereitung der Unterredung wurde ich durch einige Angehörige der Mailänder Gesellschaft unterstützt, die mich schließlich mit einem der nächsten Freunde des Kardinals bekannt machten. Der amerikanische Angriff auf den Vatikan ergab die Begründung für meinen Wunsch, den Kardinal zu sprechen. Als zur Zeit in Italien befindlicher deutscher Schriftsteller sei ich von den Problemen der jetzigen Krise bewegt.

Diese Begründungen wurden dem Kardinal mitgeteilt, und er lud mich daraufhin ein, am Donnerstag, den 11. November, morgens fünf Uhr bei ihm zu erscheinen. (Der Kardinal steht um vier Uhr auf und beginnt sofort mit seiner Arbeit.) Dieser Termin wurde einige Stunden später aufgehoben und ein neuer für Freitag, den 12.November, vormittags 11 Uhr, festgesetzt.

Ich erschien zur angegebenen Zeit und wurde sofort vorgelassen. In meiner Begleitung befand sich Herr Corridori, der Freund des Kardinals, sowie ein Dolmetscher. Die Unterredung dauerte etwa drei Viertelstunden, eine halbe Stunde über die festgesetzte Frist hinaus. Die Verständigung litt etwas unter der unpräzisen Art des Dolmetschers, Frage und Antwort zu übersetzen.

Der Empfang fand in einem kleinen Audienzsaal im Palais des Kardinals statt. Bei meinem Eintreten erhob sich der Kardinal und begrüßte mich mit einem höflichen Lächeln durch Handschlag. Der erste Eindruck bestätigte die Mitteilungen über den starken und

131

-2-

willenskräftigen Charakter, die mir vorher gemacht worden waren. Ein kluges, weltmännisches Gesicht, mit lebhaften, durchdringenden blauen Augen, die eine rasche Musterung abhalten, ohne jeden bigotten Zug, schlank, mittelgroß, mit sehr verhaltenen Bewegungen, etwa 60 Jahre alt. Er sagte zu dem Dolmetscher gewandt, er freue sich, in mir einen Deutschen begrüßen zu können, der in einer schweren und traurigen Zeit nach den Grundkräften der Erneuerung frage. Er lud daraufhin zum Sitzen ein.

Ich bat den Dolmetscher einleitend, Sr. Eminenz meinen Dank für den Empfang auszusprechen. Ich hätte auf dem Wege zu seinem Palais die Zeichen der Zerstörung am Dom und an historischen Gebäuden durch die englischen und amerikanischen Terrorangriffe erlebt und wünsche meine Bewegung und meine Anteilnahme zum Ausdruck zu bringen. Der Kardinal antwortete, er habe die Geschichte der europäischen Kriege studiert und habe erfahren, daß noch niemals ein Krieg derartige Formen der Zerstörung unter den Gütern aller europäischen Völker angenommen habe. Da der Kardinal eine direkte Bezugnahme auf die Urheber der Zerstörung vermied, erklärte ich, es herrsche eine tiefe Niedergeschlagenheit bei allen europäischen Völkern, daß mit dem Luftkrieg gegen Wehrlose durch England und Amerika eine barbarische Kriegführung eingeleitet worden sei und dies im Namen der christlichen Kultur und der Humanität. Was könne man sich von Systemen und Weltanschauungen versprechen, die unter christlichen Tarnungen gegen die alte, mächtige Kultur Europas anrennen? Was könne man von einem Geiste halten, der die Ordnungen Europas aufheben möchte, um an deren Stelle die zivilisatorische Lebensform des Amerikanismus oder des Bolschewismus zu setzen?

Der Kardinal nahm diese Frage mit sichtlich großem Interesse an und erwiderte, daß ein System der Vereinigten Staaten in Europa niemals möglich sein werde, daß die Kraft des geschichtlichen Lebens in Europa größer sei als in den Vereinigten Staaten, die niemals die geistigen Kämpfe und daraus folgende Erschütterungen gekannt hätten, aus denen schließlich alle hohe Kultur des menschlichen Lebens sich forme.

Ich nahm diesen Gedanken auf und erwiderte, daß die Proklamationen der Ziele, mit denen die höchste politische Autorität des Deutschen Reiches manchmal die Anstrengungen und Opfer des deutschen Volkes erläutere, alle von dem gleichen Geiste der Verteidigung Europas beseelt seien und daß das Reich um dieser Verteidigung willen sich mit dem Aufruf zur fortgesetzten Rüstung an die europäischen Völker wende. Der Kardinal schien dieser Bemerkung eine besondere Bedeutung beizumessen. Er sprach mehrere Minuten zusammenhängend und mit Nachdruck von den Differenzierungen zwischen den einzelnen Völkern, von ihren Verschiedenheiten, die nicht übergangen werden könnten. Er wiederholte, daß der Stolz und die Würde der einzelnen Kulturen Europas, sollten sie wirksam gegen Angriffe von außenher verteidigt werden, auch in Europa selbst keine Überlagerung erfahren dürften, daß sie nebeneinander bestehen und entwickelt werden müßten, sollten sie zwanglos und in gemeinsamer Erkenntnis der hohen menschlichen Würde zu einer Vereinigung kommen.

Es konnte nicht ausbleiben, daß an diesem Punkte der Unterhaltung der Gegensatz offenkundig wurde, der immer wieder zwischen der Ordnungs-

132

-3-

aufgabe des Reiches und dem Universalgedanken der Kirche hervorbricht. Denn als ich entgegnete, daß jede Bemühung, Europa auch geistig zu einer Gemeinsamkeit der Verteidigung zu bringen, illusorisch werde in dem Augenblick, in dem dem Egoismus der einzelnen Völker zu großer Raum gelassen werde, daß wir Europa als Ganzes sähen und kein Glied seiner Völkerfamilie aus seinem Dienst entlassen könnten, erwiderte er lebhaft, daß dann nur die Mächte des Religiösen in der Lage seien, die Ebene zu schaffen, auf der eine Vereinigung möglich wäre.

Diese These wurde besonders deutlich bei der Antwort auf meine Ausführungen, aus welchen Notwendigkeiten die blühenden Schichten der deutschen Jugend heute sich im Osten für die europäische Verteidigung bereitstellten und opferten. Ich sagte wörtlich: die Eminenz möge ihren Blick lenken auf die Leiden und Opfer, deren sich die deutschen Männer aller Schichten und aller Altersstufen unterzögen, um den Bolschewismus von den Grenzen Europas zurückzuwerfen. In den Armeen im Osten seien Unzählige Angehörige der katholischen Kirche. Es würden oft Fragen laut, warum die Kirche nicht nachdrücklicher ihre Stimme erhebe, um den Kampf gegen die gottesleugnerische Macht des Bolschewismus gutzuheißen.

Der Kardinal dachte nach diesen Bemerkungen einige Augenblicke nach und sagte dann: Der Kampf der deutschen Jugend gegen den Bolschewismus sei gut. Wenn die Kirche schweige, so tue sie das aus der Ungewißheit heraus, ob nach der Niederringung des Bolschewimmus das Reich die Verpflichtung der Verteidigung Europas nicht erweitern werde in eine Verpflichtung zur Herrschaft über Europa. Es würde wesentlich sein für die Zukunft, wenn die europäischen Völker Klarheit gewinnen könnten, daß der Eigenwuchs ihres kulturellen, ihres geistigen Lebens nicht geschmälert würde. Das würde auch den Kampf des deutschen Volkes in seiner geschichtlichen Wahrheit rein hervortreten lassen.

Mit der Absicht, eine Stellungnahme zur gegenwärtigen Krise Italiens zu gewinnen, fragte ich den Kardinal, ob er glaube, daß die Geschichte, die Deutschland und Italien in ein so schicksalhaftes Verhältnis gebracht habe, auch für die Zukunft den Beweis für die Notwendigkeit des Zusammengehens erbringen würde. Der Kardinal erwiderte, er habe viele Freunde im deutschen Volk und so wie ihm erginge es dem italienischen Volke. Es habe in der Vergangenheit manche Auseinandersetzungen zwischen Deutschland und Italien gegeben, und es sei bei der Schwierigkeit der Verständigung zwischen den Menschen ganz allgemein nicht ausgeschlossen, daß auch in der Zukunft Auseinandersetzungen zu erwarten seien. Doch ändere das nichts an der Tatsache einer schicksalhaften Bezogenheit zwischen den beiden Völkern, die, für sich frei und selbständig in der Entwicklung ihrer Lebensformen, in der Zusammenarbeit ihre Zukunft sähen.

Bereits nach zwanzig Minuten war ein Sekretär des Kardinals erschienen und hatte die Ankunft eines hohen Würdenträgers der Kirche gemeldet. Da inzwischen drei Viertelstunden verstrichen waren und der Sekretär zum zweitenmal erschien, sagte ich, daß ich für die Möglichkeit danken möchte, in der Unterredung mit Sr. Eminenz einige entscheidende Fragen des europäischen Lebens gestreift zu haben. Der Kardinal ließ durch den Dolmetscher erwidern, er fühle sich verpflichtet, seinem Freunde zu danken, der dieses Gespräch vermittelt habe.

133

-4-

Er verabschiedete sich mit großer liebenswürdiger Höflichkeit.

Eine Stunde später fand in einem Mailänder Hause eine abschließende Besprechung statt, zu der neben dem Freunde des Kardinals der Vorsitzende der italienischen Zementindustrie, eine politisch aktive Persönlichkeit, ferner eine Persönlichkeit des Mailänder Wirtschaftslebens und der Dolmetscher erschienen waren. Ich versuchte dabei, das Fazit der Unterhaltung mit dem Kardinal zu ziehen, und bat den mit dem Kardinal befreundeten Herrn, mich zu berichtigen, falls die Übersetzung der Fragen und Antworten durch den Dolmetscher bei mir zu fehlerhaften Schlußfolgerungen geführt hätte. Herr Corridori versicherte mir zunächst, daß der Kardinal gegen seine sonstigen Gewohnheiten sehr aus seiner Reserve herausgegangen sei. Nach seinen persönlichen Eindrücken sei der Kardinal sehr interessiert an den Äußerungen und Darlegungen gewesen, mit denen ich das Verhältnis Deutschlands zu den europäischen Völkern substanziiert hätte. Es bestehe eine gewisse Unklarheit über die politischen Ziele des Reiches gegenüber den europäischen Völkern. Dies sei, vom Dolmetscher richtig übersetzt, vom Kardinal zum Ausdruck gebracht worden.

Auf meine Frage, ob die Bemerkung des Kardinals, der Kampf der deutschen Jugend gegen den Bolschewismus sei gut, verbindlich zu nehmen sei im Sinne eines politischen Bekenntnisses, erklärte Herr Corridori, sie sei geradezu der Beweis dafür, daß der Kardinal aus seiner sonstigen Zurückhaltung herausgetreten sei, denn er habe ihn noch nie in einer solchen Entschiedenheit und Lebhaftigkeit diese Aussage machen hören. Allerdings müsse diese Aussage in Verbindung mit der zweiten betrachtet werden, in der der Kardinal seiner Besorgnis über die zukünftige Entwicklung Ausdruck gegeben hätte. Im Laufe der Unterhaltung wurde dann der Plan besprochen, das Thema der bolschewistischen und amerikanischen Bedrohung Ehropas, das in der Unterredung mit dem Kardinal angesprochen worden war, in einem, vor allem auch für das Ausland bestimmten Beitrag zu profilieren, um damit vor allem in der katholischen Welt die Stimme eines der bedeutendsten Würdenträger der katholischen Kirche vernehmen zu lassen. Herr Corridori erbot sich, behilflich zu sein, vor allem jene Auslassungen des Kardinals, die besonders unserer eigenen Sache zugute kommen, mit besonderer Präzision bei der Redaktion des Beitrages herauszuarbeiten. Er bot ferner an, gegebenenfalls auch eine Unterredung mit dem Außenminister des Papstes, Kardinal Montini in Rom, zustande zu bringen.

Die Unterredung mit Kardinal Schuster erschien mir wesentlich, um die Haltung einer entscheidenden politischen Macht in Italien und darüber hinaus in Europa festzustellen. Ich glaube, folgern zu können, daß gewinnbringende Faktoren der Unterredung jene Feststellungen sind, die

1. in der entschiedenen Ablehnung der amerikanischen Weltbeglückungsphraseologie gipfeln, die
2. den Kampf des deutschen Volkes gegen den Bolschewismus gutheißen und damit indirekt ein Bekenntnis für uns enthalten und
3. eine Absage enthalten an den abtrünnigen Teil des italienischen Volkes bzw. an dessen Führungsschicht, die für ihr Vorgehen nicht die Legitimation der katholischen Kirche findet.

Durch die Nachr.-Stelle auszufüllen

Fernspruch · Fernschreiben · Funkspruch · Blinkspruch

Nachr.-Stelle: Fernschreibstelle

Nr. [illegible]

Vermerke: GEHEIM. KR.

Angenommen oder aufgenommen			
von	Tag	Zeit	durch
	30/1	2030	[illegible]

Befördert				
an	Tag	Zeit	durch	Rolle

+ SSZS NR 5310 30.1.45 1400-

Zeit:

Absendende Stelle

- AN SS-STANDARTE KURT EGGERS BERLIN. -

SS- STUBAF. KRIEGBAUM. -

Fernsprech-Anschluß:

LIEBER KAMERAD KRIEGBAUM. -

BITTE SIE, NACHSTEHENDES FS. DES REICHSFUEHRER-SS
AN SS- HSTUF. ROLF D, A L Q U E N WEITERZULEITEN:
'' LIEBER D, A L Q U E N . -
HABE KENNTNIS VON IHREM FERNSCHREIBEN VOM 26.1.45. ICH
WEISS, DASS DIE TRUPPE VON SCHWEREN SORGEN GEPLAGT IST,
HABE ABER DEN EINDRUCK, DASS SIE SELBST DIE MEISTEN
BEDRUECKUNGEN HABEN. IHREN VORSCHLG FINDE ICH ABSOLUT
UNMOEGLICH. DER TRUPPE MUSS GESAGT WERDEN, DASS SIE, SO
BITTER ES IST, GERADE JETZT WEITER IHRE PFLICHT TUN MUSS
UND DASS NUR DANN, WENN JETZT IM WESTEN ABGESCHIRMT WIRD,
DIE DEUTSCHE WEHRMACHT IM OSTEN IN DER LAGE IST,
ZUNAECHST DIE STOESSE AUFZUFANGEN UND DANN WIEDER AKTIV
ZU WERDEN. -
VON IHNEN SELBST ERWARTE ICH AUCH INNERLICH DIE HALTUNG
EINES SS- MANNES. ICH HOFFE, SIE WISSEN, DASS MAN NUR

DANN AM ENDE IST, WENN MAN IM HERZEN GESCHLAGEN IST. -

HEIL HITLER

IHR GEZ. H. H I M M L E R -''

- GEZ. B R A N D T SS- STAF. +

+2030 EINS (1) JAEGER SFHS +

DEUTSCHES PROPAGANDA-ATELIER
‹PAY CARSTENSEN INSTITUT›

BERLIN-LICHTERFELDE
KAMILLENSTRASSE 4
RUF: SAMMELNR. 750222
BANKKONTO: DEUTSCHE BANK, DEPOSITEN-KASSE S, STEGLITZ, SCHLOSS-STR. 88
POSTSCHECK-KONTO: BERLIN NW 7, NR. 1910

SS-Standarte
Kurt E g g e r s
z.Hd. Sturmbannführer Kriegbaum

Berlin-Zehlendorf
Heimat 27

Ihre Zeichen	Ihre Nachricht vom	Unsere Zeichen	Tag
		v.H./Je.	26.1.1945

BETRIFFT: Geheim

Im Verfolg unseres Schreibens vom 24.1.45. telefonierten Sie heute mit Unterzeichneten.

Da nach den bei Ihnen vorliegenden Frontberichten die Beurteilung der Pr.-Bombe F vor allem hinsichtlich der augenblicklichen Einsatzmöglichkeit überwiegend negativ ist, schliessen Sie sich unserem Standpunkt an, dass man die Fabrikation dieses Gerätes sistieren soll. Wir werden deshalb in Rüdersdorf nur noch so viel Belegschaft halten, dass wir im Rahmen des jetzigen Umfanges Ihre Ansprüche hinsichtlich Legerohre und Zündrollen befriedigen können. Wenn zwischendurch Lücken in diesen Arbeiten entstehen, werden diese für die Fertigmachung weiterer Pr.-Bomben F, soweit die Materialvorräte reichen, verwandt.

Da wir überdies die überzählig werdenden Gefolgschaftsmitglieder nicht sofort entlassen, sondern nur dem Arbeitsamt melden, dass erforderlichenfalls Kräfte abgegeben werden können, wird in den nächsten Tagen zumindest die Fabrikation von Pr.-Bomben F auf der Basis von etwa 1500 Stück pro Woche weiterlaufen.

Wegen der Glasflügelgeschosse liegen Berichte bei Ihnen noch nicht vor. Wir machen aber erneut darauf aufmerksam, dass diese Fabrikation bei der augenblicklichen Lage kaum angekurbelt werden könnte, es sei denn, dass Sie uns eine aussergewöhnliche Hilfestellung verleihen. Die Glashütte, die bisher die Glaskörper hierfür gemacht hat, ist aufgelöst. Jetzt neue Versuche mit Porzellan nach den Ideen des Dr. Wölz einzuleiten, scheint kaum vertretbar.

Bei dieser Gelegenheit machen wir Sie darauf aufmerksam, dass sich die PZR in unserem Betrieb stauen, da Sie zur Zeit nichts abdisponieren. Wir sind mit unserer Lagermöglichkeit am Ende und müssen die Fabrikation drosseln, falls Sie nicht einen Teil der Fabrikation abholen bezw. uns aufgeben, wohin wir diese auf Zwischenlager legen können. Vielleicht wäre es sogar empfehlenswert, solche Zwischenlager hinter den Fronten einzurichten.

b.w.

Schliesslich dürfen wir Sie daran erinnern, dass Sie von Ihrer Entschliessung Herrn Oberamtmann Tannenberg verständigen, dem wir von unserem heutigen Schreiben Kopie geben.

Heil Hitler!
DEUTSCHES PROPAGANDA-ATELIER GMBH
Der Betriebsführer:

Kopie an:

Leiter Pro SA, Herrn Sondermann

Hauptreferat Pro Pol, Herrn Dr. Schäffer

OKW/WPr., Herrn Oberamtmann Tannenberg

Fernspruch · Fernschreiben · Funkspruch · Blinkspruch

Durch die Nachr.-Stelle auszufüllen!

Nachr.-Stelle: SS-Führungshauptamt – Fernschreibstelle –

Nr.: 0635

Befördert: an | Tag | Zeit | durch | Rolle

Vermerke: --- SSD – G E H E I M ---

Angenommen oder aufgenommen: von | Tag | Zeit | durch

Absendende Stelle

Fernsprech-Anschluß:

HGIX 561 8.2.45 1915==

AN SS-STANDARTE '' KURT EGGERS '
SS-STUBAF. KRIEGBAUM, BERLIN- ZEHLENDORF==--

BETR.: AMERIKANISCHE LAUTSPRECHER-AGITATION -
DIESS. SSD FS VOM 6.2.45.-

HABE UNTER BEZUG AUF GESTRIGE MELDUNG, UEBER OBERKOMMANDO HEERESGRUPPE '' G'' SAEMTLICHE ROEM 1 C DER DER HEERESGRUPPE VERANLASZT, UNTERLAGEN UEBER AEHNLICHE LAUTSPRECHER- UND FLUGBLATT-AGITATION, SOWIE AUFTAUCHEND, SOFORT ZU BSCHAFFEN. SAEMTLICHE PROP.-
EINSATZFUEHRER UND CHEFS '' SKORPION ''- KAMPFPROP.-KOMPANIEN HABEN STRIKTEN BEFEHL, AUF GAR KEINEN FALL, WEDER IN EIGENE TRUPPE NOCH IN DEN FEIND HIERZU STELLUNG ZU NEHMEN. OHNE IM MOMENT BEURTEILEN ZU KOENNEN, OB DIESE NEUE FEINDAGITATIONS-TENDENZ DORTIGE ABSICHTEN LT. FERNSCHREIBEN VOM 5.2.45 - OKW/WPR. ROEM 4 NR. 135/45 G- STOERT, ERLAUBE ICH MIR VORSCHLAG , ZU UEBERLEGEN, OB DEM GEGNER KLAR ZU MACHEN IST, DASZ ER BEREITS VOR DEM 2. KRIEG, NAEMLICH GEGEN DIE SOWJET-UNION, STEHT, WIE SEINE AGITATION IN UNSERE EIGENEN TRUPPEN KLAR BEWEIST, EVENTUELL UNTER BENUTZUNG GEFAELSCHTER ABMACHUNGEN ROOSEVELT- CHURCHILL ETC. ABGESEHEN.

HIERVON, ABWEHR DIESER UNTER UMSTAENDEN WIRKSAMEN FEINDLICHEN AGITATION IN DER EIGENEN TRUPPE. WERDE HIERUEBER HEUTE OB SOWIE CHEF DES STABES VORTRAG HALTEN. SOBALD WEITERE NACHRICMTE N, VOR ALLEM UEBER AUFTAUCHEN VON FLUGBLAETTERN UND VERSTAERKTE LAUTSPRECHER- AGITATION AUFTRETEN, GEHEN LAUFEND NACHRICHTEN NACH DORT.==

OBKDO. H.GR. '' G'' ST.O.PROP.
GEZ.D'ALQUEN SS HAUPTSTURMFUEHRER

DER REICHSFÜHRER-SS

SS-HAUPTAMT

Amt D I/6

Bitte in der Antwort vorstehendes Geschäftszeichen und Datum anzugeben.

~~Berlin-Grunewald~~, den 2.2.1945

~~Douglasstraße 7-11~~

Berlin-Wilmersdorf

Westfälische Str. 1 - 5

G e h e i m !

An den

Kommandeur der SS-Standarte "Kurt Eggers"

SS-Standartenführer Gunther D' A l q u e n

-.-.-.-.-

Lieber Kamerad D' A l q u e n !

Ich bin heillos froh, dass Sie einigermassen wieder auf den Beinen sind. Nun werde ich mich bemühen, etwas mit Ihnen in Tuchfühlung bleiben zu können und Ihnen für Ihre Arbeit Bälle zuzuschlagen.

Als erstes Schriftstück empfehle ich Ihrer Überprüfung beiliegendes Konzept zur Beeinflussung Englands. Ich weiss selbst, dass bei der derzeitigen Struktur unseres Volkes und der allzu komplexen Zuständigkeiten in der politischen Führung dieser kühne Vorschlag utopisch erscheinen muss. Doch wäre ich Ihnen dankbar, wenn Sie als alter Praktiker mir einmal Rede und Antwort stünden, was von der beiliegenden Anregung vor Ihnen bestehen bleiben kann.

Sollten es darüberhinaus Ihr Gesundheitszustand und Ihre Arbeitsüberlastung zulassen, so wäre ich Ihnen sehr dankbar, wenn Sie mir in absehbarer Zeit eine kurze Zusammenkunft mit Ihnen ermöglichen könnten. Am schönsten wäre es natürlich, wenn wir uns ausserhalb der Telefonbuden und Terminkalender in Wannsee oder Potsdam treffen könnten. Bei dieser Gelegenheit würden wir vielleicht auch das hiermit begonnene Gespräch über die Notwendigkeit einer deutschen Englandpolitik auf einen Nenner bringen können.

Mit herzlichen und kameradschaftlichen Wünschen für Ihre baldige restlose Wiedergesundung

Heil Hitler!

I h r

P[illegible]

1 Anlage. [illegible]

20.1.44

129

W a f f e n - SS
SS-Standarte "Kurt Eggers"
A d j u t a n t

Berlin-Zehlendorf, 20.1.44
Heimat 27

S o n d e r b e f e h l

Verteiler I

Betr.: Hilfswillige

Dem Stab der Standarte sind bisher eine Reihe von russischen und polnischen Hilfswilligen sowie einige männliche Zivilangestellte zugegangen, die entsprechend hier Verwendung finden. Mit dem Eintreffen einer weiteren Anzahl von Hilfswilligen ist in nächster Zeit zu rechnen.

Diese Kräfte werden z.T. bei der Abteilung V als Kraftfahrer ausgebildet, zum Teil werden sie als Handwerker und Arbeitskommandos beim Stab verwendet werden. Die russischen Zivilisten stehen der Gruppe Kampfpropaganda und der Gruppe Rundfunk für ihre besonderen Aufgaben zur Verfügung.

Es ist in letzter Zeit beobachtet worden, daß von Männern und Unterführern diese Hilfswilligen in einer Weise behandelt wurden, die nicht dazu angetan ist, die Arbeitsfreude dieser Männer zu fördern. So wurden diese Männer zu ungewohnten Zeiten von Rottenführern aus ihren Stuben geholt und zu persönlichen Handreichungen (Stiefelputzen usw.) herangezogen. Am 19.1. wurde sogar einem Hilfswilligen, der ein Paket zur Baracke hinübertrug und sich dabei ungeschickt benahm, von einem Angehörigen der Standarte ins Gesicht geschlagen.

Zur Abstellung dieser Mißstände befehle ich folgendes:

1) Den jeweiligen Einsatz dieser Hilfswilligen befehlen die Gruppenleiter oder Stellvertreter, deren Gruppen die Männer zugeteilt sind.

2) Ich verbiete es allen Unterführern und Männern, Hilfswillige, die dem Stabe der Standarte angehören, zu privaten Dienstleistungen heranzuziehen und werde jeden Fall, der mir gemeldet wird, dissiplinarisch bestrafen.

3) Die Wahrung der Belange der Hilfswilligen übernimmt der Gruppenleiter der Gruppe Kampfpropaganda oder sein Stellvertreter.

SS-Obersturmführer
u. Rgts.-Adj.

Quellen und Literatur

Bundesmilitärarchiv-Bestandssignatur N / 123
(RS 4 / 38 / 48 / 49 /51 / 52 / 56)

Sämtliche Bände der Zeitschrift *Das Schwarze Korps* (1935–1945)

Diverser Schriftwechsel des Standortkommandos der Standarte »Kurt Eggers« Berlin-Zehlendorf

Verschiedene Schriftstücke der Abt. Wehrmachtspropaganda des OKW

Mitteilungen des SS-Hautamtes Berlin-Wilmersdorf

Personal-und Beförderungsliste der SS-Kriegsberichter

Propagandablätter des Unternehmens »Skorpion West«

Verschiedene Zeitschriftenaufsätze u.a. »Unter strengster Wahrung der Form« von Jan Brandt (FAZ Nr. 105 vom 7. Mai 2005)

Archiv für Sozialgeschichte – Rezension des Buches von Mario Zeck *Das Schwarze Korps.* Max Niemayer Verlag-Tübingen 2002

Illustrierter Beobachter – Folge 42 v. 21. Oktober 1943

Deutsche Allgemeine Zeitung v. 7. Juni 1944
sowie v. 15. Februar 1944

Familienseite d'Alquen

Ferner folgende Dokumente: Bericht des Stabsoffiziers für Propaganda-Einsatz der Heeresgruppe Süd v. 28.1. 1945

Programm und Sendezeiten des Kampfsenders »Prinz Eugen«

Diverse Beiträge von Kriegsberichtern der Standarte »Kurt Eggers«, erschienen u.a. in *NSZ-Westmark, Pariser Zeitung, Pester Lloyd, Krakauer Kurier, Weltillustrierte, Berliner Illustrierte Zeitung, Münchener Neueste Nachrichten, Königsberger Zeitung, Kronstadter Zeitung*

Heinz Höhne *Der Orden unter dem Totenkopf.*
C. Bertelsmann Verlag, München 1967

Gerhard L. Weinberg *Eine Welt in Waffen.* Nikol Verlagsgesellschaft Hamburg 2002

Jürgen Thorwald *Wen sie verderben wollen.* Steingrüben Verlag Stuttgart 1952

Ortwin Buchbender *Das tönende Erz.* Seewald Verlag Stuttgart 1978

Sammlung der Deutschen Staatsbibliothek in Berlin über das Unternehmen der Kampfpropaganda, das die Bezeichnung »Südstern« trug

Namensregister:

A

B

C

D

E

F

G

H

J

K

L

M

N

O

P

Q

R

S

T

V

W

Z